신정판

IT&MEDIA LAW IN THE 4TH INDUSTRIAL REVOLUTION

4차 산업혁명기의
IT·미디어법

손형섭

박영사

이 책을 마음의 恩師께 드립니다.

이 책을 처음 출판하고 많은 분들의 사랑을 받아 개인적으로 감사한 마음이 큽니다. 지금은 세계가 인공지능과 첨단 과학의 변화로 각종 법제의 변화를 시도하고 있습니다. 이러한 움직임에 대해서는 찬반론과 거부감도 존재합니다. 중요한 것은 인공지능과 과학에 대한 개별법에서의 적절한 대응이 필요하며, 여기에 덜 규제적이고 효율적인 기준을 제시하는 법의 역할이 필요하다는 것입니다.

이미 생성형 인공지능과 메타버스, 그리고 웹 2.0에서 웹 3.0으로의 변화가 기술적으로 실현되고 있습니다. 2022년 11월부터는 챗GPT의 공공에 활용이 기술과 법률에 큰 반향을 일으키고 있습니다. 이러한 변화의 시대를 모두 반영하고 싶은 욕심이 있었지만, 대학의 교수로서 할 일이 이 책 개정에 한정되지 않기 때문에 중요한 변화를 반영하면서 일정한 타협점을 찾아 중요한 부분을 중심으로 개정을 하면서 이 책의 장과 편제를 수정했습니다.

인터넷 기술의 변화와 법적인 변화는 우리 사회에 중요한 이슈로 자리 잡게 되었습니다. 이러할 때 IT와 미디어에 관한 변화와 관련 법적인 논의는 우리 사회의 변화를 헌법과 법적으로 타당한 방향을 찾아갈 필요 불가결한 논의가 되었습니다. 특히 우리는 지금의 IT·미디어의 융합을 통한 세계와 사회변화의 시대를 4차 산업혁명이라고 합니다. IT기술과 우리 생활의 모든 영역의 융합을 통한 새로운 기술과 사회변화를 맞이하여 기존 정보통신 산업은 물론 자동차, 바이오, 선박, 항공, 건설, 의료, 국방, 환경, 에너지 등의 모든 산업이 인터넷 기술과의 융합으로 경쟁력을 확보하거나 효율성을 추구하고 있습니다. 이미 캘리포니아에는 IT와 데이터 산업에 관한 아이디어와 정보를 찾아 사람이 몰리는 IT 러시가 일어났습니다. 실리콘밸리는 세계의 첨단 기술과 사업을 선도하는 곳으로 많은 국가, 기업, 연구자들의 관심거리가 되었습니다. 최근에는 이러한 기술 러시가 캘리포니아를 떠나 미국의 다양한 주(州)로 전이되고 있습니다. IT의 발전과 미디어의 급속한 변화는 미국, EU, 일본 등에서 산업 구조와 노동시장과 사회의 변화를 초래하고 있습니다.

이 책에서는 4차 산업혁명과 관련된 인공지능(AI, Artificial Intelligence)과 블록체인,

사물인터넷(IoT), 핀테크(Finteck), 블록체인, 빅데이터, 디지털 헬스케어, 자율주행 자동차(autonomous vehicles), 클라우드 컴퓨팅, 그리고 우버와 같은 공유경제 플랫폼 서비스와 관련 법적 논의를 검토합니다. 그리고 종래 방송미디어와 팟캐스트(podcast), 1인 미디어, 그리고 소셜미디어에 대한 다양한 논의를 통하여 대한민국의 IT, 정보통신, 미디어 사업의 발전과 국민의 보호에 기여할 수 있는 법적 논의와 공론의 기회를 제공하려 합니다. 이 책은 선행연구인 『정보통신기술의 발전과 기본권에 관한 연구』, 헌법재판연구(2014) 외 국내외 다수 문헌과 필자의 논문들과 저서 『현대인의 IT·미디어와 법』, 4차산업융합법학회의 학술대회 내용, 그리고 2024년 2월 미 동부의 전문가들을 만나면서 생각한 법적 쟁점을 책에 담았습니다.

 필자는 이 책이 법을 공부하는 사람은 물론 전기전자·컴퓨터 공학을 공부하는 사람들에게도 널리 읽혀 관련 지식의 상호 공감대를 형성하기를 바랍니다. 그래서 4차 산업혁명의 시대를 맞이하여 한 발 더 나아가는 기술과 정책 그리고 법적인 논의를 기술 전문가와 법과 정책 전문가가 함께 나눌 수 있기를 바라며 이것이 국민과 대한민국에 도움이 되는 IT·미디어법 논의가 되었으면 좋겠습니다.

2019년 2월 UC버클리 Boalt Hall에서
2020년 2월 경성대학교에서 개정판을 집필하여
2024년 2월 미동부에서 신정판을 정리하며
저자 손형섭

차 례

세 부 목 차

제1장 4차 산업혁명기 IT·미디어법 기초

I. 정보통신기술과 미디어의 변화

1. 인간과 기술

21세기 정보사회에서 인터넷 기술의 방향과 이를 통하여 인간의 삶이 어떻게 변화할지는 자연과학과 사회과학 분야에서 큰 관심거리이다. 즉, 인터넷 기술의 발전과 변화가 어떤 양상으로 전개되고 이것이 인간을 어떻게 변화하게 할지도 우리가 연구하고 대비해야 할 문제이다.

또한 최근 4차 산업혁명의 기술 변화에서 자칫 기술이 인간보다 우선하게 되는 것이 아닐지 우려하는 사람도 있다. 결국 우리는 21세기 4차 산업혁명의 기술 발전이 인간에게 이롭고 인간의 행복을 가져다 줄 수 있도록 하는 고민을 이 책을 통해 해야 한다.

2. 사회 패러다임의 변화와 4차산업혁명

(1) 사회 패러다임의 변화

미래학자인 앨빈 토플러(Alvin Toffler)가 쓴 "제3의 물결(The Thrid Wave)"에서 앨빈 토플러는 제1물결은 농업혁명, 제2물결은 산업혁명, 제3물결은 정보화 혁명을 통해 새로운 사회로 패러다임이 변화하였음을 보여주었으며 이와 같은 물결이론은 현재까지 사회변화의 모습을 설명하는 데 있어 표본이 되었다.

농업혁명은 기원전 8000년부터 산업혁명이 일어나기 전인 1650~1759년까지의 시기를 말한다. 수렵과 채집으로 유목 활동을 하며 살아가던 인간이 도구를 사용하면서 농사를 짓고 가축을 기르기 시작하면서 농업사회의 패러다임이 변화하기 시작하였다. 식량이 늘어났고 인구가 늘어나기 시작하면서 근대문명 사회로 변화하기 시작하였다.

산업혁명은 증기기관의 발명과 함께 공장생산 방식으로 이루어진 대량생산이 가능하게 되고 사회는 점점 고도로 산업화되었다. 이러한 산업혁명을 통해 우리는 산업사회에 접어들었으며 자동차, 가전 등 제조 산업이 발전하게 된다.

정보화혁명은 산업사회에 컴퓨터가 도입되면서 탈대량화, 다양화, 지식기반 생산이 이루어지면서 정보사회로 변화하기 시작한다. 20세기 말 인터넷의 등장은 정보통신기술(Information Technology, 이하 IT)의 혁명을 일으켰고 이로 인해 정보사회로의 변화는 점점 가속화되었다. 특히, 2000년 후반에 등장한 스마트폰, 초고속인터넷, 클라우드 컴퓨팅 등의 IT기술과 관련 산업의 발전은 정보 사회를 고도화시켰으며 소셜네트워크서비스(Social Network Service) 등은 우리의 미디어 이용환경을 급격하게 변화시켰다.

(2) 4차 산업혁명

미래에는 어떤 혁명이 우리 삶의 모습을 변화시킬 것인가라는 질문에 많은 사람들이 초연결사회를 이야기하고 있다. 2016년 1월에 열린 세계경제포럼(World Economic Forum)인 다보스포럼에서는 핵심의제를 "제4차 산업혁명의 이해(Mastering the Fourth Industrial Revolution)"로 정했다. 포럼은 "제4차 산업혁명은 생산, 경영, 산업간 지배구조를 완전히 바꿔놓게 되며 무선장비로 전세계인 모두가 연결된다."고 화두를 제시하였다.[1)2)]

4차 산업혁명의 실체에 관해 의견이 제각각인 논자들 사이에서도 정보통신기술이 장차 4차 산업혁명을 구현할 기술들 중에서 가장 핵심에 위치한다. 이 점은 다보스 포럼에서 4차 산업혁명을 '디지털혁명이었던 3차 산업혁명의 토대 위에서, 물리적·디지털적·생명공학적 영역 사이의 경계를 허무는 기술 융합'으로 정의한 데서 잘 알 수 있다.[3)] 여기서 '물리적 영역'이란 오프라인의 전통적인 제조업이 주로 차지하던 영역을, '디지털적 영역'이란 정보통신기술이 지배하던 온라인 영역을 각각 가리키고 있다. 3차 산업혁명 시대의 정보통신기술이 PC나 모바일 기기 등 제한된 일부 제품에서만 구현되었을 뿐이고 네트워크를 통한 단순 정보교환의 수단에 그쳤다면, 4차 산업혁명 시대에는 가전제품이나 자동차 등 우리 일상에 위치한 대부분의 제조업 산물과 근래에 등장한 생명공학적 산물에까지 모두 정보통신기술에 의한 연결이 이루어지고 인공지능 중심으로 의미 있게 통합된 네트워크 하에서 그 산물들이 효율적인 제어를 받아 작동하게 될 것이다.[4)] 결국 이러한 **연결**과 **융합** 기술을 통하여 인간의 삶의 편익이 지속적

---

1) 최은수, "핵폭탄급 '제4차 산업혁명'이 몰려온다", 매일경제 인터넷, 2016. 1. 15.
   <http://news.mk.co.kr/newsRead.php?year=2016&no=42156>, 2016년 2월 13일 최종방문

2) 박준석, "4차 산업혁명에 대응한 우리 지적재산권법 관련 쟁점들의 통합적 분석", 정보법학 제21권 제3호(2017. 11), 163면.

3) 박준석, 위의 논문, 164면.

4) 박준석, 위의 논문, 164~165면. 자동차는 결국 네트워크 시스템을 통하여 스스로 주행하는 자율주행 자동차의 실현이 구체화 되고

으로 증진하기를 바라는 것이다.

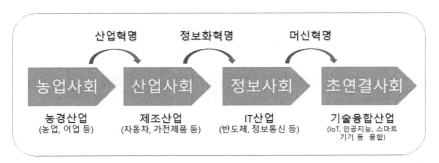

[사회 패러다임의 변화 모습]

물론, 이러한 4차 산업혁명이라는 표현과 개념은 최근 우리 대한민국에서 많이 사용하고 있다. 외국에서는 이러한 표현은 기존의 기술을 새롭게 포장하고 있는 것에 불과하다는 취지의 비판이 있다.[5] 따라서 독일의 경우에는 인더스트리 4.0을 주창하며, 해당 공장 안의 설비와 기계에 사물인터넷이 설치되어 실시간으로 관련 정보가 수집, 분석되어져서 공장의 제반 상황들이 일목요연하게 관찰될 수 있으며(observability) 목적에 부합하게 스스로 제어(controllability)되는 공장을 말한다. 특정한 단위 공정별로만 자동화 및 최적화가 이루어진 '공장 자동화'와 구별하여야 한다. 또한, 공장 안의 전체 공정의 새로운 산업 혁신인 스마트 팩토리[6]개념이 주창되기도 한다.

(3) 핵심기술

초연결사회로 가기 위해서는 사물인터넷(IoT), 머신러닝, 인공지능, 빅데이터 등의 기술이 서로 연결되고 융합되어 머신혁명을 이룰 것이고 이를 통해 우리 사회는 새로운 삶의 변화를 맞이하게 될 것이다.

4차 산업혁명에 관한 핵심기술로 논의되는 것은 인공지능, 빅데이터, 사물인터넷, 로봇, 3D 프린팅, 클라우드 컴퓨팅, 스마트 팩토리, 드론, 자율주행 자동차, 착용형 의료기기 등 스마트헬스케어 관련 기기들, 스마트 개인비서, 가상현실(VR) 혹은 증강현실(AR) 등이 거론된다.[7]

있다.

5) 同旨 양천수, "제4차 산업혁명과 정보보호 법정책의 방향", 공법학연구 제18권 제4호(2017), 370면.

6) 박준석, 위의 논문, 174면.

정보통신기술 혹은 IT기술은 끝임 없이 변화하고 발전해왔다. 세계적인 정보 기술 연구 및 자문 회사인 가트너(Gartner)는 매년마다 어떤 기술이 미래에 영향을 미칠 전략적 기술인지를 선정하여 10대 기술로 발표하고 있다. 2018년 10월에 IT 자문기관 가트너(Gartner)가 기업들이 주목해야 할 2019년 10대 주요 전략 기술 트렌드를 제시했는데 1. 자율 사물(Autonomous Things), 2. 증강 분석(Augmented Analytics), 3. 인공지능 주도 개발(AI-Driven Development), 4. 디지털 트윈(Digital Twins),[8] 5. 자율권을 가진 에지(Empowered Edge),[9] 6. 몰입 경험(Immersive Experience), 7. 블록체인(Blockchain), 8. 스마트 공간(Smart Spaces), 9. 디지털 윤리와 개인정보보호(Digital Ethics and Privacy), 10. 양자 컴퓨팅(Quantum Computing)[10]이 그것이다.

가트너의 부사장 겸 펠로우인 데이비드 설리(David Cearley)는 "지능(Intelligent), 디지털(Digital), 메시(Mesh)는 지난 2년간 지속적으로 주목받았다. 이 세 가지 주제에 해당되는 트렌드들은 지속적인 혁신 프로세스를 추진하는 핵심 요소"라고 말하고, "자동화된 사물의 형태인 인공지능(AI)과 증강 지능(augmented intelligence)은 IoT, 에지 컴퓨팅, 디지털 트윈과 함께 이용되어 고도로 통합된 스마트 공간을 제공한다. 여러 트렌드들이 합쳐지면서 새로운 기회를 창출하고 새로운 혁신을 유도하는 종합적인 영향력은 가트너가 제시하는 2019년 10대 전략 트렌드의 특징"이라고 했다.

2020년 가트너 트렌드로는 ▲ 초자동화(Hyperautomation) ▲ 다중 경험(Multi-

---

7) 박준석, 위의 논문, 175면.

8) 보안뉴스, 2018. 10. 17. "2019년 주목되는 10대 전략 기술 트렌드는?"
https://www.boannews.com/media/view.asp?idx=73743
디지털 트윈(Digital Twin)은 현실 세계에 존재하는 대상이나 시스템의 디지털 버전을 말한다. "DTO는 조직이 비즈니스 모델을 운영하고, 현재 상태와 연결하고, 자원을 배치하고, 변화에 대응하여 고객 가치를 실현하는 방식을 이해하기 위해 운영 혹은 기타 데이터에 의존하는 다이내믹한 소프트웨어 모델"이라고 설명했다. 또, "DTO는 비즈니스 프로세스의 효율성을 높일 뿐만 아니라, 변화하는 상황에 자동적으로 반응할 수 있는 더 유연하고 동적이며 대응력이 뛰어난 프로세스를 만들어내는 데 도움이 된다"고 덧붙였다.

9) 에지 컴퓨팅(Edge Computing)은 정보 처리, 콘텐츠 수집 및 전달이 엔드포인트와 인접한 곳에서 처리되는 컴퓨팅 토폴로지(topology)이다. 에지 컴퓨팅은 트래픽 및 지연 시간을 줄이기 위해 트래픽과 프로세싱을 로컬에서 처리하려고 한다. 머지않아 에지는 IoT에 의해 주도되고, 필요에 의해 프로세싱은 중앙화 된 클라우드 서버가 아닌 끝 부분 가까이에서 유지될 것으로 예측된다. 하지만 새로운 아키텍처를 만드는 것 대신, 클라우드 컴퓨팅과 에지 컴퓨팅은 중앙 서버 뿐만 아니라 분산화 된 온프레미스 및 에지 디바이스 자체에서 중앙 서비스로서 관리되는 클라우드 서비스를 보완하는 모델로 진화할 것으로 보인다.
장기적으로 5G가 성숙기에 접어들면, 확장된 에지 컴퓨팅 환경은 중앙 서비스와 더욱 강력한 통신을 구축하게 될 것으로 보인다. 5G는 평방 킬로미터당 더 낮은 지연 시간, 더 높은 대역폭, 에지에 있어 가장 중요한 요소인 급격히 증가한 노드(에지 엔드포인트) 수를 제공한다. 보안뉴스, 2018. 10. 17. "2019년 주목되는 10대 전략 기술 트렌드는?".

10) 보안뉴스, 2018. 10. 17. 데이비드 설리 부사장은 "CIO들과 IT리더들은 이해도를 높이고 실제 비즈니스 문제에 어떻게 적용할 수 있는지를 파악함으로써 양자 컴퓨팅의 도입을 계획하기 시작해야 한다. 기술이 아직 신흥 단계에 있을 때 학습해야 한다. 양자 컴퓨팅이 잠재력을 가진 실제 문제를 파악하고 보안에 미칠 수 있는 영향을 고려해야 한다"며, "하지만 향후 몇 년 안에 사물을 혁신할 것이라는 과장 광고를 믿어서는 안 된다. 대부분의 조직들은 2022년까지는 양자 컴퓨팅에 대해 학습하고 모니터링해야 하며, 2023년 혹은 2025년에 이르러야 이를 활용할 수 있을 것"이라고 말했다.

experience) ▲ 전문성의 민주화(Democratization of Expertise) ▲ 인간 증강(Human Augmentation) ▲ 투명성 및 추적성(Transparency and Traceability) ▲ 자율권을 가진 엣지(The Empowered Edge) ▲ 분산형 클라우드(Distributed Cloud) ▲ 자율 사물(Autonomous Things) ▲ 실용적 블록체인(Practical Blockchain) ▲ 인공지능 보안(AI Security)이 주목되었다.[11] 이러한 분야는 거의 상용화되었다.

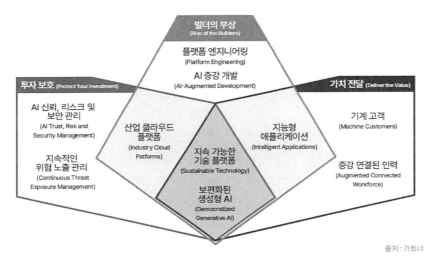

[2023년 가트너가 제시한 10대 전략기술 동향][12]

이제 가트너는 2026년까지 80% 이상의 기업이 생성형 AI 앱 프로그래밍 인터페이스 및 모델을 사용하거나 프로덕션 환경에 생성형 AI 앱(Gen AI enabled App)을 배포할 것으로 예측하고 있다. 이는 2023년 초 5%에 불과했던 수치에서 크게 증가한 것인데 실제로 이미 많은 기업들이 생성형 AI를 활용하고 있다.[13] 가트너가 발표한 2024년 10대 전략 기술 트렌드는 크게 세 가지로 구분할 수 있다. 첫 번째는 빌더들이 부상함에 따라 새로운 비즈니스 모델을 접목하는 것이다. 생성형 AI를 활용해 신규 상품을 테스트하는 프로세스를 시도해 볼 수 있으며 증강 현실을 통해 실제와 유사한 경영 시뮬레

---

11) 가트너 2020년 10대 전략 기술 트렌드 발표 https://www.itworld.co.kr/news/134527

12) 보안뉴스, 2018. 10. 17. "2019년 주목되는 10대 전략 기술 트렌드는?

13) 가트너 2024 전략 기술 트렌드 https://www.skcc.co.kr/insight/trend/2328

이션을 해볼 수도 있다. 혹은 지능형 애플리케이션의 도입을 통해 새로운 인력관리 모델을 접목해 볼 수도 있다. 두 번째는 변화된 기술을 통해 새로운 가치를 전달하는 것이다. 각각의 개인들이 사용하는 디바이스와 연결된 기계 고객을 대상으로 새로운 마케팅 활동을 전개해 나갈 수 있으며 증강 연결된 인력을 통해 생산성을 높여 기술의 가치를 극대화 시키는 것이라는 것이다. 세 번째는 리스크를 관리하여 지속 가능한 비즈니스 모델을 구축하는 것이다. 새로운 변화를 시도할 수 있는 신규 플랫폼을 고려하는 동시에 변화하는 경영 환경에 보다 유연하게 대응할 수 있는 리스크 관리 모델도 구축해야 한다는 것이 가트너 2024 전략 기술 트렌드이다.[14]

II. 정보통신 기초 지식

1. 정보사회

'산업사회를 거쳐 정보화 사회로 이행되어 가는 오늘날의 사회구조'[15]나 '오늘날의 지식기반 산업화·정보화 사회'[16] 등의 표현은 우리 판례에서도 종종 사용하는 어구이다.[17] '정보사회'[18]의 개념은 상당할 정도로 부정확하거나 불완전하다.

일반적으로 정보사회란, 눈부신 정보기술상의 혁신을 강조하며, 그 핵심적인 개념으로는 정보처리, 저장 및 전송의 획기적인 발전으로 인하여 사회의 거의 모든 기술에 정보기술(Information Technology; IT)을 활용하게 되었고 컴퓨터 가격의 엄청난 하락과 처리 능력의 놀라운 향상, 그리고 그에 따른 모든 분야에서의 컴퓨터의 응용이 이루어지게 된 사회를 말한다.

---

14) https://www.skcc.co.kr/insight/trend/2328

15) 헌법재판소 2002. 8. 29. 2001헌마788, 2002헌마173(병합); 헌법재판소 2005. 12. 22. 2004헌마947 전원재판부 [헌공 제111호].

16) 헌법재판소 2003. 9. 25. 2002헌마519 전원재판부 [헌공 제85호].

17) 김주영·손형섭, 『개인정보 보호법의 이해』, 법문사(2012), 10면 이하.

18) 그 명칭과 관련하여 "'정보(화)사회'라는 명칭은 과거, 현재 혹은 가까운 장래의 사회형태를 특징짓는 개념으로 사용되는 바, 그 외에도 '탈산업화사회', '정보화사회', '고도 정보사회' 등 다양한 명칭으로 불리기도 하고, '지식산업사회', '하이테크놀로지 사회', '시스템 사회' 등으로 불리기도 하지만, 엄밀히 말해 정보(화)사회라는 말에는 "지금부터 정보화된다. 따라서 정보통신 기술의 개발이 필요하다"는 의미가 포함되어 있기 때문에, 변화의 요소에만 초점을 맞추고 있는 용어보다는 '정보사회' 또는 '고도 정보사회'가 적절하다고 본다. 이것은 1960년대 후반부터 70년대에 걸쳐 일본 통산성에서 주로 사용한 말이다. 현재 상황에서 생각한다면 이와 같은 말은 이미 과거의 용어라 할 수 있다. 한편, '정보사회'에 관해서도 '이미 정보화는 상당한 정도로 진행되고 있으므로, 해야 할 일은 정보통신 인프라의 정비'라는 의미가 짙다. Kazufumi Orikasa, 高度情報化社會の諸相−歷史·學問·人間·哲學·文化, 김재홍, 『고도 정보화사회의 여러 모습: 역사, 학문, 인간, 철학, 문화』(커뮤니케이션북스, 2004), 24~25면.

정보사회는 공간을 초월한다. 각 지역을 연결하고 시간과 공간의 조직화에 중대한 영향을 미치고 있는 정보통신망(network)을 강조하여, 정보의 중요성 증대, 컴퓨터와 통신기술에 의한 하부구조의 확충, 정보의 교역 증가, 국민경제와 지역경제의 통합 등을 정보사회의 지표로 거론하는 입장이다. 이른바 시공축약(time-space compression)[19]으로 대표되는 공간적 변화가 바로 정보사회의 특징이라는 것이다. 이러한 입장 역시 통신망의 개념을 어떻게 정의하는가 하는 개념규정의 부정확함과 함께 진입시기의 판단 문제가 제기될 수 있다. 문화적 정의는 엄청나게 증가한 정보로 인해 일상생활의 양식자체가 변화해 버린 사회가 바로 정보사회라는 입장이다.[20]

2. 관련 용어의 소개

(1) 클라우드 컴퓨팅(Cloud Computing)

클라우드 컴퓨팅은 인터넷 서버에서 데이터 저장과 처리, 네트워크, 콘텐츠 사용 등 IT 관련 서비스를 한 번에 제공하는 기술을 말한다.[21] 클라우드 컴퓨팅에서 클라우드(Cloud)의 의미는 컴퓨터 통신망이 구름과 같은 것에 싸여 안이 보이지 않고, 일반 사용자는 이 복잡한 내부를 굳이 알 필요도 없이 어디에서나 구름 속으로 손을 집어넣어 자기가 원하는 작업을 할 수 있다는 것이다.[22]

클라우드 컴퓨팅은 여러 가지 분류방법이 있지만 일반적으로 IaaS(Infrastructure as a Service), PaaS(Platform as a Service), SaaS(Software as a Service) 세 가지로 분류한다.[23]

IaaS(Infrastructure as a Service)는 서버 시스템, 네트워크, 데이터베이스 등의 하드웨어 인프라를 제공하는 서비스이다. 이용자는 IaaS를 통해 자신이 원하는 만큼의 CPU, 메모리(RAM), 저장공간, 네트워크 속도, DB 공간 등을 선택하여 사용할 수가 있다. 대표적인 예로 아마존의 AWS(Amazon Web Service), KT의 Olleh ucloud biz 등이 있다.

---

19) David Harvey, *The Condition of Postmodernity—an Enquiry into the Origins of Cultural Change* (Cambridge, Mass: Blackwell, 1989), 284면.

20) 김주영·손형섭, 앞의 책, 11면.

21) 다음백과사전, 클라우드 컴퓨팅, <http://100.daum.net/encyclopedia/view/b22k0722m10>

22) 나무위키, 클라우드 컴퓨팅, <https://namu.wiki/w/클라우드%20컴퓨팅>

23) 최정열, "클라우스 서비스의 데이터 이동성", 『인터넷 그 길을 묻다』 한국정보법학회(2012), 870면.

클라우드 컴퓨팅

[http://ko.wikipedia.org/wiki/클라우드_컴퓨팅]

PaaS(Platform as a Service)는 서버, 네트워크, 데이터베이스 등의 하드웨어 인프라에 실제 시스템을 운영할 수 있는 운영체제와 소프트웨어를 개발할 수 있는 플랫폼까지 제공하는 서비스를 말한다. 이용자들은 PaaS 서비스 제공자가 제공하는 서비스 공간에서 자신이 원하는 서비스나 소프트웨어를 개발해서 제공할 수 있다. 대표적인 예로 구글의 구글 앱엔진(Google App Engine), 마이크로소프트의 윈도우 애져(Windows Azure) 등이 있다.

SaaS(Software as a Service)는 오피스, 한글, 포토샵 등과 같이 일반적으로 사용하는 응용소프트웨어를 클라우드를 통해서 제공하는 서비스를 말한다. 우리가 오피스나 한글과 같은 소프트웨어를 사용할 때는 PC에 설치를 하고 이용하는 것이 일반적이지만 SaaS 서비스를 이용하면 인터넷이 되는 곳이면 어디서든지 웹브라우저를 통해서 자신이 원하는 응용프로그램을 이용할 수 있다. 대표적인 예로 세일스포스닷컴의 세일스 클라우드(Sales Cloud), 구글의 구글 Docs, 피카사(Picasa), 마이크로소프트 오피스 365(Office365) 등이 있다.

클라우드 서비스는 공간이나 시간적인 제약 없이 언제 어디서든 단말기에 상관없이 네트워크만 연결되어 있으면 컴퓨터를 이용할 수 있는 서비스이기 때문에, 클라우드 서비스를 이용하게 되면 작업을 하거나 콘텐츠를 이용하기 위해 클라우드 공간에 저장을 하게 된다. 문제는 이렇게 저장된 정보들이 사진이나 주소록 등 개인정부에서부터 비밀 문서, 회사 업무자료 등이 될 수 있고 이것이 노출되면 심각한 문제가 발생할 수 있다.[24]

---

24) 이인호, "정보통신기술의 발전과 기본권에 관한 연구", 헌법재판연구 제25권(2014), 36면.

(2) 소셜네트워크서비스(Social Network Service)

소프트웨어 정의 네트워킹(Software-Defined Networking, SDN)은 기존 네트워크 장비에서 하드웨어 기능과 소프트웨어 기능을 분리하여 직접 프로그래밍을 할 수 있도록 지원하는 새로운 네트워크 아키텍처를 포괄하는 개념이다.[25] 쉽게 말하면, 아래 그림과 같이 기존 네트워크에서는 네트워크 장비에서 고정된 프로그램으로 라우팅과 네트워크 정책 등을 구성하였다. 하지만 SDN에서는 데이터를 전송하는 물리적인 계층과 데이터를 어디로 보낼 것인지의 여부 등을 조절할 수 있는 소프트웨어 부분을 분리하여 네트워크를 구성하고자 하는 자가 소프트웨어 부분을 새롭게 정의하여 네트워크를 구성할 수 있게 된다.[26]

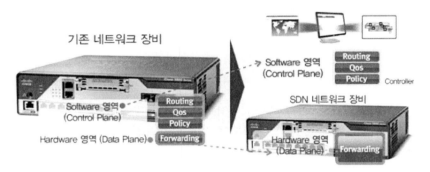

출처: 정보통신산업진흥원 '미래지향 SDN환경에서 국내 네트워킹산업 경쟁력 확보를 위한 동향보고서'('12)

소셜네트워크서비스(Social Network Service, SNS)란 웹상에서 친구·선후배·동료 등 지인(知人)과의 인맥 관계를 강화시키고 또 새로운 인맥을 쌓으며 폭넓은 인적 네트워크(인간관계)를 형성할 수 있도록 해주는 서비스를 말한다.[27] 가트너는 2011년 전략기술을 발표하면서 소셜네트워크서비스의 종류를 소셜 네트워킹, 소셜 협업, 소셜 퍼블리싱, 소셜 피드백으로 구분하였다.[28] 소셜 네트워킹(Social Networking)은 이용자가 소셜 미디어 웹사이트에 가입하면서 기본적으로 제공하는 개인정보를 바탕으로 개인의

---

25) 유기주, "네트워크의 혁신 'SDN'", <http://blog.lgcns.com/393>

26) 이인호, 앞의 보고서, 24~25면.

27) 네이버지식백과, "소셜 네트워크 서비스[Social Network Service]", 두산백과,
    <http://terms.naver.com/entry.nhn?docId=1348348&cid=40942&categoryId=32854>

28) Gartner, "Gartner Identifies the Top 10 Strategic Technologies for 2011", Oct. 19., 2010,
    <http://www.gartner.com/newsroom/id/1454221>

제1장 4차 산업혁명기 IT·미디어법 기초 **9**

정체성을 확립하여 이용자 간의 네트워크를 구성할 수 있도록 해주는 소셜 네트워크 서비스를 말한다.[29] 대표적인 예로는 페이스북, 링크드인, 트위터 등이 있다.

소셜 협업(Social Collaboration)은 사용자가 생산해 낸 콘텐츠나 자신의 소셜미디어 웹사이트에 연결한 외부 콘텐츠를 다시 공유하거나 추천, 배포하고 나아가 협업을 통해 또 다른 의미 생산에 참여할 수 있도록 창구를 열어주는 서비스를 말한다.[30] 대표적인 예로는 위키피디아, 블로그 등이 있다.

소셜 퍼블리싱(Social Publishing) 서비스는 해당 서비스에 참여하기 위해 기본적으로 제공한 프로필 정보 이외에 텍스트, 사진, 동영상 등 사용자가 시스템 안에서 콘텐츠를 생산해 낼 수 있도록 하는 서비스를 말한다.[31] 대표적인 예로는 유튜브, 플리커, 인스타그램 등이 있다.

소셜 피드백(Social Feedback)은 사용자간 커뮤니케이션 중심으로 자신과 유사한 분야의 비즈니스 목적을 둔 사람들과 인맥관계를 만들어 비즈니스에 관련된 정보를 공유하고 다양한 커뮤니티 활동을 하거나 취미나 관심분야가 일치하는 사용자끼리 모여 온라인상에서 자유롭게 커뮤니티를 형상하게끔 도와주는 서비스를 말한다.[32] 대표적인 예로는 Digg, Del.icio.us. 등이 있다.[33]

이러한 소셜네트워크는 집단화되지 않았던 사람을 집단화하여 정치 의사를 공유하고 연대하고 행동하는 데 기여하고 있다. 서비스를 제공하는 플랫폼 기업은 스마트폰 디바이스를 중심으로 ICT 혁신을 할 수 있게 되었다. 공유경제 서비스는 P2P(Peer to Peer)와 B2C(Business to Consumer) 내지 B2P(Business to Peer)의 두 가지로 구분하고 이익 추구 여부를 더하면 이익추구형(for-profit) B2P 플랫폼, 이익추구형(for-profit) P2P 플랫폼, 이익을 추구하지 않는(non-profit) B2P와 이익을 추구하지 않는(non-profit) P2P로 4분할 수 있다. P2P는 개인과 개인 간의 거래를 말하는 것으로, 집을 빌려주는 서비스, 옷을 빌려주는 서비스 등 개인이 소유한 물건을 다른 사람이 이용할 수 있게 연결해주는 중계서비스가 이에 해당한다. B2P는 기업이 소유한 제품을

29) 유혜림·송인국, "웹서비스형태 변화에 따른 소셜 네트워크 서비스의 진화", 한국인터넷정보학회, 한국인터넷정보학회지 제11권 제3호(2010. 9), 53면.

30) 유혜림·송인국, 위의 논문, 53면.

31) 유혜림·송인국, 위의 논문, 54면

32) 유혜림·송인국, 위의 논문, 54면

33) 손형섭, 『4차 산업혁명기의 IT·미디어법』 박영사(2019), 4면.

개인에게 빌려주는 비즈니스 모델을 말하는 것으로 카쉐어링 서비스를 포함한 다양한 렌탈서비스가 ICT 적용으로 보다 전환된 것이다.[34)35)]

여기서 디지털 플랫폼 서비스의 확대로 시민의 정치참여 방식 양상도 크게 달라지고 있다. 플랫폼 서비스는 다양한 공유경제 모델의 활용을 가능하게 했다. 그리고 시민의 정치참여의 형태도 바뀌고 있다. 플랫폼에 대해 정의를 하려면 많은 지면을 할애해야 하지만, 이 책에서 간단히 정하자면 사람이나 시장을 연결하는 공간이나 미디어 매개체 등을 말한다.[36)] 따라서 디지털 플랫폼이라고 하면 디지털 기술을 사용하여 사람이나 시장을 연결하는 인터넷 공간이나 미디어 매개체를 말하는 것이 된다. 디지털 플랫폼은 사람과 정보의 연결을 해주는 중심 공간을 제공하는 데 반면, 블록체인은 모든 정보 제공 공간을 분산하여 체인과 같이 연결하는 분산공유(분산원장, Distributed Ledger) 플랫폼이다.[37)]

인터넷과 SNS상 선거운동은 전자게시판, 토론방, 게시글 작성, 친구 등록, 동영상 게시 그리고 이메일을 이용한 유권자와의 대화, 인터넷 모금(e-fundraising), 인터넷 자원봉사(e-volunteering), 인터넷과 SNS상 여론조사(e-polling), 당원·당 간부·후보자 간의 의사소통을 위한 네트워킹(e-networking), 팬클럽 활동 및 동호인 모임 등 다양하다. 한편, 우리나라의 선거에서 후보자(정당)의 인터넷 선거운동은 크게 세 가지 유형으로 나누어 볼 수 있다. 첫째는 후보자(정당)들이 홈페이지를 개설하여 각종 정보 게시와 사이버 연설 등을 통해 자신을 유권자에게 적극적으로 알리는 선거운동 방식이다. 일반적으로 후보자는 자신의 홈페이지를 통해 각종 정보를 제공하고, 게시판을 이용하여 유권자와 대화하며, 여론조사를 실시하기도 하고 후원금을 모집한다. 둘째, 후보자(정당)들이 전자우편을 이용하여 선거구민 등에게 각종 지지, 반대하는 글이나 자료를 보내는 선거운동 방식이다. 선거법은 스팸메일의 규제를 위해 누구든지 정보 수신자의 명시적인 수신 거부 의사에 반하여 선거운동 목적의 정보를 전송하는 경우 수신 거부 의사를 쉽게 표시할 수 있는 조치나 방법을 명시해야 하는 규정을 두고 있다. 셋째, 후보자(정당)들은 홈페이지를 활용하여 후원금을 모으고 조직을 운영하는 선거

---

34) 이성엽, "공유경제(Sharing economy)에 대한 정부규제의 필요성 : 차량 및 숙박 공유를 중심으로", 행정법이론실무학회, 행정법연구 제44권(2016. 2), 19~41, 25면.

35) 손형섭, 앞의 책, 356면.

36) 이승훈, 『플랫폼의 생각법』 한스미디어(2019) 참고.

37) 손형섭, 앞의 책, 343면.

운동 방식이다.[38] 또한, 인터넷과 SNS 선거운동의 특성은 시·공간 초월과 신속성, 상호 작용성, 개방성, 연결과 대화성 등으로 나누어 볼 수 있다.[39][40]

인터넷 디지털 플랫폼을 통하여 국민은 선거 때만이 아니라 평소에도 정치적 쟁점과 개혁 정책에 관해서 의견을 개진할 수 있고 여론을 주도할 수 있게 된다. 대의주의 원칙의 고수보다는 디지털 플랫폼을 이용하여 직접민주주의의 구현이 더 구체적으로 실현되게 된다. 이것은 종래 지역 패권주의를 통하여 지지도를 결집하던 한국의 종래 정치 양상과는 달리, 같은 정치적 의사를 갖는 사람 간에 SNS 소통을 통하여 정치의사의 개진, 정치 의사의 토론, 구체적인 정책의 실현을 도모하고, 디지털을 이용한 청원제도의 활성화가 이루어지게 된다. 이러한 현상을 수용하여 크라우드소싱(crowdsourcing)이라는 대중의 참여를 확대하고 확대된 인적 자원을 활용하여 문제를 해결하는 방식을, 입법과정에도 전문가는 물론 일반 대중이 참여하고 국회의원 등이 답하는 방식으로 사회 각 분야에 지혜를 모으는 제도의 도입이 필요하다. 이러한 예로, IT기술을 접목한 e-청원 시스템은 2000년 스코틀랜드 의회에서 시작되어 2002년 호주의 퀸즈랜드 의회가 도입했다. 2005년에는 독일 의회가 스코틀랜드와 유사한 시스템을 도입했고, 2006년에는 영국 정부가, 2011년에는 미국 오바마 정부가 위더피플(We The People)이라는 e-청원 서비스를 개시했다.[41][42]

[주요 SNS 서비스들][43]

---

38) 김형준, "인터넷(사이버)선거운동에 대한 고찰-문제점과 개선방안을 중심으로", 중앙선거관리위원회, 선거관리 제51호(2005), 61~62면.

39) 중앙선거관리위원회, 『바람직한 대통령 선거운동 방향의 모색』 중앙선거관리위원회 선거연수원(2002), 122면.

40) 손형섭, 앞의 책, 300~301면.

41) 김병록, "청와대 국민청원의 개선방안에 관한 연구", 법학논총 제26권 제2호(2019), 139~170, 141면.

42) 이상 손형섭, "디지털 플랫폼과 AI에 의한 국회 전자청원시스템 활성화 연구", 유럽헌법연구 제31권(2019), 499~502면 참조.

43) Geralt, http://pixabay.com, CC0

(3) 사물인터넷(Iot)

인터넷을 통한 연결은 사람 간의 연결을 넘어 사람과 사물, 사물과 사물 간의 연결과 상호작용으로 변하고 있다. P2P가 사람과 사물을 연결하는 기술이고, M2M[44]이 기계와 기계를 연결하는 기술이라고 한다면, 사물인터넷, 즉 IoT는 Internet of Things의 약자로 인간과 기계를 포함한 모든 물건(Things)을 상호 연결한 기술을 말한다. 즉, 사물인터넷은 사물에 센서를 부착하여 실시간으로 데이터를 인터넷으로 주고받는 기술이나 환경이며, 이를 통해 사물과 인터넷이 연결되어 정보를 주고받게 된다.

(4) 빅데이터(Big Data)

소셜네트워크서비스(SNS)의 급성장과 모바일 환경으로 변화하면서 트위터나 미투데이 등 소셜 데이터, 모바일 기기의 GPS 정보, NFC(Near Field Communication) 등에서 발생하는 센서데이터, 유튜브, 페이스북 등에 올려지는 멀티미디어 데이터 등 다양한 종류의 데이터들이 대량으로 발생하게 되었다. 그런데, 기존의 관계형 데이터베이스 시스템 하에서 이와 같은 데이터를 활용하기 위해서는 이용목적에 맞게 데이터를 정형화시켜 데이터베이스에 입력해야 한다. 하지만 이미지, 영상, 오디오 등 멀티미디어 데이터뿐만 아니라 XML 등의 반정형 데이터 형식 없는 텍스트 등은 데이터베이스에 저장하기 어려울 뿐만 아니라 용량도 커서 시간과 비용도 많이 들었다.[45] 하지만 이러한 빅데이터 분석이 가능한 기술이 개발되고 이를 통해 다양한 성공사례가 생겨나기 시작하면서 빅데이터는 IT산업의 핵심기술로 급부상하였다.

빅데이터는 정형데이터와 비정형데이터를 포괄하는 대용량 데이터를 말하며, 이를 정보통신기술과 접목하여 빅데이터 분석을 통해 새로운 경제적 가치를 창출하게 되거나 통찰력을 얻게 되는 것을 말한다. 최근 빅데이터는 클라우드 컴퓨팅과 함께 세계 산업의 핵심 키워드로 자리 잡고 있다.

---

44) M2M이란 machine to machine의 약자로 컴퓨터 네트워킹을 매개로 하여 상호 접속한 기계와 기계로, 인간이 관여 없이 상호 정보교환으로 최적화된 자동적 행동을 하는 시스템을 말한다. M2M의 표준화에 관하여 당초 모바일통신 표준화단체인 3GPP가 Machine Tape Communication이라는 명칭으로 표준화하였다. 그러나 2012년 7월 24일 미국 워싱턴 주에서 대표적인 7개의 표준화조직의 대표가 모여, M2M분야에서 신국제표준화조직 'oneM2M'을 설립하였다.
M2M에서는 센서 네트워크에 의해 각종 기기로부터 다양한 정보를 자동적으로 수진하고, 그 정보를 활용하도록 한다. 빅데이터로서 취급된 이러한 정보를 집약하여 기계간에 자동적으로 제어하는 것으로 하여, 보다 실시간으로 각종 기계의 자동제어가 가능하도록 한다는 것이다. 平塚三好・阿部仁, 『最新知財戦略の基本がよ～くわかる本』秀和システム(2015), 9면.
45) 이진태, "빅데이터 활성화와 저작권 문제", 계간 저작권 제102호(2013 여름호), 한국저작권위원회(2013. 6), 140~141면.

(5) 스마트머신

스마트 머신(Smart Machine)은 실시간으로 이동하면서 주변 환경을 감지하고, 수집한 정보를 바탕으로 자율적으로 움직이는 기기를 뜻한다.[46] 예를 들면 테슬라의 무인자동차, 애플의 음성인식 개인비서 프로그램인 시리(SIRI), 가정용 소셜 로봇 지보(Jibo) 등이 있다.

[가정용 로봇 JIBO][47]

스마트 머신은 단순히 컴퓨터의 성능이 높아진다고 해서 이루어지는 것이 아니다. 스마트머신의 발전하기 위해서는 머닝러신(Machine Learing), 실시간 정보처리를 위한 빅데이터(Big data) 기술, 센세 네트워크를 포함한 사물인터넷(IoT) 기술, 기가인터넷 등 초고속 인터넷 기술 등이 복합적으로 작용하고 있다.

향후 스마트머신은 머닝러신, 빅데이터, 사물인터넷 등의 기술발전과 함께 꾸준히 성장할 것으로 예상하고 있다.

(6) 인공지능(AI, Artificial Intelligence)

1940년대 이미 '인공신경망(ANN)' 개념이 등장했다. 1956년 미국 매사추세츠 다트머스대에서 열린 한 콘퍼런스에서 'AI'란 말이 처음 사용됐다. 초기 AI의 대표 알고리즘이 바로 "If−then(만약~하면~해라)" 룰이다.[48] 이 기술은 장기 포커 등에서 인간을

---

46) 이수경, "ITWorld 용어풀이ㅣ스마트 머신", ITWorld, 2015. 9. 10, <http://www.itworld.co.kr/news/95495>

47) https://www.jibo.com/

48) 한국경제, 2019. 8. 18. 4차 산업혁명 '한·일戰' 수학에 달렸다.
https://www.hankyung.com/it/article/2019081807421

이기는 것을 넘어 2040년경에는 의약, 금융, 운송, 기타 산업과 인간의 지적 활동 영역에서 인간의 능력을 뛰어넘는 활동이 가능할 것이라는 논의도 제기되고 있다

인공지능은 인간의 지적 능력에 의한 일부 또는 전체의 작용을 컴퓨터 공학에 기반하여 구현한다. 인공지능을 위해서는 기계 학습(Machine Learning)이 필요하며 이 머신러닝은 기본적인 규칙만 주어진 상태에서 입력받은 정보를 활용해 스스로 학습하는 것이다. 인공 신경망(Artificial Neural Network)이란, 인간의 뉴런 구조를 본떠 만든 기계 학습을 하는 모델이다. 딥 러닝(Deep Learning)은 입력과 출력 사이에 있는 인공 뉴런들을 여러 개 층층이 쌓고 연결한 인공신경망 기법을 주로 다루는 연구이다. 즉, 단일 층이 아닌 실제 뇌처럼 여러 계층으로 구성되어 있다. 인지 컴퓨팅(Cognitive Computing)은 기계학습을 이용하여 특정한 인지적 과제를 해결할 수 있는 프로그램 또는 솔루션을 이야기한다. 뉴로모픽 컴퓨팅(Neuromorphic Computing)은 인공신경망을 하드웨어적으로 구현한 것으로 이러한 기술이 인간의 지적활동의 일부를 돕거나 대체할 것으로 기대하는 것이다.[49]

여기에는 논리와 통제라는 두 가지 요소를 포함한 알고리즘(algorithm)을 통해 문제를 해결하는 논리와 통제방식을 정리하게 된다.[50] AI에는 빅데이터 분석도 기여를 하고 있는데, 빅데이터 분석(BDA)은 조직의 의사 결정을 개선하여 가치를 창출 할 수 있다. 광범위하고 일관된 데이터 액세스를 제공하여, 조직에 권한 부여 구조를 보완하거나 인간 의사 결정을 보강하거나, 비즈니스 프로세스에서 실시간 성능과 같은 스트리밍 데이터 분석 데이터 및 재고 관리 상태가 중요한 영향을 미칠 수 있다.[51] 필자는 디지털 형태로 정치에 참여하고 정치적 의사를 보인 시민의 데이터와 이것을 처리한 정부의 처리 과정에서의 정보를 중심으로 한 빅데이터 분석(BDA)은 정치적 의사결정을 개선하고 새로운 가치와 방향성을 설정하는 데 중요한 영향을 미치게 되리라 생각한다. 여기에 AI의 예측력 증대로 인간사회에서 여러 정치적 현안에 대하여 AI가 기여할 영역이 나타날 것이다.[52]

---

49) 손형섭, 앞의 책, 12~13면.

50) 알고리즘은 9세기 페르시아 수학자 '알−크와리즈미(al−Khwarizmi)'의 이름에서 유래했다. 이후 업무를 수행하는 규칙적인 절차나 방법이 알고리즘으로 불리어지게 되었다. 한희원, 『인공지능(AI) 법과 공존윤리』, 박영사(2018), 266면.

51) Varun Grover, Roger H.L. Chiang, Ting−Peng Liang & Dongsong Zhang, Creating Strategic Business Value from Big Data Analytics: A Research Framework, Journal of Management Information Systems, 15 May 2018, at 402.

52) 손형섭, "디지털 플랫폼과 AI에 의한 국회 전자청원시스템 활성화 연구", 유럽헌법연구 제31권(2019), 502~503면.

(7) 유비쿼터스

유비쿼터스(Ubiquitous)란 라틴어의 "ubique"라는 형용사에서 기원하였으며, "신과 함께 편재(遍在: 널리 존재함, 두루 퍼져 있음)하는"이라는 의미이다. 따라서 유비쿼터스라 하면, 주로 인간의 생활환경 속에 컴퓨터를 결합하여, 사용자는 장소와 물리적인 상황에 재한 받지 않고 이용 가능한 컴퓨터 환경을 말한다.[53]

유비쿼터스 개념의 발단은 일본 동경대학의 사카무라 켄 교수의 TRon Project에서 시작되었다고 한다. 사카무라 켄 교수는 처음에 "유비쿼터스"라는 용어를 사용하지 않고 일본어로 「어디에나 컴퓨터(どこでもコンピューター: Computer Everywhere)」, 또는 「초기능분산시스템」(HFDS; Highly Functionally Distributed System)이라고 했다.[54]

후에 1988년 미국 제록스사의 펠로알토연구소(PARC; Palo Alto Research Center)의 마크 와이저(Mark Weiser)가 "유비쿼터스"라는 용어를 처음 제기하였다고 한다. 그는 1991년 그의 논문[55]에서부터 유비쿼터스 개념을 '언제 어디서나 컴퓨터에 접근이 가능한 세계'라고 정의하였다.[56] 마이크 와이저는, 사람들이 유비쿼터스 컴퓨터이용에 의해 많은 정보를 컴퓨터 앞이 아니라 숲속을 산책하는 것처럼 자유롭고 새롭게 이용할 수 있게 될 것이라고 하였다.[57)58]

그런데 이미 스마트폰을 매개체로 한 정보의 활용이 공간을 초월하여 활용되고 있는 지금은 스마트 사회로서 유비쿼터스 사회보다 더 공간을 초원한 컴퓨터 네트워크 서비스의 활용이 가능한 사회가 이미 도래했다 할 수 있다.

(8) 생성형 인공지능

생성형 AI(Generated AI)는 대화, 이미지, 동영상, 음악 등 새로운 콘텐츠와 아이디어를 만들 수 있는 인공지능의 일종을 말한다. 2023년 한 해 가장 큰 이슈 중에 하나였고 지금까지도 화제가 되고 있는 ChatGPT가 대표적인 예이다. 종래 분석적 인공지능

---

53) 손형섭, "유비쿼터스도시에 관한 법적 고찰", 토지공법연구 제43집 제3호(2009. 2), 57면 이하.

54) 강달천, "유비쿼터스(Ubiquitous) 時代의 個人情報保護法制", 중앙법학회 제6집 제2호(2004. 8), 9면.

55) Mark Weiser, *The Computer for the 21st Century*, Scientific American, Vol 265(Sep. 1991).

56) Mark Weise, Hot topic; Ubiquitous Computing, Ieee Computer(1993), 본 논문의 소개는 강달천, "u-헬스 서비스(ubiquitous-Health Care)의 보편화 경형과 개인건강보호법제 방향", 중앙법학회 제10집 제1호(2008. 4), 99면.

57) Mark Weiser, *The Computer for the 21st Century*, p. 265.

58) 사카무라 켄 교수도 마크 와이저의 논문에 영향을 받아 차세대 정보통신 환경에 "유비쿼터스"라는 용어를 사용하기 시작하였다.

(Analytical AI)이나 전통적인 AI는 주로 대부분 데이터를 분석하고 패턴을 인식하고 일정한 결과와 역할을 했다. 그런데 생성형 인공지능을 새로운 콘텐츠를 만들어내는 것이 특징이다.[59] ChatGPT 외에도 어도비에서는 Firefly나 Midjourney와 같은 플랫폼으로 일정한 미술작품을 생성할 수 있다. Apple의 Siri나 Amazon의 Alexa와 같은 기술을 넘어, 특정 인물의 목소리를 모방하여 오디오 콘텐츠를 생성한다.[60]

(9) 인터넷과 월드 와이드 웹(WWW, World Wide Web)

인터넷(Internet)은 보통 인터넷워킹 기술의 대표 프로토콜인 TCP/IP[61]를 사용하여 다른 여러 개의 네트워크가 모인 하나의 거대한 네트워크, 즉 네트워크의 네트워크로 정의한다. 인터넷에서 이용할 수 있는 서비스는 이메일, Telnet, FTP(파일 전송), Usenet, 인터넷 대화와 토론(IRC), 전자 게시판(BBS), 월드 와이드 웹(WWW, World Wide Web), 온라인 게임과 같이 다양하며, 동영상이나 음성 데이터를 실시간으로 방송하는 서비스나 비디오 회의 등 새로운 서비스가 계속 개발되고 있다.

1960년대부터 1970년대에 걸쳐 LAN기술이 발전하여, 복수의 통신프로토콜을 이용한 페킷 교환 네트워크가 구축되는 중에, 이들 중 LAN 간을 연결하는 광역 인터넷으로서 복수의 네크워크를 상호 교환하는 ARPANET가 미국 국토에 구축되었다.

ARPANET에서는 상호접속을 위한 인터넷 워킹 프로토콜로서 1982년에 TCP/IP 프로토콜을 표준화하여, 세계규모의 네트워크 접속망을 구축하였다. ARPANET는 미국 국방성의 간여 하에 어떠한 대학과 연구기관과 연결하는 네트워크가 되었지만 비즈니스에 이용되는 네트워크는 아니었다. 그 후 1987년 UUNET가 서비스를 개시하여, 1989년부터 정식 상업용으로 이용되고, 세계 처음 상업용 ISP로서 운용을 시작했다. 이때 일본은 1992년 인터넷이니시어티브(IIJ: internet Initiative Japan Inc.)가 서비스를 개시하고 니프티 서비스 등의 퍼스널 통신 서비스가 인터넷과 접속 가능하게 되었다.

1993년 이후 유럽원자핵공동연구소(CERN)는 월드 와이드 웹(WWW, World Wide Web) 기술을 무료로 이용 가능하게 하기 위하여 www 서버와 www 브라우저가 발전을 계속하게 되었다. 오늘날 비즈니스에서 인터넷을 활용하지 않을 수 없고 대규모 비

---

59) https://www.netapp.com/ko/hybrid-cloud/what-is-generative-ai/

60) https://www.netapp.com/ko/hybrid-cloud/what-is-generative-ai/

61) TCP/IP 프로토콜은 Transmission Control Protocol/Internet Protocol의 약자로 네트워크를 상호 연결시켜 정보를 전송할 수 있도록 하는 기능을 가진 다수의 프로토콜의 집합이며 계층을 달리하기 때문에 개방형 시스템이면서 동시에 이종의 통신이 가능하다.

즈니스에 인터넷은 이용되고 있다.[62]

(10) 전자정부

전자정부란 IT 기술을 이용하여 행정업무를 효율적으로 재설계하고 번거로운 문서나 절차 등을 감축하여, 문서 없는 정부를 실현함으로써 열린 정부가 구현되고 온종일 행정서비스가 가능한 고객 지향적이고 혁신적인 정부 모형이라 할 수 있다.[63] 예를 들어, 전자정부를 근본적으로 웹사이트를 중심으로 한 협의의 개념으로 언제든지 정부의 정보와 서비스를 전자적으로 제공하는 것으로 시민들에게 봉사하고, 정부와 시민 모두에게 이익을 도모할 수 있도록 정부조직의 능력을 확장시키고, 정보통신기술을 활용한 정부의 일하는 방식과 서비스 전달방식이 혁신된 정부이다. 결국, 전자정부 개념은 기술혁신을 전제로 대민 서비스 제공 및 거래의 향상에 초점을 맞추고 있으며, 이를 지원하기 위한 제도적인 혁신이 요구됨으로써 기술혁신, 서비스 프로세스의 혁신, 제도적 혁신을 주요 골자로 하고 있다. 이와 같이 1980년대 정부기관의 정보통신기술의 활용도는 일부 행정업무에 대한 자동화를 지원해 주는 수준이었다. 우리나라 정부도 이러한 세계적인 추세 속에서, 세계 일류의 전자정부라는 정부 목표 구현을 위해 집중 노력을 하고 있고, 국내외에서 전자정부에 관한 다양한 연구들이 진행되었다.[64]

우리나라에서는 2015년 전자정부법 제2조에서 전자정부를 다음과 같이 정의하고 있다. "전자정부"란 정보기술을 활용하여 행정기관 및 공공기관의 업무를 전자화하여 행정기관 등의 상호간의 행정업무 및 국민에 대한 행정업무를 효율적으로 수행하는 정부를 말한다. 이러한 전자정부법의 개념 정의는 2001년 법이 제정될 당시부터 행정기관 사무의 전자화에 초점을 두었다. 이후 여러 차례의 개정을 거치면서도 행정업무의 전자화 등으로 전자정부의 정의를 너무 좁게 규정해 놓았다는 비판을 받고 있다. 이러한 정의에서 추출해 낼 수 있는 전자정부의 주요 요소들로는 정보기술의 활용, 행정업무의 전자화, 행정업무의 효율적 수행 등이 있다. 비록 법률 조문에서는 전자정부가 폭넓게 정의되지는 못했지만, 법률 제정의 목적을 살펴보면 전자정부의 개념이 보다 확실해 진다. 전자정부법 제1조(목적)의 규정은 다음과 같다. "이 법은 행정업무의 전자적

---

62) 平塚三好 · 阿部仁, 『最新知財戦略の基本がよ~くわかる本』 秀和システム(2015), 12면.

63) 김재기, 『행정학』, 법문사(2006), 285면 이하 참조.

64) 최영훈, 『전자정부론』, 대영문화사(2006), 115면 이하 참조.

처리를 위한 기본원칙, 절차 및 추진방법 등을 규정함으로써 전자정부를 효율적으로 구현하고, 행정의 생산성, 투명성 및 민주성을 높여 국민의 삶의 질을 향상시키는 것을 목적으로 한다." 따라서 전자정부법의 목적은 크게 기본원칙, 절차 및 추진방법 규정 그리고 전자정부 구현 사업의 촉진과 행정기관의 생산성, 투명성 및 민주성 향상, 국민의 삶의 질 향상 등으로 구성되어 있다.[65]

3. 미디어법과 정보법

정보사회에서 다양한 정보 유통에 관한 법이 정보법이라고 하면, 정보법은 정보의 생산, 유통, 소비에 관한 법이라고 설명할 수 있다.

미디어법은 매스미디어를 중심으로 정보매체에 주목하여 법적 문제를 취급하는 것에 대하여 정보법은 사회에서 유통하는 정보자체에 주목하여, 표현의 자유뿐만 아니라, 프라이버시의 권리, 통신의 비밀, 재산권 등 다양한 관점으로부터 법적 문제를 취급하는 점이 특징이다.

스마트사회로의 변화와 함께 종래 언론법은 다양한 매체를 수용하는 개념은 미디어법으로, 그리고 ICT(Information & Communication Technology) 관련 법적 문제를 포함한 정보법과 통합되어 IT·미디어법으로 통합 변모하게 된다.

4. 향후 정보통신기술의 전망

인터넷을 통하여 전자정부를 통한 민주주의 실현과 다양한 정보공개 서비스의 실현이 가능해지고, 전자병원을 통하여 다양한 온라인 건강관리 및 의료 서비스도 가능하게 변화하고 있다.

종래 통신과 페이퍼 워크로 분리되었던 사무업무도 인터넷을 통하여 통합관리 활용되고 있고, 우체국과 도서관 학교의 시스템도 다양하게 접목되어 변화할 것이다.

(1) 전자상거래

전자상거래란 재화와 용역의 거래에 있어서 그 전부 또는 일부가 전자문서에 의하여 처리되는 상행위성을 띠는 거래를 말한다. 인터넷이라는 통신망과 컴퓨터라는 정보전

---

65) 정충식, 『2015 전자정부론』, 서울경제경영(2015), 4면.

달 도구를 사용하여 동시에 다양한 정보를 획득하고, 획득된 정보를 비교·분석하여 보다 경제적인 선택으로 계약을 체결하는 전자상거래의 출현은 그 편리성과 신속성이라는 장점으로 인하여 무한한 성장잠재력을 가지고 있는 것으로 평가된다. 우리나라에서 전자거래가 본격적으로 시작된 것은 1996년 후반기에 인터넷상에 '인터파크'와 '롯데인터넷백화점'이라는 두 개의 사이버 몰이 개설되면서부터라고 할 수 있다.

이미 오프라인 기업은 반드시 온라인 비즈니스 모델을 찾아야 하고, 반대로 온라인 기업은 오프라인 비즈니스 모델을 발굴 새로운 시장에 도전해야 한다. 미국에서도 다수의 유통업체들이 전자상거래에 의해 타격을 받고 있다. 그들은 미래 기술에 익숙하지 않고 신기술 적응 방법, 인터넷 기업 또는 물류 회사와의 협력 방법, 빅데이터 활용 방법 등[66]으로 새로운 변화를 모색할 필요가 있다.

또한, 전자상거래의 활성화에서 기업이윤의 극대화와 소비자만족의 극대화를 달성하기 위해서는 소비자의 보호와 프라이버시의 보호를 통해 소비자들이 전자상거래에 대한 신뢰를 형성하도록 할 것이 요청된다. 소비자의 보호문제는 전자상거래에서 어느 하나만을 의미하는 것이 아니라 실제적인 거래에 있어서 사용자 인증, 약관, 하자있는 물품의 제공, 청약의 철회, 제조물책임의 배상 등 어느 것 하나라도 쉽게 해결되기 어려운 문제라 할 것이다. 소비자들이 사이버스페이스에서 일어나는 거래를 신뢰하기 위해서는 다음과 같이 4가지의 문제를 해결해 줄 수 있는 소비자의 보호체계가 필요하다.

첫째, 광고의 공정성 및 진실성, 둘째, 제품 표시와 보증, 제품 표준 및 사양 등과 같은 정보제공 요건, 셋째, 주문의 취소, 제품 불량, 구매품의 반환, 배달 중 분실 등의 경우에 대한 환불체계, 넷째, 위에서 설명한 조건들의 측면에서 판매업체의 자격을 검증하는 수단 등이 필요하다고 보고 있다.

결국 소비자들이 개인정보의 부적절한 이용과 명시로 인한 피해를 입었거나, 또는 부정확하고 진부하며, 불완전한 또는 관련 없는 인적 정보에 바탕한 의사결정으로 인한 피해를 입었다면 시정할 수 있는 자기정보통제권 내지 청구권적 요소로서의 권리가 보장되어야 할 것이다.[67]

---

66) 이주현, "전자상거래 개념 없어질 것' … 마윈이 말하는 미래 5대 트렌드", 2016. 10. 14.
67) 박은경 외 11명, 『신생활법률』 세종출판사(2015), 324~3332면 참조.

(2) 컴퓨팅의 클라우드화, 빅데이터, 사물인터넷

빅데이터의 시작은 구글이 대용량 웹 데이터 검색을 저비용으로 분산처리하기 위해 만들어낸 분산파일시스템인 구글파일시스템(GFS, Google File System)과 분산처리병렬처리 방식인 맵리듀스(Mapreduce)에서 시작하였다.[68]

단순히 대용량 웹 데이터 검색을 위해 시작되었던 분산파일처리시스템인 빅데이터 시스템은 소셜네트워크서비스(SNS)의 등장과 모바일 기기의 보급 확대로 인해 그 활용방식이 바뀌게 되었다. 웹 검색을 효율적으로 하는 것을 넘어 유권자들의 정보를 수집·분석하여 유권자 맞춤형 선거전략을 전개하고 개인 맞춤형 추천 상품과 맞춤형 광고를 하는데 이용되고 있다. 또한 공공부문에서도 의료정보를 분석하여 전염병 발생을 차단하고 전력선이나 수도관 등의 파열을 방지하기 위하여 실시간으로 전력선 및 수도관의 상태를 수집·분석하여 유지보수를 할 수 있도록 하고 있다.

구글은 이러한 구글파일시스템과 맵리듀스에 대해서 각각 2003년과 2004년에 논문을 발표하였는데 이러한 논문을 바탕으로 루센(Lucene)이라는 오픈소스 검색엔진 개발자인 더그 커팅(Doug Cutting)이 대용량의 분산처리를 위한 빅데이터 플랫폼인 하둡을 2004년부터 시작하였다. 현재 빅데이터의 활용은 기업에서는 개인 맞춤형 마케팅에, 공공부문에서는 교통정보, 전력관리 등 대국민 서비스에 초점이 맞춰져 있다. 하지만 향후 빅데이터의 활용은 사물인터넷과 결합하여 센서 네트워크를 통해 사물들이 보낸 정보들을 수집·분석하여 개인 맞춤형 정보를 제공하거나 인공지능을 통해 스스로 유지보수를 할 수 있는 만물인터넷[69]을 위한 기반산업으로 발전하고 있다.

(3) 미래 인터넷의 변화

모바일 기기의 확대와 인터넷 이용자의 급속한 증가, 그리고 고품질·대용량 데이터의 증가로 인해 네트워크의 고도화의 필요성은 기하급수적으로 증가하는 데 반해, 네트워크 장비를 추가하여 네트워크 속도를 늘릴 수밖에 없는 구조적인 문제와 40년간 개선이 전혀 이루어지지 않은 클라이언트-서버에 최적화된 네트워크 계층구조로 인해 현재의 네트워크 구조는 한계에 봉착하고 있다.

하지만 기존 인터넷의 핵심을 건드리지 않고 패치하고 업그레이드하는 방식으로는

---

68) 이하 이인호, "정보통신기술의 발전과 기본권에 관한 연구", 헌법재판연구 제25권(2014) 참조.

69) 이인호, 앞의 보고서, 25면.

돌파구를 찾을 수 없다는 판단에서 기존 인터넷을 부정하고 완전하게 백지 상태에서 새로운 네트워크를 구성하려는 노력이 계속되고 있으며 이러한 인터넷을 미래인터넷(Future Internet)이라고 한다.[70]

현재는 장비업체, 통신업체, 인터넷업체, 연구소 등이 협업형 R&D 추진을 통해 관련 산업 활성화 및 기술경쟁력을 높이기 위해 매진하고 있다. 특히, 네트워크의 개방화와 가상화를 위한 '소프트웨어 정의 네트워킹(Software-Defined Networking; SDN)' 기술의 연구개발에 초점을 맞추고 있다.[71]

SDN은 기존 네트워크 장비에서 하드웨어 기능과 소프트웨어 기능을 분리하여 직접 프로그래밍을 할 수 있도록 지원하는 새로운 네트워크 아키텍처를 포괄하는 개념이다.[72] 쉽게 말하면, 아래 그림과 같이 기존 네트워크에서는 네트워크 장비에서 고정된 프로그램으로 라우팅과 네트워크 정책 등을 구성하였다. 하지만 SDN에서는 데이터를 전송하는 물리적인 계층과 데이터를 어디로 보낼 것인지의 여부 등을 조절할 수 있는 소프트웨어 부분을 분리하여 네트워크를 구성하고자 하는 자가 소프트웨어 부분을 새롭게 정의하여 네트워크를 구성할 수 있게 된다.

자율주행 자동차 등과 같이 많은 데이터를 사용하는 다양한 서비스의 구현이 가능하게 될 것으로 전망한다. 이에 따라 관련 하드웨어 사업에서는 퀄컴과 삼성전자의 반도칩 사업경쟁이 한창이며[73] 관련 소프트웨어 개발사업도 실리콘밸리의 기업을 중심으로 분주히 진행되고 있다.

5. 미래사회의 주체 "기술인가 인간인가?"

인터넷에서는 정치경제적으로 자유주의가 강력한 이데올로기 이자 정책노선이라고 한다. 미치 케이포 교수는 "사이버공간에서의 삶은 과거 미국 건국의 아버지인 토마스 제퍼슨이 원했을 것과 똑같은 것을 형성하려는 것으로 보인다. 개인적 자유의 우위와 다원주의, 다양성, 공동체에의 참여에 기반한 삶"이라 주장한다.[74]

---

70) 김현우, "OpenFlow/SDN 기술전망예측과 사업적용전략", 미래창조과학부, 한국과학기술정보연구원(2013. 10).

71) 이승익 외 4명, "스마트인터넷을 위한 SDN 및 NFV 표준기술 동향분석", 한국전자통신연구원, 전자통신동향분석 제29권 제2호(2014. 4), 80면.

72) 유기주, "네트워크의 혁신 'SDN'", <http://blog.lgcns.com/393>

73) 5G 상용화에 반도체 업계도 '들썩'…초고속 모뎀칩 시장 선점 '각축', 2018. 12. 3. http://it.chosun.com/site/data/html_dir/2018/12/03/2018120303069.html5G

74) 홍성태, 『사이버공간, 사이버문화』 문화과학사(1996), 108면.

하지만 인터넷은 사용 주체에 따라서 자유주의의 장이 될 것인지, 감시와 왜곡 그리고 폭압의 장이 될지는 현실 인간에게 남아있는 과제이다. 조지 오웰의 빅 브라더의 탄생도 인터넷과 네크워크화된 CCTV 등을 통해 더욱 가속화되고 있다는 것을 간과해서는 안 된다.

인터넷에 대해서는 초창기 기술찬양론(technophilic)으로부터 이후 기술혐오론(technophobic) 간의 논쟁이 계속 제기되고 있다. 이러한 주장에 대하여 조나단 스턴(Jonathan Sterne)은, 인터넷이 역동적이며 이상적이고 문화적인 현상임을 인지하고 온라인 및 오프라인의 사회적 삶을 모두 존중할 것을 권고하고 있다.[75]

기술에 관하여의 몇 가지 가정들을 보면 환원주의(Reductionistic), 일원론(Monistic), 중화주의(Neutralizing), 기술적 강제성(Technological imperative) 등이 있다.

환원주의(Reductionistic)는 기술과 문화 간의 관계를 하나의 직접적인 인관관계로 도출한다. 일원론(Monistic)은 다수의 원인을 상정하기보다는 복잡할 수 있는 단일 현상에 대한 영향들을 단순화한다. 중화주의(Neutralizing)는 기술을 중립 또는 가치로부터 자유로운 것으로 표현하며 이로 인해 책임으로부터 해방되어 있다고 가정한다. 기술적 강제성(Technological imperative)은 기술적 진보를 막을 수 없으며, 피할 수 없고, 역행이 불가능한 현상으로 가정한다.

분명히 우리 사회에서 인터넷과 정보통신의 발전은 우리 사회를 변하게 하고 기술이 인문 사회적 현상에까지 변화를 초래하고 있다. 공학자들은 이러한 기술의 강제성은 어쩔 수 없다고 한다. 하지만 이러한 기술적 강제성을 제한하거나 그 속도를 늦추는 것이 바로 인간이며 인간은 법을 통해 기술을 제어하고 있음도 무시할 수 없다. 자동차에 비유하여 기술적 발전이 액셀러레이터라면 법은 브레이크로서 자동차가 안전하게 목적지를 갈 수 있도록 제어한다.

앞으로 다양한 기술의 발전을 기대하지만 이를 통해 인간성이 상실되고 인간에 대한 위해를 초래하는 것은 법을 통해 방지할 수 있도록 하는 노력이 계속되어야 한다.

생각 인터넷은 '시간 낭비'인가?

월러스는, 인터넷은 시간 낭비이며 우리의 행동과 의도가 인터넷 사용 시간을 시간 낭비로 만들고 있다고 한다.[76] 이 명제에 대하여 토론해보자.

---

75) 크리스핀 더로우·로라 렌젤·앨리스 토믹, 『사이버커뮤니케이션 이론 2.0』, 성균관대학교출판부(2004), 84~85면.

76) 크리스핀 더로우·로라 렌젤·앨리스 토믹, 앞의 책, 268면.

제2장

정보통신에서의 자유와 규제

I. 정보통신 기술과 미디어 변화

1. 데이터 통신과 정보통신

(1) 데이터 통신

통신은 인간의 삶 속에서 지속적으로 발전해 왔다. 정보화 시대를 맞이하여 정보 통신은 오늘날 중요한 국가 사회의 기반 산업이 되었다. 정보통신은 정보를 생산, 관리, 보관, 처리하는 컴퓨터 기술과 정보를 전송하는 네트워크 기술을 포함하는 광범위한 통신이라고 할 수 있다.[77] 국제전신전화자문위원회(CCITT: International Telegraph and Telephone Consultative Committee)는 데이터 전송에 대해 "기계에 의해 처리할 정보의 전송, 또는 처리된 정보의 전송"이라고 규정한다.

데이터 통신은 데이터 전송 기술과 데이터 처리 기술을 결합한 통신 기술을 의미한다. 컴퓨터 통신은 데이터 통신의 한 종류로서 특별히 컴퓨터 간의 통신만을 지칭할 때 사용하는 용어이다.

통신에서 표준의 의미는 통신 주체(송·수신자, 시스템) 간에 다양한 형태의 정보통신 서비스를 이용하는 데 필요한 내용들을 합의한 규약(Protocol)이다. 그래서 정보통신 표준화란 이러한 규약을 정립하는 활용이라고 할 수 있다. 여러 규약 중에 OSI(Open Systems Interconnection)만 표준 프로토콜 모델이다. 표준에 관해서는 국제표준화기구로서 ISO(International Organization for Standardization)는 국제표준화기구로서 컴퓨터의 통신절차(프로토콜)에 관한 국제표준 규격 모델인 OSI(Open Systems Interconnection)를 만들었다. OSI는 네트워크 아키텍처로 프로토콜의 표준화, 컴퓨터 네트워크 간의 상호 통신을 가능하게 한다.

---

77) 안치현·김형철, 『인터넷 이해와 활용』 개정2판, 한빛아카데미(2014), 24면.

(2) 정보통신

정보통신(Information communication)이란 데이터 통신보다 발전한 개념으로, 2진 데이터뿐만 아니라 음성, 화상, 영상, 멀티미디어 등을 종합적으로 서비스 하는 통신을 말한다. 실제 정보 통신의 개념은 데이터를 처리하기 위한 하드웨어와 소프트웨어, 그리고 데이터를 전송하기 위한 통신 기술의 범위를 모두 포함하기 때문에 훨씬 광범위 하다고 할 수 있다.[78]

IT에서 말하는 네트워크(Network; 망)이란 상호 간에 정보를 교환할 수 있도록 유·무선을 통하여 연결한 형태를 의미한다.

정보기술에 있어서의 네트워크는 일반적으로 '데이터 통신 시스템에서 단말 장치(전화, 컴퓨터 등), 전송장치, 교환장치, 그리고 이들 사이를 연결하는 통신 선로로 구성된 '연결망' 자체를 의미하고, 네트워킹(Networking)은 '분산된 장소에서 통신 설비를 이용하여 데이터를 처리하는 기법'으로 정의된다. 네트워크와 관련한 핵심적인 사항은 역시, 정보의 '전송'이라는 측면이다. 즉, 네트워크는 곧 정보의 이동과 관련한 개념이라 볼 수 있다.[79]

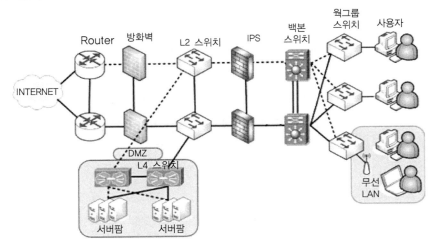

[네트워크의 이용]

---

78) 안치현·김형철, 앞의 책, 29면.

79) 김주영·손형섭, 『개인정보 보호법의 이해』, 법문사(2012), 34면.

2. 망 중립성

망(the net)은 철도선로 망 등 다양한 개념으로 사용되나, IT분야에서는 통신망, 정보망, 유선망 등을 포함하는 것을 의미한다. 망은 영토가 아니라 하나의 다면적 영역이다. 무한한 영역들이 이 영역 안에서 회전한다.[80] 인터넷에서의 원칙, 즉 정보의 자유로운 유통을 유지하기 위하여, 오픈 인터넷을 보장하는 것을 "망 중립성"이라고 한다. 사업자에 인터넷의 콘텐츠에 대한 프로그램, 대역제한[81]을 금지하는 것으로, 개방된 인터넷 액세스를 이용자에게 보장하는 것이다.

그러나 EU의 규제인 '유니버설 서비스 지침'[82]에서는 각 가맹국의 규제기관은 "투명성"의 확보와 "최저한의 서비스 품질"의 요건을 사업자에게 부여할 수 있다고 정하고 있지만 "인터넷 중립성"에 대하여 명확히 규정되어 있지는 않았다. 다만, ISP 사업자에는 일상적으로 타당한 트래픽 관리를 하는 것은 인정되며, 아동포르노나 사이버 공격에 대처하거나 트래픽의 혼잡 완화 등이 목적이라면 트래픽의 차단과 제한을 하는 것도 가능하다. 또 네트워크의 용량에 여유가 있는 범위에서 타 유저의 액세스를 막지 않으며 TV회의와 의료 등 특별 서비스에서 일정 네트워크 품질을 확보하는 계약을 체결하는 것도 가능하다. 이 때문에, EU의 망 중립성은 미국보다 완화되었다고 평가된다.[83] EU 전자통신기관(BEREC)[84]은 2016년 8월 30일 동 지침을 실시하는 가이드라인을 공표했다.

미국에서는 연방통신위원회가 거대 통신회사가 인터넷 상의 트래픽을 차단하거나 속도제한을 하거나, 유료로 우선하거나 하여 부정하게 차별적인 행위를 금지하고 있다. 로렌스 레식 등은 이미 2006년에 "망 중립성은 인터넷이 자유롭고 개방적인 기술로 계속 보장하고 민주주의적 커뮤니케이션을 조장하고 자유롭고 경쟁적인 시장을 보장한다고 주장하며, 관련법의 필요성을 주장했다.[85] 그런데 2017년 12월 14일 미 트럼프 행정부에서는 소비자의 보화와 무한경쟁의 강화를 목적으로 망 중립성을 폐지하는 행정명령을 제출하여 새로운 국면이 되었다.[86]

---

80) 홍성태, 『사이버공간, 사이버문화』, 문화과학사(1996), 102~103면.

81) 데이터통신량이 각 프로바이더마다 사전에 결정된 가치를 상회하는 경우, 통신량과 속도를 제한하는 것.

82) Directive 22/2002/EC.

83) 庄司克宏·佐藤真紀·東史彦·宮下紘·市川芳治·山田弘,『インターネットの自由と不自由』, 法律文化社(2017), 12면.

84) The Body of European Regulations for Electronic Communications.

85) http://www.washingtonpost.com/wp-dyn/content/article/2006/06/07/AR2006060702108.html

일본에서는 초고속인터넷 사업자인 NTT東西의 시장지배력을 억제하기 위해 도입된 규제조치가 효과를 발휘하고 있고, NTT東西 스스로 ISP 서비스를 제공하는 것이 허락되지 않으며, 독립 또는 다른 네트워크 사업자나 ISP와 동등하게 취급해야 한다. 이 때문에 일본의 고정 ISP시장은 매우 높은 경쟁성이 유지되고 있다. 그 결과, 일본에서 망 중립성에 대한 대처가 처음 논의된 2007년의 단계에서, 미국에서는 광대역시장의 80%가 네트워크를 지배하는 전기통신사업자 또는 케이블 사업자에 의해 점유되는 데 반면, 일본에서는 이들의 점유율은 3%에 불과해 점유율은 독립 ISP가 쥐고 있었다. 그러나 최근에는 모바일 광대역 시장에서 액세스 네트워크를 보유한 사업자가 ISP 기능을 스스로 제공하고 시장의 과점도가 높은 수준을 보이고 있어, 앞으로 망 중립성을 위한 규제가 필요할 수 있다는 입장이다.[87][88]

3. 인터넷의 기술·경제적 과제

정보통신기술의 눈부신 발전은 정보의 수집과 저장, 유통을 손쉽게 하고 누구나 인터넷 등의 정보통신망에 접속하여 교육, 쇼핑, 행정 등의 다양한 서비스를 이용할 수 있는 편리한 정보화 사회를 이룩하였다. 이미 시·공간의 제약 없이 언제 어디서나 정보통신서비스를 이용할 수 있는 유비쿼터스 사회가 도래했고, 미래에는 인간과 사물과의 상호 정보 교통을 통한 새로운 시너지를 기대할 수 있는 스마트 사회로의 변화가 학 사회영역에 영향을 줄 것이다. 앞으로도 한층 더 다양한 인터넷 활용과 융합의 구현이 기대된다.

인터넷이 핵심 미디어로 부상하여 기존의 4대 전통적 미디어인 TV, 신문, 라디오, 잡지 등에 비해 그 영향력이 증가하고 있다. 또한 인터넷에 의해 새로운 비즈니스 모델이 창출되고 있다. 아이폰(iPhone)의 확산으로부터 시작된 모바일 혁명과 2010년 iPad로부터 촉발된 미디어 콘텐츠의 시대에는 통신, 출판, 신문, 광고, 교육, 게임, 음악, 영상, 패션 등 다양한 영역에서 생존을 위한 새로운 비즈니스 혁명이 시작되고 있다.[89]

인터넷은 다른 개념과 융합하여 새로운 일들을 창출하고 있다. 인터넷과 디지털 기

---

86) 한국헌법학회, 『정보화 시대와 헌법상 정보기본권』, 법원행정처 연구보고서(2018. 1.), 81면.

87) https://www.nic.ad.jp/ja/newsletter/No63/0800.html(2018. 5. 29)

88) 손형섭, "일본에서의 디지털 기본권에 관한 연구", 헌법학연구 제24권 제2호(2018).

89) 이인호, 앞의 보고서, 37면.

기(하드웨어)의 융합사례로는 iPod＋iTunes, LBS 서비스, 홈네트워킹, U-헬스, 디지털 라이프 등을 예로 들 수 있다. 최근 인터넷 창의 확대 추세로 PC 중심에서 모바일 기기(스마트폰, 태블릿 PC) 및 TV(스마트 TV)로 발전하고 있다. Apple 사가 고안한 앱 스토어 개념은 모바일 인터넷 환경에서 스마트 기기와 앱스토어(App Store)의 융합을 제시하고 있다.[90]

미디어 융합은 방송, 통신 및 인터넷의 융합을 의미하며 인터넷을 통하여 언제, 어디서나 원하는 미디어 콘텐트를 액세스할 수 있게 되었다. 또한 미디어를 액세스하기 위하여 방송과 통신 영역을 구분하는 것은 별 의미가 없다. IPTV의 예에서 보듯이 미디어 업계와 IT업계의 영역도 갈수록 무너지고 있다. 기존 산업 분야와의 융합은 자동차, 조선, 건설, 의료, 국방, 환경, 에너지 등 전통 산업이 인터넷 기술과의 융합으로 경쟁력을 확보하거나 효율성을 추구할 수 있다.[91]

종래 인터넷의 Web 2.0을 넘어 블록체인 기술 기반의 탈중앙화된 환경에서 콘텐츠 소유를 강화하거 의사결정의 공동 참여가 가능한 신 인터넷 환경으로 Web 3.0이 논의되고 있다. Web 3.0은 DAO(Decentralized Autonomous Organization, 탈중앙화 자율조직), 암호화폐, 비트코인, NFT(대체불가능토큰), De-Fi(탈중앙화금융), DApp(탈중앙화앱), DEX(탈중앙화 거래소) 등을 이용한 탈중앙화된 웹환경을 의미한다. 이를 통하여 분산형ID를 통한 신원확인이 가능하게 된다. 2022년에 일본 정부는 웹3.0백서를 발간했다.

Ⅱ. 정보통신의 기술에 대한 법적 대응

1. 인터넷의 자유와 규제

(1) 자유와 국가 개입

인터넷의 가치는 누구도 인터넷에 의해 다양한 정보를 어디서나 입수할 수 있고, 세계의 누구에게도 전달하고 싶은 정보를 자유롭게 송신할 수 있다는 것이다.[92] 익명성을

---

90) 이인호, 앞의 보고서, 37면.

91) 최윤철·임순범, 앞의 책, 37면.

92) 이하 庄司克宏의外5人, 前揭書, 2頁.

갖고, 무한정으로 커뮤니케이션이 형성될 수 있는 가상공간은 이른바 새로운 사회영역, 즉 사이버 공간이다. 이러한 공간이 헤이트 스피치(hate speech)와 페이크 뉴스를 순식간에 확산하는 기능을 하고, 새로운 범죄의 온상이 되기도 한다. 공간적으로도 시간적으로도 끊임없이(seamless) 연동되고 있는 사이버공간에는 말 그대로 제약이 없어[93] 보인다.

정부에 의해 실제 정보에 대한 콘텐츠 통제와 그것에 빠른 네트워크의 차단이 발생하기도 한다. 오스트리아의 권리 단체 Access Now[94]의 조사에 따르면, 정부에 의해 인터넷 접속 차단은 2015년만 적어도 15회 행해지고, 2016년 7월 시점으로 51회 행해졌다고 한다. 최근에 정부에 의해 페이스북과 트위터와 같은 복수의 SNS에서 액세스가 차단되는 사례가 보고되기도 한다.

국제 NGO인 프리덤 하우스(Freedom House)가 매년 공표하는 인터넷 자유도에 관한 보고서는 의도적인 차단 등의 유무를 '액세스의 장애'로서, 콘텐츠의 검열과 다양성의 유무를 '콘텐츠의 제한'으로, 프라이버시 등의 법적 보호의 여부를 '유저의 권리침해'라고 하는 관점으로 인터넷의 자유도(自由度)를 판단하고 있다. 2015년도에는 대상이 된 65개국 중에 아이슬란드, 에스토니아, 캐나다, 독일, 오스트리아, 미국, 일본 순이며 중국이 최하위였다.[95] 중국에서는 Google, Facebook, Twitter, Youtube와 같은 해외 사이트가 이용되지 않을 뿐만 아니라, 정부에 비판적인 사이트와 정부가 유해한 정보에 액세스를 차단하는 '인터넷 검열'이 행해지고 있다. 인터넷의 자유를 지키기 위해서 시민은 국가에 의한 규제 여부를 포함하여 인터넷의 룰이 어떠해야 하는가를 생각해야 하며, 인터넷 거버넌스의 현황과 국가가 관여하게 되는 경우 등을 확인해야 한다.[96]

표현의 자유와 알 권리, 프라이버시권 지식재산권 등, 오프라인에 있어서 인정되던 권리가 이용자에게 보장되는 한편, 자주적인 룰에 의해 운영되는 인터넷에 제약 없이 액세스할 수 있는 것이 인터넷의 자유라고 말할 수도 있다. 인터넷의 자유는 세계 중에 퍼지는 격차 중, 적어도 정보의 격차를 매울 수단이 될 수 있다. 이 격차에는 이제까지의 규제 틀을 취하지 않고 인터넷의 특성을 잘 이해한 후에, 이노베이션을 저해하지 않도록 어느 정도 사업자의 자주성을 남기는 원칙이 되어야 할 것이다.[97]

---

93) 庄司克宏の外5人, 前揭書, 2頁.

94) https://www.accessnow.org/keepiton

95) 庄司克宏の外5人, 前揭書, 3頁.

96) 庄司克宏の外5人, 前揭書, 4頁.

(2) 규제인가 자유인가?

가. 나쁜 규제

인터넷에서의 규제를 이야기할 때는 "규제가 좋은 것인가? 나쁜 것인가?"와 같은 기초적인 명제에 빠질 때가 있다.

레드프래그법(Red flag Acts in the United Kingdom)[98]은 영국에서 19세기에 있던 법이다. 영국에서 1826년 세계 최초로 28인승 증기자동차가 영국에 등장했을 때, 증기자동차의 인기에 위기를 느낀 마부들은 마차를 타는 귀족들과 말들이 놀란다는 이유로 규제의 필요성을 강조했다. 결국 영국의회는 1865년 증기자동차를 규제하는 적기조례(Red Flag Act)를 시행한다. 이 조례는 증기자동차 속도를 교외에서는 시속 6Km, 시내에서는 시속 3Km로 제한했다. 또한 증기자동차를 운행하려면 운전사와 석탄을 넣는 화부 외에 붉은 기나 랜턴을 들고 자동차보다 60야드 앞에서 다른 기수나 말에게 자동차의 접근을 예고하도록 하는 사람을 두도록 했다. 1896년까지 31년이나 지속된 이 조례 때문에 자동차 산업의 선진국이었던 영국은 오히려 후발국인 독일, 프랑스보다 뒤쳐지게 됐다는 것이다.

2009년, 일본에서 일반용 의약품의 인터넷 판매에 대해서 후생노동성이 후생노동성령을 개정하여 일률적으로 금지하기로 했다. 이에 따라 인터넷 통판회사는 일반용 의약품의 인터넷 판매를 중지할 수밖에 없었다. 그런데, 인터넷 통판회사가 이 후생노동성령이 위헌·위법이라 하여 행정소송을 제기했다. 이 소송은 일본 최고재판소까지 진행되어, 2013년 일본 최고재판소는 일반용 의약품의 인터넷 판매를 일률적으로 금지하는 후생노동성령은 위법 무효라는 도쿄고등재판소 판결을 지지하여 일반용 의약품의 인터넷 판매를 인정한다는 판결을 내렸다.[99] 소송이 제기되고부터 최고재판소 판결을 얻기까지 실제 3년이나 걸렸다. 그 사이, 일반용 의약품의 인터넷 판매 비즈니스의 발전은 꺾여버렸다.

---

97) 庄司克宏の外5人, 前揭書, 16頁.

98) 이 법의 공식 명칭은 The Locomotives on Highways Act 1861, The Locomotive Act 1865, Highways and Locomotives (Amendment) Act 1878이다.

99) 最高裁 平成25·1·11 民集 67卷 1号 1頁.

나. 법의 지향점

　분명히 기술의 발전을 저해하는 법은 불필요한 규제의 완화차원에서 없어져야 한다. 그런데 규제라는 것은 법을 통해 이루어지고 관련법은 헌법 하에 필요한 입법목적으로 가지고 있다. 기본권 보호나 권리보호 혹은 이해관계자들과의 이익을 조정하거나 분쟁의 방지 혹은 분쟁의 해결을 목적으로 하는 것이다. 따라서 규제 완화로 불합리한 규제를 없애는 것은 당연하지만 자유가 좋으냐 규제가 나쁘냐는 "기초적인 사고"와 논쟁에만 그치는 논의를 한다면 발전과 변화는 없다. 최근 자율주행 자동차에 규제에 대한 최근 비평기사를 예로 들면, "상용화 단계에 돌입한 미국과 대조적으로 한국에서는 자율주행 기술을 활용한 서비스가 요원하다. 자율주행 기술 관련 법규가 허용하는 것을 나열하고 이외의 것은 모두 허용하지 않는 포지티브 규제(positive regulation) 방식을 취하기 때문이라고 비판된다. 필요한 행위만 콕 찍어 규제하는 네거티브 규제(negative regulation)가 필요하다는 요구가 계속되었다. 한국에서 자율주행차를 시험운행하려면 지정된 도로에서 미리 등록해 둔 운전자가 탑승했을 때만 가능하다. 미국은 법적으로 불가능한 행위만 지정해 규율하는 네거티브 규제 방식이다. 규제로 인해 자율주행 기술력도 선진국보다 뒤쳐졌다.[100]"라고 하는 내용에 구체적인 어떤 법 규정이 어떠한 작용을 하고 있고 무엇을 개선하는지에 대한 구체적인 논의가 추가되는 것이 우리가 추구해야 할 지향점이다. 즉, 인터넷에서 얻을 수 있는 자유는 무엇이며 규제해야 하는 불법은 무엇인지 명확히 파악하여 세밀하게 필요한 규제를 하는 원 포인트 규제, 혹은 수술용 칼과 같이 날카롭고 섬세한 메스 규제를 통해 헌법질서와 국민의 이익을 보호하고 나아가 산업의 발전을 촉진하고 사회의 바람직한 변화도 지속되도록 하는 것이 우리의 "지향점"이다.

[지향점] 자유와 권리(메스 규제)

[기초적 사고] 자유 ⇔ 규제

[4차 산업혁명기의 필요한 사고의 변화]

---

100) 중앙일보, 2018. 12. 7~8, "구글 자율주행택시, 애리조나서 첫 상용화 … 5㎞에 8500원".

19대 국회에서 발의된 게임관련 법안들은 게임중독에 대한 과잉반응과 과잉규제입법의 대표적인 예라고 할 수 있다. 관련된 규정, 법의 시행령·시행규칙의 개선을 우선 검토하고, 이후 기존 법률을 개정하는 순서로 법제개선이 검토되어야 한다. 즉, 이른바 Soft law부터 정립하여 대응하고 필요시 법률제정을 검토하는 방식으로 대책이 추진되어야 한다.

이를 위해서, IT와 미디어에 관한 법은 4차 산업혁명기의 데이터와 이의 네트워크가 산업에 큰 주축 역할을 하는 시대에는 법학도는 물론, 컴퓨터공학이나 전자·전기공학 등 4차 산업혁명에 관련한 공학도나 기술자들도 법에 대해 배워서 필요한 기술과 법, 그리고 제거해야 할 규제와 필요한 법에 대한 명확한 입장을 제시할 수 있어야 한다. 이러한 인터넷에서의 자유와 규제 방법에 관한 논의는 다음과 같다.

2. 규제방법

(1) 인터넷 규제이론

로렌스 러싱(Lawrence Lessing)은 규제를 두 가지로 구별했는데 하나는 행동규제(regulate behavior)와 아키텍처(architecture, 혹은 인터넷에서의 아키텍처 규제라고 하였다)의 규제를 인터넷에서 구별했다.[101] 사이버스페이스는 디지털 신호를 기반으로 커뮤니케이션 되는 것이기 때문에 그 프로그래밍 코드에 의해 그 정보의 내용을 제어하거나 선별하는 기법(code solution)이 활용될 수 있다. 예를 들어, ① 청소년의 성인자료에 대한 접근, ② 개인이 알지 못하는 사이에 행해지는 개인정보 수집, ③ 권한 없는 저작권의 사용 등 인터넷에서 야기되는 법적 문제에 대하여는 인터넷이 갖는 신속성과 계속적 변형 때문에 현실 세계의 법을 적용함에 어려움이 있다. 그러나 코드(code)에 의한 해결을 이러한 문제를 법적으로 접근하는 것보다 새로운 방안으로 사용될 수 있다.[102] 인터넷 커뮤니케이션은 거의 인터넷 중개자에 의해 매개되기 때문에 그에 대한 규제에는 중개자의 도움이나 역할이 필수적으로 요구되며, 여기에 서비스 플랫폼의 운영자로서 인터넷 중개자가 규제플랫폼으로 작용하게 되는 이유가 있다. 현대 각국에서 전형적으로 채용된 인터넷 위법행위의 단속 패러다임은 법률에 의해 이

---

101) Rapbael Cohen−Almagor, *Internet responsibility, geographic boundaries*, and business ethics, Cyberspace Law Consorship and regulation of the internet, Routledge, 2013, p. 185.

102) 박용상, 『언론의 자유』, 박영사(2013), 987면.

러한 인터넷 중개자의 자율규제를 수용하여 국가 규제를 대행하는 체제를 취하기도 하는데, 이때에는 정부 규제를 대행하는 인터넷 중개자의 책임과 면책이라는 복잡한 논의가 추가되게 된다.[103]

국가와 인터넷 중개자들은 서비스에서 이루어지는 이용자들의 불법적 활동을 제거하는 권한과 책임을 법에 의해 부담하고, 이러한 책임을 이행한 중개자는 이용자의 불법 행위에 대한 책임에서 면책된다. 1998년 디지털 밀레니엄저작권법(Digital Millennium Copyright Act: DMCA)과 2000년 유럽연합 전자상거래 지침(European Union's electronic Commerce Directive)이 정하는 고지 및 제고 체제(notice and take-down)가 그러하다.[104]

개인정보보호의 시스템도, 그 보호대상의 다의성을 반영하고, 반드시 일관적이지는 않지만, 법적 규제, 자주규제, 암호와 P3P 등의 기술적 수단, 정보윤리의 형성이라는 교육면에서의 대응, 그리고 이러한 조치의 조합과 같은 복수의 아키텍처를 구상하는 것이 가능하다.[105]

레싱은 유해정보 필터링과 같이 인터넷상의 아키텍처가 개인의 자유를 보이지 않는 채로 사전에 제약받는다는 것을 문제시했다.[106] 특히 국가가 아키텍처 및 그것을 설계 관리하는 매개자를 통해 표현의 자유를 간접적으로 규제하는 것은 표현의 자유를 사전에 불투명한 형태로 광범위하게 제약하고 검열(censorship) 내지 사전억제(prior restraint)에 해당하는 강도의 표현 규제로 작용할 위험이 있다.[107]

선스틴은 행동경제학자 리처드 테일러(Richard H. Thaler) 등과의 공동연구를 바탕으로 개인 선택의 자유를 존중하면서 개인이 더 나은 선택을 할 수 있도록 개입하는 "리버테리언 패터널리즘"(Libertarian Paternalism)이라 불리는 정치 철학적 입장을 제시하고, 그러한 입장에서 개인 선택의 환경을 구성하는 '선택 아키텍처'의 설계를 제창했다.[108]

---

103) 우리나라의 정보통신망법 역시 이러한 체제를 취하고 있다. 박용상, 위의 책, 986면.

104) 박용상, 위의 책, 990면.

105) 山口いつ子, 『情報法の構造 情報の自由・規制・保護』, 東京大学出版会(2010), 173頁.

106) Lessig , supra note (1).

107) Jack M. Balkin, "Old-School/New-School Speech Regulation", Harvard Law Review, Vol. 127 (2014), pp. 2296, 2315~2324.

108) 成原 慧, "아키텍처 설계 및 자유 재구성", 『디지털 전환 시대의 법이론』, 2023, 박영사.

(2) 규제 모델

가. 자율규제 모델

인터넷 중개자들은 법적인 요구에 부응하기 위하여 자율규제를 통해, 그리고 영업 관행을 통하여 어떻게 정부의 정책적 역할을 수행할 수 있을지를 검토해야 되며, 이를 통해 정부의 적극적인 법적 규제보다 먼저 자율적인 규제의 기회를 얻어 인터넷상의 중개자로서의 자유를 확보할 수 있게 된다.

인터넷에서는 악성 댓글, 욕설, 비방 글들이 여과 없이 배포되고, 저작권 침해는 물론 음란물이 널리 퍼지기도 한다. 이러한 부정적인 표현물에 대응하기 위하여 인터넷 카페 등 사이버공동체에서는 이용자들이 스스로 강력한 규칙을 세워 자율적 규제를 시행하고 있다.[109]

네트워크로 구성되는 사이버스페이스에서의 행위는 이들 여러 사적 주체의 서비스를 매개로 가능하게 되며, 이용자는 이들의 서비스를 제공받기 위해 그들과 서비스 이용계약을 체결하면서 약관에 의해 이용자의 준수사항을 정하고 그에 위반한 경우의 제재를 명문으로 정하게 된다.

인터넷에 대한 규제가 사이버커뮤니티나 인터넷 사업자(ISP) 등에 의해 비국가적 차원에서 사적 규제의 형태로 이루어지며 그러한 경향이 존중되어야 하지만, 결국 사이버스페이스에 여러 불법과 불평등의 발생할 수 있다는 한계 때문에 국가가 개입·규제가 필요하게 된다. 여기서 국가가 어느 범위에서 어떠한 방식으로 개입할 것인지가 검토되어야 하며 자율규제의 보완으로 공동규제 등의 대안이 제시된다.[110]

나. 공동규제 모델

공동규제 모델은 정부는 시장의 주역들과 이용자들이 광범한 자율적 참여를 고무하면서 이들과 제휴하여 공동의 정책목표를 달성하는 체제를 구상한 것이다. 동시에 그것은 명시적인 법적 권한을 달성함에 있어 산업주체들이 자율규제 시스템을 수립하거나 채용하기 불가능한 경우 규제적 간섭을 보증하는 보장을 마련한다.

공동규제의 틀 속에서 중요한 역할을 부여받은 자율규제 기구를 구성하고 그 역할과 절체를 구비하고, 자율규제 기구의 결정을 따르지 않는 자에 대한 효과적인 제재조치

---

109) 박용상, 앞의 책, 991면.

110) 박용상, 위의 책, 982~983면.

를 마련한다. 그리고 공동 규제의 기능을 위한 재원을 사업자와 국가의 지원으로 충당하게 된다.[111]

한국에서는 2007년 개정 정보통신망법은 "정보통신서비스제공자단체는 이용자를 보호하고 안전하며 신뢰할 수 있는 정보통신서비스의 제공을 위하여 정보통신서비스제공자 행동강령을 정하여 시행할 수 있다"는 규정을 신설하였다(제44조의4). 이에 따라 7개 인터넷 포털 사업자들은 2009년 한국인터넷자율정책기구(KISO: Korean Internet Self-Governance Organization)를 출범시켰다. 이것은 이용자들의 표현의 자유를 보호하려는 사업계의 공동이익을 추구하면서, 인터넷 콘텐츠에 대한 정부 규제에 대처하기 위한 것이었다.

[한국인터넷자율정책기구(KISO)의 홈페이지]

다. 정부규제 모델

또한 인터넷상의 메시지는 용이하고 신속하게 전파될 수 있으므로 그 구제는 그 특성에 따라 웹페이지의 위법한 정보를 조기에 삭제하거나 차단하는 체제가 사이버 불법에 대한 규제에서 일반적인 모델이 되고 있다. 현행 정보통신망법이 기존의 민형사상 규제 이외에 전기통신 등 인터넷 커뮤니케이션에 관하여 임시조치 및 불법정보의 삭제 등 차단 제도를 법제화[112]하고 있으며 이에 대한 다양한 논의가 진행되고 있다.

---

111) 박용상, 앞의 책, 984~986면

112) 박용상, 앞의 책, 986면.

3. 규제 완화적 인터넷 거버넌스

(1) 의의

인터넷 거버넌스란 인터넷을 건전히 운영하는 데 필요한 룰메이킹(rule making)과 조직, 그것을 검토한 체제 등을 말하는데, 각국 정부는 UN에서 '인터넷 거버넌스'를 인터넷의 전개와 이용을 형성하는 공유된 원칙, 규범, 규칙, 의결결정 절차 및 프로그램을 정부·민간센터 및 시민사회가 각각의 역할에 있어 개발하고 적용하는 것으로 정의하고 있다.[113] 2006년도에는 UN에 인터넷 거버넌스 포럼(IGF)이 설치되었다.[114] 2010년 말에는 소위 '아랍의 봄'이 일어났고, 이 사건은 인터넷이 정부를 흔드는 영향력을 갖는 것을 세계에 알리며 인터넷이라는 사이버 공간에 있어서 표현의 자유와 결사의 자유 그리고 정보의 자유로운 유통이 매우 중요하다는 것을 재인식하게 했다.[115]

국제 전기통신연맹(International Telecommunication Union: ITU)은 전기통신네트워크에 관한 의사결정을 주도해 왔다. ITU의 헌장에는, 미국의 2011년 5월 사이버 공간의 국제전략[116]의 공표에 따라, "사이버 공간은 모든 국적, 인종, 신앙 및 사상의 사람들이 정보를 교환하고, 협력하고 번영하는 것을 가능하게 한다."는 내용을 규정했다. 2015년 1월에 채택된 개정에서는 네트워크 시큐리티 확보의 규정, 스팸 확대 방지 등의 규정이 추가되었다.[117] 이 개정 및 결의에 대하여 당시 ICANN을 통해 미국의 관여에 염려를 표시한 브라질 등을 포함한 89개국이 서명했지만, 당시 EU, 미국 등 55개국이 서명을 하지 않았다.[118]

2017년 미국의 대통령 선거에서도 사이버 공격, 페이크 뉴스가 넓게 문제가 되었다. 인터넷에 넘치는 정보 중에, 무엇이 진실한가를 우리 스스로가 판단하지 않으면 안 될 시대가 되었다.[119] 사이버 공간에 있어서 문제가 복잡화하는 중에, 인터넷의 자유는 어

---

113) 庄司克宏の外5人, 前揭書, 6頁.

114) https://www.intgovforum.org/multilingual/(2018. 5. 29)

115) 庄司克宏の外5人, 前揭書, 16頁.

116) The new cyber Security Strategy, 25 November 2011.

117) 나아가 ITU로서 인터넷에의 취급의 강화, ITU의 권한 범위 내에서 인터넷에 관한 기술, 발전 및 공공정책에 관한 각국의 입장을 형성하는 것으로 합의하는 결의가 채택되었다.

118) 이에 의해, 사이버 공간에 있어서 정보의 자유로운 유통, 표현의 자유와 결사의 자유, 프라이버시 보호를 원칙으로 하고, 이것을 토대로 인터넷의 룰을 생각하는 것을 반듯이 각국 정부가 합의하는 것은 아니라는 것을 알게 되었다. 庄司克宏の外5人, 前揭書, 9면.

119) 庄司克宏の外5人, 前揭書, 16頁.

떻게 확보해가야 하는가? 일정 부분 국가의 개입이 필요하게 되는 것은 당연하지만, 인터넷에 관한 모든 이해관계자(stakeholder)가 논의에 참가하여 국제적인 틀을 책정할 필요가 있다.

또한 아키텍처는 개인의 권리를 보호할 수 있다. 예를 들어, 아키텍처에 의한 프라이버시 보호의 구조로서 "프라이버시 바이 디자인"을 들 수 있다. "프라이버시 바이 디자인"은 다양한 기술의 설계 사양에 프라이버시의 사고방식을 집어넣자는 생각과 그 실현 수법이며, 기술·비즈니스 관행·물리 설계의 3영역에 적용된다.[120] 그러나 기술적 수단에 의한 저작물의 보호가 표현의 자유를 제약할 수 있는 것 같이, 아키텍처에 의한 권리 보호는 타자의 자유와의 관계에서 자유에 대한 규제로서 기능할 수도 있다.[121]

(2) 규제 샌드박스

법이 기술을 제한하는 면도 있으나, 법제도가 정비되어 있지 않으면 독창적인 아이디어 및 자본을 투입하여 만들어 낸 것이 쉽게 카피되어버려 연구개발 및 투자를 저해하는 것이 아니냐는 문제도 있다. 2014년 영국에서는 아이들이 안전하게 마음껏 뛰어놀 수 있는 모래 놀이터에서 유래한 규제 샌드박스(Regulatory Sandbox)라 불리는 법제도를 두고, 신기술·신산업 분야의 새로운 제품이나 서비스에 대해 일정기간 동안 기존 규제를 면제하거나 유예시켜주는 제도를 두었다.

일본에서는 '산업 경쟁력 강화법'[122]에 그레이존 해소제도 및 기업실증특례제도가 있다. 이 법은 일본의 산업 경쟁력 강화를 위해 일본 경제의 3가지 왜곡, 즉 '과잉규제', '과소투자', '과당경쟁'을 시정하기 위해, 구체적으로 "기업실증특례제도"에 의한 기업 단위에서의 규제개혁과 수익력의 비약적인 향상을 위한 구조조정과 기업의 촉진 등 산업의 변화를 추진함으로써 일본의 산업경쟁력을 강화하는 것이다. 이 법 시행 후 신청 누계 수는 "회색지대 해소제도"가 92건, "기업실증특례제도"가 11건이었다(2016년 12월 시점). 또한, 영국의 예를 참고하여, 규제 샌드박스(Regulatory Sandbox)라 불리는 법제도에서 규제를 일시적으로 정지하는 규제 완화 등의 도입을 검토하여 개정 '산업

---

120) 堀部政男＝一般財団法人日本情報経済社会推進協会(JIPDEC) (編) 『プライバシー・バイ・デザイン』 (日経BP社、2012) 96頁[アン・カブキアン執筆] 参照。

121) 독일법에 따라 기술적 수단에 의한 저작물의 보호와 표현의 자유를 포함한 이용자의 자유의 조정 방식에 대해 논한 것으로, 栗田昌裕 「アーキテクチャによる法の私物化と権利の限界」松尾陽 (編) 『アーキテクチャと法』 (弘文堂、2017年) 참조。

122) 産業競争力強化法 (平成二十五年十二月十一日法律第九十八号).

경쟁력 강화법'에 반영했다.[123]

2014년 영국에서부터 시작된 '규제 샌드박스 제도'는 지금 여러 나라에서 새로운 혁신의 기회를 놓치지 않기 위해 도입되고 있다.

영국	2016년 6월 도입, 금융 스타트업과 HSBC 등 89개 사가 혁신금융상품·서비스를 규제없이 시행
싱가포르	2016년 6월 결제·금융과 기술인프라, 신기술 등 분야를 나눠 규제를 없앰. 통화청을 중심으로 원스톱 민원해결 서비스도 제공
일본	작년 6월 핀테크를 포함한 여러 산업분야에 규제 샌드박스 도입해 인공지능(AI), 사물인터넷(IOT), 스마트 시티 등의 분야 규제 철폐
기타	호주·홍콩·캐나다·말레이시아·태국·인도네이사 등의 핀테크 규제를 비롯한 금융 부문 규제 샌드박스 도입중

[주요국의 규제 샌드박스 제도를 활용한 응용사례]

국내에서도 5세대 이동통신, 사물인터넷(IoT), 인공지능(AI) 등 정보통신기술(ICT) 기반의 융복합 가속화로 신기술·서비스가 빠르게 창출되는 상황에서, 신기술·서비스가 국민의 생명과 안전에 저해되지 않을 경우, 기존 법령의 미비나 불합리한 규제에도 실증(실증규제특례) 또는 시장 출시(임시허가) 될 수 있는 계기가 마련되도록 법[124]을 정비했다.

2018년 정통신융합법과 산업융합촉진법의 개정안이 통과하였고, 이중 정보통신융합법[125] 제10조의2(신기술·서비스심의위원회 운영 등), 제37조(임시허가),[126] 제38조의2

---

123) 福岡真之介·桑田寛史·料屋恵美, 『IoTとAIの法律と戦略』, 商事法務(2017), 20~21면.

124) 과학기술부, 2018.10.24. '정보통신기술(ICT) 분야 규제 샌드박스' 제도 소통 강화.

125) '정보통신 진흥 및 융합 활성화 등에 관한 특별법'(2019. 1. 17. 시행, 법률 제15786호 2018. 10. 16. 일부개정).

126) 제37조(임시허가) ① 신규 정보통신융합등 기술·서비스를 활용하여 사업을 하려는 자는 다음 각 호의 어느 하나에 해당하는 경우 해당 기술·서비스의 시장출시 등 사업화를 위하여 과학기술정보통신부장관에게 임시로 허가등(이하 "임시허가"라 한다)을 신청할 수 있다. 1. 허가등의 근거가 되는 법령에 해당 신규 정보통신융합등 기술·서비스에 맞는 기준·규격·요건 등이 없는 경우 2. 허가 등의 근거가 되는 법령에 따른 기준·규격·요건 등을 적용하는 것이 불명확하거나 불합리한 경우
② 관계기관의 장은 신규 정보통신융합등 기술·서비스에 대하여 제1항 각 호의 사유로 허가등을 하지 못하는 경우 신청인의 의견을 들어 과학기술정보통신부장관에게 임시허가를 요청하여야 한다.
③ 과학기술정보통신부장관은 제1항에 따른 신청 또는 제2항에 따른 요청이 있는 경우 관계기관의 장과 협의하고 그 결과를 포함하여 심의위원회에 상정하여야 하며 심의위원회의 심의·의결을 거쳐 해당 신규 정보통신융합등 기술·서비스에 대하여 임시허가를 할 수 있다. 이 경우 과학기술정보통신부장관은 신규 정보통신융합등 기술·서비스의 안정성 확보 및 이용자 보호 등을 위하여 필요한 조건을 붙일 수 있다.

(실증을 위한 규제특례)[127]를 통하여 '규제 샌드박스 제도'가 2019년 1월 17일 시행됨에 따라 기업의 신기술과 서비스 출시가 한층 빨라지질 것으로 예상된다. 규제 샌드박스는 제품·서비스를 시험·검증하는 동안 규제를 면제하는 '실증특례'와 일시적으로 시장 출시를 허용하는 '임시허가'로 구분된다.[128]

정부는 기업이 규제 샌드박스를 신청하면 심의위원회를 수시로 열어 신기술이나 서비스에 대한 심의를 통해 임시허가와 실증특례 여부를 결정하게 되었다.[129]

---

④ 과학기술정보통신부장관은 임시허가를 위하여 시험 및 검사를 실시하거나 해당 전문인력과 기술을 갖춘 기관 또는 단체를 시험·검사기관으로 지정할 수 있다.

⑤ 임시허가의 유효기간은 2년 이하의 범위에서 대통령령으로 정한다. 다만, 유효기간의 만료 전에 임시허가의 대상이 되는 신규 정보통신융합등 기술·서비스에 대한 허가등의 근거가 되는 법령이 정비되지 아니한 경우 과학기술정보통신부장관은 유효기간을 1회 연장할 수 있으며, 이 경우 유효기간을 연장받으려는 자는 유효기간 만료 2개월 전에 과학기술정보통신부장관에게 신청하여야 한다.

⑥ 관계기관의 장은 제5항에 따른 임시허가 유효기간의 만료 전에 해당 신규 정보통신융합등 기술·서비스에 대한 허가등의 근거가 되는 법령이 정비되도록 노력하여야 한다.

⑦ 임시허가를 받은 자는 해당 신규 정보통신융합등 기술·서비스에 대한 허가등의 근거가 되는 법령이 정비된 경우 지체 없이 그 법령에 따라 허가등을 받아야 한다.

⑧ 임시허가를 받아 해당 신규 정보통신융합등 기술·서비스를 제공하려는 자는 그 기술·서비스로 인하여 이용자에게 인적·물적 손해를 발생하게 한 때에는 이를 배상할 책임이 있다. 다만, 임시허가를 받은 자가 고의 또는 과실이 없음을 증명한 경우에는 그러하지 아니하다.

⑨ 임시허가를 받은 자는 제8항에 따른 손해배상책임을 이행하기 위하여 책임보험 등에 가입하여야 한다. 다만, 책임보험 등에 가입할 수 없는 경우에는 대통령령으로 정하는 배상 기준·방법 및 절차 등에 따라 별도의 배상방안을 마련한다.

⑩ 임시허가를 받은 자는 해당 신규 정보통신융합등 기술·서비스의 이용자에게 임시허가의 사실 및 유효기간을 통지하여야 한다.

⑪ 임시허가와 관련이 있는 관계기관의 장은 소속 공무원으로 하여금 임시허가의 심사절차에 참여하게 하여야 하며, 과학기술정보통신부장관에게 임시허가에 관한 의견을 제출할 수 있다.

⑫ 신규 정보통신융합등 기술·서비스에 대한 임시허가의 심사기준, 절차 및 방법 등 필요한 사항은 대통령령으로 정한다. [본조신설 2018. 10. 16.]

127) 제38조의2(실증을 위한 규제특례) ① 신규 정보통신융합등 기술·서비스를 활용하여 사업을 하려는 자는 다음 각 호의 어느 하나에 해당하여 사업 시행이 어려운 경우 해당 기술·서비스에 대한 제한적 시험·기술적 검증을 하기 위하여 과학기술정보통신부장관에게 관련 규제의 전부 또는 일부를 적용하지 않는 실증을 위한 규제특례를 신청할 수 있다. 1. 신규 정보통신융합등 기술·서비스가 다른 법령의 규정에 의하여 허가등을 신청하는 것이 불가능한 경우 2. 허가등의 근거가 되는 법령에 따른 기준·규격·요건 등을 적용하는 것이 불명확하거나 불합리한 경우

② 과학기술정보통신부장관은 제1항에 따른 신청이 있는 경우 그 신청내용을 관계기관의 장에게 통보하여야 한다.

③ 과학기술정보통신부장관은 제1항에 따른 신청이 있는 경우 제5항에 따른 관계기관의 장의 검토와 심의위원회의 심의·의결을 거쳐 실증을 위한 규제특례를 지정할 수 있다. 이 경우 과학기술정보통신부장관은 실증을 위한 규제특례에 조건을 붙일 수 있다.

④ 제3항에 따른 실증을 위한 규제특례의 유효기간은 2년 이하의 범위에서 대통령령으로 정한다. 유효기간은 1회에 한정하여 연장이 가능하며, 유효기간을 연장받으려는 자는 유효기간 만료 2개월 전에 과학기술정보통신부장관에게 신청하여야 한다.

⑤ 관계기관의 장은 제2항에 따른 통보를 받은 경우 해당 신청내용을 검토하여 그 결과를 30일 이내에 과학기술정보통신부장관에게 문서로 회신하여야 한다. 다만, 실증을 위한 규제특례의 지정 여부를 검토하기 위하여 실증을 위한 규제특례를 신청한 자에게 자료 보완을 요구한 경우 관련 자료 보완에 걸린 기간은 해당 기간에 산입하지 아니하되 이 경우라 하더라도 90일 이내에는 검토결과를 회신하여야 한다.

⑥ 과학기술정보통신부장관은 제5항에 따른 관계기관의 장의 검토결과를 붙여 실증을 위한 규제특례의 지정 여부를 심의위원회에 상정하여야 한다. 이 경우 심의위원회는 다음 각 호의 사항을 고려하여 심의·의결하여야 한다.

1. 해당 기술·서비스의 혁신성 2. 관련 시장 및 이용자 편익에 미치는 영향 및 효과 3. 국민의 생명·안전의 저해 여부 및 개인정보의 안전한 보호·처리 4. 실증을 위한 규제특례의 적정성 5. 그 밖에 실증을 위한 규제특례의 지정에 필요한 사항

⑦ 관계기관의 장은 제3항에 따른 실증을 위한 규제특례 지정을 위하여 필요한 지원을 할 수 있다.

⑧ 제1항부터 제7항까지에서 정한 사항 외에 실증을 위한 규제특례의 신청, 통지, 세부 심사기준 등에 필요한 사항은 대통령령으로 정한다.

128) 연합뉴스, 2019.1.17. "문자·카톡으로 고지서 받고 자율주행 로봇으로 치킨 배달".

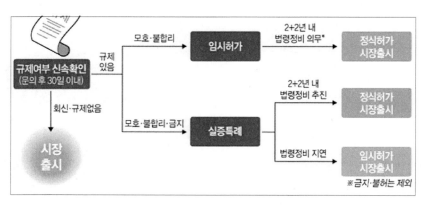

[규제 샌드박스 3종 제도][130]

행정기관의 장에게 관계 법령의 정비를 위하여 법으로 '정보통신 진흥 및 융합 활성화 등에 관한 특별법', '산업융합 촉진법', '금융혁신지원 특별법', '규제자유특구 및 지역특화발전특구에 관한 규제특례법'이 규제샌드박스 후속 조치로서 법령 정비 의무를 규정하고 있다.[131]

항목	영국	싱가포르	일본	미국	한국
주무 부처	재무부	통화청	경제산업성	연방은 시행 전, 애리조나주 시행	과기정통부, 산업부, 중기벤처부, 금융위
시행	'16년 5월	'16년 6월	'18년 6월	'18년 8월	'19년 1월
대상 산업	금융 핀테크	전 산업	전 사업	애리조나주: 금융 핀테크	전 산업
모집 기간	평균 7개월 간격 모집	수시	수시	수시	수시
주요 특징	─세계최초시행 ─코호트 운영 ─선정 5~6개월	─샌드박스 익스프레스 제도(21일 이내 허가 결정)	─일몰 제도 ─해외기업가능	─주 단위 운영	─부처별 운영

〈주요국 규제 샌드박스 비교〉[132]

---

129) 연합뉴스, 위의 기사.

130) 연합뉴스, 2019.1.17. "문자·카톡으로 고지서 받고 자율주행 로봇으로 치킨 배달".

131) 조용혁·김도승, 『규제샌드박스 후속 규제정비과제 발굴·분석』, 한국법제연구원, 2021.11.16, 30면.

AI 신산업 혁신을 위한 AI 로드맵(국무총리실)이 2020년 처음 제정, 현재 후속 로드맵 제시하려 하고 있다. AI 신뢰성 확보를 위한 기술개발도 검토하고 있다. 인공지능 해설서를 마련하려 하고 있고 관련 규제샌드박스를 4년 정도 적극 추진하고 있다.

법은 규제이고 처벌이라는 관념이 강하다. 이러한 관념으로는 4차산업시대와 인공지능시대에 법이 순기능을 하기 힘들다. 지금은 법이 처벌이 아니라 법이 자유로운 인간의 활동의 필요한 기준으로서의 역할을 다해야 한다. 그리고 그 기준을 위반했을 때 그 기준을 어겨 손해가 발생한 때에는 민사손해배상으로 문제를 해결해야 한다. 이러한 방식이 적합하지 않고 강한 제재가 필요한 예외적인 경우에는 형사처벌과 행정조치 등의 실효적 확보수단을 최소한으로 적절하게 규정하는 입법방식, 즉 네거티브 규제 방식의 입법이 필요한 때이다.

생각

인터넷과 데이터에 관련된 법제들을 살펴보고 불필요한 처벌규정이 있는지 지적하고 토의해 보자.

---

132) 이현준, "주요국 혁신의 엔진, 규제 샌드박스", 이슈리포트 2019-10호, 정보통신산업진흥원, 11면.

제3장 : 사물인터넷, 빅데이터, 인공지능

Ⅰ. 데이터 네트워크의 확대

1. 사물인터넷

　사물 인터넷(Internet of Things, IoT)은 각종 사물에 센서와 통신 기능을 내장하여 인터넷에 연결하는 기술을 의미한다. 여기서 사물이란 가전제품, 모바일 장비, 웨어러블 컴퓨터 등 다양한 디바이스 시스템이 된다. 사물 인터넷에 연결되는 사물들은 자신을 구별할 수 있는 유일한 아이피(IP Address, 인터넷 주소)를 가지고 인터넷으로 연결되며, 외부 환경으로부터의 데이터 취득을 위해 센서를 내장할 수 있다. 2014년 5월 1일 미국 화이트하우스가 공표한 'BIG DATA: SEIZING OPPOTUNITIES, PRESERING VALUES'라는 보고서에서 IoT가 언급되었다. 이 보고서에서 IoT는 '유선 및 무선 네트워크를 매개로하여 연결된 조작 센서를 사용하여 디바이스끼리 상호 데이터 통신을 하는 기능'이라고 표현하여 M2M와 유사하다.[133] IoT는 결국 이동통신망을 이용하여 사람과 사물, 사물과 사물간 지능통신을 할 수 있는 M2M의 개념을 인터넷으로 확장하여 사물은 물론, 현실과 가상세계의 모든 정보와 상호작용하는 개념으로 진화한 것이다.[134]

　이것은 그대로 적용되어 최근에는 센서를 통해 입력받은 데이터를 분석하고 판단하는 프로세서 기술이 필요하고, 특히 스마트 사회에서 사용되는 기술은 기기의 특성을 고려하여 처리되는데 이것이 빅데이터를 통하여 정보처리 되고 바로 사물에 새로운 지시를 주는 기술로 발전하였다. 즉, 센서 기술은 이제 센서를 장착한 물건을 인터넷을 통하여 활용하는 사물인터넷의 발전단계로 진입한 것이다. 이것은 ① 네트워크가 연결되지 않은 "고정 컴퓨팅" 단계에서 사물을 인식하던 예로 교통카드, 바코드, ATM 등을 이용하던 수준에서, ② "휴대용 컴퓨팅" 단계로 이 단계에서는 사물을 인식할 수 있는

---

133) 平塚三好・阿部仁, 『最新知財戦略の基本がよ～くわかる本』 秀和システム(2015), 42면.

134) 민경식, "사물 인터넷(Internet of Things)", NETTerm, 한국인터넷진흥원(2012. 6), 32면.

기기가 인터넷에 연결되어 이 기기에 설치된 애플리케이션을 통해 사물을 인식할 뿐만 아니라 사람에 의해 제어도 가하여 물류의 위치추적, 자동차 원격제어, 교량, 빌딩 등의 원격유지보수가 가능한 수준으로, 그리고 ③ 사물 간 통신이 이루어지는 "사물인터넷(Internet of things)"의 수준으로 진화하고 있다.

그동안 인터넷에 연결된 기기들이 정보를 주고받으려면 인간의 '조작'이 있어야 했지만, 사물인터넷이 활용되면 사람의 도움이 없이도 사물간에 서로 알아서 정보의 유통과 결정까지 자동화가 가능하게 된다.

2. 사물인터넷의 가능성

구분	분야	사례 (업체명)	서비스내용 및 기대효과
개인 IOT	자동차	커넥티드카 (구글, 테슬라)	■ 자동차에 네트워크 연결기능을 탑재하여, 인포테인먼트 등 고도의 편의 제공
	헬스케어	스마트밴드 (JAWBONE)	■ 운동량 등 신체정보 제공을 통해 개인건강 증진 도모
	생활가전	스마트가전 (LG전자 홈챗)	■ ICT 기반의 주거환경 통합 제어로 생활편의 제고
	물류	프라임에어 (Amazon)	■ 무인비행기를 이용한 택배서비스로 소비자의 이용 편리성 제공 및 원격제어 등을 통한 관리효율 향상
	농업	스마트팜 (SKT)	■ 시설물 모니터링, 농지, 작물의 생육과정 관찰을 통해 작업효율 개선
	공장	스마트공장 (GE, 지멘스)	■ 생산·가공·유통공정에 ICT 기술 접목으로 생산성 향상 도모
	보안관제	원격 관제, 전자발찌	■ CCTV, 노약자 위치정보 등의 정보 제공으로 사전적 사고 예방
	환경	스마트그린 (LGT+)	■ 대기 질, 쓰레기양의 정보 제공으로 환경오염 최소화 유도
	에너지	스마트미터 (누리텔레콤)	■ 에너지 사용량의 원격 검침, 실시간 과금으로 관리 효율성 증대

[사물인터넷을 활용한 분야별 응용사례][135]

사물인터넷이 활용되는 분야는 크게 개인분야, 사업분야, 공공분야로 구분되며 각각의 활용 사례는 위의 표와 같다.

---

135) 이정민, "사물인터넷의 국내외 주요적용 사례분석과 시사점", 한국산업은행(2014), 69면.

[스마트 칫솔]   [퓨얼 밴드]

위의 스마트 칫솔은 칫솔질 횟수, 시간 등을 기록하여 잘못된 칫솔 습관이나 치아의 특이사항을 자동으로 발견하여 전공할 수 있다. 퓨얼밴드는 나이키가 개발한 건강관리용 스마트 팔찌로 심박수, 소모 칼로리, 이동 거리 등을 나타내어 운동과 건강을 위한 사물인터넷 사례이다.

구글 글라스는 증강현실(AR) 기술을 활용한 웨어러블 컴퓨터 디바이스이다. 스마트폰처럼 안드로이드 운영체제(OS)를 통해 사진도 찍고 인터넷 검색도 하고 길 안내도 받을 수 있다. 나아가 이를 통해 원격 진료, 원격 수술 등도 가능하게 한다.

가스락은 인터넷에 연결된 가스락이 자동으로 가스유출로 인한 화재를 예방하는 것으로 사물인터넷에 의한 자동제어의 한 예이다.

[구글 글래스]   [가스락]

특히 사물인터넷은 1차 디지털혁명인 "인터넷과 모바일 시대"를 넘어 "2차 디지털 혁명"이라고 분류하기도 한다. 현재의 모바일 시대까지는 PC와 스마트폰, 태블릿 등 정보전자기기들이 인터넷에 연결돼 우리 삶의 변화를 가져왔다. 하지만 이제 스마트

기기가 아닌 냉장고, 세탁기 등 가전제품에서부터 책상, 의자, 숟가락 등 일상용품 및 자동차에 이르기까지 우리 주변에 볼 수 있는 모든 기기들이 인터넷에 연결되어 우리의 삶을 변화시킬 것이다. 이런 의미에서 사물인터넷 시대를 2차 디지털혁명이라고 분류할 수 있다.[136]

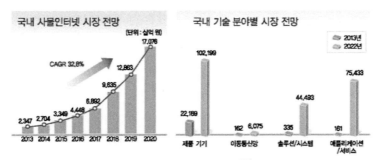

[사물인터넷 시장 전망][137]

　사물인터넷 시대에 우리가 피부로 느끼는 가장 중요한 변화는 서비스 방식이다. 사물인터넷 이전에는 인터넷이든 모바일이든 내가 정보를 필요로 할 때 언제 어디서든 얼마나 빠르게 얼마나 쉽게 원하는 것을 찾느냐에 초점이 모아졌다. 즉, 내가 정보를 끌어당기는 '풀(PULL) 방식'이다. 하지만 2차 디지털혁명은 내가 원하는 정보를 내가 찾는 것이 아니다. 내가 원하는 정보를 주변에 있는 것들이 알아서 찾아준다. 나에게 필요한 정보를 적시에 넣어주는 방식, 즉 '푸쉬(Push) 방식'이다. 이전에는 내가 필요한 정보를 찾았다면 이제는 주변의 사물이 나에게 조언(advice)하고 권하는(recommend) 것이 가장 중요한 차이점이다.[138]

구분	모바일 시대	IoT 시대
연결주체	人중심	人중심 物확대
서비스 방식	PULL(빠르고 쉽게 '찾는')	Recommend(사물이 '제안')
연결상태	On－demand	Always－on
콘텐츠	정보	지혜(지능형 정보)

[사물인터넷(IoT) 시대에서 패러다임의 전환][139]

136) 매일경제 IoT 혁명 프로젝트팀, 『사물인터넷』 매일경제신문사(2014), 43~44면.

137) 한국전자통신연구원(ETRI), 전자신문사, 사물인터넷의 미래.

138) 매일경제 IoT 혁명 프로젝트팀, 위의 책, 44면.

139) 매일경제 IoT 혁명 프로젝트팀, 앞의 책, 45면.

세계의 주요 선진국은 이미 사물인터넷에 대한 가능성을 예견하고 적극적인 정책을 펼치고 있다. 미국의 국가정보위원회(National Intelligence Council; NIC)는 2025년까지 국가경쟁력에 영향을 미칠 혁신적인 기술로 사물인터넷(IoT)을 선정하고 사물인터넷 발전을 위한 기술로드맵을 수립하였다. 중국은 사물인터넷을 국가 5대 신흥전략 사업으로 선정하고 2012년 기준 193개 시(市)에서 시범운영하고 있다. 또한 중장기적으로 중장기 과학기술발전계획에 따라 사물인터넷에 6조 원을 투자할 계획을 발표하였다. EU는 사물인터넷 인프라 구축을 목표로 14대 액션플랜을 수립하여 추진하고 있으며, 세계 최대 정보통신 박람회인 "CeBIT 2014"에서는 영국과 독일이 국가간 사물인터넷 기술협력을 선언하였다.[140] 우리나라는 2009년 방송통신위원회를 중심으로 "사물통신 기반구축 기본계획"을 수립하여 추진하기 시작하다가, 미래창조과학부로 관련 업무가 이관되면서 2014년 5월 8일 정보통신전략위원회에서 "초연결 디지털 혁명의 선도국가 실현"을 비전으로 "사물인터넷 기본계획"을 확정하여 추진하였다.

민간분야에서도 사물인터넷은 핵심 산업으로 분류하여 적극적인 투자를 하고 있다. 사물인터넷은 근래 개최된 CES(2014. 2), MWC(2014. 3), CeBIT(2014. 4) 등 세계적인 정보통신 박람회에서도 가장 주목받는 분야로 각광받았으며, 구글, 오라클, 시스코 등 글로벌 기업들도 적극적으로 투자하고 있는 분야이다. 구글은 모토로라를 매각(29억 불)하고, 사물인터넷(IoT) 벤처기업인 네스트랩스를 매입(32억 불)하는 등 사물인터넷 시장진입을 본격화하였으며, 시스코는 영국정부와 함께 BIG 프로젝트 추진 및 스마트시티 분야에 적극 투자 중에 있다.[141]

센서 네트워크를 통해 모아진 정보는 단순한 데이터이다. 이 정보를 분석해 유의미한 정보로 만드는 것이 바로 데이터 분석이며 이렇게 분석된 정보를 "지능형 정보"라고 한다. 이렇게 만들어진 지능형 정보는 언제 어디서든 쉽게 활용할 수 있어야 한다. 이를 가능하게 하는 것이 바로 사물인터넷의 중요 요소인 클라우드(cloud)이다. 지능형 정보를 활용하고자 하는 사람은 클라우드에 접속을 하고 언제 어디서든 이러한 정보를 이용할 수 있게 된다. 정보를 수집하는 단계에서의 '센서 네트워크', 그리고 데이터가 쌓이는 '빅데이터'와 그것의 분석을 통한 통찰력(Insight) 추출, 마지막으로 통찰력의 활용을 위한 '클라우드', 이 세 가지가 바로 사물인터넷의 기본적인 요소라고

---

140) 이정민, "사물인터넷의 국내외 주요 적용사례 분석과 시사점", KDB산업은행(2014. 6), 72면.

141) 미래창조과학부, "초연결 디지털 혁명의 선도국가 실현을 비전으로 사물인터넷 국가전략 수립", 2014. 5. 8. 보도자료. 2면.

할 수 있다.[142]

Car as a Service	healthcare as a Service	Home as a service
차량을 인터넷으로 연결 → 안전하고 편리한 운전 ※ (예시) 긴급구난 자동전송, 무인자율 주행 서비스등	심장박동, 운동량 등 IoT정보 제공 → 개인 건강 증진 ※ (예시) 심장박동 케어, 건강 팔찌 케어 서비스 등	주거환경 IoT 통합 제어 → 생활 편의, 안전성 제고 ※ (예시) 가전·기기 원격제어, 홈 CCTV 서비스 등

[개인 사물인터넷][143]

Factory as a Service	Farm(&Food) as a service	Product as a Service
공정분석 및 시설물 모니터링 → 작업 효율 및 안전 제고 ※ (예시) 제조설비 실시간 모니터링, 위험한 감지·경보 서비스 등	생산·가공·유통 IoT 접목 → 생산성 향상 및 안전유통체계 ※ (예시) 스마트 팜·축사·양식장 식품 생산 유통이력 정보 제공 서비스 등	주변 생활제품의 IoT 접목 → 고부가 서비스 제품화 ※ (예시) 식습관관리 포크, 심장박동음 전달 베개, 행동패턴 분석 신발 등

[산업 사물인터넷]

Public Safety as a Service	Environment as a Service	Energy as a Service
CCTV, 노약자 GPS 등 IoT 정보 제공 → 재난·재해 예방 ※ (예시) 어린이/노인 안심이, 재난재해 예보 서비스 등	대기질, 쓰레기양 등 IoT 정보 제공 → 환경오염 최소화 ※ (예시) 스마트 환경정보 제공, 스마트 쓰레기통 서비스 등	에너지 관련 IoT 정보 제공 → 에너지 관리 효율성 증대 ※ (예시) 스마트 건물에너지 관리, 스마트 미터, 스마트 플러그 서비스 등

[공공 사물인터넷]

개인 사물인터넷은 사용자 중심의 쾌적한 삶을 위해 자동차, 건강, 생활편의 시설을 중심으로 서비스되고 있다. 산업분야에서 사물인터넷은 생산성 향상 및 새로운 부가가

---

142) 매일경제 IoT 혁명 프로젝트팀, 앞의 책, 40~41면.

143) 아래의 사진은 이인호, 앞의 보고서, 16면 이하.

치 창출을 위해 이용되고 있으며 공공분야의 사물인터넷은 살기 좋고 안전한 사회 실현을 위해 활용되고 있다.[144)145)]

사물인터넷을 통해 종래 예측을 업데이트하는 강력한 수단이 된다. 이와 같은 사물인터넷의 발전가능성은 센서 네트워크, 클라우드 컴퓨팅, 빅데이터 기술이 얼마만큼 뒷받침해질 수 있느냐에 따라 그 정도에 차이가 있을 수 있다. 하지만 이미 미래의 먹거리로 간주되는 이들 기술을 정부뿐만 아니라 기업에서도 적극적으로 지원 및 투자를 하고 있을 뿐만 아니라 기반기술이 되는 클라우드 컴퓨팅, 빅데이터 기술들은 지금도 계속해서 발전하고 있으므로 사물인터넷의 발전가능성은 만물인터넷을 넘어 새로운 패러다임 변화를 가져올 것으로 예상된다.[146)]

> 사물 ⇒ 센서네트워크 ⇒ 클라우드 컴퓨팅 ⇒ 빅데이터 기술 ⇒ 사물

글로벌 금융위기에도 연 4%의 꾸준한 성장률을 보이던 독일도, 2013년에 연 0.5%, 2014년 1.7%, 2015년 2%로 감소하였다. 독일은 2013년 이후 5% 이내의 낮은 실업률과 제조업 강국으로 기술력에서 세계 최고 수준이다. 하지만 제조업의 부가가치 비중이 점차 낮아지고 중국에 대한 의존 비중은 급격히 높아지고 있었다.

이러한 위기를 극복하기 위하여 독일도 2013년부터 사물인터넷을 통해 제조업 생산성을 늘이는 전략인 '인더스트리 4.0(industry 4.0)'을 구상하였다. 이는 제조업과 같은 전통 산업에 IT시스템을 결합해 일반 제조업 설비를 '스마트 공장'으로 진화시키는 것이다. 4.0이라는 것은 1차 증기기관 등의 동력을 통한 산업혁명, 2차 전력을 통한 대량생산 산업혁명, 3차 ICT 보급을 통한 산업혁명 이후 사물인터넷과 제조업을 본격 융합하면서 기계 스스로 생산을 통제하는 시대를 전망하는 것이다.[147)]

주차장도 스마트 서비스를 제공하기 위한 도시 시설물에 사물 인터넷(IoT:Internet of Things)을 결합한 'ICT 융복합 도시시설물' 설치와 같이, 주차장의 주차장 공간의 시설 확충에 더하여 보다 주차 가능 정보의 상호 공유를 통하여 주차 상황 개선을 도모하는 스마트 주차장 모델이 등장했다. 이것은 도시의 시설 투자 확충을 통한 주차장 증

---

144) 부처합동, "사물인터넷 주요서비스(예시)", 초연결 디지털 혁명의 선도국가 실현을 비전으로 사물인터넷 기본계획(2014. 5. 8), 11면.

145) 이하 이인호, 앞의 보고서 15면 이하.

146) 이인호, 앞의 보고서, 23면.

147) 매일경제 IoT 혁명 프로젝트팀, 『사물인터넷』 매일경제신문사, 2014, 208~214면.

대 방법과는 달리, 편재(遍在)된 정보를 공유하여 실시간으로 주차장 상황 정보를 공유하고, 스마트폰 등과 연동하여 유휴 주차시설을 실시간 공유할 수 있는 공유경제 모델이 된다.[148] 종래 IoT 융복합 도시 시설물 확충에만 의존하지 않고 애플리케이션으로 관련 정보를 공유하여 시설 투자 없이도 스마트 공유경제 모델을 통한 해결 방안이 가능하다. 이미 대한민국 정부에서도 "주차공유 산업 투자 여건 개선방안"을 발표하여 주차수요·공급 간 시간대별 불일치를 해소하기 위해, 유휴 주차장을 적극 활용하는 주차시설 공유로 패러다임 전환을 모색[149]하고 있다.

3. 취약한 보안성

Iot에서는 간단한 통신 기능만 탑재된 단말의 경우 개별적으로 보안 소프트웨어를 설치해 구동하는 것이 어렵다는 점, 외부에서 해킹 사실을 확인하기 용이하지 않다는 점, 그리고 복잡한 네트워크 구조로 인하여 침투 경로가 다양하다는 점 등도 사물인터넷의 보안상 취약성을 높이는 문제로 지적되었다.

구분	위험요소
플랫폼(Platform)	− 공개 플랫폼의 취약성 − 단편 정보의 집중(추적 가능성)
네트워크(Network)	− 상호 연동시 네트워크 취약성 − 네트워크 트래픽 공격
기기(Device)	− 저사양 기기 해킹 − 양적 증대에 따른 관리상 취약

[사물인터넷의 보안 취약 요소]

사물인터넷의 활용 분야는 매우 다양하지만, 기본적으로 개별 이용자 편의를 증대시키기 위한 목적으로 활용되는 경우가 많다. 그러나 기존 인터넷 환경에서 보다 내밀한 사적 정보의 소통이 급증할 것이므로 프라이버시 침해 가능성이 현격히 높아질 것으로 예측할 수 있다. 또한 빅데이터 분석을 통해서 실시간으로 광범위한 감시가 가능하다. 즉, 안면인식 기술이나 페이스북의 딥페이싱 알고리즘을 사용하면 시위 현장이나 대규모 집회현장에서 실시간으로 개인에 대한 식별이 가능하다.[150]

---

148) 손형섭, "스마트 주차장 확산을 위한 주차장 조례 연구", 공법학연구 제18권 2호(2017), 376면.

149) 국토교통부 보도자료, 2017. 2. 23., "유휴 주차장 공유를 통해 주차공간 확대".

[예시 1]

반정부 시위가 개최된 시간에 그 시위대가 이동하는 경로를 따라서 움직인 사실이 확인된다면, 반정부 시위에 가담하였다는 강력한 정황증거가 된다.

[예시 2]

업무시간에 골프장 한 가운데에 위치하고 있었다는 정보가 누설된다면, 이는 근무시간에 근무지를 이탈하였음을 입증해 주는 자료가 될 것이고, 어느 누구와 접촉하였는가 하는 점까지 드러나게 될 것이다.

특히, 대부분의 사물인터넷은 지속적이고도 실시간적인 정보 수집을 전제로 하고 있어, 매우 민감할 수 있는 이용자 행태 및 성향 정보가 악용될 여지가 높다. 즉 자동화된 정보수집, 분석, 반응의 과정에서 개인정보의 유출과 이를 통한 피해도 자동화되어 그 확산이 부지불식간에 광대히 확대될 수 있다.

따라서 개인정보 자기통제권을 확보하고 순기능적인 사물인터넷 활용을 위한 법적 대응 검토도 필요하다.

Ⅱ. 빅데이터 분석

1. 빅데이터 처리

사물인터넷은 3가지 기본요소로 구현된다. 첫째 요소는 센서 네트워크(censor network)이다. 사물인터넷 시대가 되면 우리 주변의 모든 것들에는 센서가 부착된다. 이렇게 부착된 센서는 24시간 동안 실시간으로 정보를 센서들 간에 주고받게 된다. 둘째 요소는 수천대의 센서에서 보내진 정보가 한 곳에 모이게 되는데 이렇게 모아진 대용량의 정보가 바로 빅데이터(big data)이다. 데이터 집중화 현상에 따라서 데이터 관리 및 데이터 분석 서비스 제공 업체가 나타난다. 이는 곧 빅 브라더의 탄생을 의미한다. 빅데이터를 분석하기 위해서는 데이터 보관 및 관리에 대한 책임 있는 기관이나 기

---

150) 이인호, 앞의 보고서, 38면.

업이 등장할 수밖에 없으며, 책임 있는 기관은 자신들의 역량을 강화하기 더 많은 데이터와 정보를 원한다.[151] 아마존 이용고객이라면 해당 인터넷 사이트를 로그인 할 때, 추천도서나 추천 상품이 뜬다. 이때 추천도서 등은 일괄적인 것이 아니라 로그인 한 회원마다 달리 나타난다. 아마존은 과거 고객이 구매한 장르, 클릭한 장르 등 방대한 자료를 분석하여 맞춤형 서비스를 제공하는 것이다.[152] 실제 최근 구입한 상품의 관련 상품 정보가 개인 맞춤형으로 제공된다.

초기 기업들은 효과적으로 기업을 운영하기 위해서 데이터를 디지털화하여 저장하고 저장된 데이터를 활용할 수 있는 정보시스템을 구축하였다. 소셜네트워크서비스(SNS)의 급성장과 모바일 환경으로 변화하면서 트위터나 미투데이 등 소셜 데이터, 모바일 기기의 GPS 정보, NFC(Near Field Communication) 등에서 발생하는 센서 데이터, 유튜브, 페이스북 등에 올려지는 멀티미디어 데이터 등 다양한 종류의 데이터들이 대량으로 발생하게 되었다. 그러나 기존의 관계형 데이터베이스 시스템하에서 이와 같은 데이터를 활용하기 위해서는 이용목적에 맞게 데이터를 정형화시켜 데이터베이스에 입력해야 한다. 하지만 이미지, 영상, 오디오 등 멀티미디어 데이터뿐만 아니라 XML 등의 반정형 데이터 형식 없는 텍스트 등은 데이터베이스에 저장하기 어려울 뿐만 아니라 용량도 커서 시간과 비용도 많이 들었다.[153] 하지만 이러한 빅데이터 분석이 가능한 기술이 개발되고 이를 통해 다양한 성공사례가 생겨나기 시작하면서 빅데이터는 IT 산업의 핵심기술로 급부상하였다.

빅데이터는 기존에는 저장하기 어려웠던 대용량의 정형·비정형 데이터의 집합으로 정의할 수 있다.[154] 실시간으로 생성되는 대용량 데이터를 말한다. 무엇보다 대량의 개인정보, 정형정보와 비정형 정보를 포함한 대량 정보의 유출 침해 우려가 있음은 물론이다. 최근에 정보통신기술을 이용한 빅데이터 분석을 통해 새로운 경제적 가치를 창출하게 됨에 따라 빅데이터가 클라우드 컴퓨팅과 함께 세계 산업의 핵심 키워드로 자리잡아가고 있다. 빅데이터에 대한 분석은 2008년 미국의 인디애나 주립대학의 조한 볼렌(Johan Bollen) 교수에 의해서 시작되었다고 볼 수 있다. 그는 트위터에 올라온 글

151) 박원준, "'빅데이터(Big Data)' 활용에 대한 기대와 우려", 방송통신전파저널 통권 제21호(2012. 7), 42면.

152) 조하현, "빅데이터의 활용 현황, 문제점과 대책", 한국경제연구원, KERI 칼럼(2014. 3. 14.), 1면.

153) 이진태, "빅데이터 활성화와 저작권 문제", 계간저작권 제102호(2013 여름호), 한국저작권위원회(2013. 6), 140~141면.

154) James Manyika & Michael Chui, Big data: The next frontier for innovation, competition, and productivity, Mckinesy Global Institute(Mckinesy & Company 2011), at 1.

에서 개인과 관련된 정보가 포함되어 있음을 인지하고, 이 모든 데이터를 종합하여 분석하면 어떠한 거대한 흐름을 발견할 수 있을 것으로 기대하였다. 그는 2008년 상반기 트위터에 올라온 모든 데이터를 분석해 이용자들의 집단적 기분 변화가 전국적인 행사와 일치한다는 사실을 발견하게 된다. 또한 추수감사절이 다가올수록 트위터에 올라온 기분변화는 행복지수를 나타내고, 반대로 사람들이 불안감을 느끼면 며칠 뒤 주가지수가 하락한다는 사실도 발견하였다.[155]

이를 시작으로 빅데이터 기술은 사용자 프로파일링을 통한 사용자 맞춤광고를 시작으로 IoT에서 발생하는 빅데이터 분석까지 다양한 분야에서 활용되고 있으며 초연결사회에 사용될 핵심 기술로 자리잡아가고 있다.

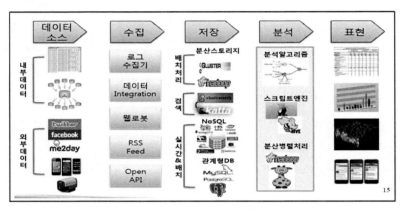

[빅데이터 처리과정][156]

빅데이터 인프라는 데이터 소스, 예를 들어 거래, 클릭스트림(clickstream: 한 사람이 인터넷에서 보내는 시간 동안 방문한 웹사이트를 기록한 것), 소셜미디어, 사용자 생성(user-generated), 외부 데이터베이스)을 포함하며, 플랫폼은 수집, 통합, 공유, 처리, 저장 및 관리를 필요로 한다. 여러 주요 오픈 소스 빅데이터 프레임 워크와 분산형 소스로, Apache Hadoop, Apache Mahout, Spark 및 Storm과 같은 분산형 저장소를 사용하는 방식이 있다.[157]

---

155) 유지연, "세계경제포럼(WEF)을 통해 본 빅데이터 논의 동향과 함의", 정보통신정책 동향 제24권 제4호, 55~62면; 박원준, 앞의 논문, 29면.

156) 심재석, "하둡 전문가로 가는 길", 한국데이터베이스진흥원, 세미나 발표자료(2012.7.19), 15면.

157) Varun Grover, Roger H.L. Chiang, Ting-Peng Liang & Dongsong Zhang, Creating Strategic Business Value from Big Data Analytics: A Research Framework, Journal of Management Information Systems, 15 May 2018, at 399.

대부분 기업들은 이러한 인프라를 사내에서 개발하고, 클라우드 컴퓨팅을 통해 인프라, 플랫폼 및 데이터베이스 서비스를 활용한다. 확인된 비즈니스 목표를 감안하여 회사는 현재 데이터가 이용 가능한 충분하고 적절하거나 추가 데이터를 수집해야 한다.[158] 여기에서 기업이나 공공기간에게 데이터의 양이 중요한 것이 아니라 의미 있고 가치 있는 어떤 것을 창출할 수 있는가가 중요하다.[159]

빅데이터 분석(BDA)은 조직의 의사 결정을 개선하여 가치를 창출할 수 있다. 광범위하고 일관된 데이터 액세스를 제공하여, 조직에 권한 부여 구조를 보완하거나 인간 의사 결정을 보강하거나, 비즈니스 프로세스에서 실시간 성능과 같은 스트리밍 데이터 분석 데이터 및 재고 관리 상태가 중요한 영향을 미칠 수 있다.[160] 빅데이터를 통해, eBay는 중고물품 거래에서 사기 탐지, 계좌 개설을 위한 예측 기계 학습 모델 개발, 매수자와 매매자의 위험 예측을 한다.[161] 영화의 흥행 예측도 빅데이터를 통하여 관객이 선호하는 콘텐츠를 추출하고 이를 영화제작에 반영하여 흥행 영화를 제작할 수 있다.

전직 검사 출신으로 1994년부터 뉴욕시장을 맡은 루돌프 줄리아니는 지리정보시스템(GIS: Geographic Information System)을 활용하여 살인 등 강력 사건이 자주 일어나는 지역에 집중적으로 가로등을 설치하고 순찰을 강화하는 당의 방식으로 뉴욕의 범죄율을 줄였다. 같은 시스템과 정보를 분석하여 대응한 다른 주에도 범죄율 감소는 동일하게 나타났다.[162]

---

158) *Id.* at 399.

159) *Id.* at 400.

160) *Id.* at 402.

161) *Id.* at 403.

162) 권태석, 『빅데이터 혁명』 21세기북스(2012), 21~24면.

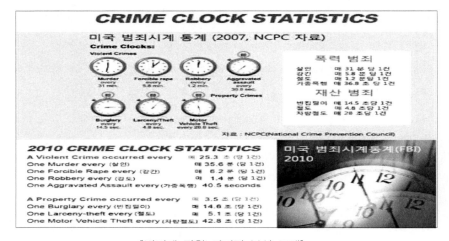

[범죄에 관한 디지털 분석 모델]

빅데이터 분석을 통하여 비즈니스 프로세스에 대한 통찰력을 활용하여 비즈니스 프로세스를 개선할 수 있다. 효율성, 생산성, 접근성 및 가용성을 향상시키고 심지어 비즈니스를 변화시킬 수 있다. 기업들은 빅데이터 분석(BDA, Big Data Analytics)을 통해, 프로세스 정보 흐름을 활용하여 비즈니스에서 경쟁 우위를 창출할 수 있다.[163]

대규모 데이터 인프라에서는 데이터 소스(예 : 거래, 클릭 스트림, 소셜 미디어, 사용자 생성, 외부 데이터베이스) 및 수집, 통합, 공유, 처리, 저장 및 관리할 수 있다. 기업

---

163) Varun Grover, Roger H.L. Chiang, Ting-Peng Liang & Dongsong Zhang, Creating Strategic Business Value from Big Data Analytics: A Research Framework, Journal of Management Information Systems, 15 May 2018, at 398.

들은 이러한 인프라를 사내에서 여러 주요 오픈 소스 빅데이터 프레임 워크와 분산 형 저장소를 개발하고 있으며, 클라우드 컴퓨팅을 통해 인프라, 플랫폼 및 데이터베이스 서비스를 활용한다.[164]

데이터 및 분석에 대한 투자를 활용하려면 가장 중요한 요소는 인간의 재능 인프라 설계 및 실행에 전문성과 경험이 필요하다. 실제 기업계는 빅데이터 전문가는 데이터 과학자, 개발자, 프로그래머, 분석가 및 모형제작자(modeler) 등이 중요한 역할을 수행 할 수 있다.[165] 데이터 중심 조직이 되는 것은 조직적·문화적 변화와 혁신이며 강력한 데이터 기반 문화는 예측을 산출할 수 있다. 회사가 어디로 가고 있는지를 결정하는 데 도움이 된다.[166] 이것이 AI를 활용하여 더욱 현실적인 해결방안으로 구현되고 있다.

2. 디지털 헬스케어

당뇨병을 앓고 있는 할아버지에게 사물인터넷을 통한 의료서비스는 24시간 제공될 수 있다. 할아버지는 TV나 영상 이메일을 통해 주치의의 이야기를 듣고 자신의 몸 상 태를 파악한다. 시간에 맞추어 혈당을 재고, 병원에 갈 필요가 없다. 침대에 약통, 혈당 을 재는 이식 칩에 붙어 있는 센서는 24시간 정보를 발신한다. 이 정보는 센서 네트워 크를 통해 실시간으로 수집된다.

이 센서가 보낸 정보는 모여 빅데이터가 된다. 여기서 정보는 분석되어 인간에게는 지혜라고 할 수 있는 지능형 정보가 된다. 이 지능형 정보는 클라우드에 보관되어 활용 할 수 있다. 주치의는 이 클라우드를 통해 할아버지의 상태에 대한 적절한 조치를 취하 게 된다.[167]

데이터 헬스케어 산업(health-care industry)은 가장 집중적인 응용 분야 중 하나이 다. 헬스 빅데이터 분석에서 유전자 데이터(예: gene expression, sequencing data), 이 용자와 제공자의 빅데이터(예: electronic health records, clinicians notes, drug prescription), 바이오매트릭스 센서 데이터, 온라인 소셜 미디어 데이터 등이 빅데이터 의 주요 자산이다.[168] SNS 메시지 분석으로 감염 가능성을 예측한다.

---

164) *Id.* at 399.

165) *Id.* at 399.

166) *Id.* at 403.

167) 매일경제 IoT 혁명 프로젝트팀, 『사물인터넷』 매일경제신문사(2014), 116~119면.

컴퓨터 과학자 마이클 폴(Michael Paul)에게 트위터는 일개 소셜 네트워킹 사이트보다 훨씬 더 큰 의미를 지닌다. 그는 '질병 관련' 트윗을 분류하는 프로그램으로 '질병토픽양상 모델', ATAM(ailment topic aspect model)을 만들었다. 이 모델은 질병통제센터가 공식적인 인플루엔자 통계를 발표하기 전에 이를 예측했다. 매일 트윗을 분석하고 질병통제센터가 데이터를 수집, 분석, 발표하는 방식을 통한 정부의 발표는 2주 이상이 걸리나 이 모델을 통하여 빠른 예측과 신속한 대책이 가능하게 된다는 것이다.[169]

원격 의료도 'U-health'라는 이름으로 2009년 11월 2일부터 건강보험심사평가원과 LG데이콤 IPTV를 통해 전국 200가구에 시범적으로 실시되었다. 이는 서울대 병원 등의 전문의들이 산간벽지의 고령자나 장애인에게 의료 정보를 제공하는 서비스이다. SK 마케팅앤드컴퍼니는 2009년 말, 휴대전화를 통해 병원과 환자 간에 영상 의료 상담을 연결해 주는 이른바 '닥터 큐브 영상 의료 상담' 서비스를 선보였다. 사용자가 영상 통화 가능한 휴대전화를 통해 언제 어디서나 치과, 성형외과, 한의원 등 다양한 전문 주치의와 영상 의료 상담을 할 수 있게 한 것이다.

그러나 이들 서비스는 의료법 제33조 "의료 기관 내에서만 의료 행위를 하도록 하고, 응급환자나 환자 또는 보호자의 요청에 의한 경우를 제외하고는 의료 기관을 벗어난 의료 행위를 금지하고 있는 것" 때문에 현행법상 실현 불가능[170]하다는 의견이 개진되었다.

한국에서는 한국식품안전처의 「인공지능 의료기기의 허가심사 가이드라인」이 있다. 식품의약품안전처 「인공지능 의료기기의 허가·심사 가이드라인」, 의료기기법 제2조 등으로 의료 데이터를 분석하여 질병 진단, 관리 또는 예측하는 기계학습 가능 의료기기(MLMD: Machine Leaning-enabled Medical Devices)에 적용 중이다. MLMD는 기존 의료 영상 분석을 탐지하거나 진단하는 데 사용하는 의료 소프트웨어와 달리 사용자 또는 제조업체가 교육 데이터 세트를 반영할 수 있으며 진단 알고리즘을 실시간으로 변경할 수 있다. 이 규정에서는 의료 기기에 해당하는 소프트웨어, 의료 기기에 해당하지 않는 소프트웨어(운동 레저, 일상적인 건강관리 목적 소프트웨어) 등의 비의료

---

168) Varun Grover, Roger H.L. Chiang, Ting-Peng Liang & Dongsong Zhang, *op. cit.* at 406.

169) 패트릭 터거(이은경 옮김), 『네이키드 퓨처』, 와이즈베리(2014), 111~114면.

170) 권태석, 앞의 책, 93~94면.

기기도 포함하고 있다. 식품의약처는 비의료기기에 해당하는 경우에도 의료기기의 규제적용의 필요성을 판단하기 위해 국내외 자료를 분석하고 실태조사를 하며, 개발 중인 제품에 위해요소가 확인되면 의료기기로 분류하여 관리할 수 있다.[171]

의료기기법 제2조 제1항에 따라 의료기구란 사람이나 동물에게 단속 또는 조합하여 사용되는 기구·기계·장치·재료·소프트웨어 또는 이와 유사한 제품으로 ① 질병을 진단·치료·경감·처치 또는 예방할 목적으로 사용되는 제품, ② 상해 또는 장애를 진단·치료·경감 또는 보정할 목적으로 사용되는 제품, ③ 구조 또는 기능을 검사·대체 또는 변형할 목적으로 사용되는 제품, ④ 임신을 조절할 목적으로 사용되는 제품의 어느 하나에 해당되는 제품을 의미한다. 또한 식품의약품안전처고시로 '의료기기 허가·신고·심사 등에 관한 규정'이 있다. 2019년 「빅데이터 및 인공지능(AI) 기술이 적용된 의료기기의 허가·검사 가이드라인(민원안내서)」에서는 의료기기에 해당하는 의료용 소프트웨어와 의료기기에 해당하지 않는 의료용 소프트웨어를 구별하고 있다. 후자의 예로는 의료기관의 행정사무를 지원하는 보험청구 데이터 수집 소프트웨어와 같은 것, 운동 및 건강관리를 위한 소프트웨어 등이 해당된다.[172] 의료기기법 제51조(벌칙)는 거짓이나 그 밖의 부정한 방법으로 식품의약품안전처장의 제조업허가를 받거나(제6조 제1항·제2항), 인증을 받거나 신고를 한 자를 5년 이하의 징역 또는 5천만원 이하의 벌금에 처하도록 규정한다.

임상연구(Clinical Trial)를 실시할 때 그 목적이 의약품이나 의료기기의 개발이 아닌 경우에도 대학 등의 연구기관에서는 기관생명윤리위원회에서 연구윤리심사를 하고 있다. 관련 법률은 '생명윤리 및 안전에 관한 법률'이다. 이는 미국에서도 동일하다. 동법 제10조 등에 따라 심사는 연구계획서의 윤리적·과학적 타당성 및 개인정보 보호 대책 등을 심사한다. 「의료기기 제조 및 품질관리기준」에서는 의료기기에 대한 높은 수준의 품질관리를 위하여 적합성인정등 심사(GMP) — 최초심사, 추가심사. 변경심사, 정기심사 — 를 두고 있다. 이 심사는 지방식품의약품안전청장 및 품질관리심사기관이 장이 합동으로 현장 조사를 한다. 날이 갈수록, 디지털 헬스케어에 관한 Iot 기기와 디바이스가 늘어가고 있으며, 마이데이터를 동의 기반으로 사용하고 있어 활발히 이용되고 있다. 헬스케어 데이터는 개인의 질병 및 건강과 관련한 광범위한 정보로서 데이터 종류별로

---

171) 2019년 「빅데이터 및 인공지능(AI) 기술이 적용된 의료기기의 허가·검사 가이드라인(민원안내서)」, 9면

172) 2019년 「빅데이터 및 인공지능(AI) 기술이 적용된 의료기기의 허가·감사 가이드라인(민원안내서)」, 8면.

유형화하면 의료 데이터, 유전체 데이터, 라이프로그 데이터 및 공공보건의료 데이터 등으로 구분할 수 있다.[173] 디지털 치료제, 원격진료(규제 샌드박스로 20개 이상의 회사가 시범적으로 운영하고 있음)가 시행 중이다. 현재, 마이헬스위이에서 공공데이터를 정부에서 제공하여 향후(3년 후) 상업화를 계획하고 있다. 한국에서는 2000년 신용정보법 개정으로 금융정보를 활용하게 되었고, 의료정보에 관해서는 개인정보 보호법 개정을 통해 전송요구권을 인정하여 의료데이터의 활용할 준비를 하고 있다. 의료정보에 대해서는 심리적인 장벽이 있지만 구체적으로 분석하면 활용할 수 있는 영역이 많이 있다.

요즘은 대기업들은 직원들 복지를 위해 건강증진팀에서 간호사 등의 의료진이 회사 내에서 헬스데이터를 활용하고 있다. 데이터를 모으는 것은 중견기업에서 헬스장을 운영하면서 디바이스로 운동량을 체크하여 복지 포인트를 주는 등의 방식으로 활용하고 있다. 그러나 이와 관련한 가이드, 심사는 아직 없다. 회사 내에서 사원의 개별적인 동의에 근거하여 활용하는 것으로 보인다. 그런데 이 동의의 범위가 기업내 직원의 건강 목적 활용을 넘어 연구목적, 상업목적으로 사용하는 것까지 동의했는지가 명확히 인식되지 않았을 가능성이 높기 때문에 이러한 동의절차를 구체화 시킬 필요가 있다.

현재 한국에서는 의료기기에 한하여 식품의약안전처의 허가를 위한 심사절차를 진행하고 있고, 스마트 헬스케어 기기도 의료기기로 인정되면 동일하다. 아직 비의료기기 헬스케어의 경우에는 심사절차가 존재하지 않는다. 의료데이터의 경우 한국에서는 개인정보 보호법상의 문제가 된다. 앞으로 활성화될 비의료 ICT 헬스케어 기기를 사용하는 기업 내에서도 표준 윤리심사 시스템이 정비될 필요가 있다. 특히 인정지능을 전제로 한 헬스케어 기기에 대한 윤리, 심사 규정의 정비가 요구된다. 이러한 윤리규정이 잘 작동되지 않고 사회적 문제를 발생하게 되면, 종래 법에서 이러한 윤리심사가 포함되는 법개정이 이루어지게 될 것이다. 지방자치단체에서 별도의 윤리기준을 작성하기보다는, 법에서 의료, 비의료 ICT 헬스케어 장치에 대한 안전기준 등이 마련되면 중앙정부와 같이 지방정부도 해당 법에 따른 안전기준 심사 등의 조치를 수행할 수 있을 것이다.

---

173) 정일영·최병삼·송명진·김지은, 『헬스케어 데이터 공공 플랫폼의 활성화를 위한 통합적 전략 연구』, 화학기술정책연구원, 2021-16, iv.

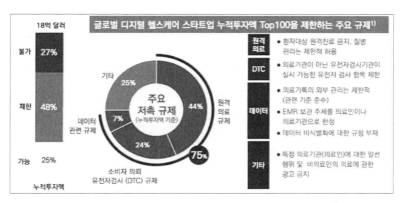

[글로벌 톱100 디지털헬스케어 기업 진입제한 규제][174]

Ⅲ. ✎ Iot와 빅데이터의 그림자

1. 타케팅과 가치검토

이렇게 정보통신 분야에서의 IoT에 대한 관심은 2000년대에 RFID가 상용화[175]된 이후 계속되는 IoT 센서기술과 데이터 처리기술의 결합으로 다양한 가능성과 사물을 통한 정보로 우리에게 통찰을 제공할 수 있는 상황이다.

하지만 이러한 IoT에도 어두운 면이 있다. 2013년 미국 연방무역위원회(FTC)는 가정의 CCTV가 형편없는 보안 시스템 때문에 외부인이 700여 가정의 보안카메라를 훔쳐보고 엿들을 수 있다는 사실을 밝혔다.[176] 기본적으로 소비자의 정보에 대한 잘못된 사용, 프라이버시의 침해, 소비자의 선호와 소비자에 대한 차별[177] 등 다양한 문제가 발생할 수 있다.

2015년 정보화진흥원에서 제공한 빅데이터의 장벽에 대한 통계조사에 따르면, 빅데

---

174) 전자신문, 2018. 11. 22.

175) RFID 비즈니스 동향 및 시장 전망.

176) David De Cremer, Bang Nguyen, The integrity challenge of the Internet−of−Things (IoT): on understanding its dark side, Journal of Marketing Management, Volume 33, 2017 − Issue 1−2, at 3.

177) *Id.* at 7~8.

이터의 장벽으로 제시된 순서로는 ① 빅데이터라고 할 만한 데이터가 없음, ② 빅데이터를 분석할 만큼 큰 기업이 아님, ③ 빅데이터 도입효과를 나타날 업무가 없음, ④ CEO 등의 무관심, ⑤ 빅데이터 도입 효과에 대한 불신, ⑥ 관련 전문인력 없음, ⑦ 빅데이터 자체가 어떤 것인지 모름 순으로 제시되었다.

빅데이터에서 정형·비정형 정보의 분석 중에 관련 정보가 유출될 경우 그 위험은 매우 크다. 따라서 관련법에서 빅데이터에 사용가능한 데이터의 수집 동의, 익명데이터의 개념, 일부 사용할 수 있는 가명정보의 개념 정비 등이 필요하다. 나아가 어떠한 목적으로 어떠한 방식으로 빅데이터를 활용하여 효용적인 결과를 도출할 것인지 구체적인 방향과 청사진 제시가 필요하다.

즉, 빅데이터 구상도 정확한 타게팅을 하여 적정한 데이터의 처리와 처리과정에서 적당한 알고리즘이 필요하다. 빅데이터는 특정 목적을 전제하지 않고 정형정보와 비정형정보를 수집, 활용하여 효용성을 도모하려고 하기 때문에 불특정 목적으로 수집된 정보를 통해 효용성 있는 결과를 도출하는 것은 쉬운 것이 아니다. 빅데이터도 명확한 목표를 가지고 사업을 명확하게 표현하고 명확한 BDA 전략을 갖춘 팀이 사례가 성공할 가능성이 높다. 너무 큰 데이터의 사용은 프라이버시에 대한 관심을 높이고 데이터 경제와 이노베이션을 약화시키게 할 수 있다.[178] 따라서 데이터 공유 계약(Data-sharing agreements)을 통하여 공개 데이터(open data)에 대한 정보의 익명화를 포함한 데이터 보호, 개인정보보호, 그리고 접근의 통제, 관리 권한(rights management), 데이터 사용 통제를 달성해야 한다.[179] 또한 데이터 공유 및 프라이버시는 데이터 공유 및 연구방법의 일부로 프라이버시를 통합하는 것으로 포함하여야 한다.

물론 빅데이터가 편익과 오남용의 문제를 비교형량하여, 편익이 많은 국가와 민간사업의 각종 분야에 효과적인 지혜를 제공하는 제4차 산업의 이익추구에 기여할 수 있도록 기술적인 검토는 물론 법률적가치적 검토가 필요하다.

2. 빅데이터의 법적 과제

(1) 데이터 보호

악의적인 데이터 유출을 막아 빅데이터를 보호해야 한다. 성장하는 사이버 보안 위

---

178) *Id.* at 417.

179) *Id.* at 417.

협에 대하여 각 조직은 데이터 유출을 예상하고 준비해야 한다. 그러한 침해를 신속하게 탐지할 수 있는 조치를 설계하고 실행한다. 부정적인 영향을 최소화하고 데이터 보안 및 데이터 관리 시스템을 만들어야 한다. 이후 조직은 데이터 보안 규정을 준수해야 하며, 데이터가 유출 될 때 영향을 받는 규제 기관과 개별 소비자에게 보고해야 한다.[180] 따라서, 가장 근본적인 것으로, "개인식별정보(personally identifiable information)"의 정의를 포함한 개인정보보호법(privacy law)의 개념, 개인통제의 역할 및 데이터 최소화 원칙(the principle of data minimization), 사용목적의 제한(purpose limitation)이 요구된다.[181]

빅데이터 서비스는 진화 또는 혁신에 관한 정보를 제공한다. 그러나 그 근거가 되는 그러나 온라인 소비자의 약 20~25% 리뷰는 가짜이다.[182] 이것은 빅데이터 분석의 새로운 도전을 요구한다. 빅데이터는 악의적인 데이터 유출로부터 보호되어야 한다. 높아가는 사이버시큐리티 위협은 조직이 데이터 유출을 예상하고 준비해야 한다는 것을 의미하며, 그러한 침해를 신속하게 탐지할 수 있는 조치를 설계하고 실행해야 한다. 부정적인 영향을 최소화하고 데이터 보안 및 데이터 관리 시스템을 만든다. 조직은 데이터 보안 규정을 준수해야 하며 데이터가 유출될 때 영향을 받는 규제 기관과 개별 소비자에게 보고해야 한다.[183]

(2) 사생활 침해

빅테이터는 검색, 전자상거래, 소셜미디어 등 웹서비스 분야에서 다량으로 생성·수집 등 데이터를 다양한 서비스 제공을 위해 활용하는 것을 중심으로 검토되고 있다. 대표적으로 Amazon, Apple, Facebook, Google 등 미국의 플랫폼 사업자들은 이미 빅데이터 활용을 위한 적극적인 노력을 진행하고 있다. 미국 정부의 과학기술정책국(OSTP)도 2012년 3월 29일, 빅데이터 연구 개발 이니셔티브(Big Data Research and Development Initiative)를 발표하며 미 연방정부도 적극적인 입장이다.[184] 반면, 소비

---

180) *Id.* at 415.

181) *Id.* at 417.

182) *Id.* at 413.

183) *Id.* at 415.

184) 빅데이터의 활용에서는 다양한 분야에서 생성되는 다종 다량의 데이터를 횡단적으로 활용하여 사회 전체가 지식과 정보의 공유가 가능하도록 하고 있다. 빅데이터 분석에 근거한 결정은 필연적으로 "과거 경험이 많이 입력되면 알고리즘이 과거와

자들은 프라이버시를 옹호하고 저장 데이터 및 개인신상 정보의 통합에 우려를 나타내고 있다. 미국에서도 전문가들은 개인정보 보호를 실행하기 위한 많은 권고를 하고 대량의 데이터 처리를 우려하고 있다.

　사물인터넷도 기본적 인권과 관련하여 심각한 문제가 발생할 수 있다. 즉, 사물인터넷이 해킹에 의해 악의적으로 사용되면 심각한 사생활 침해뿐만 아니라 신체와 생명에 대한 위험까지 발생시킬 수 있다. 예를 들면 스마트 TV를 통해 우리의 사생활을 모두 볼 수 있을 뿐만 아니라 욕실의 물 온도를 갑자기 높이고 가전기구를 과열시켜 불을 낼 수도 있다. 실제로 2013년 미국에서는 아기 돌보기용 웹캠이 해킹돼 해커가 모니터를 통해 아이에게 욕설을 퍼붓는 충격적인 사건이 발생하기도 하였다. 뿐만 아니라 사물인터넷은 인터넷 네트워크를 통해 통신이 이루어지기 때문에 이에 대한 패킷감청(packet inspection)이 이루어질 경우 감청 대상자의 일거수일투족을 감시할 수 있게 된다. 특히 최근에는 패킷 내부의 내용까지 파악이 가능한 심층패킷분석(Deep Packet Inspection; DPI) 기술이 사용되면서 감청의 수준이 매우 고도화되고 있다. 국가정보원의 경우 이미 2009년에 하나로텔레콤의 초고속 인터넷을 실시간 감청하였을 뿐만 아니라[185] 2011년에는 암호화되어 통신되는 지메일(Gmail)까지 패킷감청을 하였다.[186] 미국에서는 일반인들도 스파이웨어(Spyware)와 같이 악성 소프트웨어로 컴퓨터를 해킹하여 동의 없이 컴퓨터의 정보를 수집하고 신용카드와 같은 금융 정보 및 신상정보, 암호를 전송하는 것을 예방하기 위하여 컴퓨터의 보안을 중시한다. 개인은 자신의 컴퓨터의 자료와 영상 유출을 차단하기 위해 PC의 카메라 렌즈에 테이핑을 하는 모습을 쉽게 볼 수 있다.

　반면, 빅데이터를 활용하려는 개발자 등은 이러 빅데이터 기술의 발전을 개인정보 보호법이 막고 있다는 주장을 하기도 하지만, 개인정보 보호법 등 법제 규제가 없다고 IT 기술의 발전과 구현이 그렇게 한순간에 성취되는 것은 아니다. 특히 개인정보 보호는 헌법상의 개인정보자기통제권의 실현이기에 이 법이 없어도 헌법에 의해 그 보호는

같은 사건을 예상할 수 있다. 향후 시스템이 동적 성질이 변화한다면, 과거를 통해 미래를 아는 것은 다소 가능하게 되었다. 이를 위해 시스템의 동적 특성, 즉 가설을 완전히 .이해하는 것이 필요하다. 기업은 이용자의 상품·디지털 콘텐츠 등의 구매 이력 및 결제정보, 통신 발신 등 방대한 데이터를 축적하고, 그 데이터를 활용하면서 서비스 혁신 등을 추진하는 것이 회사의 경쟁력에 연결되어 있는 측면이 있다"고 한다.

185) 한겨레 신문, "인터넷·전자우편 실시간 감청 시대", 2009. 9. 4. 자,
　　<http://h21.hani.co.kr/arti/cover/cover_general/25658.html>

186) 한겨레 신문, 구글 지메일도 국정원이 감청 2011. 9. 16.자,
　　<http://www.hani.co.kr/arti/society/society_general/496439.html>

무시될 수 없다. 빅데이터와 프라이버시 보호의 사이에 미국과 EU에서는 각각의 정책이 진행되고 있다.[187]

미국과 EU에서 공통된 것이지만, 사전에 프라이버시 리스크 분석과 관리이다. 프라이버시 보호를 기술의 설계단계에 집어넣는 '프라이버시 디자인'이 주목을 받고 있다.[188] 캐나다의 Ann Cavoukian 박사는 이를 위하여 ① 사후가 아니라 사전, 구제가 아니라 예방, ② 기본설정으로서 개인정보 보호, ③ 설계시 통합 개인정보 보호, ④ 제로섬(Zero-Sum)이 아닌 포지티브섬(Positive-Sum), ⑤ 엔드 투 엔드 개인정보 라이프 사이클, ⑥ 가시성과 투명성, ⑦ 사용자의 프라이버시 존중의 7대 원칙을 제시한 바 있다.[189][190] 이와 같이 빅데이터 이활용과 새로운 기술과 개인정보 보호를 양립하기 위한 연구가 필요하다. 인권으로서 개인정보보호를 지키면서, 빅데이터의 이활용에 향한 효과적인 법적 틀이 요구된다.[191]

그동안 대한민국에서도 빅데이터의 활용 가능성 등 ICT에 정보의 활용에 대한 논의가 진행되고 있고 이를 위하여 '방송통신위원회의 가이드라인'(2016. 7. 1. 시행)에서 공개된 개인정보는 별도로 정보주체의 동의를 얻지 않도록 하는 논의를 진행한 바 있다. 신용정보에 관해서 빅데이터 모델의 구현이 도모된 바 있고 이에 대한 찬반론이 있다. 빅데이터에 의한 감시에 대하여 프라이버시를 어떻게 지킬 것인지가 과제로 남는다.

(3) 차별과 편견으로부터의 보호

또한 빅데이터에서 데이터 그 자체가 차별과 편견의 온상이 될 수도 있다. 예를 들어 유전자데이터는 본인의 힘으로는 바꿀 수 없는 개인데이터이지만, 본인뿐만 아니라 자손에까지 영향을 미친다. 유전자 데이터로부터 중대한 병의 리스크가 높다고 하면, 그 사람이나 자손은 건강보험을 거부하거나, 의료보험을 높게 설정하는 것으로 차별적 취급이 행해지기 쉽다. 개인은 데이터를 만들어 내는 상품으로 취급하여 사람이 태어

---

187) 庄司克宏の外5人, 前揭書, 64頁. 미국과 EU의 빅데이터와 프라이버시 보호정책을 구별에 대한 비교는 한국헌법학회, 『정보화 시대와 헌법상 정보기본권』, 법원행정처 연구보고서(2018. 1), 103頁 참조.

188) http://www.soumu.go.jp/main_content/000199201.pdf

189) http://www.soumu.go.jp/main_content/000196322.pdf

190) 관련한 캐나다의 Ann Cavoukian 박사가 1990년대 주창한 프라이버시 디자인 7원칙에 대해서는 한국헌법학회, 앞의 연구보고서, 104면 이하 참조.

191) 庄司克宏の外5人, 前揭書, 69頁.

나기도 전부터 차별의 대상이 되기 쉽다.[192] 이러한 데이터에 의한 차별을 방지하기 위하여, 프로파일링 규제가 빅데이터에서는 중요하게 된다. 이러한 빅데이터의 위협에 대하여 그 빅데이터 분석에서 알고리즘에서부터 차별 및 편견을 증대시키는 우려를 제거하기 위한 새로운 의무를 법적으로 검토해야 한다.

(4) 빅데이터 실현을 위한 과제

미국 행정부는 사법과 경찰의 데이터 구동형 발의를 공표하고 있다. 오바마 전 미국 대통령 자신도 적극적으로 데이터를 이용한 형사사법 시스템의 개혁을 해왔다. 예를 들어, 미국에서는 매년 3,100개의 형무소에 1,100만 명이 수감되어 있지만, 경미한 범죄의 사람을 불필요하게 길게 수감하는 것을 그만두면 매년 220억 달러의 삭감으로 이어진다고 지적했다. 또한, 플로리다 주에서는 2010년부터 5년간 1,370만 달러를 낭비하여, 중증의 정신병 환자의 97%가 모두 합쳐 39,000일이나 치료 없이 형무소에서 생활하고 있다는 보고도 있었다. 이런 경우, 빅데이터를 구사하여 효율적인 형사사법 시스템의 운영이 기대된다.[193] 일본에서는 국민이 안전하고 적절한 데이터 활용을 추진하기 위해 빅데이터와 인공지능 관련 기술, IoT, 클라우드 기술과 관련 국가의 책무를 규정한 '관민데이터활용추진기본법'[194]을 2016년 12월 14일 실시하였다.

테러 대책 및 중대한 범죄 수사를 위해 빅데이터를 활용하는 것도 시작되었다. 이른바 "예측적 경비(predictive policing)"은, 이미 발생한 범죄 등의 수사 없이, 빅데이터로부터 도출된 확률에 의하여 범죄의 발생을 예측하는 활동이다. 예를 들어, 시카고에서는 빅데이터 분석에 의거하여, 시내에서 가장 위험인물이라고 판정된 약 400명에 대하여 아직 범죄를 일으키지 않았음에도 불구하고 경찰관이 자택을 방문하여 경고를 한 것이 보도되었다. 그러나 만약 아무런 범죄와도 관계없는 당신이 위험인물 리스트에 게재된다면 어떻게 생각하는가? 이 데이터는 당신의 진정한 인물상을 알고 있지 않다. 빅데이터를 이용한 예측적 경비에 대하여도 어디까지나 과거의 "다른 범죄자"의 데이터를 분석한 결과 "당신"의 위험도를 판정하는 구조인 것에 주의를 요한다. 확실히 빅데이터가 좋은 목적으로 사용된다면 형사사법 시스템도 개선될 것이다.

---

192) 庄司克宏の外5人, 前揭書, 67頁.

193) 庄司克宏の外5人, 前揭書, 102頁.

194) 官民データ活用推進基本法(平成二十八年法律第百三号).

그러나 동시에, 백악관의 보고서에서 지적대로 과거의 범죄 데이터를 수집하여 분석한 후 행동 패턴으로부터 장래의 위험을 예측하는 경우, 데이터 분석 순서에서는 인종 및 빈곤층의 관점에 의거한 프로파일링을 조장하여 차별 및 편견을 만들 위험이 높다. 그렇다면 많은 형사사법 데이터는 주관적인 것이며, 오히려 커뮤니게이션 내부의 신뢰나 안전을 훼손해버릴 수 있다. 빅데이터에 의한 감시는, 살아있는 인간이 아닌 개인데이터를 대상으로 하고, 사후의 수사가 아닌 사전의 예측 분석, 그리고 특정 용의자가 아닌 불특정 다수의 일반 시민을 표적으로 하고 있다. 이러한 빅데이터에 의한 감시는 프라이버시 보호와의 관계에서 어떻게 생각해 볼 것인가가 문제 된다.[195]

---

195) 庄司克宏の外5人, 前揭書, 103頁.

제4장

개인정보의 보호와 이용

Ⅰ. 개인정보의 처리와 관련한 프라이버시 보호체계

　빅데이터와 인공지능 등이 활용이 화두가 되고 있는 정보화시대 혹은 4차 산업혁명이라고 하는 지금, 개인정보의 보호와 활용은 법과 산업전반의 주요 이슈이며, 이러한 정보화시대에 기반이 되는 개인정보는 그 보호와 활용이 필요한 중요한 개인의 재산이다.[196] 우리 헌법 제17조의 사생활의 보호와 자유와 비밀에서 프라이버시와 같은 국제적인 기본권과 다양한 권리와도 연관이 있다.

1. 데이터 활용과 보호·보안

　개인정보를 보호하여 정보시대에 발생할 수 있는 개인의 인권침해를 막는 개인정보에 관한 법제는 국가가 개인의 정보를 보호하는 여러 조치를 두고 있다. 반면, 개인정보의 활용을 해야 하는 기술에는 어떠한 것이 있을까? 미러링과 캐스팅은 스마트폰에 표시되어야 할 내용을 주변의 다른 장치에 표시되도록 하는 기술이다.

[미러링 기술][197]

---

196) 손형섭, "일본 개정 개인정보보호법과 우리법의 나아갈 방향", 공법학연구 제46권 제2호(2017), 295면.

이러한 기술은 우리에게 매우 편리함을 제공한다. 나아가 팀뷰어라는 서비스가 있다. 이것은 사무실의 컴퓨터를 외부에서 다른 기기를 이용해 원격으로 조종할 수 있도록 하는 원격제어 프로그램이다. 팀뷰어는 서로 다른 공간에서 기기간 쌍방향 파일전송, 채팅 등을 주고받을 수 있게 해주는 편리함이 있다.[198] 그런데 이 프로그램은 편리함으로만 이용되는 것이 아니라 보이스피싱 등에 매우 잘 이용되는 프로그램이다. 보이스피싱을 통하여 상대방에게 이 프로그램을 다운로드 받게 하면, 그 다음부터는 상대방의 컴퓨터, 스마트 폰의 모든 정보를 얻게 되고 해킹을 물론 상대방의 금융결제도 가능하다.

[팀뷰어의 홈페이지]

그런데, 이 프로그램을 다운받으라는 유도를 따랐다가 금융피해를 본 보이스피싱 사례가 관련 기관에 속속 접수되고 있는 것이 현실이다. 즉, 기술의 발전은 그것만으로 우리에게 혜택이 될지 새로운 위험이 될지를 장담할 수 없다.

2. 프라이버시

프라이버시를 법적 권리로 처음 논한 논문으로 유명한 Warren & Brandeis의 "The Right to Privacy"[199]에서는 프라이버시권을 "혼자 있을 권리"로 이해한다. 반면 Prosser

---

197) 국립중앙과학관, http://100.daum.net/encyclopedia/view/125XX52900018.

198) https://wardnam.tistory.com/48.

는 그의 논문 "Privacy[200]"에서 프라이버시권을 일의적인 개념으로 설명하기보다, 프라이버시 침해를 ① 사사로운 일에의 침입, ② 사적비밀의 공개, ③ 잘못된 인상의 공표, ④ 이름·초상의 무단 사용의 네 가지 영역으로 분류하였다. 반면, 이러한 Prosser의 프라이버시권의 분류에 대하여, 이를 환원론(reductionism)이라고 하는 비판이 제기되는데[201] 이에 의하면 "독자적인 프라이버시권이라는 것이 없고, 하위개념 예컨대 재산·명예·정신적 고통으로부터의 자유라고 하는 개별적 법익에 환원하여 개념화하는 것"이라며 비판[202][203]되었다.

다음으로 프라이버시권을 자기정보에 관한 통제권으로 이해하는 견해가 제기되었다. Westin은 프라이버시란 "타자와 언제 어떻게 어디까지 커뮤니케이션할 것인가를 결정하는 개인, 집단 또는 조직의 요구"라고 정의하였다.[204] 이러한 견해를 '정보컨트롤권설'이라고 한다. 미국에서도 각종 규정에서 법에 따라 보호되는 개인정보는 프라이버시 중에서 주로 '정보 프라이버시'에 해당하는 부분을 의미한다.

Fried에 의하면 "프라이버시는 자기에 관한 정보를 컨트롤하는 것이라고 하면서, 애정·우정 및 신뢰에 필요한 배경으로서 프라이버시의 개념은 이들 관념의 복잡한 설명에 의존하고, 도적·존중 및 인격에 대한 보다 일반적인 개념에 의존한다고 했다"[205]고 한다. 그는 도덕원리와 인간존중의 태도와 프라이버시 논의를 연관시키는 논의를 제공했다. 정보컨트롤권설을 비판하는 견해로 Bloustein은 Prosser의 프라이버시 침해의 법익에서 공통적으로 인간의 존엄(human dignity)과 인격(individuality)이라는 인간에게 기본적 가치를 추출하였다. Bloustein은 Prosser가 "사생활에의 침입" 영역의 법익을 정신적 고통으로 하고, 권리침해가 성립하는 것에는 "고의의 정신적 가해"가 필요하고 "중대한 정신적 손해"를 요한다고 함에 대하여, 그러한 특별 손해는 판례상 반드

---

199) Samuel D. Warren and Louis D. Brandeis, *The Right to Privacy*, 4 Harvard Law Review 193(1890).

200) William L. Prosser, *Privacy*, 48 Cal.L.Rev. 383(1960).

201) Kalven, *Privacy in Tort Law—Were Warren and Brande is Wrong?*, 31Law and Contemporary Problem 326 (1966).

202) 佐藤幸治, "権利としてのプライバシー", ジュリスト(742号), (1981. 6. 5), 159頁.

203) 손형섭, "판례평석] 홈페이지에 공개된 개인정보와 인격권— 대상판결: 대법원 2016. 8. 17. 선고 2014다235080, 서울중앙지방법원 2014. 11. 4 선고 2013나49885 —, 미디어와 인격권 제5권 제1호(2019), 154면 이하.

204) Gross는 "자기의 사생활의 향유에 컨트롤이 미치는 상태", Miller는 자기에 관한 정보의 유통을 컨트롤하는 개인의 능력", Weinstein은 他者와 격리를 두는 심리적 상태, Haag는 "他者의 행동에 참여하지 않을 자유"라고 정의했다. 阪本昌成 (1986). プライバシー権論, 東京: 日本評論社, 136頁.

205) C. Fried (1968). Privacy, Yale Law Journal, 77(3), p. 478.

시 불법행위를 요건으로 하지 않고 따라서 문제는 '인간의 존엄'을 손상한 것이라고 하였다.[206] 그 인간의 존엄이라는 법익은 Prosser가 말한 다른 영역에도 공통하여 들어 맞았다.[207]

미국뿐만 아니라 대한민국에서도 개인정보는 적극적인 프라이버시권인 자기정보통제권을 대상으로 이것이 침해되면 인격권 침해가 된다고 보고 있다.[208] 즉, 정보 주체의 개인정보에 대한 수집, 저장 관리, 유통될 수 있는 개인에 관련된 자료 및 정보를 자기결정권에 의하여 통제하는 권리도 인격권에 속한다.[209][210]

3. 각국의 개인정보 보호

(1) 유럽

1950년의 유럽인권협약 제8조는 사생활보호권을 보장하고 있다. 즉 "1. 모든 사람은 자신의 사생활(private life)과 가족생활(family life), 자신의 주거(home) 및 통신(correspondence)에 대한 보호권을 가진다. 2. 공권력은, 국가안전보장(national security), 공공의 안전(public safety) 또는 경제적 복지(economic wellbeing)를 위하여, 무질서나 범죄를 예방하기 위하여(for the prevention of disorder or crime), 건강 또는 도덕의 보호를 위하여(for the protection of health or morals), 또는 다른 사람의 권리와 자유를 보호하기 위하여(for the protection of the rights and freedoms of others) 꼭 필요한(necessary) 경우 및 법률이 정하는 경우를 제외하고는, 이들 권리를 간섭해서는 아니 된다."[211]

UN 국제인권선언, '시민권과 정치적 권리에 대한 국제조약', OECD의 '개인정보 보호 및 개인정보의 국경간 이동에 관한 가이드라인'(Guidelines on the Protection of Privacy and Transborder Flows of Personal Data) 등 국제법, 조약 등이 개인정보를 위한 기반을 만들어 가고 있다. 특히 개인정보의 수집, 사용 및 배포에 관한 일반적이

---

206) Edward J. Bloustein (1964). Privacy as an aspect of Human Dignity: an answer to Dean Prosser, New York University Law Review.

207) 손형섭, "인터넷이용자 개인정보 제공에 관한 법적 연구", 공법연구 제42권 제2호(2013), 159면.

208) 임종인·이숙연, "개인정보관련분쟁의 사례분석과 대안의 모색", 정보법학 제12권 제2호(2008), 215면.

209) 임종인·이숙연, 위의 논문, 218면.

210) 이상, 손형섭, "연예인의 프라이버시권 법리", 법조 제635호(2009), 29~32면.

211) 이인호, 앞의 보고서, 80면. Daniel J. Solove & Paul M. Schwartz, Information Privacy Law (6th ed. 2018), at 1095.

고 보편적인 제도를 도입하고, 그 집행을 위해 프라이버시 담당관(commissioner) 또는 그와 유사한 감독 메커니즘을 구축하고 있다.[212]

경제협력개발기구(OECD)가 1980년 9월 23일에 채택한 '개인정보보호와 개인 데이터 국제유통에 대한 가이드라인에 관한 이사회권고'[213]가 있었고, 이 'OECD 가이드라인'에서 가맹국은 국내법 및 국내 정책의 차이와 관계없이 개인과 개인의 자유를 보호하고 개인 정보와 정보의 자유로운 유통이라는 기본이지만 경쟁 가치를 조화시키는 일반적인 이해가 있었다.[214] 그리고 'OECD 가이드라인'에서 개인정보 보호에 관한 8개 원칙을 규정한다.[215] OECD 가이드라인 채택 이후 1981. 1. 28. 유럽위원회는 '개인정보의 자동처리와 관련한 개인의 보호를 위한 협약'[216]을 체결한다. 그리고 10년 후인 1995년, 유럽은 OECD 8원칙에 입각한 '개인데이터처리에 관한 개인의 보호 및 해당 데이터의 자유로운 이동에 관한 1995년 10월 24일 유럽 의회 및 이사회의 95/46/EC 지침'[217](이하 "EU 개인정보 보호지침"이라 한다)을 채택했다.

민간부분을 포함한 개인정보보호를 위하여 법제도정비는 1990년 이후에 많은 민주주의국가에서 실현되어 왔지만, EU에서는 1995년 EU 개인정보지침(Directive 95/46/EC)[218]이 1998년 10월에 발효하여 가맹국 국내법의 조화—하모니제이션—가 진행되었다.[219] 국제연합(UN)의 가이드라인과 유럽연합(EU)의 개인정보보호지침(Directive 95/46/EC) 등에서 회원국들에게 개인정보의 수집·관리·이용활동 등을 모니터하고 조사할 수 있는 권한을 가진 독립적인 감독기관 설치를 의무화한다.

한편 EU 집행위원회는 2012. 1. 25. 개인정보보호를 규정하고 있는 'EU 기능에 관한 협약(Treaty on the Functioning of the European Union, TFEU)' 제16조 제2항에 근

---

212) 홍용화, "미국의 개인정보 보호에 관한 법률 및 제도 연구", 국외훈련검사 연구논문집 제28집(2013), 813면.

213) Guidelines on the Protection of Privacy and Transborder Flows of personal Data, O.E.C.D. Dos.C58 final (September 23, 1980)

214) 堀部政男, 『インターネット社会と法』, 新世社(2006.5), 108頁.

215) 이 8개 원칙이 '개인정보 보호법'에서 수용되는 모습에 대하여는 김주영·손형섭, 『개인정보 보호법의 이해』, 법문사(2012), 167면 참조.

216) Convention for the protection of individuals with regard to Automatic Processing of Personal Data.

217) Directive 95/46/EC of the European Parliament and of the Council of 24 October 1995 on the protection of individuals with regard to the processing of personal data and on the free movement of such data.

218) Directive 95/46/EC of the European Parliament and of the Council of 24 October 1995 on the protection of individuals with regard to the processing of personal data and on the free movement of such data

219) 山口いつ子, 『情報法の構造―情報の自由·規制·保護』, 東京大学出版会(2011), 174頁.

거하여 데이터 처리자가 EU 시민의 데이터를 처리하는 경우라면 데이터 처리가 EU 내에서 행해지는지에 상관없이 EU 데이터보호지침을 적용하는 '일반 데이터 보호 규정(General Date Protection Regulation)' 초안을 다보스 포럼에서 공개했다.[220] 이후 오랜 논의와 수정을 거쳐, 2016년 4월 EU이사회와 유럽의회를 통과하고, 2016년 5월 24일 발효하여 2018년 5월 25일부터 실시되었다.[221]

이 GDPR(일반데이터보호규정)은 개인정보보호의 원칙을 세우고, 정보주체의 권리를 규정하며, 고객 데이터에 대한 보안을 강화하고 보안 침해 발생 시 개인정보주체에게 이를 통보하도록 하고 있다(제34조). EU에서 비즈니스를 운영하거나 EU 거주자의 데이터를 취급하려는 기업은 GDPR을 준수하는 환경을 갖추어 적정성 평가를 받아야 한다(제45조). GDPR은 위반시 2천만 유로 또는 회사 매출의 2% 중 더 큰 금액이 벌금으로 부과될 수 있도록 하였다(제83조).[222] GDPR은 제3장에서 이용자가 인터넷 공간에서 자신과 관련되어 합법적 근거 없이 획득된 정보를 삭제해 줄 것을 서비스사업자에게 요구할 수 있는 정보주체의 '잊힐 권리(Right to be forgotten)'를 구체적으로 규정하고, 서비스 사업자가 정보주체가 데이터의 활용에 동의하기 전에 충분히 이에 대하여 설명하도록 규정하고 무권한자가 데이터에 접근할 경우 데이터 보호기관과 해당 정보주체에도 이를 통지하도록 규정하는[223][224] 등 전반적으로 데이터 주체의 권리를 보장하고 있다.

(2) 미국

미국은 세계에서 처음으로 정보사회에서 개인의 사생활이 심각하게 침해될 수 있다는 것을 인식한 나라이다. 미국에서 개인정보보호와 프라이버시 보호의 쟁점은 인터넷 등 정보통신기술의 발달과 보급에 선제 조건이며, 20세기 중엽 이래 조지 오웰이 1984년에서 묘사한 전체주의적 정부 및 빅 브라더에 의해 그 침해가 염려되었다.[225]

컴퓨터의 발달로 1970년대 미국 연방의회에서 공정신용정보법(FCRA, Fair Credit

---

220) 강석철, "독일의 개인정보 보호에 관한 법률 및 제도 연구", 국외훈련검사 연구논문집 제28집(2013), 661면.

221) 박노형 외, 『EU 개인정보보호법―GDPR을 중심으로―』 박영사(2017).

222) 박노형 외, 위의 책, 416면.

223) 강석철, 위의 논문, 661면.

224) 손형섭, "개인정보의 보호와 그 이용에 관한 법적 연구", 한국법학회, 법학연구 제54집(2014), 3면.

225) 山口いつ子, 前揭論文, 175頁.

Reporting Act of 1970)[226]과 프라이버시법(Privacy Act of 1974)[227]의 제정을 시작하여 특정 민간부분 및 정부 보유 개인정보의 보호를 위한 입법조치가 추진되었다.

공정신용정보법은 자동 정보 처리시스템의 발전단계에 대응하여 개인정보 당사자에게 자기에 관한 정보를 통제할 수 있는 권리를 보장하였다. 프라이버시법(privacy Act of 1974)에서는 행정기관에 의해 침해받을 수 있는 프라이버시권을 보호하였다. '금융 프라이버시법'(Financial Privacy Act of 1978)은 정부에 의한 금융기록의 접근을 원칙적으로 금지하고 예외적으로 고객의 동의, 행정기관의 정보제출 명령(subpeona), 수색영장, 사법기관에 의한 정보제출명령 또는 공식적인 서면청구에 의하지 않을 경우 정보가 공개되지 않도록 했다.

'전자통신 프라이버시법'(ECPA, Electroni Communication Privacy Act of 1986)은 개인 정보통신 영역에서의 프라이버시 보호를 규정하였다. 이 법은 통신 서비스를 침입으로부터 보호하고 위 서비스에 보관된 정보들을 보호한다. Title I 은 감청법(Wiretap Act), Title II 는 저장된 통신에 대한 법(The Stored communication Act)으로 구별된다. 컴퓨터보안법(Computer Security Act of 1987)은 전자통신의 무단도청을 방지하고 새로운 컴퓨터와 전자통신기술의 급격한 변화를 감안하여 새롭고 명확한 연방 프라이버시 보호기준을 규정했다.

'아동 온라인 프라이버시 보호법'(COPPA, Children's Online Privacy Protection Act of 1998)은 13세 이하의 어린이에 대한 정보의 온라인 수집을 금지와 연방거래위원회에서 부모에 대한 고지와 동의 방법 등을 규정하도록 하였다.[228] 연방정부의 정보안전프로그램에 관한 원칙 법률로 연방정보보안관리법(Federal information Security Management Act of 2002)을 제정하였다.[229]

1996년 입안된 의료 프라이버시법(HIPPA, Health Insurance Portability and Accountability Act of 1996)은 프라이버시에 관한 규율을 포함하여 2003년 시행되었다. 동법 Title I 에서 실직한 근로자 및 가족들에 대한 건강보험 적용 범위를 다루었다. Title II 에서는 연방정부에 대한 국가 의료 증명서 발급, 건강정보의 목적 외 사용금지를 규정하였으나 법명에서 프라이버시라는 단어를 사용하지는 않았다.[230]

---

226) 15 U.S.C. § 1681(1970).

227) 5 U.S.C. § 552a(1974).

228) 김주영·손형섭, 앞의 책, 21면 참조.

229) FISMA, 44 U.S.C. § 3541.

미 연방의회는 2009년 '의료정보화 및 정보보호의 양 측면을 고려하여 건강정보기술법'(Health Information Technology for Economic and Clinical Health Act, HITECH)을 통과시켰다. 이 법은 전자건강기록(electronic health records)의 이전을 가능하게 하는 것이 목적이나, 일부 HIPPA의 규제를 강화하고 그 준수를 위해 미국 보건복지부(HHS)에 집행권한을 위임하였다. 미국 보건복지부는 HITECH의 위임을 반영하여 'Omnibus Final Rule'을 제정하여 종래 프라이버시와 시큐리티 규정을 수정했다.[231]

전역 군인의 민감한 개인정보와 그 정보 시스템을 보호하기 위하여 정부 차원의 정보 보안절차를 구현하기 위하여 '전역군인의 이익과 건강 및 정보 기술법'(Veterans Benefits, Health Care, and Information Technology Act of 2006)을 제정하였다. 이 법에서는 전역군인에 대한 민감 개인정보의 오용, 신용 보호 서비스 제공에 대한 위험을 특별히 관리하도록 했다.[232]

연방통신위원회(FCC)와 연방거래위원회(FTC)와 같은 규제기관에서도 소비자 관련 정보에 대한 프라이버시를 규제한다. 개인정보 보호에 관하여 미국은 전통적으로 공공분야와 민간분야를 분리하여 이원적으로 접근하는 방식을 취해왔다.[233] 2004년 민간단체인 PCI DSC(지불카드산업 정보보안표준협의회)가 설립되어 카드거래 정보보안을 위해 정보처리기준(Payment Card Industry Data Security Standard)을 발표하기도 했다.[234] 9.11테러 이후 사이버테러 위협을 방지하기 위하여 정부기관의 개인정보 접근을 허용하는 취지의 법규들이 적용된다.[235] 미국이 이와 같이 '패치워크'와 혹은 모자이크 방식으로 프라이버시 문제를 해결하는 것은 최적의 방법이라고 하기는 어렵다. 최근 미국에서 논의 중의 법안들은 개인정보 보호를 강화하는 취지의 법안이 있는 반면, 표현의 자유를 보다 중시하는 혼재된 양상이다. 그러나 2018년 9월 23일 캘리포니아주에서 '캘리포니아 소비자 프라이버시 보호법'이 제정(California Consumer Privacy Act of

---

230) Daniel J. Solove & Paul M. Schwartz, Information Privacy Law, Aspen Casebook(6th ed. 2018), at 509.

231) Id, 510.

232) 기타 'Gramm–Leach–Bliley Act of 1999'에서는 소비자의 금융정보에 관한 규정을 두고 금융기관이 비인가 된 사용과 접근에 대하여 개인정보를 보호하도록 규정하였다(김환국·고유만·이재일, "정보통신망법 개정에 따른 기업 정보보호 제도 현황 및 정보보호 관리체계의 인증기준 비교", 정보보호학회지 제23권 제4호, 2013. 8, 51면). 켄–스팸법(CAN–SPAM Act of 2003)과 포르노그래피 및 마케팅 통제법(Controlling the Assault of Non–solicited Pornography and Marketing Act)도 개인정보에 관련한 규정을 두고 있다.

233) 홍용화, 앞의 논문, 812면.

234) Gina Marie Stevens, *Federal Information Security and Data Breach Notification Laws*, in DATA SECURITY Laws and Safeguards, Nova Science Publishers(Paulus R. Wayleith ed., 2008) 참조.

235) 홍용화, 앞의 논문, 871면.

2018)되어 포괄적인 개인정보보호법이 실행되었으며 미 연방차원에서 이러한 법제의 수용 검토가 논의 중에 있다.

(3) 일본

일본에서도 개인정보보호를 위한 기본법제의 초기성립이 추진되어 공적부문과 민간부분을 취급하는 '개인정보 보호에 관한 법'이 2003년에 관련 4법과 함께 성립되고, 2005년부터 전면 시행되었다.[236) 이때 개인정보보호법(이하 구법이라 한다)과 공공부문에 적용되는 '행정기관의 개인정보보호법', '독립행정법인의 개인정보보호법', '정보공개·개인정보보호심사회 설치법', '행정기관이 보유하는 개인정보의 보호에 관한 법률 등의 시행에 따른 관계 법률의 정비 등에 관한 법률'의 4개 관련법(이하 4개법을 통칭하여 '행정기관 등 개인정보보호법'이라 함)도 정비되었다.[237)

한편, 일본에서는 마이넘버법('행정절차에 있어서 특정 개인을 식별하기 위한 번호 이용 등에 관한 법률')에 따라 2014년 1월 특정개인정보보호위원회가 설치되어 우리나라의 주민등록번호와 유사한 특정개인정보, 마이넘버 보호에 관한 업무를 시작했다.

일본에서는 2015년 3월 10일 '개인정보 보호법에 관한 법률 및 행정절차에 있어서 특정 개인을 식별하기 위한 번호의 이용 등에 관한 법률의 일부 개정 법률안'을 각의 결정으로 국회에 제출하였고, 이를 바탕으로 2015년 9월 개정 개인정보보호법이 성립되었다.[238) 개정 개인정보보호법(및 개정 마이넘버법)에서는 개인정보보호위원회를 규정하고, 종래 마이넘버 보호 업무를 하던 특정개인정보보호위원회의 조직을 2016년 1월 일본 개인정보보호위원회로 바꾸었다.[239) 2016년 8월 2일 개인정보보호위원회는 스스로 시행령과 시행규칙에 대한 의견을 공모하여 개인정보보호 제공 기준을 마련하고, 익명정보처리기준 구체화하려고 노력했다. 결국, 개정법이 2017년 5월 30일 전면 시행되었고, 종래 각 주무부서가 담당하던 개인정보보호 업무는 개인정보보호위원회로 이관되었다. 일본 개정 개인정보보호법 제1조 목적에 종전 규정에 더하여 "개인정보의 적정하고 효과적인 활용이 새로운 산업 창출 및 활력이라는 경제사회 및 풍요로운 국

---

236) 손형섭, "개인정보의 보호와 그 이용에 관한 법적 연구", 한국법학회, 법학연구 제54집(2014), 4~5면.

237) 손형섭, "일본 개정 개인정보보호법과 우리법의 나아갈 방향", 공법학연구 제46권 제2호(2017).

238) 경성대학교, 『일본의 개인정보보호 법제·정책 분석에 관한 연구』, 개인정보보호위원회(2017), 8면.

239) 일본 개인정보보호위원회, 平成28年度年次報告(2016), 1면.

민생활 실현에 이바지"가 추가되었다. 즉 '새로운 산업 창출 및 활력'이 새로운 개인정보보호법에서 추가된 변화 방향이라 할 수 있다. 2019년에는 EU와 상호 적정성 평가를 인정받고 다음 단계를 추진하고 있다. 다만 이 적정성 평가는 현재까지 공공부분을 제외한 상호인증이다. 이후 일본은 2021년 개인정보보호법을 다시 개정하여 종래 분리되어 더욱 엄격히 규정하던 행정기관, 독립행정법인 등, 지방공공단체의 기관 및 지방 독립행정법인의 개인정보보호 규정을 일반 개인정보보호법으로 통합하여 2022년 시행하고 있다.

(4) 대한민국

우리 헌법은 인간의 존엄과 가치, 행복추구권을 규정한 헌법 제10조 제1문에서 도출되는 일반적 인격권 및 헌법 제17조의 사생활의 비밀과 자유에 의하여 보장되는 개인정보통제권은 자신에 관한 정보가 언제 누구에게 어느 범위까지 알려지고 또 이용되도록 할 것인지를 그 정보주체가 스스로 결정할 수 있는 권리로 정하고 있다. 즉 개인정보통제권은 정보주체가 개인정보의 공개와 이용에 관하여 스스로 결정할 권리를 말한다. 개인정보자기결정권의 보호대상이 되는 개인정보는 개인의 신체, 신념, 사회적 지위, 신분 등과 같이 개인의 인격주체성을 특징짓는 사항으로서 그 개인의 동일성을 식별할 수 있게 하는 일체의 정보라고 할 수 있고, 반드시 개인의 내밀한 영역이나 사사(私事)의 영역에 속하는 정보에 국한되지 않고 공적 생활에서 형성되었거나 이미 공개된 개인정보까지 포함한다. 또한 그러한 개인정보를 대상으로 한 조사·수집·보관·처리·이용 등의 행위는 모두 원칙적으로 개인정보통제권에 대한 제한에 해당한다.[240]

우리나라에서 본격적인 의미의 개인정보보호법은 1994년 1월 7일 공포되어 1995년 1월 8일부터 시행된 '공공기관의 개인정보보호에 관한 법률'이 최초라고 할 수 있다.[241] 이 법률은 공공기관이 개인정보를 취급함에 있어서 필요한 사항들을 규정하여, 공공업무의 적정한 수행을 도모함과 아울러 개인의 권리와 이익을 보호하고자 시도한 바 있

---

240) 헌재 2005. 7. 21. 2003헌마282, 판례집 17-2, 81, 90-91; 헌재 2005. 5. 26. 99헌마513등, 공보 105, 666, 672 참조.

241) 한편 정부는 이미 1991년 6월부터 행정기관들이 컴퓨터에 수록한 개개인에 대한 각종 자료가 자신들의 의사와는 달리 외부로 유출되는 것을 막는 것을 주 내용으로 하는 개인정보보호제도를 시행한 바 있다. 국무총리훈령으로 마련된 『전산처리 되는 개인정보보호를 위한 관리지침』(국무총리훈령 제250호, 1991년 5월 15일 제정, 1991년 6월 5일 시행)은 ① 행정기관이 전산망에 입력키 위해 수집하는 개인정보는 정보 수집을 할 때 본인에게 사전 통지하거나 직접 수집하는 것을 원칙으로 하고 ② 국민들은 자신에 관한 행정기관의 정보를 열람하고 사실과 다를 경우 고쳐주도록 요구할 수 있으며 ③ 이들 정보가 공공목적 외에 상업적인 목적 등으로 오용되지 않도록 외부유출을 사전에 규제·관리토록 되어 있었다. 그렇지만 이 지침은 행정규칙으로서 행정부 내부의 개인정보 관리지침을 규율하는 것이었기에 본격적인 개인정보보호법제로 보기에는 다소 무리가 있다고 하겠다.

다. 그렇지만 이 법 역시 공공부문만을 주된 규율대상으로 삼았기 때문에[242] 민간부문의 개인정보보호를 위해서는 1995년 1월 5일 공포된 '신용정보의 이용 및 보호에 관한 법률'(1995년 7월 6일 시행)을 위시한 다수의 법률의 제정이 필요했다. 특히 온라인상의 개인정보보호는 1999년 7월 1일, 기존의 '전산망 보급 확장과 이용촉진에 관한 법률'을 개정하여 2000년 1월 1일부터 시행된 '정보통신망 이용촉진 및 정보보호에 관한 법률'에 의해 이루어지게 되었다.

2008년 하나로 텔레콤은 고객의 동의 없이 개인정보를 위탁업체에 제공하거나 본래 목적과 전혀 다르게 텔레마케팅에 이용하였다. 본 건에 대하여 방송통신위원회로부터 신규 가입자 모집정지 40일의 행정처분을 받고, 공정거래위원회로부터 시정명령과 과태료를 부과 받았으며, 검찰에서 형사조사를 받았다.[243] 이에 2010년 12월 7일 국회는 그동안 개인정보보호법에 대하여 검토한 결과를 국회 법사위원회에 '개인정보 보호법' 수정안으로 보고하였다. 이것이 수정되어, 제정 2011.3.29. 법률 제10465호 '개인정보 보호법'(이하 이 법이라 한다)이 되었다. 이 법은 부칙 제1조에 따라 공포 후 6개월이 지난 2011.9.30.부터 시행되었으나,[244] 행정안전부는 새로운 법의 제정으로 인한 업계의 혼란을 고려하여 6개월의 계도기간을 거치도록 하였다. 결국, 2012.3.30.부터 정부는 이 법을 적극 실행하게 되었다.[245]

2011년 개인정보 보호법의 제정으로 공공부문은 '공공기관의 개인정보 보호에 관한 법률'은 폐지되고, 민간부문 중 일부는 여전히 '정보통신망 이용촉진 및 정보보호에 관한 법률'과 '신용정보의 이용 및 보호에 관한 법률' 및 '의료법' 등의 다수의 법률을 통해 규율하고 있다. 즉, 2004년에는 민간부문에서의 유전정보(유전자검사의 결과로 얻

---

242) 『공공기관의 개인정보보호에 관한 법률』이 민간부문에 대한 규율을 전혀 마련하고 있지 않았던 것은 아니다. 이후에 좀 더 살펴보겠지만 동법 제22조는 공공기간외의 개인 또는 단체의 개인정보보호에 관한 규정을 두어 공공기관외의 개인 또는 단체가 컴퓨터를 사용하여 개인정보를 처리할 경우 공공기관의 예에 준하여 개인정보보호조치를 강구하도록 규정하고, 관계중앙행정기관의 장은 필요한 경우 의견제시나 권고를 할 수 있도록 규정하고 있었다.

243) 옥션 개인정보유출사건에서는 인터넷 경매 사이트에 가입한 회원 1,081만 명의 개인정보를 안전하게 보관할 수 있는 설비를 완비하지 못한 상태에서 2008년 2월 4일 중국인 해커에게 데이터베이스에 저장된 회원들의 주민등록번호 등을 해킹당하는 사고가 발생하여, 그로부터 개인정보가 유출된 소비자들은 정신적 피해를 입었다. 이 사건에서 소비자분쟁조정위원회는 2008년 9월 22일 하나로 텔레콤(주)의 서비스 소비자 66명과 (주)옥션의 서비스 소비자 1,133명에 대해 각각 집단 분쟁조정절차를 개시한다는 결정을 의결하고, 같은 해 9월 25일부터 10월 24일까지 동일한 피해를 입은 소비자들이 한국소비자원 홈페이지를 통해 집단 분쟁에 참가하도록 했다. 그밖에도 GS칼텍스 고객 개인정보 유출사건 등 오늘날에는 사고발생시 유출되는 정보의 양과 피해의 범위는 날로 확산되었다. 임종인·이숙연, "개인정보관련분쟁의 사례분석과 대안의 모색", 정보법학 제12권 제2호(2008.12), 215면.

244) 시행 직후에도 '개인정보 보호법'의 규정에 따라 일부 조문에는 유예기간이 부여되었다. 예를 들어 법 제24조 제2항에 따른 "주민번호 대체수단 제공", "주민번호 대체수단 관련 공시"는 공포 후 1년인 2012년 3월 30일부터 시행하도록 정하고 있었다.

245) 손형섭, "개인정보 보호법의 특징과 앞으로의 방향−업계의 반응에 대한 몇 가지 대안을 중심으로−", 언론과 법 제11권 제1호(2012), 94면.

어진 정보)의 이용과 보호를 특별히 규율하기 위한 '생명윤리 및 안전에 관한 법률'(2005. 1. 1. 시행)이 제정되었으며, 또한 2005년에는 이동통신기술의 급속한 발달로 물류, 보안, 상거래 등의 영역에서 위치정보를 이용하는 다양한 서비스가 등장함에 따라 위치정보의 유출 및 오·남용으로부터 개인의 프라이버시 등을 보호하고 위치정보의 안전한 이용환경을 조성하기 위하여 '위치정보의 보호 및 이용 등에 관한 법률'(2005. 7. 28 시행)이 제정되었다.[246]

2020. 1. 9. 대한민국의 개인정보 보호법과 정보통신망법, 신용정보법, 이른바 데이터 3법의 개정 법률안이 국회를 통과하여 개인정보에 관한 법의 큰 틀이 종래보다 버전업된 2.0의 변화가 이루어졌다. 이 개정으로 가명정보가 법에 도입되어 데이터 활용의 가능성을 넓혔고, 통신, 금융, 유통 등 서로 다른 분야의 데이터를 안전하게 결합 이용할 수 있는 길이 열렸다. 그러면서 가명정보를 이용할 때에 수반된 책임성을 강화하고, 개인정보 보호기구를 개인정보보호위원회로 일원화하고 법령제정권 등의 주요권한을 부여했다. 따라서 대한민국에서는 이 법을 구체화하는 후속조치를 추진할 예정이다. 이러한 개정법의 구체화 조치가 개인정보의 활용 및 보호라는 두 가지 가치의 균형을 실현하고. EU 일반개인정보보호규정(GDPR)의 적정성 평가를 대비하기 위한 것이었고 결국 2021년 12월 17일 채택 발효한 한-EU 적정성 결정을 채택했다. 이를 통해 양국의 데이터 이전이 합리적인 규범 아래 용이하게 되었다.

Ⅱ. 프라이버시와 개인정보의 영역 분석

1. 정보프라이버시의 보호영역

각종 규정에서 법에 따라 보호되는 개인정보는 프라이버시 중에서 '정보 프라이버시'에 해당하는 부분을 의미한다. 프라이버시권의 범위에서 정보 프라이버시권 부분은 의문의 여지없이 법적으로 보호된다. 따라서 프라이버시와 개인정보의 관계, 프라이버시권과 개인정보통제권이 각각 대응한다. 미국 연방대법원 판례인 Whalen v. Roe 및

---

246) 한편, 이상의 개인정보보호법 외에도 현재 상당히 많은 비밀보호규정들이 여러 법률에 산재해 있다. 형법상의 비밀침해죄(제316조)와 업무상비밀누설죄(제317조), 통신비밀보호법, 의료법, 국민건강보험법, 국세기본법, 공직자윤리법, 전염병예방법, 후천성면역결핍증 예방법, 금융실명거래 및 비밀보장에 관한 법률, 공증인법, 변호사법등이 그것이다. 성낙인 외 9명, 『개인정보보호법제에 관한 입법평가』, 한국법제연구원(2008), 339면.

Nixon v. Administrator사건에서 논의된 '정보 프라이버시'가 이에 해당한다. Whalen v. Roe사건에서는 약의 처방전과 관련 개인정보를 기록하도록 하였고, 이것은 관련 데이터의 접근제한과 공개금지 등 프라이버시 조치가 강구되었기에 미국 수정헌법 제14조에 의해 보호되고, 어떠한 자유와 권리도 침해하지 않는다고 하였다.[247] 물론 개인정보라고해도, 센스티브 정보에서 단순한 개인식별에 사용되는 정보까지 다양한 것이 있다. 익명을 요구하는 정도에도 여러 가지가 있고, 모든 개인정보가 프라이버시에 관련된 정보로서 법적 보호의 대상이 된다고는 해석할 수는 없다.

프라이버시권은 자기정보통제권보다 넓고 다양한 법률적 개념을 포함한다. 프라이버시권의 의미가 모호하기 때문에 법률 용어로 명확하지 않다는 문제가 있지만, 동시에 프라이버시권의 영역과 범위는 끊임없이 변화하고 있다. 아래 그림과 같이 "① 프라이버시", "② 개인정보", "③ 개인정보의 외연"을 표시한다.

"① 프라이버시"는 그 범위가 명확하지 않기 때문에 그 범위를 점선에 의해 표시했다. 반면 "② 개인정보"는 상대적으로 명확한 범위를 가지고 있다. Wacks는 프라이버시 문제의 핵심으로 개인정보 보호를 대치한다고 했지만, 프라이버시권의 영역 중에 개인정보 자기통제권의 영역이 아닌 것이 존재하기 때문에 ②의 원은 중앙에 위치하지 않는다.

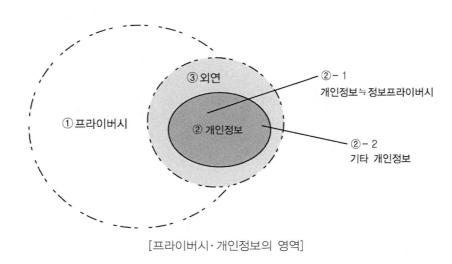

[프라이버시 · 개인정보의 영역]

프라이버시보다 명확한 용어인 개인정보를 법적 개념으로 프라이버시를 대체하거나

---

247) Whalen v. Roe, 429 U.S. 589, 603−04(1977).

개인정보의 영역으로 프라이버시의 영역을 포섭하려고 하는 움직임도 있으며 이를 통해 "③ 개인정보의 외연"도 확대되고 있다. "③ 개인정보의 외연"은 정보화 사회에서 기존의 프라이버시권의 영역 혹은 그 이외의 영역이었지만 각국의 입법정책에 따라 개인정보로 평가될 수 있는 영역이다. 그 외연은 정보의 매칭(matching)으로 확대될 수 있다.

나아가 개인정보의 영역에는 대부분 넓은 프라이버시의 일부인 정보 프라이버시 부분(②-1 개인정보≒정보 프라이버시)과 프라이버시 영역에 해당하지 않는 부분(②-2 기타 개인정보)이 있다. "②-1 개인정보≒정보 프라이버시"의 영역은 개인정보에서 정보 프라이버시로서 법적으로 보호되는 영역이다. 이것이 앞에서 서술한 개인정보, 즉 커뮤니케이션 또는 개인에 관한 의견 및 사실이며, 친밀 혹은 민감한 것으로 내밀하거나, 적어도 그 수집·사용 혹은 유통을 제한하는 것이 합리적으로 기대되는 것[248]이라 할 수 있다. "②-2 기타 개인정보" 부분은 인간존엄인 인격권을 침해하는 프라이버시권 영역과는 달리 단순한 사실의 개인정보 또는 인격성이 없는 개인정보를 의미한다. "그 사람의 머리 색깔이 무엇인가의 개인정보, 아무개는 19대 국회의원이었다"라는 공적인 개인정보 등이 이에 해당된다.[249] 개인정보를 보호하는 것만으로는 비록 개인정보의 외연을 확대하고 보호하려고 해도 현대의 법 문제에서 프라이버시권의 문제를 완전히 대체 할 수 없다. 또한 개인정보는 프라이버시권으로 보호되는 개인정보(소위 정보 프라이버시권)의 대상이 있고, 이것이 헌법에서 보장하는 개인정보자기통제권(혹은 개인정보자기결정권)의 대상이 되는 것이다. 기타의 개인정보(②-2)는 자유롭게 이용할 수 있는 정보이다.[250]

2. 홈페이지에 공개된 개인정보

대학교 홈페이지에 공개되어 있는 개인정보를 동의 없이 수집하고 유료로 제공한 로앤비 등의 포털회사에 대한 소송(대법원 2016. 8. 17. 선고 2014다235080 판결[251])에서,

---

248) Personal Information: Privacy and the Law (Oxford: Clarendon Press, 1989), at 26.

249) 또한, 정보 프라이버시권에 포함할 수 없었던 프라이버시권의 영역으로서 소극적인 영역인 "혼자 있을 권리"의 영역, 그리고 또한 인격적 자율 프라이버시권과 자기결정권 등은 ②를 포함하지 않는 나머지 ①의 영역에 포함된다. 孫亨燮, 『プライバシー権と個人情報保護の憲法理論』, 東京大学大学院 法学政治学研究, 博士学位論文(2008), 79면.

250) 손형섭, "개인정보의 보호와 그 이용에 관한 법적 연구", 10~12면.

251) 대법원 2016. 8. 17. 선고 2014다235080 판결 [부당이득금반환].

하급심의 취지와 다르게, 대법원은 개인정보 보호법[252]은 개인정보처리자의 개인정보 수집·이용(제15조)과 제3자 제공(제17조)에 원칙적으로 정보주체의 동의가 필요하다고 규정하면서도, 그 대상이 되는 개인정보를 공개된 것과 공개되지 아니한 것으로 나누어 달리 규율하고 있지는 아니하다. 그럼에도 대법원 판례에서, "정보주체가 직접 또는 제3자를 통하여 이미 공개한 개인정보는 그 공개 당시 정보주체가 자신의 개인정보에 대한 수집이나 제3자 제공 등의 처리에 대하여 일정한 범위 내에서 동의를 하였다고 할 것이다."[253]로 판시하며 "따라서 이미 공개된 개인정보를 정보주체의 동의가 있었다고 객관적으로 인정되는 범위 내에서 수집·이용·제공 등 처리를 할 때는 정보주체의 별도의 동의는 불필요하다고 보아야 할 것이고, 그러한 별도의 동의를 받지 아니하였다고 하여 개인정보 보호법 제15조나 제17조를 위반한 것으로 볼 수 없다. 그리고 정보주체의 동의가 있었다고 인정되는 범위 내인지는 공개된 개인정보의 성격, 공개의 형태와 대상 범위, 그로부터 추단되는 정보주체의 공개 의도 내지 목적뿐만 아니라, 정보처리자의 정보제공 등 처리의 형태와 그 정보제공으로 인하여 공개의 대상 범위가 원래의 것과 달라졌는지, 그 정보제공이 정보주체의 원래의 공개 목적과 상당한 관련성이 있는지 등을 검토하여 객관적으로 판단하여야 할 것이다."라서 판시했다고 할 수 있다. 즉, 대학교 홈페이지에 스스로 공개한 개인정보는 앞의 그림에서 설명한 기타의 개인정보(②−2)로 자유롭게 이용할 수 있는 공공정보라고 할 수 있다.

물론 법을 정비하여 '권한 있는 자에 의해 공개된 개인정보'(혹은 권한 있는 자에 의해 공개되고 민감하지 않은 개인정보)를 빅데이터에서 활용할 수 있게 하는 방법을 검토할 수 있다.[254] 그러나 활용할 수 있는 정보도 공개된 모든 정보가 아니라 정보 프라이버시권의 영역으로 보호되어야 할 개인정보가 아닌 기타 개인정보를 중심으로 활용하도록 해야 할 것이다.[255]

---

252) 2011. 3. 29. 법률 제10465호로 제정되어 2011. 9. 30.부터 시행된 법.

253) 이와 같이 공개된 개인정보를 객관적으로 보아 정보주체가 동의한 범위 내에서 처리하는 것으로 평가할 수 있는 경우에도 그 동의의 범위가 외부에 표시되지 아니하였다는 이유만으로 또다시 정보주체의 별도의 동의를 받을 것을 요구한다면 이는 정보주체의 공개의사에도 부합하지 아니하거니와 정보주체나 개인정보처리자에게 무의미한 동의절차를 밟기 위한 비용만을 부담시키는 결과가 된다. 다른 한편 개인정보 보호법 제20조는 공개된 개인정보 등을 수집·처리하는 때에는 정보주체의 요구가 있으면 즉시 개인정보의 수집 출처, 개인정보의 처리 목적, 제37조에 따른 개인정보 처리의 정지를 요구할 권리가 있다는 사실을 정보주체에게 알리도록 규정하고 있으므로, 공개된 개인정보에 대한 정보주체의 개인정보자기결정권은 이러한 사후통제에 의하여 보호받게 된다. 대법원 2016. 8. 17. 선고 2014다235080 판결.

254) 이 대법원 판례에 대한 반대 논의는, 임효준, "공개된 개인정보의 동의 없는 수집·이용의 범위 : 명문 규정의 수정 해석 가능성과 이익형량시 고려요소를 중심으로− 대법원 2016.8.17. 선고, 2014다235080 판결 평석", 경제규제와 법 제11권 제1호(통권 제21호), 2018.5, 9~27면. 반대논리에서와 같이 공개된 개인정보의 사용에 대한 개인정보보호법의 명확한 규정이 마련되는 것도 바람직하다.

따라서 개인의 프로필 등의 정보를 공개적으로 온라인에 게시할 때는 스스로의 자기 정보통제권을 고려한 자기 점검이 필요하다고 하겠다. 또한 인터넷의 많은 오래된 자료가 뒤 늦게 찾아지고 논란이 될 수 있는 것을 고려하여(이것은 잊혀질 권리 논의에 해당한다) 인터넷에 개인에 관한 정보를 업로드할 때 필요한 적절한 자기통제, 표현에서의 예의와 도덕 등에 대한 고민과 교육이 필요하다.

Ⅲ. 개인정보 보호법

1. 개인정보보호위원회

2011년 9월 30일부터 시행된 개인정보 보호법(제정 2011.3.29 법률 제10465호)은 그 적용 대상을 공공부문뿐만 아니라 민간부문의 모든 개인정보 취급자로 확대하고 개인정보 수집·제공·파기 등 단계별로 개인정보의 처리 원칙을 정립하며 개인정보 보호정책의 심의·의결 기구로서 개인정보보호위원회를 설치했다.[256]

2020년 1월 개인정보보호법의 개정으로 개인정보보호위원회를 중심으로 정보통신망법의 관련 규정이 통합되고, 신용정보보호법상의 신용정보에 관하여 금융위원회와 공동권한을 갖게 되었다. 다음 표에서 "►"로 개정된 사항을 표시하였다.

구분	한국 개인정보보호위원회의 변화
소속	대통령 ► 국무총리소속(개정 제7조) 국무총리의 행정감독권 적용 ×
위원	위원장 1인, 상임위원 1인, 총 15명 이내 위원 ► 9인 위원
임명권자	대통령이 임명 또는 위촉
위원 구성	국회 선출 5명, 대법원장 지명 5명 ► 국무총리 위원장, 부위원장, 위원장 제청 2인, 2인 여당, 3인 야당 교섭단체 추천(개정 제7조의2)
임기	3년. 1회에 한하여 연임 가능
기능	8조 1항 사항 심의 의결

---

255) 손형섭, "개인정보의 보호와 그 이용에 관한 법적 연구", 13~14면.

256) 김주영·손형섭, 『개인정보 보호법의 이해』 법문사(2011), 125면.

권한	• 심의 의결 사항에 대해 관계 기관에 권고 및 이행 여부 점검 • 자료 제출 요구 (시정조치, 고발권한은 행정안전부장관이 보유) ►개정 제7조의8 • 법령, 제도, 조사·처분, 고충처리·권리구제, 분쟁 조정, 소위원회(제7조의12)

2. 개인정보보호 범위의 확대

법에서의 의무대상을 공공기관이나 정보통신서비스제공자로 특정하지 않고, "개인정보처리자"를 적용대상으로 규정하고 있다. "개인정보처리자"란 업무를 목적으로 개인정보파일을 운용하기 위하여 스스로 또는 다른 사람을 통하여 개인정보를 처리하는 공공기관, 법인, 단체 및 개인 등을 말한다(법 제2조 제5호). 따라서 근로자나 잠재고객 등 개인정보처리자가 취급하는 모든 개인정보를 보호대항으로 규정하게 되었다. 개인정보파일에는 전자화되지 않은 서류파일도 포함된다. 기업에서 고객의 개인정보 외에도 임직원의 개인정보나 제휴사, 위탁 업체 담당자의 개인정보를 취급하는 때에도 이 법에 따른 개인정보보호조치를 해야 한다. 즉, 신규직원 채용을 위해 입사 지원자의 개인정보를 수집하는 경우에도 수집목적, 수집 항목, 보유기간 등을 명시하고 해당 지원자에게 동의를 받아야 한다. 그리고 수집한 임직원의 개인정보는 인사 관리를 위한 목적으로만 사용하고 권한 없는 자에 의해 오·남용되지 않도록 철저히 관리하여야 한다. 해당 근로자가 퇴직한 경우에는 사전에 동의를 받은 보유기간이 도래한 후에는 파기하여야 한다.[257]

3. 손해배상의 입증책임 전환

개인정보에 대한 침해사실이 있는 때 민법 제750조에 따라 불법행위책임을 침해자에게 묻는 경우는 정보주체자가 침해자의 고의 또는 과실을 입증해야 하는데 이것은 용의한 것이 아니다. 따라서 정통망법에서는 고의 또는 과실에 대한 입증책임을 전환하여 개인정보처리자가 고의 또는 과실이 없음을 입증하지 못한 경우에 이로 인한 책임을 면하지 못하는 규정을 두고 있다(정보통신망법 제32조). 이를 계승하여 현행 '개인정보보호법'에서도 손해배상책임에 대하여 정보통신망법과 동일하게 입증책임을 전환하고 있다(법 제39조 제1항). 그러면서 "개인정보처리자가 이 법에 따른 의무를 준수

---

257) 윤수영, "개인정보보호법 시행으로 인한 개인정보보호규제 환경 변화 대응 전략", 정보처리학회지 제17권 제2호(2010. 3), 5면.

하고 상당한 주의와 감독을 게을리하지 아니한 경우에는 개인정보의 분실·도난·유출· 변조 또는 훼손으로 인한 손해배상책임을 감경받을 수 있다(법 제39조 제2항).

이 경우 그 개인정보처리자는 고의 또는 과실이 없음을 입증하지 아니하면 책임을 면할 수 없다. 따라서 개인정보처리자는 자신이 고의 또는 과실이 없었음을 입증해야 하는데, SK커뮤니케이션즈 등도 해킹 방지가 현재의 기술력으로 불가능했다는 점을 입 증하는 방향으로 소송에 대처하였다. 이베이옥션 개인정보 유출 사건[258]에서도 피고 측 이 기술적 관리조치를 다하였음을 주장하여 승소한 바 있다.[259] 2000년 이후 빈발하고 있는 개인정보누설에 대하여 개인정보처리자에게 강한 민사적 부담을 부여하고 있는 것이 이 법의 특징이다.

4. 개인정보 자기통제권의 실현

정보주체는 개인정보처리자가 처리하는 자신의 개인정보에 대한 열람을 해당 개인 정보처리자에게 요구할 수 있다(법 제35조 제1항). 개인정보처리자는 ① 법률에 따라 열람이 금지되거나 제한되는 경우, ② 다른 사람의 생명·신체를 해할 우려가 있거나 다른 사람의 재산과 그 밖의 이익을 부당하게 침해할 우려가 있는 경우, ③ 공공기관 이 다음 각 목의 어느 하나[260]에 해당하는 업무를 수행할 때 중대한 지장을 초래하는 경우에 해당하는 경우에는 정보주체에게 그 사유를 알리고 열람을 제한하거나 거절할 수 있다(법 제35조 제4항). 이 법(제36조)에 따라 자신의 개인정보를 열람한 정보주체 는 개인정보처리자에게 그 개인정보의 정정 또는 삭제를 요구할 수 있다. 다만 다른 법 령에서 그 개인정보가 수집 대상으로 명시된 경우에는 그 삭제를 요구할 수 없다(법 제36조 제1항). 개인정보처리자는 위의 정보주체의 요구를 받았을 때에는 개인정보의 정정 또는 삭제에 관하여 다른 법령에 특별한 절차가 규정되어 있는 경우를 제외하고 는 지체 없이 그 개인정보를 조사하여 정보주체의 요구에 따라 정정·삭제 등 필요한 조치를 한 후 그 결과를 정보주체에게 알려야 한다(법 제36조 제2항).

---

258) 서울중앙지법 2010. 1. 14. 선고 2008가합31411, 2008가합58638(병합) 판결.

259) 김주영·손형섭, 앞의 책, 217면, [2005년 이후 주요 개인정보 침해 판결의 추이] 도표 참조.

260) 법 제35조 제4항 가. 조세의 부과·징수 또는 환급에 관한 업무, 나.「초·중등교육법」및「고등교육법」에 따른 각급 학교,「평생교 육법」에 따른 평생교육시설, 그 밖의 다른 법률에 따라 설치된 고등교육기관에서의 성적 평가 또는 입학자 선발에 관한 업무, 다. 학력·기능 및 채용에 관한 시험, 자격 심사에 관한 업무, 라. 보상금·급부금 산정 등에 대하여 진행 중인 평가 또는 판단에 관한 업무, 마. 다른 법률에 따라 진행 중인 감사 및 조사에 관한 업무.

정보주체는 개인정보처리자에 대하여 자신의 개인정보 처리의 정지를 요구할 수 있다. 이 경우 공공기관에 대하여는 이 법 제32조에 따라 등록 대상이 되는 개인정보파일 중 자신의 개인정보에 대한 처리의 정지를 요구할 수 있다(제37조 제1조). 개인정보처리자는 위의 요구를 받았을 때에는 지체 없이 정보주체의 요구에 따라 개인정보 처리의 전부를 정지하거나 일부를 정지하여야 한다. 다만, ① 법률에 특별한 규정이 있거나 법령상 의무를 준수하기 위하여 불가피한 경우, ② 다른 사람의 생명·신체를 해할 우려가 있거나 다른 사람의 재산과 그 밖의 이익을 부당하게 침해할 우려가 있는 경우, ③ 공공기관이 개인정보를 처리하지 아니하면 다른 법률에서 정하는 소관 업무를 수행할 수 없는 경우, ④ 개인정보를 처리하지 아니하면 정보주체와 약정한 서비스를 제공하지 못하는 등 계약의 이행이 곤란한 경우로서 정보주체가 그 계약의 해지 의사를 명확하게 밝히지 아니한 경우에 해당하는 경우에는 정보주체의 처리정지 요구를 거절할 수 있다(제37조 제2항).

5. 집단분쟁조정과 단체소송 등

이 법 시행 이전에는 개인정보 피해구제에 관한 기구로서 정보통신망법에 의해 '개인정보분쟁조정위원회'에서 민간을 대상으로 분쟁을 조정하였고, 공공부분은 '공공기관 개인정보보호심의위원회'에서 주요 사안을 심의하고 있었다. 이 법의 시행으로 설치하여 국민들의 혼란 없이 '개인정보 분쟁조정위원회'[261]가 공적부분과 사적부분을 통괄하여 그 피해구제를 담당하게 되었고(제40조), "집단분쟁조정제도"도 도입되었다.

이것은 ⅰ) 개인정보에 관한 분쟁조정 업무를 신속하고 공정하게 처리하기 위하여 개인정보 분쟁조정위원회를 두고, 개인정보 분쟁조정위원회의 조정결정에 대해 수락한 경우 재판상 화해의 효력을 부여하며, 개인정보 피해가 대부분 대량·소액 사건인 점을 고려하여 집단분쟁조정제도를 도입하기 위한 것이다. ⅱ) 개인정보 관련 분쟁의 공정하고 조속한 해결 및 개인정보처리자의 불법, 오·남용으로 인한 피해의 신속한 구제를 통해 정보주체의 권익 보호에 기여할 것으로 기대된다. 그런데, 이 분쟁조정 절차는 ①

---

261) 개인정보보호법의 시행으로, 개인정보보호 전문 기업이 등장하여서 다양할 활동을 할 것으로 보이다. 한국인터넷진흥원(KISA), 한국정보화진흥원(NIA), 한국지역정보개발원(KLID) 3개 기관은 9월 30일부터 개인정보보호의 유관 전문기관으로서 업무를 수행할 것이다. 이중 공공분야 아이핀(주민번호대체수단) 운영관리를 해온 KLID의 경우 아이핀 업무를 전담하도록 한다. 그러나 방통위 소속의 정보보호 전문기관인 KISA와 행안부 산하기관인 NIA의 역할 분담은 법규를 통하여 명확히 된 것이 없기 때문에 양 기관 사이에서도 그 역할에 대한 논의가 분분했다. 시행령에서, 행정안전부장관은 분쟁조정위원회 사무국 운영 등 업무를 지원하는 전문 기관으로 한국인터넷진흥원을 지정(시행령 제50조 제2항)하고 있다.

신청사건의 접수 및 통보, ② 사실확인 및 당사자 의견청취, ③ 조정전 합의 권고, ④ 위원회의 조정절차 개시, ⑤ 조정의 성립, ⑥ 효력의 발생의 순으로 진행된다.[262) 이 법에서는 개인정보처리자가 제49조에 따른 집단분쟁조정을 거부하거나 집단분쟁조정의 결과를 수락하지 아니한 경우에는 법원에 "단체소송"을 제기할 수 있다.[263)

기타 이 법에서 개인정보영향평가 제도를 새로이 도입하여, "공공기관의 장은 대통령령으로 정하는 기준에 해당하는 개인정보파일의 운용으로 인하여 정보주체의 개인정보 침해가 우려되는 경우에는 그 위험요인의 분석과 개선 사항 도출을 위한 평가를 하고 그 결과를 행정안전부장관에게 제출"하도록 하게 되었다(법 제33조). 이 영향평가제도를 통하여 개인정보의 수집·활용이 수반되는 사업의 추진시 개인정보 오남용으로 인한 프라이버시 침해여부를 조사·예측·검토해 개선할 수 있도록 하였다.[264)

IV. 개인정보 보호법의 재검토

1. 개인정보 개념 축소의견

빅데이터를 통한 AI는 개인의 생각과 감정도 알고리즘으로 추출하여 반응할 수 있도록 연구되고 있다. 여기서 개인에 관한 정보의 합리적인 취급은 데이터 사회에서의 중요한 자원이 된다.

구태언 변호사는 "개인정보의 정의조항에서 '사람관련정보'와 같은 개념을 도입하는 것이 바람직하다. 정의조항 중 괄호 부분을 삭제하여 '개인식별정보'만 개인정보로 규율함으로써 예측가능성과 법적 안정성을 확보함과 동시에 개인식별정보를 제외한 나머지 정보를 '사람 관련 정보'로 규율하는 방법을 검토할 필요가 있다"고 한다[265)는 의견을 제시하고 있다.

---

262) http://privacy.kisa.or.kr/kor/committee/committee02.jsp

263) 그런데 사후절차인 집단분쟁조정 절차를 거치지 않고는 단체소송에 의한 금지 또는 중지청구를 청구는 이른바 예방적인 청구를 할 수 없도록 하고 있어 단체소송이 활성화될 수 없게 되어 있다. 따라서 단체소송에 관한 규정의 재정비가 필요하다.

264) 구체적인 내용은, 김주영·손형섭, 앞의 책, 195면 이하 참조.

265) 즉, 개인식별자를 가지고 있는 '개인식별정보'를 제외한 '사람 관련 정보'의 수집에 관하여는 원칙적으로 규제하지 않음으로써 개인정보처리자나 정보통신서비스 제공자에게 보다 많은 자율을 부여하되, 사람 관련 정보는 개인식별정보와 함께 수집되고 이용될 때 비로소 의미를 가지는 것이므로 이 경우에 한하여 개인정보로서 규율하면 족하다. 구태언, "현행 개인정보보호 법제상 '개인정보' 정의의 문제점", 「프라이버시 보호 신화에서 현실로」, 국회 프라이버시정책연구포럼 주관, 개인정보보호법제 개선 토론회 Ⅰ 자료집, 2013. 3. 21, 41면; 이인호, 앞의 발제문, 8면 인용.

그러나 반대 입장에서는 개인정보의 범위를 넓게 확정하여 사각지대를 만들지 않도록 해야 한다고 한다.[266] 일본의 개정 개인정보보호법에서는 "개인식별부호"가 개인정보 개념에 포함되어 DNA와 BIO정보는 물론 "보행 때 자세 및 양팔의 동작, 보폭 그 외 보행의 양태"도 추가하여 빅데이터에서 흔히 말하는 비정형 데이터도 개인식별부호에 포함시켜 법 내에서 논의하도록 하였다. 이제는 한국에서도 생체인증정보(biometrics)를 개인정보중 민감정보(제23조)에 해당하는 대통령령으로 정한 정보로 규정[267]하고 이 정보에 대한 처리에 대해 별도의 정보주체 동의를 받거나 개별 법령에 근거가 있어야만 사용할 수 있다고 해석하고 있다.[268]

　　앞의 프라이버시와 개인정보의 영역을 비교한 그림에서 본 것 같이 개인정보(정보 프라이버시)와 기타 법적 보호대상이 되지 않는 개인정보(②-2 기타 개인정보)가 있고, 그 외연이 항상 일정한 것이 아니다. 특히 정보 매칭 기술을 통하여 그 외연은 개인정보에 흡수될 수 있다. 따라서 개인정보(②-1≒정보 프라이버시) 영역이 광범위하여 그 개념정의를 국제적인 동향과 무관하게 함부로 고치는 것보다, 기타 법적인 보호가 필요 없는 개인정보(②-2 기타 개인정보)에 대해 개인정보 보호법의 보호 영역에서 제외하는 가능성을 열어두는 규정형식이 오히려 더 명확해 보인다.

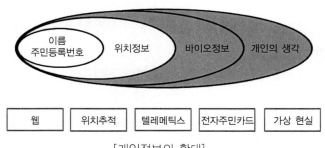

[개인정보의 확대]

　　즉 개인에 인격성과는 무관한(혹은 무관하게 익명화 수치화 등의 처리를 거친) 단순 정보, 공인과 유명인(celebrity)에 관한 공공정보,[269] 공개된 정보를 기타 개인정보로 규정하여 공적인 활용이 가능하도록 하는 방법이 개인정보 개념과 활용 가능한 공공의

---

266) 최경진, "영국의 개인정보보호법", 중앙법학 제11집 제1호 통권 제31호, 2009. 그중 우리 개인정보 보호의 범위 부분 108~110면 참조.
267) 개인정보 보호법 시행령 제18조 민감정보의 범위.
268) 한국인터넷진흥원, 『생체정보 보호 강화를 위한 법·제도 개선방안 연구』, 2022. 11, 56면.
269) "누구는 현재 19대 국회의원이다"와 같은 개인에 관한 공공 사실 정보.

개인정보의 명확한 구분이 될 수 있다.[270]

2. 개인정보 수집 '동의'

(1) 사후 제한(Opt-out) 논의

보험업계는 물론, 개인정보 보호에 관한 몇몇 전문가들은 개인정보 수집시에 정보주체의 '동의'를 요구하는 현행 '개인정보 보호법' 체제가 개인정보의 자유로운 유통을 막는다고 비판하면서 이보다 개인정보 수집에서의 자유를 보장해야 한다는 주장을 한다.[271]

기업 등이 정보주체에게 개인정보를 수집할 때에는 동의를 얻어 개인정보를 수집·이용하게 되는데, 이것은 정보주체의 자발적인 승낙의 의사표시로 서명날인, 구두, 홈페이지 동의(同意) 등에 의해 이루어진다.[272] 일부 현행 개인정보보호법제에 대한 비판 의견에서는, 개인정보 수집에서 정보주체의 '사전 동의'를 요구하여 기업의 창의적인 서비스의 개발을 저해하고 있다고 평가하고, 이러한 관점으로 현행법의 문제를 지적하고 있다. 그리고 외국의 입법례에서도 우리와 같은 사전 동의를 요구하지 않는다는 논거를 제시한다. 이러한 입장에서는, 개인정보보호법의 엄격한 Opt-in의 문제점으로, 기업의 홍보나 광고 또는 여론조사를 위한 우편주소나 이메일 주소를 수집하여 제공하는 행위도 동의 없으면 불법이 될 수 있다는 것은 문제라고 지적한다.[273] 반면 기업이 개인정보 활용 '사전 동의'가 사실상 강제하여 사전 동의의 취지가 형해화 되어 실질적으로 개인정보 자시 통제권을 행사할 수 없는 다양한 문제점이 발생하고 있다.[274]

(2) EU의 모호하지 않은 사전 동의(Opt-in)

정보주체의 사전 동의를 없이도 개인정보를 수집할 수 있도록 한다면 "정보주체는 자신의 개인정보를 어떻게, 어느 범위에서 결정·통제할 수 있는지 알기 어렵다." 동의 없

---

270) 일부 자의·타의·불법을 불문하고 공개된 개인정보를 무재한적으로 사용할 수 있다는 의견도 없지 않으나, 이는 개인정보자기통제권의 실현이라는 측면에서 적당하지 않고(同旨 임규철, "개인정보의 보호법위", 한독법학 제17권, 2012, 235면 참고), 본문에서와 같이 공인과 유명인에 관한 공공의 정보와 공개된 정보는 일반에 자유롭게 활용 가능한 개인정보로 이해하는 것이 타당할 것이다.

271) 손형섭, "개인정보 보호법의 특징과 앞으로의 방향–업계의 반응에 대한 몇 가지 대안을 중심으로–", 94면.

272) 행정안전부, 『개인정보 보호법령 및 지침·고시 해설』, 2011.12, 72면.

273) 일단 현행 개인정보보호법 제58조 적용제외에서는 언론, 종교단체, 정당 등을 제외하고 있어 이러한 영역을 위 비판의 대상에서 제외된다.

274) 손형섭, "개인정보의 보호와 그 이용에 관한 법적 연구", 15면.

이도 개인정보 침해·유통의 문제점을 막을 방안을 현행법 틀 안에서 고려하기 어렵다.

EU의 GDPR(제4조 제11호)에서는 오히려 개인정보의 수집시 정보주체의 동의는 자유롭게 특정되고 고지된 모호하지 않은 것을 의미한다. 독일 연방정보보호법 제4조는 정보의 수집·처리 및 이용의 허용에 관하여, 개인정보의 수집, 처리 및 이용은 이 법 또는 다른 법률규정이 이를 허용 또는 지시하고 있거나 관련 당사자가 동의하는 경우에 한하여 허용되며(제1항), 개인정보는 관련 당사자로부터 수집되어야 한다고 규정하여(제2항 제1문), 원칙적으로 개인정보가 관련 당사자에 의하여 제공되어야 한다고 규정하고 있다.[275] 독일 연방정보보호법 제4a조는, 동의(Einwilligung)는 관련당사자의 자유로운 결정에 근거한 경우에만 효력이 있으며, 관련 당사자에게 수집, 처리 또는 이용에 있어서 예정된 목적 및 개별적인 사정에 따라 요구되는 경우이거나 또는 관련당사자의 요구에 의한 경우라면 동의 거부의 결과에 대하여도 안내해야 하고, 동의는 특별한 사정으로 인하여 다른 형식이 적합한 경우가 아닌 한 서면 형식을 요하며, 동의가 다른 의사표시와 함께 서면으로 행하여져야 하는 경우 이는 특별히 강조되어야만 하고(제1항), 학문적 연구의 범위에서, 서면 형식을 통하여 특정한 연구목적이 상당히 훼손되는 제1항에 따른 안내와 특정한 연구목적에 대하여 상당한 침해를 발생케 하는 이유에 대하여 서면으로 명확히 하여야 하고(제2항), 민감정보(제3조 제9항)가 수집, 처리 또는 이용되는 경우에는 그에 대한 동의는 더 나아가 명시적으로 이러한 정보와 관련되어 이루어져야 한다(제3항)고 규정한다.[276][277]

(3) Opt-in원칙과 Opt-out예외

일본에서는 대형통신교육사업자(Benesse코퍼레이션)가 학생들의 개인정보를 유출한 사건에서, Opt-out에 의한 제3자 제공절차가 형해화되어 자기의 개인정보가 명부업자(名簿屋)에 의해 제3자에게 제공되고 있었다는 사실을 본인들이 인식하지 못하고 있었다는 것이 문제 되었다. 따라서 일본 개정 개인정보보호법 제23조(제3자 제공의 제한)에서는 본인에 의한 관여를 확보하기 위하여 Opt-out에 의한 제3자 제공을 하는 개인정보취급사업자는 종전의 Opt-out의 요건에 더하여, 제공되는 개인데이터의 항목이나 본인의 요청의 접수방법 등 Opt-out에 관한 일정 사항을 일본 개인정보보호

---

275) 강성철, "독일의 개인정보 보호에 관한 법률 및 제도 연구", 국외훈련검사 연구논문집 제28집(2013), 555면.

276) 강석철, 위의 논문, 558면.

277) 손형섭, "개인정보의 보호와 그 이용에 관한 법적 연구", 15~16면.

위원회에 신고하는 것이 의무화되었고(제23조 제2항), 개인정보보호위원회는 본인이 용이하게 알 수 있도록, 각 사업자로부터 신고를 받은 사항을 웹 사이트에서 공표하게 되었다(제23조 제4항).

개정법 제25조, 제26조에서는 추적가능성(traceability)관련 규정을 두었다. 수령자는 제공자의 성명이나 데이터취득 경위 등을 확인하고 일정기간 그 내용을 보존하며, 제공자도 수령자의 성명 등을 일정기간 보존하도록 하였다. 게다가, 제23조 제2항에서는 개인정보취급사업자는 다음에 열거하는 경우를 제외하고 사전에 본인의 동의를 얻지 않으면 요배려 개인정보[278]를 취득하여서는 아니 된다고 규정한다. 따라서 개정법에서는 요배려 개인정보를 Opt-out의 대상에서 완전 제외하면서 opt-in원칙이 강화된 측면이 있다. 개정 제23조의 제2항 Opt-out규정에 의해 제3자에게 제공을 하는 경우, 데이터 항목 등 개인정보보호위원회에 제출, 개인정보보호위원회는 그 내용을 공표하도록 한다. 이로서 제3자 제공 대상으로(제23조 제2항)하는 개인정보의 보고의무 등을 강화하고 있다.

국내에서는 2014년에 들어 택배 배송업자가 개인정보를 이용·판매하는 사례가 적발된 바 있다. 아파트 택배 배송 서류파일에서의 정보가 유료로 판매된 사례도 발생하였다. 그리고 통신판매중개자가 개인정보를 판매한 사건이 발생하고 있다. 광고분야에서 outsourcing을 의뢰받은 회사에 개인정보 제공도 위법한 '제3자 제공'인지 일종에 '취급위탁'인지가 문제가 된다.[279] 이러한 사건에서 어떤 것은, 해킹(hacking) 등[280]에 의한 제3자 개인정보 취득과 같이, 본인 동의 없이 법 내에서 개인정보를 수집과 활용할 수 있는 방법이라고 생각하기 어렵다.[281] 만약 본인의 동이 없는 개인정보 수집에 충분한 공익적인 이유가 있다면, 헌법과 '개인정보 보호법'의 원리에 따르는 특별법규가 필요

---

278) 일본 개정법 제2조(정의) 제3항 이 법률에서 "요배려 개인정보"라 함은, 본인의 인종, 신조, 사회적 신분, 병역, 범죄의 경력, 범죄로 인해 피해를 입은 사실 그 밖의 본인에 대한 부당한 차별, 편견 및 그 밖의 불이익이 생기지 않도록 그 취급에 특히 배려를 요하는 것으로써 정령에서 정하는 기술(記述) 등이 포함되는 개인정보를 말한다.

279) 정상조, "광고기술의 발전과 개인정보의 보호", 저스티스 통권 제106호(2008. 9), 611면.

280) hacking에는 호스트가 주고받는 데이터를 몰래 엿보는 sniffing, 정보 교환시 상대방으로 위장하여 정보를 빼내는 snooping, IP 등의 결합을 이용해 사용자의 시스템 권한을 얻어 정보를 해킹하는 spoofing과 같은 기술이 있고 어느 것도 본인 동의 없이 개인정보 취득에 해당하는 개인정보 침해행위이다. 김민중·안종근·육회숙, "인터넷 쿠키를 통한 개인정보침해의 법적 문제", 전남대학교 법학연구 제24집(2006), 80면.

281) 우리 판례들에서도 개인정보 보호가 이따금 표현의 자유나 기업의 영업이익보다 우선해서 보호되고 있는데 그래야 하는 이유로는 "개인정보(프라이버시권)가 헌법에서 인격권으로서 보호되는 것이고 사람에 관한 개인정보가 한번 유출되어 문제를 일으키면 다시 그 개인의 인격과 침해된 개인정보보호권을 회복하기 어렵기 때문"이다. 인격권이 침해가 문제 된 명예훼손 사건에서 표현의 자유보다 명예권 보호를 우선한 다수의 우리 판례도 '한번 침해된 명예권은 다시 회복하기 어렵다는 점'이 판단에서 중요한 역할을 했다고 생각한다.

할 것이다. 개인정보의 보호와 이용은 21세기 정보사회에서 중요 과제이다. 하지만 이 것은 헌법과 개인정보법의 틀 안에서 시도되어야 하고 위에서 보듯이 이미 법규정과 판결 등을 통하여 그러한 양자의 가치의 조화가 헌법적으로 시도되고 있다.

일본에서는 국민의 의료 정보를 익명 처리하여 대학과 제약 기업의 연구 개발 등의 활용을 가능하게 하는 구조를 정한 '의료분야의 연구개발에 이바지하기 위한 익명가공 의료정보에 관한 법률'(이른바 '차세대 의료 기반법')이 2017년 4월 28일 일본 국회에서 가결·성립했다. 이 법의 취지는, 특정 개인을 식별할 수 없도록 의료정보를 익명가공하 는 사업자에 대한 규칙을 정비하고, 익명가공처리된 의료정보의 안심·적정한 활용을 통 하여, 건강·의료에 관한 첨단 연구개발 및 신산업 창출을 촉진하고, 나아가 건강장수사 회의 형성을 이바지 하는 것이다.[282] 그런데, 의료기관에서 "엄격한 보안기준에 따라 익 명을 위한 동의한 경우"에 환자가 반대하지 않는 한, 이후 Opt-out을 도입한 것이다.[283]

기본적으로 Opt-in원칙과 Opt-out예외를 법과 제도로 구현하는 것이 원칙이고, 의료정보나 특정분야에서 Opt-out를 예외적으로 제도화하는 논의는 계속 진행될 것 이다.

3. 익명정보, 가명정보

유럽은 이미 EU 95/46/EC 해설전문 제26항에서 익명처리정보를 규정하고, 정보주체 가 더 이상 식별할 수 없도록 정보요소의 충분한 제거, 불가역적(irreversible)이라는 개 념요소를 규정한 바 있다. 이제 GDPR에서는 익명정보를 개인정보로부터 배제하도록 규정하여 자유로운 활용이 가능하도록 하였고, 가명정보를 규정 내에 규정하여 그 처 리에 GDPR규정에 따르도록 하였다. 가명정보는 추가정보를 이용하여 정보주체를 식별 할 수 있는 정보로서 식별할 수 있는 정보(GDPR 전문 26번)이다.

일본의 개정 개인정보보호법에서, 익명가공정보란 해당 개인정보에 포함되는 기술 등의 일부를 삭제하거나(해당 일부의 기술 등을 복원할 수 있는 규칙성을 갖지 않는 방법에 의해 다른 기술 등으로 치환하는 것을 포함한다), 개인식별부호의 전부를 삭제 하는 등(해당 개인식별부호를 복원할 수 있는 규칙성을 갖지 않는 방법에 의해 다른 기술 등으로 치환하는 것을 포함한다)의 조치를 취하여 특정 개인을 식별할 수 없도록

---

282) http://www.kantei.go.jp/jp/singi/kenkouiryou/jisedai_kiban/pdf/170310_shiryou1.pdf

283) 医療分野の研究開発に資するための匿名加工医療情報に関する法律 (平成二十九年法律第二十八号)

개인정보를 가공하여 얻어지는 개인에 관한 정보로서, 당해 개인정보를 복원할 수 없도록 한 것을 말한다(일본 개인정보보호법 제2조 제9항).[284] 일본은 익명정보와 가명정보를 포섭하는 익명가공정보 개념을 법에 도입하여 정보의 보호와 합리적인 활용을 도모하려고 하였다.[285]

우리 개인정보보호법과 '생명윤리 및 안전에 관한 법률'[286] 제2조(정의) 제19호에 익명화에 대한 규정이 있다. 2020년 개정 개인정보 보호법에서는 개인정보, 익명정보, 가명정보 등의 개념을 명확히 규정하였으며 국민의 정보보호와 정보의 합리적인 유통을 위해 기대하고 있다.[287] 가명정보를 "새로운 기술·제품·서비스의 개발 등 산업적 목적을 포함하는 과학적 연구, 통계 작성, 공익적 기록 보존 등의 목적"으로 활용할 수 있게 하는 취지를 규정하게 되었다.[288] 앞으로는 관련 규정을 구체화해야 하는 상황이다.

V. 국제 기준에 따른 보호와 활용

1. 개인정보보호법제의 향방

2018년 여름 페이스북은 주가 폭락 사태를 맞이했다. 이것은 개인정보유출에 대한 여러 가지 문제점이 드러난 것이고 이것에 관련한 소송에서의 전망에 좋지 않기 때문이다. 게다가 유럽연합(EU)의 일반데이터보호규정(GDPR)의 실시로 페이스북과 같은 미국의 글로벌 인터넷 기업은 개인정보의 다양한 활용에 많은 어려움에 처하

---

284) 경성대학교, 『일본의 개인정보보호 법제·정책 분석에 관한 연구』, 개인정보보호위원회(2017), 109면.

285) 일본 '개인정보보호에 관한 법률'(2016년 법률 제51호, 전면시행일 2017년 5월 30일).

286) 생명윤리 및 안전에 관한 법률[법률 제14839호(정부조직법) 일부개정 2017. 07. 26.].

287) 중앙일보, 2018. 11. 21, 손형섭, "부처 이기주의에 날아간 EU와의 정보교류"
http://www.koreadaily.com/news/read.asp?art_id=6756204

288) 개정 개인정보 보호법 제2조 제1호는 다음과 같이 규정하고 있다.
1. "개인정보"란 살아 있는 개인에 관한 정보로서 다음 각 목의 어느 하나에 해당하는 정보를 말한다.
가. 성명, 주민등록번호 및 영상 등을 통하여 개인을 알아볼 수 있는 정보
나. 해당 정보만으로는 특정 개인을 알아볼 수 없더라도 다른 정보와 쉽게 결합하여 알아볼 수 있는 정보. 이 경우 쉽게 결합할 수 있는지 여부는 다른 정보의 입수가능성 등 개인을 알아보는 데 소요되는 시간, 비용, 기술 등을 합리적으로 고려하여야 한다.
다. 가목 또는 나목을 제1호의2에 따라 가명처리함으로써 원래의 상태로 복원하기 위한 추가 정보의 사용·결합 없이는 특정 개인을 알아볼 수 없는 정보(이하 "가명정보"라 한다)
1의2. "가명처리"란 개인정보의 일부를 삭제하거나 일부 또는 전부를 대체하는 등의 방법으로 추가 정보가 없이는 특정 개인을 알아볼 수 없도록 처리하는 것을 말한다.
8. "과학적 연구"란 기술의 개발과 실증, 기초연구, 응용연구 및 민간 투자 연구 등 과학적 방법을 적용하는 연구를 말한다.

게 되었다.

페이스북과 구글은 유럽의 사업본부를 분리하여 사업을 운용하려 하였으나, 그들의 예상보다 EU의 GDPR의 집행이 강력하고 관련되어 여러 가지 어려움이 예상된다. 그 동안에 구글이나 페이스북은 유럽의 개인데이터보호 동향에 대하여 주시해 왔으나 그 효과를 생각보다 약하게 전망했던 것으로 보인다. 그러나 정작 2018년 5월 GDPR이 실행되고 나서부터는, 유럽과 관련한 사업에서 상당히 큰 타격과 관련된 여러 소송에 대처해야할 상황이 되었다.

개인정보 보호해야 하는지 활용해야 하는가 하는 논쟁이 대해서는, 유럽과 같이 포괄적인 GDPR을 통해 개인정보에 관한 권리를 보호해 주는 것과 미국같이 개별적인 법을 통해서 국가로부터 개인정보침해 된 것을 막고 사생활에 대한 구체적인 조치는 주법과 계약에 따르는 예가 있다. 어느 것이 더 바람직한 입법태도인가에 대해서는 그 동안 논의가 뜨거웠다.

그런데, EU의 GDPR의 시행 이후, 권리중심의 개인정보보호법제가 유럽에서 강하게 집행되고 있고, EU와 거래관계에 있는 미국의 IT 기업들도 EU나 관련 시민단체 등으로부터 소송을 당하지 않기 위해, 미국의 법이 EU의 DGPR과 유사해지도록 해야 한다는 움직임이 진행되고 있다. 우선 미국의 테크(Tech)기업이 밀집된 캘리포니아에서는 2017년 캘리포니아 '소비자 개인정보보호법'을 개정하였고, 2018년에는 미국 연방정부에서 유럽과 유사한 포괄적인 개인정보보호법의 입법을 두고 논쟁하고 있다. 이것은 미국과 유럽사이의 개인정보보호법에 다른 체계가 앞으로 대립하는 것이 아니라 유럽의 개인정보 변화에 미국에서도 유사한 보조로 맞추고 보이고 따라서 일단 데이터 관련 법제가 어느 정도 유럽적인 방향으로 변화할 것으로 전방되는 이유이다.

2. EU의 데이터이전 적정성 평가

EU의 GDPR 제45조의 데이터 국외 이전을 위한 적정성 결정(adequacy decision)에서는 EU가 이 규정에 따라 개인정보를 정정하게 보호하는 국가로 인정하면 해당 국가와 기업은 EU와의 정보유통에는 자유롭게 할 수 있고, 그렇지 않은 해당 국가의 기업들은 EU 시민의 정보 활용 및 유통을 위해 개별적으로 EU로부터 표준계약서를 체결하고 EU 감독관의 허가를 받도록 하고 있다.

2018년 9월 5일 EU는 일본에 대해 적정성 평가를 인정하면서도 추가 의견에서 단일 개인정보보호 기관이 개인정보보호 문제를 적정하게 취급하여 EU 시민이 문제를 제기해도 답변할 수 있는 일관된 창구를 준수하도 요구하였다. 결국 2019년 1월 일본은 EU의 적정성 평가를 통과하여 EU와 사업하는 일본기업들은 데이터의 이전을 법에 따라 용의하게 할 수 있게 되었다.

대한민국은 2020년 1월 개인정보보호법과 정보통신망법, 신용정보법을 개정하여 EU의 적정성 평가를 대비했다. 아직 신용정보에 관한 권한을 금융위원회와 공동으로 행사하는 등의 한계는 있지만 개정법으로 개인정보보호위원회를 중심으로 독립되고 단일한 권한 조정에 힘쓰게 되었다. 결국, 2021년 12월 17일 채택 발효한 한-EU 적정성 결정을 채택했다. 이에 국내 기업들은 EU 시민 개인정보를 추가적인 인증이나 절차(국내 기업은 별도 표준계약조항 Standard Contractual Clauses, 구속력 있는 기업규칙 Binding Corporate Rules) 없이 국내로 이전 가능하게 되었다.

한국의 개인정보보호법제가 글로벌 표준으로 자리한 EU GDPR과 동등한 수준임을 국제적으로 확인한 데 가장 큰 의미가 있다. 더불어 우리 기업이 EU에서 수집한 개인정보를 국내로 이전하기 위한 절차와 규제 준수 부담이 대폭 감소하게 되었다.

4차 산업혁명의 시기에서 개인정보의 보호나 활용이냐는 대립된 주제가 아니며 하나의 선택 사항이 아니다. 상대방이 개인정보를 적정하게 보호할 것이라는 신뢰감이 있어야 활용할 수 있도록 정보의 이전도 가능한 것이다. 즉 정보의 보호와 활용은 둘 다 함께 가져가야 할 가치이다. 특히 최근에는 빅데이터, AI 등과 같이 정보의 활용뿐만 아니라 블록체인과 데이터 시큐리티 등 정보보호에 대한 산업 규모가 날로 커지고 있다.[289] EU는 market power를 전제로 GDPR을 통해 글로벌 리더십을 갖출 것으로 보여 우리 개인정보 보호법에서 빅데이터를 고려한 개선방향에서도 EU GDPR의 내용은 고려하여 검토해야 할 대상이다.

3. 지능형 CCTV의 도입

(1) 인권침해 여부

각종 범죄예방 등을 위하여 지능형 CCTV의 설치가 추진되고 있다. 이상동기 범죄와

---

289) 중앙일보, 2018. 11. 21, 손형섭, "부처 이기주의에 날아간 EU와의 정보교류"
http://www.koreadaily.com/news/read.asp?art_id=6756204

같은 범죄예방과 같은 공익을 위해 설치가 추진되고 있는데 이를 위해서는 헌법 제10조의 인간의 존엄과 가치, 제17조 사생활의 비밀과 자유로부터 도출되는 개인정보 자기통제권(헌법재판소는 개인정보자기결정권이라고 칭함)이 침해되지 않도록 주의가 필요하다. 특히 지능형 CCTV의 정보가 자동으로 전송되면서 헌법 제18조 통신 비밀도 침해하지 않도록 세심한 제도 설계가 필요하다. 이러한 인권 침해를 대비하여 2011년부터 개인정보 보호법이 제정되어 실시되고 있다. 지능형 CCTV에서 분석되는 사람의 행동패턴, 성별, 인상착의는 개보법 시행령에 따라 민감정보가 될 수 있으나, 공공기관이 이법에 정보를 처리하는 것은 가능하다(동법 시행령 제18조).

개인정보를 활용하기 위해서는 정보주체의 동의나 법적 근거가 필요한데, 개보법은 특별히 공공장소에서 영상정보처리기기를 설치·운영을 원칙적으로 금지하면서 ① 법령에서 허용하거나, ② 범죄 예방 및 수사를 위해 필요한 경우, ③ 시설안전 및 화재 예방을 위해 필요한 경우, ④ 교통단속을 위해 필요한 경우, ⑤ 교통정보의 수집·분석 및 제공을 위하여 필요한 경우에만 설치할 수 있도록 한다. 이 경우에도 CCTV의 설치 및 운영자는 법 제25조 제4항에 규정된 ① 설치 목적 및 장소, ② 촬영 범위 및 시간, ③ 관리책임자의 연락처 등이 포함된 안내판을 설치하는 등의 필요한 조치를 해야 한다.

그동안 개인정보보호위원회는 공공기관이 추진하는 안면인식 등 생체정보 활용사업에 대하여 개인정보 침해 여부를 사전에 검토하는 '공공기관 민감 개인정보 활용사업 사전진단'을 2022년 4월부터 시작했다. 따라서 서울 전역에 지능형 CCTV를 설치하는 것 자체가 인권침해가 되지는 않지만, 위와 같은 설치의 필요성과 필요한 조치의 준수, 그리고 안전하게 시스템의 사용 및 관리가 필요하며 이것이 지켜지지 않아 개인정보 침해나 나아가 국민의 개인정보 자기 통제권을 침해하지 않도록 유의해야 한다. 하지만 개인정보 보호법의 규정에 따라 공익적 목적으로 지능형 CCTV를 필요한 지역에 설치하여 합리적으로 사용하는 것만으로는 인권침해가 되지 않는다. 설치 후 운영 과정에서 지능형 CCTV가 취급하는 행동 패턴, 성별, 얼굴 표정에 대한 정보는 개인의 사생활과 존엄성에 대한 권리를 잠재적으로 침해할 수 있기에 관련 시스템의 정비, 관리자의 법규 준수와 윤리적 책임을 강조할 필요가 있다. 한편, 2021년 개인정보보호위원회는 개인을 식별할 수 있는 안면인식정보를 생성, 이용한 페이스북에게 개인정보 보호법 위반으로 64억 4천만 원의 과징금 부과 및 시정조치를 한 바 있다. 이와 같이 법적 근거나 동의 없이 기업에 의한 안면인식정보의 활용은 개인정보보호법 위반이 된다.

(2) 설치시 유의점

CCTV 설치 전에 해당 지역의 설치 필요성을 개보법에 따라 검토하고 적절한 지역에 CCTV를 설치해야 한다. 범죄예방 등의 공익을 위해 우범지역에 설치가 집중 될 수 있지만, 개인의 프라이버시를 침해할 수 있는 지역에 설치해서는 안 된다. 개인정보 보호법은 이러한 영상정보처리기기를 목욕실, 화장실 등에는 설치·운영할 수 없다고 규정함은 물론이고, 그 설치에도 공청회, 설명회 및 의견 수렴 절차가 필요하다고 정하고 있다. CCTV 시스템의 기술적인 부분도 신중하게 고려해야 한다. 고해상도 카메라, 효과적인 저장 시스템, 안전한 데이터 전송을 보장하는 기술 등이 필요하다. 특히 여러 가지 이유로 지능형 CCTV 정보의 정확도가 낮거나 오류가 발생할 수도 있다. 그리고 시스템에서 데이터 유출이 발생할 수 있으니 이를 주의해야 한다. 2012년 영국에서도 경찰이 사용하던 안면인식 이미지 자료가 불법으로 판매된 사례가 있었다.

지금 설치 단계인 지능형 CCTV 시스템도 사후에 지속적인 관리와 유지보수가 필요하다. 정기적인 점검과 시스템 업그레이드, 고장 시 빠른 대응이 중요하다. 이런 점에서 앞으로 대량이 지능형 CCTV를 설치하려는 서울시에서도 이의 합리적인 사용을 위한 지침을 잘 정비하여 안전하고 공익에 맞게 사용되기가 기대된다.

생각

마사지숍에 카메라를 설치해 여성의 나체를 몰래 촬영한 30대가 구속되는 사건이 발생하였다. 개인정보 보호법 제25조 제5항 "영상정보처리기기운영자는 영상정보처리기기의 설치 목적과 다른 목적으로 영상정보처리기기를 임의로 조작하거나 다른 곳을 비춰서는 아니 되며, 녹음기능은 사용할 수 없다."에 위반할 경우 3년 이하의 징역 또는 3천만 원 이하의 벌금에 처하게 된다고 규정하고 있다(제72조 제1호).

한편, 의료사고의 진실을 확보하기 위하여 수술실을 CCTV로 촬영하는 주장과 수술과 같은 내밀한 상황을 촬영하는 경우 이에 대한 개인정보 침해 등의 문제가 있고 의사 등의 진료권 침해가 논쟁되고 있다. 수술실의 CCTV 설치에 대한 다양한 입장과 해결방안에 대하여 자유 토론해 보자.

법정보학과 법정보 AI

Ⅰ. 법정보학과 정보검색의 기초

1. 정보사회에서의 자료 검색

흔히 현대사회를 정보사회[290]라고 하는데, 우리의 주변에는 다양한 분야에 걸쳐진 많은 정보가 존재하고 있으며, 따라서 이들 정보 가운데 필요한 것만을 골라서 활용할 수 있는 지식이 반드시 필요하게 되었다. 우리는 사실 필요한 정보를 얻기 위하여 많은 시간을 투자하며, 정보를 얻는 방법을 배우기도 한다.[291] 이미 예전에 카드로 가나다 순 혹은 알파벳순으로 책자를 찾던 시대는 끝났다. 4차 산업혁명의 시대를 맞이하여 도서관의 변화도 빠르다. 도서관은 검색엔진을 통하여 신속한 검색을 도모했다가, 이제는 검색을 통해 바로 e저널을 제공한다. 인터넷 서점이었던 아마존은 이제 서적은 물론 생활용품에서 심지어 항공기까지 판매하는 인터넷 시장을 차지하며 온오프라인 마켓을 점유해가고 있다. 아마존에서는 사람의 도서구입에서 모든 물품구매 정보까지 축적하고 분석하여 비즈니스 판단과 소비자의 구매 편의를 위해 제공된다.

이제는 저널 외에도 저서는 PDF 등의 파일로 직접 제공한다. 이렇게 되어 앞으로는 더욱 정보를 검색하고 관련 자료를 보고, 경우에 따라서 바로 해당 문헌을 번역하는 등 지식의 습득 속도는 어마어마하게 빨라질 것이다. 언젠가 도서관의 자료 확인과 인간의 뇌에 관련 지식이 입력되는 단계가 더욱 짧아지는 세상이 올 것이다.

컴퓨터기술의 발달과 보급의 확산은 사회의 전반에 영향을 미치고 있다. 고도의 정

---

290) 우리는 1996년 이후 정보화의 양적 확산단계를 거쳐 2001년 이후 질적 고도화의 시기를 이어오면서, 현재 ICT의 발달로 인한 효율성은 경제성장에 매우 큰 역할을 하였고 스마트폰, 모바일 인터넷 등으로 인한 제2의 ICT 혁명은 기술의 진화 및 사회 패러다임에 혁명적 변화를 가져왔다. 정보사회로의 급속한 전환은 다양한 사회변화를 수반하며 정보사회에 긍정적 혹은 부정적 영향을 주었다. 또한, 정보사회의 인프라 구축과 국가사회 정보화 시스템의 지속적인 양적투자는 정보통신 IT강국으로 부상하는 데 중요한 역할을 하였다. 하지만 정보사회의 질적인 성과 부재로 인해 정보화 역기능인 정보격차의 심화 확대로 지식정보화사회로의 전환을 가로막는 장애가 되고 있다.

291) 이처럼 주어진 정보를 선별하거나, 필요한 정보를 찾아야 하는 일은 법의 영역에 있어서도 마찬가지이다. 즉, 법학을 공부하거나 법률실무를 수행함에 있어서도 필요한 법률정보를 빠르고 손쉽게 얻는 것이 매우 중요하게 되었다. 그 결과 전통적인 법학과는 별개로, 도서관이나 인터넷에서 필요한 정보를 찾듯이, 책자의 형태로 만들어진 자료나 디지털의 형태로 된 자료에서 법률정보를 검색하는 방법에 관한 학문분야가 발전하게 되었다. 전경근, 『법정보학강의』, 박영사(2004), 3면.

보처리능력을 가진 컴퓨터의 위력은 산업·과학·의학·교육·연구 분야뿐만 아니라, 행정·법률분야에도 최신의 정보를 정확하고 신속하게 처리하여 인간의 의사결정을 돕고 있다.

2. 법정보학

법정보학[292]이란 법학과 정보학을 연결시키는 학문으로서, 컴퓨터를 이용하여 법학교육 및 법 실무를 포함한 법체계 전반에 있어서 필요한 정보의 수집 및 그 처리와 나아가 법학을 체계적으로 연구하고 교육하며, 법률 분쟁과 사건을 효과적으로 처리하는 방법을 개발하는 학문이다.[293] 법정보학에서 법학은 넓은 의미의 법학을 의미함으로 실체법, 절차법 등 좁은 의미의 법학뿐만이 아니라 법철학, 법사회학 등 주변학문과 법학이 연결된 형태로서의 법학분야를 모두 포함한다.[294] 정보의 의미도 일반적으로 다의적으로 사용되고 있는데, 이것은 사용자나 사용조직에게 특정한 목적을 위해 의미 있고 가치 있는 형태로 처리된 자료나 정보원(情報源)을 의미한다고 정의되고 있으며, 정보학은 이러한 정보를 생산·전달·수집하는 과정에 컴퓨터를 이용하여 효과적으로 처리하는 방법론을 개발하는 학문이다. 그리고 이 양자의 결합을 통해서 법률정보를 처리하는 것을 법정보학이라고 정의할 수 있다. 이러한 법학과 컴퓨터를 중심으로 한 정보학의 결합은 법정보학을 법률정보의 검색을 넘어 법률분쟁에 대한 사전 예방적인 조언에 이르기까지 그 영역을 확대하고 있다.[295]

컴퓨터가 사회 각 분야에서 커다란 변화를 가져오는 것과 함께 필연적으로 법률분야에 있어서도 커다란 영향을 미치고 있다. 예를 들면, 의사결정의 기초로서, 또는 하나의 방법으로 일상생활에서 누구에게든 법률정보는 필요하다. 특히 법적판단을 필요로

---

292) 독일에서는 이미 1950년대 말과 1960년대 초에 피들러(Fiedler), 클룩(Klug) 등의 학자들에 의해 법학분야에 있어서의 컴퓨터의 적용문제가 논의되기 시작하였는데, 물론 법정보학이라는 개념은 아직 존재하지 않았을 뿐만 아니라, 당시의 이러한 주장은 마치 사막에서의 외로운 외침과 같은 것으로 표현할 수 있을 만큼 관심과 그 활용의 가능성이 의문시 되었었다. 이러한 상황은 1970년에 법정보학에 관한 저서(Datenverarbeitung im Recht, Haft)가 단행본으로 처음 출판되면서 서서히 변화되기 시작했는데, 같은 해에 레겐스부르크(Regensburg)대학에서 처음으로 법정보학 강좌가 개설되었고, 슈타인뮐러(Steinmüller) 교수에 의해 처음으로 법정보학 교과서(EDV und Recht Einführung in die Rechtswissenschaft)가 출간되었다. 류인모, "법정보학이란 무엇인가", 법과사회 동향(1992), 236면.

293) 엘마 분트(Elmar Bund)는 "컴퓨터의 적용과 같이 정형화된 방법론을 통해서 법학과 법률체계에 있어서 필요한 정보구조 내지 결정구조에 대해서 연구하는 학문"으로 정의하고 있다. Bund, Einführung in die Rechtsinformatik(1991), 11면.

294) Steinmüller, *EDV und Recht Einführung in die Rechtsinformatik(1970)*, 6면.

295) 류인모, 앞의 논문, 235면.

하는 업무에서는 정확하고 신속하며 체계적으로 정비된 법률정보는 의사결정을 올바르게 하는데 커다란 도움을 주게 된다. 또한, 오늘날에 있어서는 예방법학[296]이 더욱 강조되고 있는 시대이며, 전 세계적으로 광역화되어 있는 국제사회에서 필요로 하는 법률정보의 신속·정확한 취득은 의사결정에 중요한 요소로 등장되었다.

3. 법률정보 시스템

법률정보검색은 전통적인 법률정보를 출판물(인쇄물에 의한 법전 또는 법령집)에서, 컴퓨터의 정보처리능력을 이용하여, 자동화·기계화에 의하여 법률정보를 검색(research)하는 시스템을 통해 이루어진다. 그 필요성은 다음과 같다.

첫째, 법률정보시스템 개발의 필요성은 현대사회의 복잡다기화로 인하여 법령정보가 양적으로 크게 증가되고 있다는 점이다. 이와 같은 법률정보의 증가에 따라 복잡·다양한 정보를 체계적으로 정리하고, 이를 빠짐없이 신속하게 찾아내어, 구체적인 법령안건에 적용하기 위하여서는 컴퓨터에 의한 법률정보검색시스템이 더욱 필요하다. 오늘날 법률정보의 양적인 증가는 인간의 능력에 의하여 완전하게 검색한다는 것은 사실상으로 불가능하고, 특히 관련 법령정보를 찾아낸다는 것은 더욱 어려우며, 장시간을 필요로 하며 그 정확성도 문제가 된다. 따라서 대량의 정보를 일정한 규칙에 따라 수집(축적)하고, 정리·분류·특정하여 데이터 처리장치로써 컴퓨터를 이용하는 방안을 연구할 필요가 있다.

둘째, 법률정보검색시스템 개발의 필요성은 사회 각 분야에서 신속하고 정확한 법령정보를 요구하고 있기 때문이다. 기업에 있어서 경쟁은 더욱 치열하며, 기업의 의사결정의 신속성·완전성이 요구되고 있고, 필연적으로 법률적 판단이 각 부문에서 필요로 하고 있다. 최근에는 예방법학의 필요성이 강조됨에 따라 더욱 법률정보의 신속한 제공을 기업에서 요청하고 있다. 이러한 개발의 필요성을 고려하여 미국 등에서는 법률전문 분야뿐만 아니라 공공영역에서도 산업사회였던 1960년대부터 지금까지 꾸준히 개발이 진행되어 왔다.[297]

---

296) '예방법학'이란 용어는 최근에 미국·일본 등에서 많이 사용되고 있으며, 법령정보의 신속·정확한 전달과 폭넓은 대중(국민)에게 홍보를 통하여 법을 몰라서 피해를 보는 일이 없도록, 즉 개인의 권리이익의 침해를 사전에 예방하여야 한다는 데에서 나온 말이다.

297) 신각철, "미국의 법률정보검색 시스템 개요", 법제처 입법자료(1989.2).

[UC 버클리 로스쿨의 도서관]

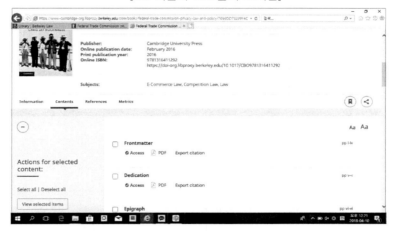

[법전과 저서들도 점차 디지털 정보로 제공된다]

　미국 UC 버클리 로스쿨의 도서관에는 종래 법전과 판례집이 꽂혀 있지만, 이 자료들은 이제 장식품이 되었다. 학생들은 직접 법전과 판례집에서 자료를 찾지 않고 톰슨 로이터사의 웨스트로,[298] 렉시스넥시스,[299] 블룸버그로[300]와 같은 법률검색시스템과 구글 등과 같은 일반 검색 엔진을 사용하여 법률 자료를 찾고 분석하며 공부한다.

　그리고 e-book을 통하여 각종 서적들도 디지털정보로 빠른 시간 내에 검색, 다운, 분석, 번역 등의 데이터 처리가 가능해졌다. 정보검색은 인터넷 사용에 있어 핵심기능

---

298) https://westlaw.com

299) https://www.lexisnexis.com

300) www.bloomberglaw.com

으로 방대한 양의 정보 중에 이용자가 원하는 정보를 쉽고 빠르게 찾아갈 수 있는 도구를 제공하므로 공공성을 인정할 수 있다.

4. 검색의 중립성

자료를 검색할 때 문제되는 검색의 중립성이란 검색에 있어서 중립성이란 정치, 경제, 사회, 문화 등에서 차별적 취급을 하지 말라는 것으로 요약할 수 있다. 기계화된 검색시스템, 알고리즘에 따른 결과가 노출되어야 함에도 불구하고 특정한 정치, 경제, 사회, 문화적 가치가 투영된 검색결과가 노출되는 것은 중립성의 원칙에 반한다는 것이다. 검색의 중립성의 문제는, 알고리즘의 중립성을 인정할 것인가의 문제와 그 알고리즘을 기반으로 한 검색결과의 중립성의 문제 등 2가지 측면에서 보아야 한다. 검색서비스사업자가 검색의 중립성을 침해하는 결과 이용자의 정보접근을 제한하게 되면 이는 표현의 자유를 침해하는 것이 되고, 콘텐츠제공자(CP)의 경우에는 자신의 콘텐츠가 제공되지 못하게 됨에 따라 표현의 자유를 침해받게 된다.

오늘날 검색사업자는 사이버공간에서 어떤 내용이 유통될 것인지에 대하여 중요한 결정권한을 가지고 있다. 검색사업자는 표현친화적인 정책이나 의도를 가지고 있지만, 검색을 바라보는 입장에서는 항상 검색결과가 정당한지에 대하여 우려를 가지고 있다. 검색의 중립성에는 검색정책이 등장하는데, 이는 검색의 순위 또는 결과가 경제적 또는 정치적 동기로 인하여 영향을 미쳐서는 아니 된다는 것으로 정의할 수 있다. 특히 검색사업자의 입장에서 자사의 광고수익이나 콘텐츠 판매수익을 올리기 위하여 검색 결과를 조작하거나, 아니면 해당 서비스 국가의 정치적 의도에 부합하기 위하여 그 결과를 편향적으로 조작할 수 있는 위험에 따른 논의이다.[301] 검색 중립성에 대한 법적 논의는 대부분 경쟁법, 소비자법 등의 경제적 이해와 관련된 논의에 그쳤지만, 정치적·사회적 이슈에 대한 검색결과와 관련한 논의는 다른 차원의 문제인 것으로 보인다.

검색사업자가 가지는 중립성 문제는 기술적으로는 알고리즘으로 표시되고, 그 결과에 따라 중립성의 여부가 결정이 난다. 또한 검색사업자는 자신의 이용약관(terms of service)에 검색정책을 나타난다. 이는 결국 해당 사업자의 검색서비스를 통하여 정보

---

301) 주로 검색 중립성 논의에서 주목되는 점은 외국 사업자의 경우에는 경제적 동기에 의한 검색결과의 편향성이 주로 문제가 되었고, 그 반면에 우리나라의 경우에는 정치적으로 민감한 검색어에 대한 제외 논란이다. 이러한 분쟁 사례에 대하여는 곽주원, 앞의 논문, 251~256면 참조.

가 사전적으로 분류, 선택됨에 따라 마치 정보의 유통을 의도적으로 조종하는 것인 만큼 인터넷기업에 의한 사적 지배의 오해가 발생한다.[302]

Ⅱ. 법원(legal sources)

1. 법령

법률정보조사(Legal research)에서 법령은 법률자료검색에서 1차 자료(Primary sources, data)에 해당한다. 법률은 국민의 기본적인 권리와 의무를 정하고, 국가기관을 구성하는 근거가 되며, 행정관청이 국민을 위해 일하도록 만들며, 권리구제를 위한 재판의 근거가 된다. 또한, 그 기능과 효력에 있어 일정한 체계를 가지고 있다. 법령의 종류에는 헌법, 법률, 조약, 대통령령·총리령·부령, 지방자치단체의 조례와 규칙이 있다.

헌법은 국민의 기본적 인권과 국가기관 등의 통치기구 구성과 권한을 규정하고 있다. 이 헌법은 국가의 최상위 법 규범으로, 모든 법령의 기준과 근거가 된다. 따라서 법률, 대통령령 등 법령은 헌법정신과 이념에 따라야 하고, 헌법이 보장하고 있는 국민의 기본권을 침해하지 않아야 한다. 특히, 법률이 헌법에 위배되면 헌법재판소에서 위헌결정을 하여 그 효력을 무효화하게 된다. 그리고 헌법규범 아래 국회에서 만들어지는 법률이 있다. 법률은 헌법에 비해 보다 구체적으로 국민의 권리·의무에 관한 사항을 규율하며, 행정의 근거로 작용하고 있기 때문에 법체계상 가장 중요한 근간을 이루고 있다고 할 수 있다. 또한, 우리나라 헌법은 대통령이 다른 국가와 맺은 조약에 대하여 국제법상 효력뿐만 아니라 국내법적 효력을 인정하고 있다. 외국과 맺은 조약이 국민의 권리·의무에 관한 사항이나 국가 안보에 관한 사항을 담고 있으면 법률과 동등한 효력을 갖는다고 본다.

국민의 권리·의무에 관한 사항은 법률에 규정해야 하나, 법률에서 그에 관한 모든 사항을 정하는 것이 아니라, 국민의 권리·의무에 관한 기본적인 사항만을 정하고, 그에 관한 구체적인 내용은 국가 정책을 집행하고 담당하는 중앙행정기관에서 정할 수 있도록 위임해주는 경우가 많다. 이처럼 법률에서 위임한 사항을 정하는 하위규범이 대통령령, 총리령, 부령이다. 헌법도 법률에서 위임한 사항과 법률의 집행에 필요한

---

302) 이인호, 앞의 보고서, 243면.

사항을 대통령령으로 정하거나, 총리령과 부령으로 정할 수 있도록 하고 있다. 특히, 지방자치단체가 법령의 범위 안에서 그 권한에 속하는 사무에 관하여 지방의회가 정하는 규범이 조례이며, 지방자치단체의 장이 정하는 규범이 규칙이다. 조례와 규칙은 자치법규라고 하며, 자치법규의 효력은 관할 지역에 한정된다는 점이 다른 법령과 다른 점이다.[303]

[법제처 국가법령정보센터 홈페이지]

대한민국의 법령에 대한 정보를 제공하고 있는 정부 부처는 법제처이다. 법제처 홈페이지[304] 중앙에 있는 종합법령정보 서비스를 이용하면 두 가지 방식으로 검색이 가능하다. 첫째, 검색어 입력 방식으로서 법령 명칭, 주제어, 법령 공포일자 또는 공포 번호 중 한 가지를 입력하여 해당 법령을 찾아내는 방식이다. 둘째, 분류검색 방식으로서 법제처에서 마련한 법령 분류 기준을 따라가면서 원하는 법령정보를 찾아가는 방식이다. 여기에서는 이미 폐지된 법령이나 개정된 법령의 개정 전 내용에 대한 정보도 얻을 수 있고, 최근에 개정된 법령들만을 따로 볼 수도 있다. 이는 시민들이 법이 바뀐 줄 모르고 행동함으로써 겪게 되는 불편을 예방하기 위한 서비스이다.[305]

---

303) 법제처, 2016.2.14.

304) www.moleg.go.kr

305) 박은경 외 7명, 『법과생활』 2004, 351면.

2. 판례

　개별적인 사건에 대하여 법원이 내린 결론을 판결이라고 하며, 판결에 나타난 일반적인 법리를 판례라고 한다. 따라서 판례는 법원이 동일한 사건에 대하여 취할 것으로 생각되는 일반적인 이론으로서의 의미를 가진다.[306] 당사자의 제소에 의하여 법원이 그 구체적인 소송에서 내린 법원의 판단은 그 사건에 관하여서만 효력이 있는 것이고, 다른 사건에는 구속력이 없는 것이다. 그러나 그 뒤에 같은 종류의 사건이 제소되어 법원이 재판을 할 때에는 먼저의 재판이 참고가 된다. 우리나라는 성문법 국가이기 때문에 판례는 법률해석의 기준을 제시하는 정도로 그치지만, 상급법원 특히 대법원의 판례는 강력한 사실상의 구속력을 발휘하고 있어서 이를 통해 사실상 하나의 규범을 형성함으로써 실질적으로 중요한 법규범의 구실을 하고 있다. 또한, 성범죄와 같은 형사사건에 있어서도 판결에 영향을 미친 헌법·법률·명령 또는 규칙의 위반이 있는 때는 당연히 상고이유로 삼을 수 있고, 대법원 판례는 대부분 위의 법규 해석과 관련되는 것이므로, 대법원 판례에 상반되는 판결은 결국 헌법 기타 법규의 위반이 있게 되어 상고이유가 된다. 따라서 이와 같은 경우에 대법원이 스스로 종전 판례를 변경하지 않는 한 하급법원의 판결은 파기될 수 있다.

3. 문헌

　법률정보를 가지고 있는 문헌의 유형은 다양하다. 문헌의 주요 내용은 법령의 해석에 관한 이론, 판례의 비평, 외국의 법령과 판례에 관한 소개 등이다. 먼저, 법학공부와 관련한 대표적인 것은 교과서라고 말하는 단행본이 있으며, 이를 보조하기 위한 수험서가 있다. 또한, 특정한 학문분야 전반에 대한 이론과 판례를 전부 담고 있는 주석서도 있으며, 개별적인 주제에 대하여 연구한 단행본도 있다. 그리고 하나의 주제에 관하여 깊이 있게 연구한 논문이 있는데, 이것은 단행본의 형태를 띠는 것도 있고, 다수의 논문을 수록한 논문집의 형태를 띠는 것도 있다. 그 밖에 신문기사나 칼럼과 같이 시사적인 내용이거나 논평의 성격을 가진 법률정보도 있다.[307]

---

306) 전경근, 앞의 책, 5면.

307) 전경근, 앞의 책, 5면.

4. 전자자료

오늘날 ICT(Information & Communication Technology) 기술은 온라인화와 지능화 및 융복합화(컨버전스) 등에 있어서 끊임없는 발전을 이루어 왔고, 특히 전 세계적으로 모바일 중심의 디지털 컨버전스라고 하는 거시적인 흐름이 주도하고 있다. 세계적인 연계, 링크, 협업, 거래, 소통, 융합이 강조되며, 집단지성(Collective intelligence)의 시대이고, 스마트패드, 전자책, 전자문서의 보급이 확대되고 있다. 한편, ICT의 발달은 단순히 편리성, 효율성을 추구하는 수단을 넘어 새로운 가치를 창출함으로써 경제성장에 중요한 부분을 차지하고 있으며, 이런 환경변화에 발맞추어 경쟁력을 확보하기 위한 수단으로 기업은 ICT를 비즈니스에 전략적으로 활용함으로써 스마트한 창의적 산업에 가치를 두고 있다.[308]

그리고 기술의 발전으로 인하여 과거에는 책의 형태였던 자료들이 전자 자료의 형태로 다시 가공되거나 처음부터 전자 자료의 형태로만 제공되는 경우도 많이 있다. 법률정보의 경우에도 전자 자료의 형태로 제공되는 정보가 점점 증가하고 있다.[309] 전자 자료의 대표적인 것으로는 전자문서와 전자화문서가 있다. 기록용어사전에 의하면, 전자문서는 "전자 기록의 한 유형으로, 컴퓨터 등 정보처리 능력을 가진 장치, 특히 워드프로세서 등 문서 작성기에 의하여 전자적인 형태로 작성, 송·수신 또는 저장되는 문서"라고 하고 있고, IT 용어사전에 의하면, "워드프로세서 등으로 작성한 문서로 종이에 출력하여 인쇄된 것과 데이터 매체 등에 넣어 둔 형태"를 전자문서라고 하고 있다.[310] '전자문서 및 전자거래기본법' 제2조의1에서는 "전자문서라 함은 정보처리시스템에 의하여 전자적 형태로 작성, 송신·수신 또는 저장된 정보"라고 규정하고 있다. 그리고 전자화문서는 2007년 전자거래기본법 개정 시 도입된 개념이며, 종이문서 보관에 소요되는 비용을 줄이려는 목적으로 종이문서를 대신하여 스캐닝한 전자화문서를 보관하도록 제도화하였다. 즉, 종이문서 등 전자문서로 생성되지 아니한 문서를 스캐너 등을 통하여 전자적으로 변형한 문서가 '전자화문서'라고 할 수 있다. 현행법상 '전자문서 및 전자거래기본법' 제5조 제2항에서 전자화문서는 "종이문서나 그 밖에 전자적 형태로 작성되지 아니한 문서를 정보처리시스템이 처리할 수 있는 형태로 변환한 문서"로

---

308) 배유진, 전자문서 기반 법률콘텐츠 구조화-온라인 행정심판에의 활용-, 이화여자대학교 법학박사학위논문, 2014, 3면.

309) 전경근, 앞의 책, 5면.

310) 배유진, 앞의 논문, 36면.

규정하고 있다. 한편, '전자정부법'은 2010년에 개정하면서 제2조 제8호 정의조항에 전자문서와 구별이 될 수 있는 전자화문서를 "종이문서나 전자적 형태로 작성되지 아니한 문서를 정보시스템이 처리할 수 있는 형태로 변환한 문서"로 정의하고 있다.[311] 이로서 종이문서나 서적이 아니라 e-book 등의 데이터 파일이 법률정보의 주류로 차지해가며, 법률가나 연구자도 서류파일이 아니라 아이패드나 테블릿PC로 자료를 보고 데이터의 수정 및 처리를 바로 하는 사람들이 늘었다.

Ⅲ. 법률 데이터베이스 검색

인터넷상에서 얻을 수 있는 법률정보는 크게 법령에 대한 정보, 판례에 대한 정보, 문헌에 관한 정보, 법률자문(諮問)정보, 그리고 각종 서식에 관한 정보로 나누어 볼 수 있다. 이 정보들은 공공 기관이나 사기업에서 제공하고 있는데, 법률정보를 제공하는 사기업들은 대부분 이러한 정보를 모두 취급하고 있지만, 공공기관의 경우에는 각 기관의 성격에 맞는 정보만을 취급하는 경우가 많다.

여기에서는 가장 주요한 법률정보라 할 수 있는 법령정보와 판례정보를 얻을 수 있는 대표적인 웹 사이트들을 먼저 소개하고, 법률자문정보에 관해서는 법률 상담의 차원에서 뒷장에서 다시 다루기로 한다.[312] 이미 앞에서 서술한 법제처, 대법원에서 각기 법령과 판례 등의 정보를 제공하고 있다. 기타 국가기관과 유·무료 인터넷 사이트는 법률정보와 법률지식을 제공하고 있다.

1. 헌법재판소

헌법재판소는 법률이 헌법에 위반되었는지 여부에 관한 법원의 제청과 법률이 정하는 헌법소원의 심판 및 탄핵의 심판·정당의 해산 심판·기관 간의 권한쟁의에 대한 심판을 관장하는 기관이다. 이 가운데 법학공부에 있어서 중요한 자료가 되는 것이 법원의 제청에 의한 위헌심판과 헌법소원에 대한 심판이다. 헌법재판소가 내린 판단을 '헌법재판소 결정'이라고 부른다.

---

311) 배유진, 앞의 논문, 39면.

312) 박은경 외 7명, 『법과생활』, 2004, 350면.

[헌법재판소 홈페이지 판례정보 검색]

현재 헌법재판소결정을 수록하여 발간하는 자료로는 헌법재판소판례집과 헌법재판소공보 및 요지집이 있고, 이들 자료는 CD-ROM에 담아 배포하기도 한다. 헌법재판소공보와 헌법재판소판례집의 관계는 판례공보와 대법원판례집의 관계와 유사하다.[313] 헌법재판소 홈페이지 판례검색에서는 헌법재판소가 내린 결정들을 검색할 수 있게 되어 있다. 그리고 이 판례검색에서 헌법재판소가 내린 결정들에 대하여 원문을 다운로드(download) 받을 수 있다. 또한, 도서관에서 문헌자료실에 들어가면 헌법관련 법령, 헌법재판관련 양식, 헌법재판소 발간문헌에 대한 원문을 다운받는 등의 서비스를 이용할 수 있다.[314]

2. 국회

국회 법률정보 시스템은 입법 통합 지식 관리 시스템(search.assembly.go.kr)의 일부로서, 검색어 입력방식과 사전식 분류 검색방식의 두 가지를 지원한다. 국회는 대한민국의 입법 기관인 만큼 최근에 국회에서 가결된 법률안에 관한 정보, 현행 법률이 있기까지 국회에서 논의된 여러 법률안 및 이에 대한 심사보고서 등도 제공하고 있다.[315]

---

313) 전경근, 앞의 책, 62면.

314) 백윤철, 앞의 책, 535면.

315) 박은경 외 7명, 앞의 책, 2004, 351면.

특히 현재 심사 중인 법률안 등의 자료를 제공하고 있어, 법률제정과 관련한 중요 자료를 제공하고 있는 것이 특징이다.

[국회 법률지식정보시스템의 모습]

그리고 국회도서관 홈페이지 의회관련 사이트(www.nanet.go.kr/nal/)에서는 세계 각국의 의회관련 홈페이지가 자세하게 설명되어 있다.

3. 대법원

[대법원 종합법률정보의 홈페이지]

대법원은 법률과 판례 등의 정보를 대법원 종합법률정보(glaw.scourt.go.kr)에서 제공하고 있다. 대법원의 법령정보 서비스는 법령의 공포일, 시행일, 명칭, 주제어 중 한 가지를 입력하여 해당 법령을 찾아내는 방식으로 운영된다. 대법원이 제공하고 있는 정보 중에는 비록 법령에는 해당하지 않지만 법률 실무가 구체적으로 어떤 기준에 의해 처리되고 있는지를 보여주는 예규(행정예규, 등기예규, 호적예규, 재판예규 등)와 선례 등에 관한 정보가 포함되어 있다는 점이 특징이다.[316]

4. 법무부(검찰) 형사사법포털

경찰, 검찰, 법원, 법무부 등이 보유한 정보를 원스톱으로 제공하는 형사사법포털 서비스이다. 며칠 전 내가 낸 벌과금은 정상 납부처리 되었는지 본인의 형사사건 정보를 필요한 곳에서 쉽게 알아볼 수 있다. 사건조회, 벌과금조회, 통지서조회, 범죄피해자 지원 등 여러 가지 메뉴를 보고, 수사상황, 재판 관련 내용을 알아볼 수 있다.

[법무부 형사사법포털의 모습]

5. 특허청

특허청 홈페이지(www.kipo.go.kr)는 특허청 소개, 산업재산권 제도 및 절차안내, 산업재산권 정보 이용 안내, 산업재산권 행정포럼, 산업재산권 통계, 보도자료/공지사항,

---

316) 박은경 외 7명, 위의 책, 2004, 351면.

외국특허청으로 구성되어 있다. 홈페이지에서는 핫 이슈에서 최근의 자료인 인터넷과 도메인, 비즈니스모델 특허 등에 대한 자료를 볼 수 있다.

6. 고용노동부

고용노동부 홈페이지(www.molab.go.kr)는 고용노동부 소개, 노동부 소식, 노동자료, 취업정보, 직업훈련 정보, 여론마당으로 구성되어 있으며, 노동 자료에 노동 관련 판례, 법령을 검색할 수 있다.

7. 한국인터넷진흥원

한국인터넷진흥원의 홈페이지(www.kisa.or.kr)는 정보보호에 관한 내용을 담고 있다. 특히, 주요정보 통신기반시설에 대한 보호에 대한 최신 지침자료를 갖고 있다.[317]

8. 유료 법률 포털사이트

로앤비(www.lawnb.com)는 2000년에 법무법인 태평양의 자회사로 시작했고 2012년부터 미국의 톰슨 로이터사가 인수한 국내 법률정보 포털 사이트이다. 법령과 판례공보 등을 통하여 공개된 판례는 물론 공개되지 않은 하급심판결과 일본판례 등도 제공하고 있으며, 섹션별로 전문적인 법률지식도 제공하고 있다. 국가전자도서관과 같이 국가에서 운영하는 기관을 제외하고는 가장 많은 법률정보를 제공하고 있는 로앤비는 최근 대학과 협약을 맺어 법령정보를 이용할 수 있게 하고 있다.[318]

종합검색기능은 로앤비가 제공하는 34가지 분야별 법률정보를 동시에 검색할 수 있는 기능이다. 메뉴바에 있는 검색종합검색창에 검색어를 입력하고 검색버튼을 누르면 검색어를 포함하고 있는 법령, 주석서, 판례, 논문, 서식 등 34가지 분야별 법률정보가 한꺼번에 검색되어 법률정보의 검색시간을 획기적으로 단축할 수 있다. 검색된 결과가 얼마나 되는지는 각각의 법률정보에 대하여 표시되며, 원하는 분야를 클릭하여 직접 이동할 수 있다.[319]

---

317) 백윤철, 앞의 책, 536면.

318) 전경근, 앞의 책, 165면.

319) 전경근, 앞의 책, 167면.

[로앤비 법률포털의 이용]

　　최근에는 LBox가 인공지능을 활용하여 다양한 법률정보를 제공하고 있다. 특히 하급심판례를 다수 제공하는 점이 장점이며, 제공 비용도 저렴하여 젊은 변호사들이 많이 활용하고 있다.

Ⅳ. 법정보 AI

종래의 법률검색은 자료를 검색하거나 관련된 디지털 정보를 쉽고 편리하게 제공하는 수준이었다면, 앞으로는 더욱 실질적인 법 정보 분석이 가능해질 것이다. 인공지능의 기법 중 자연어처리(Natural Language Processing; NLP) 중에서 법정보 추출(Legal information Extraction: LIE)과 법 질의응답(Legal Question Answerin: LQA)의 고도화가 모색되고 있다.[320] 이러한 기술을 통하여 빅데이터와 인공지능(AI)과의 결합으로, ① 컴퓨터에 자료를 스캔하여 사건을 스스로 분석하고, ② 관련 법률자료를 찾아 실제로 관련된 사건을 분석해서, ③ 예상되는 판결문이나 결론을 제공하는 정도의 논리 과정을 컴퓨터를 통하여 진행할 수 있다.

이제 법률 검색은 단순히 자료를 검색하거나 관련된 디지털 정보를 추출하는 수준을 넘어서 인공지능을 통해서 자료를 찾아서 실제로 관련된 사건을 분석해서 예상되는 판결문을 제공할 수 있을 정도의 분석과 적절한 데이터의 추천이 진행될 수 있다. 이러한 결과물은 판사와 같은 법률전문가의 업무를 돕기 위해서뿐만 아니라 일반인들도 컴퓨터를 통해 자신이 알고 싶어 하는 사건의 분석과 결과 예측을 할 수 있는 범위까지 발전된다. 이것은 법률정보에 대한 전문가의 업무 효율성을 높이기 위해 자료 수집 및 판단에 참고할 수 있는 조언을 제공할 수 있고, 일반인들에게는 사건에 대한 이해를 법률시스템에 대한 불안감과 불신감을 낮추는 데 기여할 수 있다. 하지만 이러한 AI를 통한 법률분석과 의견제공에 대해서도 인간의 검토와 인간의 법적 책임 있는 판단 능력이 계속 필요할 것이다.

인공지능은 이미 리걸써치에서 많이 활용되기 시작했다. 법적인 사고(legal mind)와 법적인 기술(legal tech)이 접목되어 자연언어 모델 순환신경망(RNN)이 1982년부터 연구 구현되고 있다. 현재 자연어모델 변환(Transformer) 구조를 분석하고, 인공신경망(Artificial Neuron)에서는 데이터의 가중치를 변화시켜서 일정한 결론을 내도록 학습(train)시킨다. 투입물(Input)과 산출물(output)을 제시하는 일반적인 인공신경망(Neural Network)에 순환신경망(RNN)을 통하여 데이터의 정답률을 높이게 되었다. 단점으로는 문장의 길이가 길수록 정답률이 떨어지는 문제가 있었다. 이것을 해결하는 모델인

---

320) 박상철, "인공지능 등 정보기술을 통한 법의 기술적 구현 과정의 혁신", 정보법학, Vol.22 No.2(2018), 149면. Jim Cowie & Yorick Wilks, Information Extraction, CiteSeerX 10.1.1.61.6480, 1(1996).

LSTM(Long short-Term Memory)은 앞단의 중요 정보가 삭제되지 않고 연산되도록 하여 이러한 단점을 해결하도록 했다. 이후 단어간·문장간 연관성을 표현한 Word to vector 기술을 활용한다.

법률정보는 언어적인 문제로 인공지능의 접근에 장벽이 있었지만, 최근에는 많은 언어모델을 통하여 이러한 문제가 개선되고 있다. 조만간 인공지능이 재판연구원이나 어쏘(Associate) 변호사와 같은 역할을 하면서 재판관과 변호 업무를 돕게 될 것으로 예상한다.

생각

법률검색 및 자문 서비스에서 AI를 활용한다면 어떠한 방법으로 비즈니스의 활용이 가능할지 토의해 보자.

제6장 방송의 자유와 언론중재

I. 방송통신 미디어의 변화

1. 방송과 통신의 융합

언론·출판의 자유는 사람들이 삶을 소통하도록 하여 인격·개성을 발현하고 자아실현을 도모하게 한다. 그리고 언론·출판의 자유는 정치적 결정에 관련한 의사들이 자유롭게 형성되고 개진할 수 있게 하여 민주정치를 가능하게 하는 근본이 된다. 대한민국 헌법 제21조에서 보장하는 언론·출판의 자유는 사람들이 삶을 소통하도록 하여 인격·개성을 발현하고 자아실현을 가능하게 한다. 나아가 언론·출판의 자유는 언론기관이 다양한 국민의 의사를 수렴하여 국가, 사회의 다원주의를 실현하고 소수자를 존중하는 의무를 부가하기도 한다.[321] 언론과 출판의 자유는 각기 구두에 의한 표현과 문자 등에 의한 표현을 보장하며[322] 이 자유는 미디어 매체에 한정되지 않고 모든 국민의 다양한 표현이 그 자유의 대상이 된다.[323] 언론·출판의 자유는 언론기관이 다양한 국민의 의사를 수렴하여 국가, 사회의 다원주의를 실현하고 소수자를 존중하는 의무를 부가하기도 한다.[324] 이러한 헌법적 가치를 실현하기 위하여 언론매체는 다양한 헌법상의 지위를 보장받으면서 그 사명을 다해야 한다. 언론·출판의 자유에는 언론기관에 의한 활동도 포함된다. 한편, 헌법 제21조는 제1항에서 표현의 자유를 보장하면서도, 제4항에서 '타인의 명예나 권리를 침해하여서는 아니 된다'고 규정함으로써 표현의 자유의 한계로서 타인의 명예와 권리를 보장하고 있다. 진실한 사실은 건전한 토론과 논의의 토대가 되므로 사회구성원 상호 간에 자유로운 표현이 보장되어야 할 것이나, 진실한 사실이라는 이유만으로 특정인에 대한 명예훼손적 표현행위가 무분별하게 허용된다면 개인의

---

321) 정재황, 『신헌법입문』, 박영사, 2021, 478면.

322) 성낙인, 『헌법학』, 2020, 1257면.

323) 손형섭, "디지털 전환에 의한 미디어 변화와 언론관계법 연구", 헌법학연구 제27권 제3호(2021. 9), 137면.

324) 정재황, 위의 책, 478면.

명예와 인격은 제대로 보호받기 어렵다.

뉴 미디어의 출현 등 미디어 환경의 급격한 변화에 따라 새로 출현하는 미디어에 헌법상 표현의 자유를 어떻게 보호해야 할 것인지는 각국의 과제이다.[325] 인터넷의 보급으로 일반인들이 자신의 표현의 자유를 언론 매체를 통해 대행시킬 필요가 줄어들면서 알 권리의 대행이라는 명분으로 인정되어온 언론의 보호에 일정한 한계를 보이게 된 것이다. 언론 매체 가운데 방송은 엄격한 사전억제금지 원칙에도 불구하고 전통적으로 주파수 희소성과 보편적 침투성이론 등에 의해 허가제가 통용되었다. 그러나 케이블과 위성, 통신위성을 이용한 CS 방송의 확대, 디지털 기술의 발달로 이론적으로 수백, 수천 개의 채널이 가능한 새로운 방송환경에서도 주파수 희소성 이론이 타당성을 잃어가고 있다.

전화와 이메일은 통신이지만 인터넷의 전자게시판, 홈페이지, 블로그 등은 수단은 통신(전화)이지만 실질적 내용은 통신이라기보다 방송이나 신문에 가깝다. 방송·통신 융합 모바일서비스의 등장으로 방송매체는 각자의 경계를 허물게 되었다. 인터넷(net)과 영화(flix)를 합친 이름의 넷플릭스(Netflix)는 방송·영상 콘텐츠의 스트리밍 서비스를 월정액으로 제공하는 회사로 방송과 통신을 통합하며 디즈니사도 위협하는 최대 디지털 콘텐츠 제공 회사가 되었다. 이제 넷플릭스는 방송·영상 콘텐츠의 스트리밍 서비스는 물론 종래 방송, 영화, 케이블의 제작과 배포의 전 과정에 걸치는 시장을 빠른 속도로 흡수하고 있다.

이렇게 방송과 통신이 융합하는 시대를 맞이하여 대한민국 정부도 2008년부터 방송과 통신을 방송통신위원회로 통합하였다. 이제 인터넷신문은 신문과 같이 '신문법' 적용(제2조 등)을 받게 되었고 디지털 멀티미디어 방송(DMB)은 '방송법' 적용대상이 되었으며 인터넷 텔레비전(IP–TV)은 방송위와 정통부가 서로 자기 소관으로 다투다 2008년 '인터넷멀티미디어방송사업법' 제정으로 방송통신위원회의 소관이 되었다.[326]

2. 1인 미디어와 SNS

아프리카TV와 같은 1인 미디어의 등장으로 방송에 대한 환경과 인식도 달라지고 있다. 아프리카 TV는 누구나, 언제, 어디서든 인터넷 방송을 할 수 있는 걸 모토로 운영

---

325) 김옥조, 『미디어 법』 커뮤니케이션북스(2012), 47면.

326) 김옥저, 앞의 책, 2012, 48면.

되고 있다. 팟캐스트(podcast)는 아이팟의 pot과 방송의 broadcast가 조합된 용어로 MP3 디지털을 포맷으로 하는 라디오방송 형태의 프로그램을 말한다.[327] 2005년 중반 애플의 아이튠즈 온라인 스토어가 그들의 사이트에서 수만 개의 팟캐스트를 제공하면서 널리 확산되었다. 인터넷망을 통하여 뉴스나 드라마 등의 다양한 콘텐츠를 오디오 또는 비디오 파일 형태로 제공하며 스마트폰 사용자의 경우 아이튠즈나 플레이스토어에서 팟캐스트 관련 어플리케이션을 다운로드 받아 이용할 수 있다. 2012년 나꼼수라는 방송은 팟캐스트라는 기술을 이용하여 주류정치나 언론에서 다루지 않던 주제를 다루는데 사용된 바 있다.[328] 이러한 새로운 매체들은 종래 전통적인 주류언론이 주도하던 공론의 장에 큰 변화를 제공하고 있다.[329]

1인 방송은 TV가 아닌 스마트폰을 통한 방송콘텐츠의 접근 및 생산이 용이해 짐에도 그 원인이 있다. 그리고 1인 가구의 등장과 같이 사회적 변화도 이러한 1인 방송 콘텐츠의 소비에 영향을 미치고 있어 소위 먹방, 쿡방이 잘 소비되는 방송 트랜드가 되기도 한다.[330]

II. 전통적 표현의 자유와 미디어의 규제

1. 헌법상의 표현의 자유

대한민국 헌법 제21조는 제1조에서 "모든 국민은 언론·출판의 자유와 집회·결사의 자유를 가진다."고 표현의 자유를 보장하고, 제2조에서 "언론·출판에 대한 허가나 검열과 집회·결사에 대한 허가는 인정되지 아니한다."고 하며 표현의 사전검열을 금지하고 있다.

나아가 제3조에서 "통신·방송의 시설기준과 신문의 기능을 보장하기 위하여 필요한 사항은 법률로 정한다."고 하여 통신·방송의 법정주의를 규정하고 제4조에서 "언론·출판은 타인의 명예나 권리 또는 공중도덕이나 사회윤리를 침해하여서는 아니 된다.

---

327) 김태근, "공론장의 위기와 공론장 구조변동 연구", 민족문화논총, vol., no.68(2018), 29면.

328) 김태근, 위의 논문, 31면.

329) 김태근, 위의 논문, 35면.

330) 김형우, "1인 가구와 방송 트렌드 변화", 특집보고서, 미디어와 교육 제5권 제1호(2015. 6), 169면 이하.

언론·출판이 타인의 명예나 권리를 침해한 때에는 피해자는 이에 대한 피해의 배상을 청구할 수 있다."고 규정하여 언론·출판의 사회적 책임성을 명확히 하고 있다.

신문과 방송은 정보를 수집하고 이를 대중에게 전달한다는 점에서 가장 전통적인 미디어로서 인정된다. 다만 그 정보를 수집하고 전달하는 방식에 있어서 양자는 다른 미디어로 규율된다. 즉 방송이란 방송프로그램을 기획·편성 또는 제작하여 이를 공중(개별계약에 의한 수신자를 포함하며, 이하 "시청자"라 한다)에게 전기통신설비에 의하여 송신하는 것이라고 정의하고 있고(방송법 제2조 제1호), 신문이란 정치·경제·사회·문화·산업·과학·종교·교육·체육 등 전체 분야 또는 특정 분야에 관한 보도·논평·여론 및 정보 등을 전파하기 위하여 같은 명칭으로 월 2회 이상 발행하는 간행물로 정의하고 있다(신문등의 진흥에 관한 법률 제2조 제1호).

이처럼 신문은 인쇄물을 공중에게 전달하는 방식으로, 방송은 전파기술을 공중에게 전달하는 방식을 채택하고 있는 점에서 본질적인 차이가 있고, 그 전달형식이 다른 만큼 규율방법을 달리하는 법제를 채택하고 있다. 전통적인 매체특성론에 따른다면 인쇄매체가 가장 탈규제적인 매체이고, 방송이 규제방식에 친하고, 통신이 규제중립적이라고[331] 생각했다.

2. 미국에서 표현의 자유

(1) 젠거 사건

미국은 세계 어느 나라보다 표현의 자유를 존중하고 보호하고 있다. 이것은 미국 식민지 시대의 1735년 젠거 사건(the Zenger Trial)에서 기원한다. 젠거 사건(the Zenger Trial)은 미국의 언론출판과 명예훼손 등에 많은 법적 영향을 끼친 기념비적인 사건이다.[332]

이 사건은 뉴욕의 위클리저널의 발행인 존 피터 젠거는 당시 뉴욕에서 활동한 독일계 인쇄업자로서 1733년 11월 New York Weekly Journal의 인쇄를 주로 담당하였고, 이 잡지는 뉴욕 총독 코스비(William Cosby)의 비행을 보도하고 총독 측을 비난하며 식민지의 자유와 대의주의를 논하였다. 젠거는 총독 코스비(William Cosby)에 대한 명

---

331) 헌법재판소, 앞의 연구보고서, 47~55면 참조.

332) 손형섭, "프라이버시권·명예권·언론의 자유의 법적 관계", 언론과 법 제7권 제1호(2008. 6), 321면.

예훼손으로 기소되었으나 변호사인 해밀턴의 활약에 의해 무죄 방면된다. 이 사건에서 변호사 해밀턴(Andrew Hamilton)이 주장한 논점은 ① 명예훼손과 언론의 진실성의 문제. 이 당시 명예훼손법을 다루는 법률은 진실성의 면책을 고려하지 않으며, 진실을 보도하여도 죄가 경감이 되지 않고 오히려 진실이기에 벌을 가중하였다. 여기서 해밀턴은 명예훼손이 되는 표현이 진실인가 허위인가에 의하여 범죄 성립의 여부의 판단근거가 된다고 주장했다.

[젠거 공판 법정의 모습과 공판기록 판본]

당시 영국은, ② 재판을 결정하는 배심의 권한을 사실과 법률 면으로 나누어 보아, 배심이 결정할 수 있는 것은 사실문제, 즉 피고가 명예훼손적 표현을 하였는가 여부를 확인하고 결정하는 것뿐이었다. 이에 대하여 해밀턴은 사실문제와 법률문제는 모두 배심이 결정해야만 한다고 주장하였다. 결국 이 판결에서 보도의 자유에 관하여 진실성이 면책사유로 인정되었고, 미국의 명예훼손법리는 진실증명에 대한 항변권을 인정하여 언론의 자유를 크게 신장하게 되었다. 이 승리는 독립을 희망하던 당시 식민지 미국인에게 크나큰 용기를 주었을 뿐만 아니라, 본국 영국의 명예훼손법에도 영향을 미치게 된다.[333]

(2) 이중심사 기준

표현의 자유에 관한 심사기준은 1938년 미합중국 Carolene 판결[334]에서 스톤 판사의

---

333) 손형섭, 위의 논문, 321면 이하 참조.
334) United States v. Carolene Co., 304 U.S. 144.

법정의견에서 세부적인 심사방법의 제시되었다.[335] 이 판례의 각주 4로부터, 광범위한 입법재량이 인정되는 합헌성(合理性)기준의 적용에 추가하여 "이중 기준"이라고 불리는 심사기준이라는 심사규칙이 제시되었다.

결국, 표현의 자유 보호범위에 포함되는 활동에 관한 규제는 규제가 표현의 내용에 근거하는 것인가 내용 중립적인 것인가에 따라 다른 심사를 해야 한다는 것이다. ① "내용에 근거한 규제"에 대하여 필요불가결한 목적 존재와 규제수단이 그 목적을 달성하는 수단으로서 엄밀하게 설정되고 있을 것을 요구하는 테스트나 혹은 명백 현존한 위험 텍스트가 타당하다는 것이다.

반면, 외설표현, 명예훼손, 범죄 선동 등, 일정 "가치가 낮은 언론(low value speech)"라고 말할 수 있는 카테고리의 표현은 "내용에 근거한 규제"로 엄격한 심사를 하는 대상에서 제외된다.

② 표현의 내용이 아닌 "내용 중립적 규제"는 표현의 시간·장소·방법을 규제하는 중간심사의 기준인 오브라이언 텍스트(O'Brien Test)[336]가 적당하다[337]는 것이다.

(3) 언론 자유의 확대

더 나아가 New York times Co. v. Sullivan 사건[338]에서 공무원에 대한 비판인 경우에는 표현자가 허위인 것을 알고 있든가에 상관없이[339] 허위의 사실에 의한 명예훼손의 경우도 '현실적 해악'이 있는 경우를 원고가 입증하는 경우에만 손해배상을 인정하도록 하였다.[340] 여기서의 현실적 해악(actual malice)을 명확하고 확실한 증명(clear and convincing evidence)에 의해 증명하지 않으면 안 된다.

---

335) United States v. Carolene Products Co., 304 U.S. 144, 152−53 n 4(1938). 이 판결의 각주4에서 스톤 판사는 "입법이 10개조 수정헌법 조항에서 구체적인 헌법의 금지, 그리고 수정 제14조의 범위에 포함되는 경우에도 동일하게 구체적이라고 생각하지만, 그런 금지 문구에 해당하는 경우에는 합헌성 추정의 작용 범위는 더 좁을 수 있다. (중략) 또한 우리는 특정 종교적·민족적 내지 인종적 소수자를 향한 법률 심사에서 소수자에 대한 편견이 소수자를 보호하기 위해 일반적으로 의거되는 정치 과정의 작용에 심각한 제약을 미치게 하는 특별한 조건이며, 그러므로 더 엄격한 사법 심사를 요구할지도 모른다."고 기술했다.

336) 베트남전쟁에 반대하는 오브라이언 등이 징병영장을 태우는 등의 시위행위(symbolic speech)에 대하여 처벌하는 법규, 규제가 정부의 중요한 이익을 위한 것으로, 의사표현 그 자체를 규제하려는 취지가 아니고 과도한 표현 규제가 아니면 합헌으로 판결하는 심사 방법. United States v. O'Brien, 391 U.S. 367 (1968).

337) 長谷部恭男, 『憲法の円環』, 岩波書店(2013), 236頁。

338) New York times Co. v. Sullivan, 376 U.S. 254, 266(1964).

339) 소성규, 전게논문, 572면 참고.

340) 박용상, 『표현의 자유』, 현암사(2003. 4), 493면.

미국에서는 1964년 New York times v. Sullivan사건, 1967년 Curtis Pub. Co. v. Butts 사건과 Associated Press v. Walker 사건 등을 통하여 공적 인물(Public Figure)이 명예훼손소송에서 승소하기 어렵게 되었다. 반면 원고들은 자신이 공인이 아닌 사인(私人)이라고 주장하게 되었고, 원고가 사인인 경우에는 현실적 악의의 입증이 필요 없다고 선언한 Gertz v. Robert Welch, inc. 판결이 있었다.[341]

(4) 미디어 채널 규제

또한 미국의 연방방송통신위원회(FCC)는 라디오와 TV 방송에 공정성 원칙(fairness doctrine)을 요구해 왔다.[342] 이는 정치적으로는 후보자의 지지와 반대의 의견을 공평하고 합리적인 기회를 부여하는 것(political editorial rule)과 공적인 관심이 있는 이슈에 견해를 나타낼 때 공격은 해당되는 사람과 그룹에 대해 진실하고 성실하게 진행되어야 한다(personal attack rule)는 것이다.[343]

그러나 1980년대에 이미 FCC는 정보시장에 많은 서비스 매체의 등장으로 더 이상 방송에서 공정성의 원칙은 미국 수정헌법 제1조와 공공이익의 실현에 반하는 것으로 판단했다.[344]

3. 독일에서 표현의 자유

독일에서는 우리의 정보통신망법에 해당되는 텔레미디어법(Telemediengesetz, TMG)이 불법유해정보를 차단하기 위한 행정적 규제제도를 마련하고 있지 않고, 해당 정보가 범죄에 해당되는 경우에는 형법에 의하여 처벌하도록 하고 있다. 즉 우리와 같은 행정규제 시스템을 두고 있지 않는 것이다. 다만 자율규제의 방식을 정부가 통제하는 간접적인 규제로서 실효성을 담보하는 이원적인 체계로 가지고 있다. 또한 정보통신서비스제공자에 대하여는 텔레미디어법에서는 "제8조 내지 10조상의 정보통신서비스제공자는 자신이 전달 또는 저장하는 정보가 위법한가에 대하여 감시하거나 점검할 의무를

---

341) 전원열, "공인에 대한 명예훼손(1)", 재판실무연구(1), 한국행정사법학회(2007. 11), 149~153면 참조.

342) Red Lion Broadcasting Co. v. FCC, 395 U.S. 367 (1969).

343) Jesse H. ChoperJesse Choper, Richard Fallon Jr, Yale Kamisar, Steven Shiffrin, Constitutional Law: Cases Comments and Questions, WEST, 2015, at 1098.

344) Syracuse Peace Council v. FCC, 867 F.2d 654 (D.C. Cir. 1989).

가지지 아니한다."고 규정함으로써 정보통신사업자의 모니터링의무를 명시적으로 부인하고 있는 것이 특징이다.[345]

최근 독일 연방대법원은 인격권을 침해한 이용자의 정보제공의무를 부인하는 판결을 선고하였다.[346] 독일연방대법원은 2014. 7. 1. 인터넷상의 의사(醫師) 평가 포털사이트에 게시된 부정적 평가로 인격권이 침해된 경우, 의사가 포털운영자에 대하여 제기한 정보청구권에 의한 정보게시자의 개인정보에 대한 공개청구를 인정하지 않은 판결이다. 사실관계를 보면 병원을 운영하고 있는 의사인 원고는 의사평가 포털사이트에 자신에 대한 좋지 않은 평가글이 올라와 있는 것을 발견하고, 그 글의 삭제 및 게시자의 성명과 주소 등 개인정보를 제공하라고 법원에 청구하였다. 원심은 원고의 청구를 인용하였으나, 독일 연방대법원은 이를 인정하지 아니하였다.[347] 이 판결은 인터넷상 표현으로 인격권을 침해한 가해자의 신원정보의 공개를 거부하는 것이 익명표현의 자유를 보장하는 것이라는 입장에서 선 것이다. 이와 비교하여 우리나라에서는 정보통신망법에서 특정한 이용자에 의하여 정보의 게재나 유통으로 사생활 침해 또는 명예훼손 등 권리를 침해당하였다고 주장하는 자는 민·형사상의 소를 제기하기 위하여 침해사실을 소명하여 명예훼손분쟁조정부에 해당 정보통신서비스제공자가 보유하고 있는 해당 이용자의 정보를 제공하도록 청구하는 '이용자 정보의 제공청구' 제도(제44조의6)를 시행하면서 이 문제를 제도적으로 해결하고 있다.

4. 국제적인 표현의 자유

표현의 자유(freedom of expression)는 역사상의 모든 인권선언과 헌장에서 핵심적인 위상을 가지는 인권이다. 1789년의 프랑스의 '인간과 시민의 권리선언' 제11조는 "사상 및 의견의 자유로운 커뮤니케이션은 인간의 가장 고귀한 권리의 하나이다. 따라서 모든 시민은 자유롭게 말하고, 저작하고 출판할 수 있다. 단, 모든 시민은 법률에 규정된 경우에만 이 자유의 남용에 대해 책임을 진다."고 선언하였다.[348]

표현의 자유는 모든 국제인권규범에서도 중요한 인권으로 선언되고 있다. 1948년의

---

345) 자세한 내용은 방송통신심의위원회, 『통신심의 관련법제 개선방안에 관한 연구』 연구보고서(2010), 153~159면 참조.

346) BGH, 01.07.2014, VI ZR 345/13

347) 한국인터넷진흥원, "독일 연방대법원, 인터넷포털 운영자는 타인의 인격권을 침해한 이용자의 정보제공의무 없다고 판결", Internet & Security Focus, vol.20(2014.8). 131~137면.

348) 이인호, 앞의 보고서, 78면.

세계인권선언(Universal Declaration of Human Rights)은 제19조에서 표현의 자유를 선언하고 있다: "모든 사람은 의견과 표현의 자유에 대한 권리(the right to freedom of opinion and expression)를 가진다. 이 권리에는 간섭을 받지 않고 의견을 가질 자유(freedom to hold opinions without interference) 및 어떤 매체를 통해서든(through any media) 그리고 국경에 상관없이(regardless of frontiers) 정보와 아이디어를 구하고, 받고, 그리고 나누어가질 자유(freedom to seek, receive and impart information and ideas)가 포함된다." 이어 표현의 자유는 1966년에 구속력 있는 국제규범에서 성문화되었다. 1966년에 채택된 '시민적 및 정치적 권리에 관한 국제규약'(International Covenant on Civil and Political Rights) 제19조는 "1. 모든 사람은 간섭을 받지 않고 의견을 가질 권리를 가진다. 2. 모든 사람은 표현의 자유에 대한 권리를 가진다. 이 권리는 구두, 서면 또는 인쇄, 예술의 형태 또는 스스로 선택하는 기타의 방법을 통하여 국경에 상관없이 모든 종류의 정보와 아이디어를 구하고 받고 전달하는 자유를 포함한다. 3. 제2항에 규정된 권리의 행사에는 특별한 의무와 책임이 따른다. 따라서 그러한 권리의 행사는 일정한 제한을 받을 수 있다. 다만, 그 제한은 법률에 의하여 규정되고 또한 (a) 타인의 권리나 신용의 존중 (b) 국가안보, 공공질서, 공중보건 또는 도덕의 보호를 위하여 필요한 경우에만 한정된다."

이들 국제규범에 담긴 표현의 자유의 보장체계는 한국 헌법 제21조의 보장체계와 거의 유사하다. 즉, 정부의 간섭 없이 의견을 형성하고 그것을 표현할 자유를 기본적으로 보장하면서, 나아가 어떤 매체를 통해서든 정보와 아이디어를 구하고, 받고, 나누어가질 권리를 모든 개인에게 보장한다. 이는 곧 모든 형태의 커뮤니케이션의 자유를 보장한다는 의미이다. 다만, 이 자유와 권리의 행사에는 당연히 책임이 따르게 된다.[349)350)]

5. 표현의 자유와 규제

대한민국에서도 표현의 자유가 여러 가지 사회적 이익과 충돌하는 경우에 필연적으로 그 상호간의 목적·상태·실현방법 등에 관한 비교형량이 행해진다.[351)] 최근 정보통신망을 통한 표현의 자유가 새로운 문제를 제기하고 있고 이 문제는 통신의 자유와도

349) 이인호, 앞의 보고서, 78면.

350) 이인호, 앞의 보고서, 79면.

351) 성낙인, 『헌법학』, 법문사, 2015, 1147면.

연결된다.

반면 영업상 표현은 경제적 자유권과 밀접하게 관련되어, 전통적인 언론의 자유보다는 더 많은 제한이 불가피하다. 이에 따라 상업광고 규제에 대한 제한에서는 비례의 원칙이 완화될 수밖에 없다.

요즘에는 인터넷을 이용한 표현의 등장으로 표현의 자유에 관한 다양한 양상을 보이고 있다. 특히 최근 인터넷은 커뮤니케이션(이메일·메신저), 표현수단(블로그·게시판)의 기능과 함께 정보 검색(월드와이드웹), 전자상거래(쇼핑·뱅킹) 및 오락(게임·동영상)의 수단으로 당양한 기능을 수행한다.[352]

우리 헌법 제21조에 언론의 자유를 규정한 외에 방송에 관한 헌법적 규정은 없다. 2015년 9월 14일 시행된 방송법 제1조 1항에서 방송이라 함은 방송프로그램을 기획·편성 또는 제작하여 이를 공중에게 전기통신설비에 의하여 송신하는 것으로서, 텔레비전방송과 데이터방송지상파방송사업, 종합유선방송사업, 위성방송사업 등을 규정하고 있다. 개정된 이 방송법은 미디어 기술의 급격한 발전으로 방송과 통신의 구별이 사라져 가는 것을 고려하여[353] 이른바 통합방송법으로 변모한 것이다. 이 법 제32조 이하에는 여전히 방송의 공정성 및 공공성 심의 규정을 두어 방송통신심의위원회에서 방송의 공정성과 공공성을 심의·의결하고 있다.

Ⅲ. 사전검열 금지

1. 사전검열 금지

우리 헌법 제21조 제1항에서 "모든 국민은 언론·출판의 자유와 집회·결사의 자유를 가진다."고 규정한 후, 제2항은 "언론·출판에 대한 허가나 검열과 집회·결사에 대한 허가는 인정되지 아니한다."고 규정하고 있다. 헌법재판소는 이 헌법 제21조 제2항의 '검열'을 사전검열로 파악하고 이에 해당하면 위헌이라는 것으로 보고 있다.

헌법재판소에 의하면 "검열은 일반적으로 허가를 받기 위한 표현물의 제출의무, 행정권이 주체가 된 사전심사절차, 허가를 받지 아니한 의사표현의 금지 및 심사절차를

---

352) 박용상, 『언론의 자유』 박영사(2013), 983면.

353) 성낙인, 『언론정보법』 나남출판(1998), 170면.

관철할 수 있는 강제수단 등의 요건을 갖춘 경우에만 이에 해당하는 것이다."라고 판시[354]하여 이 4가지 요건을 충족하면 사전검열에 해당된다고 인정하는 엄격하고 형식적인 입장을 취하고 있다. 헌법재판소에 의하면 검열은 "사상이나 의견 등이 발표되기 이전에 … 그 내용을 심사, 선별 … 또는 … 모든 형태의 사전적인 규제를 금지하는 것이 아니고, 단지 의사표현의 발표 여부가 오로지 행정권의 허가에 달려있는 사전심사만을 금지하는"[355] 것이다.

결국, 헌법 제21조 제2항의 검열을 사전검열로 이해하되 사전검열을 제외한 나머지 사전규제방식은 동조항을 적용하지 아니하며, 표현의 자유에 대한 사후규제는 헌법 제37조 제2항의 과잉금지(또는 과잉제한 금지) 원칙을 적용한다. 즉, 사전검열을 제외한 나머지 사전제한에 대한 심사도 제37조 제2항에 따른 과잉제한 금지 심사에 의하는 것이라고 할 수 있다.

이에 대한 비판으로는, "우리 판례는 일관되게 표현물의 표현 전의 사전제출이라는 형식적 판단을 하고 있는 점에서, 인터넷상 유통되는 정보에 대한 사후적 심사라는 점에서 사전성을 충족하지 못하는 것으로 이해된다. 그러나 인터넷상 정보의 유통과 이용이 반영구적인 점을 감안하여 보면 인쇄물과 같이 1회의 표현에 의하여 표현이 종결되는 매체와는 다른 반영구적인 표현과 유통방식의 차이를 인정하여 사전성을 실질적으로 판단할 필요도 있다고 할 것이다."[356]

2. 사전검열 심의

사전검열요건의 해당여부를 보면, 심의 및 시정요구, 제재권한이 방송통신심의위원회와 방송통신위원회에 있다. 행정권이 주체가 된 사전심사절차를 갖추고 있으며, 삭제나 이용정지·이용해지 등의 명령을 통하여 해당 정보의 유통을 제한한다.

우리나라 방송통신위원회는 디지털 기술의 발달에 따른 방송과 통신의 융합현상에 능동적으로 대응하고, 방송의 자유와 공공성 및 공익성을 보장하며, 방송과 통신의 균형발전과 국제경쟁력을 높이기 위해 대통령 직속 합의제 행정기구로 출범하였다. 헌법 제21조 제3항은 "통신·방송의 시설기준과 신문의 기능을 보장하기 위하여 필요한 사

---

354) 헌재 1996. 10. 4. 93헌가13 등, 판례집 8-2.

355) 헌재 1996. 10. 4. 선고 93헌가13등 영화법 제12조 등에 대한 위헌제청 사건.

356) 이인호, 앞의 보고서, 227~228면.

항은 법률로 정한다."에 따른 주무 업무를 한다. 현재 '방송통신위원회의 설치 및 운영에 관한 법률'에 따라 방송과 통신에 관한 규제와 이용자 보호, 방송의 독립성과 공공성을 보장하고 있다.[357]

요즘 인터넷 시대에는 정보통신기업이 막대한 정보와 기술을 바탕으로 이용자의 커뮤니케이션을 감시하고 유통되는 콘텐츠를 분석하는 의미에서 마치 국가기관이 검열주체로서 행동하는 것과 마찬가지의 위협을 발생시키는 경우가 있다. 경우에 따라서, 인터넷기업 등 정보통신기업이 자체적인 판단에 의하여 콘텐츠의 내용을 분석하고 삭제 등의 조치를 하는 것이 아니라 국가의 법체계에 순종하여 콘텐츠 분석 조치를 하게 되기도 한다. 이유는 기업이 사업의 원만한 영위를 위하거나, 또한 해당 서비스이용자의 이용행위에 대한 법적 책임이 인터넷기업에 전가되어 중개자로서의 책임을 지지 않도록 하기 위함이다. 이는 국가에 의한 검열의 새로운 형태로서 다시 말하면 '검열의 전가현상'이라고 할 수도 있다.[358]

Ⅳ. 인격권과 명예권

1. 인격권

헌법 제21조 제4항에서는 "언론·출판은 타인의 명예나 권리 또는 공중도덕이나 사회윤리를 침해하여서는 아니된다. 언론·출판이 타인의 명예나 권리를 침해한 때에는 피해자는 이에 대한 피해의 배상을 청구할 수 있다."고 규정하여, 대한민국은 표현의 자유는 물론 타인의 명예나 권리 등도 두텁게 보호하고 있다.

우리는 헌법 제10조에서 인격권을 도출하는데, 개인의 인격권(Persönlichkeitsrecht)은 그 방해를 배제하거나 제거를 요구할 수 있는 대세적인 권리이며, 이 침해 상태를 제공한 피고는 그의 고의·과실 유무에 상관없이 객관적인 침해상태를 배제할 의무를 부담한다는 것이다.[359]

일본 헌법에서도 사람의 품성, 덕행, 명성, 신용 등의 인격적 가치에 대하여 사회적

---

357) 방송통신위원회, https://kcc.go.kr/user.do?page=A04010100&dc=K04010100.

358) Rebecca Mackinnon, 「Consent of the Networked: The Worldwide Struggle for Internet Freedom」, 2012(「인터넷 자유투쟁」, 김양욱·최형우 역, 커뮤니케이션북스, 2013), 전게서, 119면.

359) 박용상, 앞의 책, 1097면.

으로 받을 객관적 평가인 명예를 위법하게 침해하는 자는 명예훼손으로 손해배상 및 명예회복을 위한 처분을 구하거나 인격권으로서 명예권에 근거하여 가해자에 대하여 현재 행해진 침해행위를 배제하고 또 장래에 발생할 침해를 예방하기 위해 침해행위의 정지를 요구할 수 있다고 해석한다. 명예는 생명, 신체와 함께 매우 중요한 보호법익이며 인격권으로서 명예권은 물권의 경우와 같이 배제성을 갖는 권리여야 하기 때문[360]이라는 것이다.

국내에서도 헌법의 인간 존엄과 가치 및 사생활의 비밀과 자유로부터 인격권을 도출하고 제21조 제4항에서도 개인의 명예나 권리의 보호와 피해 배상을 규정하고 있다. 대법원도 인격권에 대하여 일단 침해된 후 구제수단이 금전배상이나 명예회복 처분 등만으로는 그 피해의 완전한 회복이 어렵고 손해전보의 실효성을 기대하기 어려우므로, 인격권 침해에 대하여는 사전(예방적) 구제수단으로 침해행위 정지·방지 등의 금지청구권[361]과 예방청구권[362]도 인정된다. 인격권에 근거한 방해배제청구권은 소유권과 마찬가지로 배타적인 절대권으로서, 방해배제 및 예방청구권을 규정한 민법 제214조를 유추적용하여 그 금지청구권을 인정하는 것이다.[363]

법인의 성명권(명칭권)도 헌법상 행복추구권과 인격권의 한 내용을 이루는 것으로서 자신의 성명을 타인의 방해를 받지 않고 사용할 수 있도록 보장될 필요가 있다고 하며 명칭을 모용당하지 않을 권리가 있지만, 그 배타적 인정 가능성은 여러 사정을 종합하여 판단해야 한다.[364] 점포의 명칭이 상호에 해당할 경우 상법 제23조에 의하여 상호전용권이 인정되거나 국내에 널리 알려진 타인의 상호 등을 부정하게 사용하는 경우에는 부정경쟁방지법의 적용이 가능하다. 기타 사안에 따라 개인정보보호법, 저작권법, '독점규제 및 공정거래에 관한 법률'의 적용 가능한 경우도 있을 것이다.[365]

인터넷에서는 물론 종래 표현물에서도 "낮은 가치의 표현물(low value speech)"에

---

360) 最高裁昭和61年6月11日大法廷判決·民集40巻4号872頁参照.

361) 대법원 1996. 4. 12. 선고 93다40614 판결.

362) 대법원 2010. 8. 25. 자 2008마1541 결정.

363) 김재형, 『언론과 인격권』 박영사(2012), 207~209면 참조.

364) 대구지방법원 상주지원은 2014. 5. 1. 선고 2013가합634 법인명칭사용금지 등 판결에서, 법인명칭사용금지 등에 대하여 "다른 종교단체의 명칭 사용의 자유도 아울러 배려하여, 양자명칭의 동일성·유사성뿐만 아니라 기존 명칭의 주지성 여부 및 정도, 쌍방 명칭의 식별 가능성, 명칭을 사용하기에 이른 경위, 사용 모습 등의 여러 사정을 종합적으로 고려하여 판단하여야 한다."고 판시했다(대구지방법원 상주지원 2014. 5. 1. 선고 2013가합634).

365) 손형섭, "바이럴 마케팅에서 평판정보 삭제청구 등 사례 연구－ 일본 札幌地方裁判所 2014.9.4. 平成25年（ワ）－", 정보법학 제19권 제1호(2015), 48~52면 참조.

는 외설표현, 명예훼손, 범죄 선동과 가짜뉴스(Fake news) 등이 사회문제가 되고 있다.

2. 명예훼손죄

(1) 각국의 입법례

　명예를 보호하는 법제도는 로마법에서 유래를 찾아볼 수 있다. 로마법에서는 인격을 갖은 사람의 명예에 대한 불법행위를 인정했고, 특히 고위공직자에 대한 명예훼손, 그리고 문서에 의한 명예훼손을 엄하게 처벌했다. 이러한 로마법의 명예훼손법제는 영국에도 영향을 주었고, 명치시대 일본에도 영향을 주었다(그림 ①). 영국은 전통적으로 인격권을 우위에 두었으며, 1275년 고관명예훼손법에서 명예훼손에 대한 강한 규제가 성립되었고, 진실한 사실을 적시한 경우에도 면책이 되지 않고 더 위험한 행위로 보았다.[366] 그리고 문서에 이한 비방(libel)의 경우 개인뿐만 아니라 정부, 종교, 음란에 관한 모든 반정부적, 반사회적 비방을 형사소추의 대상으로 하였다(엄격책임주의). 나아가 에드워드 코크 경은 명예훼손에서 공인에 대한 모욕은 사인의 그것보다 중요하다고 말했다. 이후 1983년 Lord 명예훼손법(Lord Cambell's Libel Act)에서 처음으로 진실입증에 의한 면책가능성을 인정하게 되었다.[367] 그러나 영국은 유럽인권협약 제10조의 영향 등으로 2013년 명예훼손법 개정을 통해 명예훼손에서 심각한 피해(serious harm)의 원칙을 도입하여 종래 인격존중 우위의 법제에서 언론의 자유를 보다 더 보호하게 되었다.[368]

[표현의 자유와 명예보호의 스펙트럼]

---

366) 손형섭, 위의 논문, 330면.

367) 손형섭, 앞의 논문, 330면. 이후에도 영국에서 원고는 자신의 명예를 훼손한 사실을 주장하고, 피고가 자신 주장의 진실성을 입증할 수 없거나 특별한 면책특권을 주장할 수 없는 경우에는 그 책임여부와 관계없이 손해배상을 인정하고 있으며, 악의(malice)가 인정되는 경우에는 징벌적 손해배상도 명할 수 있었다. 한수웅, "表現의 自由와 名譽의 保護 −韓國, 獨逸과 美國에서의 명예훼손 법리에 관한 憲法的 考察과 批判을 겸하여−", 한국법학원, 저스티스, 제84권(2004), 28, 43면.

368) 허순철, "영국의 명예훼손법 개정과 그 의미", 한국비교공법학회, 공법학연구 제16권 제4호(2015) 참조.

일본은 명치시대에 관리명예훼손죄, 불경죄 등의 특별명예훼손법을 두었다(그림 ①). 지금은 일본 형법 제230조에서 사실의 유무에 관계없이 명예훼손을 처벌하도록 규정하고 제230조의2에서 그 목적이 오로지 공익을 위함이 인정되고 사실의 진실 여부의 증명이 있는 때에는 이를 벌하지 않도록 하고 있다(그림 ②).

대한민국은 사실적시 명예훼손도 허위사실보다는 경하지만 형사처벌을 인정하고 공익성이 인정되는 경우에는 형법 제310조에서 위법성 조각사유를 인정하고 있다(그림 ②-1). 그런데 최근 판례를 통하여 공인의 경우 구성요건 해당성을 부정하는 것 같은 사례도 발생하고 있다.

독일은 표현의 자유와 인격권 사이에 구체적인 법익교량을 하며, 형법에서는 입증책임전환, 즉 진실의 면책을 인정하는 형법도 있다(그림 ③). 독일은 형법 제186조(중상죄)에서 명예훼손을 처벌하고 진실한 사실의 면책 규정을 두고 있고, 이는 소극적 구성요건 요소가 된다.[369] 최근 국내의 입법안에서와 같이 형법 제307조 제2항 허위사실적시 명예훼손죄만 유지하는 안은 독일 형법보다는 입증책임을 검사에서 부담 지워 표현자의 자유를 더 넓게 인정할 수 있다. 반면, 최근에는 명예훼손보다는 가짜뉴스와 혐오발언 등에 대한 규제를 강화하는 독일의 소셜네트워크법(Netzwerkdurchsetzungs-gesetz)[370]과 같은 입법례가 등장하고 있다.

한편, 미국은 식민지 시대 영국으로부터 명예훼손 법정에서 언론의 자유를 인정한 판결을 계기로 표현의 자유는 미국의 독립과 건국 정신의 기초였다. 영국의 식민지였던 미국에서는 1734년 젠거사건(the Zenger Trial)에서 뉴욕의 영국 법정에서 진실한 사실을 표현한 언론·출판물은 처벌되지 않으며 이러한 판단은 배심재판에 의해야 한다는, 본국 영국과 다른 새로운 법리를 만들기 시작했다. 따라서 18세기부터 명예훼손에서 진실의 면책을 인정하였고, 이후 1964년 New York times Co. v. Sullivan 사건[371]에서 뉴욕타임즈가 마틴 루터킹 주니어 지지 시위자들을 경찰이 학대했다고 한 쓴 기사에 대한 경찰 국장 설리반이 제기한 명예훼손 소송에서 공무원에 대한 비판인 경우에는 표현자가 허위인 것을 알고 있든가에 상관없이 허위의 사실에 의한 명예훼손의 경우도 '현실적 해악'이 있는 경우를 원고가 입증하는 경우에만 손해배상을 인정하도록

---

369) 프랑스도 명예훼손을 이유로 손해배상을 인정하고 원상회복과 배상을 청구하는 제도를 가지고 있고, 헌법과 민법에서 사생활 보호 규정을 가지고 있으며 형법에서 사생활의 비밀, 무고 및 비밀 누설에 관한 처벌규정을 두고 있다.

370) Gesetz zur Verbesserung der Rechtsdurchsetzung in sozialen Netzwerken(1. September 2017, BGBl. I S. 3352)

371) New York times Co. v. Sullivan, 376 U.S. 254, 266(1964).

하여[372] 명예훼손의 민사소송에서도 그 허위와 현실적 해악의 입증을 원고에 부담시키고 나아가 이 엄격한 기준은 공인물(public figures)에게 확대되었다(그림 ⑤). 다만 미국에서는 징벌적 손해배상 제도가 있어 민사법적인 해결이 중심이 되어 다른 나라와 차이가 있다.

(2) 형법

헌법 제21조 제4항을 구체화한 법으로, 형법 제307조 이하와 전기통신기본법 제47조가 있다. 따라서 인터넷에서 사실을 적시하거나 허위의 사실을 적시하여 타인의 명예훼손을 한 경우 형법 307조(명예훼손) 제1항 내지 제2항에 해당하는지 검토할 수 있다.

인터넷은 기존의 매체에서 정보 수신자에 불과하던 일반 대중이 정보의 발신자가 되어 누구든지 자신의 의견을 전 세계에 열람하도록 할 수 있고, 표현내용의 변경 없이 복제하는 것이 용이해져 광범위한 유통이 가능하다는 특성이 있어, 인터넷상에서 명예훼손행위가 빈번하고 광범위하게 이루어지고 있다. 반면 피해자가 항상 인터넷상에서 반론권을 유효적절하게 행사할 수 있는 것은 아니어서 그 위력이 전통적인 출판매체보다도 강력하다. 그러나 인터넷 홈페이지는 형법 제309조 제1항(출판물에 의한 명예훼손)에서의 "기타 출판물"에 해당하지 않는다. 소비자평판 사이트에서는 "비방목적"이 입증되기도 어려울 것이다. 따라서 유사 사건에서 "출판물에 의한 명예훼손죄"의 적용 가능성은 부정적이다. 결국, 형법 제307조 제1항 내지 제2항으로 의율[373]하거나 전기통신기본법 제47조 제2항 "3년 이하의 징역 또는 3천만 원 이하의 벌금"에 처할 수 있다. 또한 후술하는 '정보통신망 이용촉진 및 정보보호 등에 관한 법률'[374] 제70조 제1항과 제2항[375]에 의한 처벌도 검토할 수 있다.

---

372) 박용상, 『표현의 자유』, 현암사(2003.4), 493면.

373) 그러나 형법 제307조 1항은 형법 제309조 제1항보다 법정형이 낮아 죄형균형론에 입각해서 보면 적절하다고 볼 수는 없다는 비평(최우석, "인터넷 홈페이지 또는 소식지에 게재한 내용이 공공의 이익을 위한 것으로서 비방의 목적이 있다고 단정할 수 없다고 한 사례", 『정보법 판례백선(Ⅰ)』, 박영사(2006), 649면)이 있다.

374) 법률 제13280호 일부개정 2015. 03. 27.

375) '정보통신망 이용촉진 및 정보보호 등에 관한 법률' 제70조 (벌칙) ① 사람을 비방할 목적으로 정보통신망을 통하여 공공연하게 사실을 드러내어 다른 사람의 명예를 훼손한 자는 3년 이하의 징역 또는 3천만원 이하의 벌금에 처한다.
② 사람을 비방할 목적으로 정보통신망을 통하여 공공연하게 거짓의 사실을 드러내어 다른 사람의 명예를 훼손한 자는 7년 이하의 징역, 10년 이하의 자격정지 또는 5천만원 이하의 벌금에 처한다.

제307조 (명예훼손) ① 공연히 사실을 적시하여 사람의 명예를 훼손한 자는 2년 이하의 징역이나 금고 또는 500만원 이하의 벌금에 처한다.

② 공연히 허위의 사실을 적시하여 사람의 명예를 훼손한 자는 5년 이하의 징역, 10년 이하의 자격정지 또는 1천만원 이하의 벌금에 처한다.

제308조 (사자의 명예훼손) 공연히 허위의 사실을 적시하여 사자의 명예를 훼손한 자는 2년 이하의 징역이나 금고 또는 500만원 이하의 벌금에 처한다.

제309조 (출판물등에 의한 명예훼손) ① 사람을 비방할 목적으로 신문, 잡지 또는 라디오 기타 출판물에 의하여 제307조 제1항의 죄를 범한 자는 3년 이하의 징역이나 금고 또는 700만원 이하의 벌금에 처한다.

② 제1항의 방법으로 제307조 제2항의 죄를 범한 자는 7년 이하의 징역, 10년 이하의 자격정지 또는 1천500만원 이하의 벌금에 처한다.

제310조 (위법성의 조각) 제307조 제1항의 행위가 진실한 사실로서 오로지 공공의 이익에 관한 때에는 처벌하지 아니한다.

제311조 (모욕) 공연히 사람을 모욕한 자는 1년 이하의 징역이나 금고 또는 200만원 이하의 벌금에 처한다.

제312조 (고소와 피해자의 의사) ① 제308조와 제311조의 죄는 고소가 있어야 공소를 제기할 수 있다.

② 제307조와 제309조의 죄는 피해자의 명시한 의사에 반하여 공소를 제기할 수 없다.

[명예훼손 관련 법조문]

(3) 전기통신기본법

전기통신기본법 제47조 제2항 소정의 "자기 또는 타인에게 이익을 주고나 타인에게 손해를 가할 목적으로 전기통신설비에 의하여 공연히 허위의 통신[376]을 한 자"[377]에 해당하는 경우 3년 이하의 징역 또는 3천만원이하의 벌금에 처할 수 있다. 반면, 같은 법 제47조 제1항 "공익을 해할 목적으로 전기통신 설비에 의하여 공연히 허위의 통신을 한 자는 5년 이하의 징역 또는 5천만 원 이하의 벌금에 처한다."는 다음 아고라 경제토

---

376) 유선, 무선, 광선 기타의 전자적 방식에 의하여 부호 문언 음향 또는 영상을 송신하거나 수신하는 행위.

377) 전기통신기본법 제47조 ② 자기 또는 타인에게 이익을 주거나 타인에게 손해를 가할 목적으로 전기통신설비에 의하여 공연히 허위의 통신을 한 자는 3년이하의 징역 또는 3천만원이하의 벌금에 처한다.
③ 제2항의 경우에 그 허위의 통신이 전신환에 관한 것인 때에는 5년 이하의 징역 또는 5천만원 이하의 벌금에 처한다.
④ 전기통신업무에 종사하는 사람이 제3항의 행위를 한 때에는 10년 이하의 징역 또는 1억원 이하의 벌금에 처하고, 제2항의 행위를 한 때에는 5년 이하의 징역 또는 5천만원 이하의 벌금에 처한다.

론 방에 "드디어 외환보유고가 터지는구나"라는 등의 글을 올린 미네르바 사건 등에서, 헌법재판소가 "이 조문의 공익은 그 의미가 불명확하고 추상적이고, 이 사건 법률조항은 수범자인 국민에 대하여 일반적으로 허용되는 '허위의 통신' 가운데 어떤 목적의 통신이 금지되는 것인지 고지하지 못하고 있으므로 표현의 자유에서 요구하는 명확성의 요청 및 죄형법정주의의 명확성원칙에 위배하여 위헌"이라고 결정 내려[378] 전기통신기본법에서 삭제되었다.

(4) 정보통신망법

'정보통신망 이용촉진 및 정보보호 등에 관한 법률' 제44조의2(정보의 삭제요청 등) 제1항에서 ISP 책임에 관하여 "일반인에게 공개를 목적으로 제공된 정보로 사생활 침해나 명예훼손 등 타인의 권리가 침해된 경우 그 침해를 받은 자는 해당 정보를 취급한 정보통신서비스 제공자에게 침해사실을 소명하여 그 정보의 삭제 또는 반박내용의 게재를 요청할 수 있다"고 규정한다. 이 요청을 받은 정보통신서비스 제공자는 삭제·임시조치를 하고 신청인 등에게 알리도록 한다(제2항).

제44조의2 제3항(삭제·임시조치)~제6항에서는 정보통신서비스 제공자의 임시조치를 규정하고 있다. 이것은 사업자의 자율규제를 법적으로 수용한 것이며, 정부가 행할 규제를 사업자로 하여금 대행케 한 것이다. 인터넷상의 위법행위는 정보통신서비스 제공자 자신이 실행할 수밖에 없고 또 그것이 효율적이기 때문에, 그로 하여금 규제를 대행하는 하는 자율 및 공동규제 프레임을 법제화한 것이다.[379] 이것은 개인의 권익과 표현의 자유를 비교형량하여 효과적인 사용 가능성이 검토되어야 한다. 또한 동법 제70조 제1항 및 제2항으로, 사람을 비방할 목적으로 정보통신망을 통하여 공공연하게 사실 혹은 거짓을 드러내어 타인의 명예를 훼손한 자는 7년 이하의 징역, 10년 이하의 자격정지 또는 5천만 원 이하의 벌금에 처해질 수 있다.

> 제44조 (정보통신망에서의 권리보호) ① 이용자는 사생활 침해 또는 명예훼손 등 타인의 권리를 침해하는 정보를 정보통신망에 유통시켜서는 아니 된다.

---

378) 헌법재판소 2010. 12. 28. 자 2008헌바157 결정.

379) 박용상, 『언론의 자유』 박영사(2013), 1119면.

② 정보통신서비스 제공자는 자신이 운영·관리하는 정보통신망에 제1항에 따른 정보가 유통되지 아니하도록 노력하여야 한다.

③ 방송통신위원회는 정보통신망에 유통되는 정보로 인한 사생활 침해 또는 명예훼손 등 타인에 대한 권리침해를 방지하기 위하여 기술개발·교육·홍보 등에 대한 시책을 마련하고 이를 정보통신서비스 제공자에게 권고할 수 있다.

제70조 (벌칙) ① 사람을 비방할 목적으로 정보통신망을 통하여 공공연하게 사실을 드러내어 다른 사람의 명예를 훼손한 자는 3년 이하의 징역 또는 3천만원 이하의 벌금에 처한다.

제44조의6 (이용자 정보의 제공청구) ① 특정한 이용자에 의한 정보의 게재나 유통으로 사생활 침해 또는 명예훼손 등 권리를 침해당하였다고 주장하는 자는 민·형사상의 소를 제기하기 위하여 침해사실을 소명하여 제44조의10에 따른 명예훼손 분쟁조정부에 해당 정보통신서비스 제공자가 보유하고 있는 해당 이용자의 정보(민·형사상의 소를 제기하기 위한 성명·주소 등 대통령령으로 정하는 최소한의 정보를 말한다)를 제공하도록 청구할 수 있다.

② 명예훼손 분쟁조정부는 제1항에 따른 청구를 받으면 해당 이용자와 연락할 수 없는 등의 특별한 사정이 있는 경우 외에는 그 이용자의 의견을 들어 정보제공 여부를 결정하여야 한다.

③ 제1항에 따라 해당 이용자의 정보를 제공받은 자는 해당 이용자의 정보를 민·형사상의 소를 제기하기 위한 목적 외의 목적으로 사용하여서는 아니 된다.

④ 그 밖의 이용자 정보 제공청구의 내용과 절차에 필요한 사항은 대통령령으로 정한다.

제44조의10 (명예훼손 분쟁조정부) ① 심의위원회는 정보통신망을 통하여 유통되는 정보 중 사생활의 침해 또는 명예훼손 등 타인의 권리를 침해하는 정보와 관련된 분쟁의 조정업무를 효율적으로 수행하기 위하여 5명 이하의 위원으로 구성된 명예훼손 분쟁조정부를 두되, 그중 1명 이상은 변호사의 자격이 있는 자로 한다.

② 명예훼손 분쟁조정부의 위원은 심의위원회의 위원장이 심의위원회의 동의를 받아 위촉한다.

③ 명예훼손 분쟁조정부의 분쟁조정절차 등에 관하여는 제33조의2 제2항, 제35조부터 제39조까지의 규정을 준용한다. 이 경우 "분쟁조정위원회"는 "심의위원회"로, "개인정보와 관련한 분쟁"은 "정보통신망을 통하여 유통되는 정보 중 사생활의 침해 또는 명예훼손 등 타인의 권리를 침해하는 정보와 관련된 분쟁"으로 본다.

④ 명예훼손 분쟁조정부의 설치·운영 및 분쟁조정 등에 관하여 그 밖의 필요한 사항은 대통령령으로 정한다.

정보통신망법에서는 방송통신위원회에 명예훼손 등에 관한 넓은 행정권한을 부여하여, 명예훼손 침해에 대한 구제 제도를 두고 있다. 나아가 정보통신망을 이용하여 불법정보의 유통하는 것을 금지하고 처벌규정을 두고 있다.

제44조의7 (불법정보의 유통금지 등) ① 누구든지 정보통신망을 통하여 다음 각 호의 어느 하나에 해당하는 정보를 유통하여서는 아니 된다.

1. 음란한 부호·문언·음향·화상 또는 영상을 배포·판매·임대하거나 공공연하게 전시하는 내용의 정보

2. 사람을 비방할 목적으로 공공연하게 사실이나 거짓의 사실을 드러내어 타인의 명예를 훼손하는 내용의 정보

3. 공포심이나 불안감을 유발하는 부호·문언·음향·화상 또는 영상을 반복적으로 상대방에게 도달하도록 하는 내용의 정보

4. 정당한 사유 없이 정보통신시스템, 데이터 또는 프로그램 등을 훼손·멸실·변경·위조하거나 그 운용을 방해하는 내용의 정보

5. 「청소년 보호법」에 따른 청소년유해매체물로서 상대방의 연령 확인, 표시의무 등 법령에 따른 의무를 이행하지 아니하고 영리를 목적으로 제공하는 내용의 정보

6. 법령에 따라 금지되는 사행행위에 해당하는 내용의 정보

7. 법령에 따라 분류된 비밀 등 국가기밀을 누설하는 내용의 정보

8. 「국가보안법」에서 금지하는 행위를 수행하는 내용의 정보

9. 그 밖에 범죄를 목적으로 하거나 교사(敎唆) 또는 방조하는 내용의 정보

② 방송통신위원회는 제1항 제1호부터 제6호까지의 정보에 대하여는 심의위원회의 심의를 거쳐 정보통신서비스 제공자 또는 게시판 관리·운영자로 하여금 그 취급을 거부·정지 또는 제한하도록 명할 수 있다. 다만, 제1항 제2호 및 제3호에 따른 정보의 경우에는 해당 정보로 인하여 피해를 받은 자가 구체적으로 밝힌 의사에 반하여 그 취급의 거부·정지 또는 제한을 명할 수 없다.

③ 방송통신위원회는 제1항 제7호부터 제9호까지의 정보가 다음 각 호의 모두에 해당하는 경우에는 정보통신서비스 제공자 또는 게시판 관리·운영자에게 해당 정보의 취급을 거부·정지 또는 제한하도록 명하여야 한다.

1. 관계 중앙행정기관의 장의 요청이 있었을 것

2. 제1호의 요청을 받은 날부터 7일 이내에 심의위원회의 심의를 거친 후 「방송통신위원회의 설치 및 운영에 관한 법률」제21조 제4호에 따른 시정 요구를 하였을 것

3. 정보통신서비스 제공자나 게시판 관리·운영자가 시정 요구에 따르지 아니하였을 것

---

④ 방송통신위원회는 제2항 및 제3항에 따른 명령의 대상이 되는 정보통신서비스 제공자, 게시판 관리·운영자 또는 해당 이용자에게 미리 의견제출의 기회를 주어야 한다. 다만, 다음 각 호의 어느 하나에 해당하는 경우에는 의견제출의 기회를 주지 아니할 수 있다.

1. 공공의 안전 또는 복리를 위하여 긴급히 처분을 할 필요가 있는 경우

2. 의견청취가 뚜렷이 곤란하거나 명백히 불필요한 경우로서 대통령령으로 정하는 경우

3. 의견제출의 기회를 포기한다는 뜻을 명백히 표시한 경우

제74조 (벌칙) ① 다음 각 호의 어느 하나에 해당하는 자는 1년 이하의 징역 또는 1천만원 이하의 벌금에 처한다.

1. 제8조 제4항을 위반하여 비슷한 표시를 한 제품을 표시·판매 또는 판매할 목적으로 진열한 자

2. 제44조의7 제1항 제1호를 위반하여 음란한 부호·문언·음향·화상 또는 영상을 배포·판매·임대하거나 공공연하게 전시한 자

3. 제44조의7 제1항 제3호를 위반하여 공포심이나 불안감을 유발하는 부호·문언·음향·화상 또는 영상을 반복적으로 상대방에게 도달하게 한 자

4. 제50조 제5항을 위반하여 조치를 한 자

5. 삭제

6. 제50조의8을 위반하여 광고성 정보를 전송한 자

7. 제53조 제4항을 위반하여 등록사항의 변경등록 또는 사업의 양도·양수 또는 합병·상속의 신고를 하지 아니한 자

②제1항 제3호의 죄는 피해자가 구체적으로 밝힌 의사에 반하여 공소를 제기할 수 없다.

2018년 12월, 방송통신심의위원회에서 인터넷기사 중 허위가짜뉴스에 대한 정보삭제를 하는 심의를 하면서, "문재인 대통령에 대한 허위정보"에 대하여, "이런 정보가 바람직하지는 않지만, 개인의 표현에 해당되는 경우가 많아 심의가 적절하지 않은 것 같다", "(지난정부 때) 사드 괴담을 삭제 의결했는데 그것도 적절하지 않다"며 "사회적인 혼란을 야기하는 상태에 이르는 경우 엄격히 적용해야 하는데 (심의 대상에) 그런 사례는 보이지 않는다.", "규제를 한다고 걸러지는 게 아니라 반론, 재반론이 이뤄지면서 자연스럽게 걸러질 사안"이라는 의견으로 경찰의 정보삭제요청을 부적절하다며 "해당 없음"과 "각하" 처리했다.[380]

---

380) 미디어 오늘, 2018. 12. 5. 시민단체 "문재인 치매설 영상 삭제 거부 환영"

같은 시기인 12월 10일에, '비선 실세' 최순실 씨의 태블릿PC 관련 보도가 조작됐다고 주장해 해당 언론사 측의 명예를 실추한 혐의로 구속기소 된 미디어워치 대표 고문 변희재 씨가 1심 재판에서 실형을 선고받았다. 서울중앙지법 형사13단독 재판부는 '정보통신망법' 위반 등 혐의로 기소된 변 씨에게 모든 혐의를 유죄로 판단하고 징역 2년을 선고했다. 양형 사유에 대해서 "인터넷 매체는 특히 광범위하고 신속한 전파력을 갖고 있고 내용의 확대 재생산 가능성이 커 보도내용에 공정성을 더욱더 유지해야 함에도 피고인들은 언론이 갖는 지위를 이용해 최소한의 사실확인을 위한 과정을 수행하지 않은 채 반복적으로 허위 사실을 배포하는 범행을 저질렀다"고 지적했다. 그러면서 "재판을 받는 중에도 출판물과 동일한 내용의 서적을 재배포해 사회 불신과 혼란이 확대됐고, 이로 인한 피해는 온전히 사회 전체 몫으로 돌아간다."며 "언론인으로서의 중립성과 공정성을 중요 가치로 여기는 피해자들의 명예가 심각하게 훼손됐다"고 밝혔다.[381]

(5) 이론과 판례

명예훼손죄에서 저명인이 공익을 위하여 일반인보다 사적인 정보를 제공하도록 요구되는 것이 있고, 연예인이 그 직업상 자신의 일상생활에 대하여도 어느 정도 공표될 것은 이미 알고 있는 것이지만, 저명인 혹은 연예인이 사생활의 평온을 향수할 인격적 이익(피고들이 말하는 프라이버시권)을 상실한다는 것은 아니다. 따라서 연예인이라도 그 개인의 주소 및 주택 등에 관한 정보가 공개되는 것은 '오로지 공공의 이익을 위한 것'이라고 할 수 없는 것이고 인격권에 근거한 프라이버시권 침해를 인정할 수 있다.[382]

그런데, 미국의 공인이론과 표현의 자유의 우월적 지위를 인정하는 이론에 따라, 최근 국내 명예훼손죄에 관한 재판에서도 사실적시에 의한 명예훼손의 처벌가능성이 축소되는 판례가 등장하고 있다. 입법론적으로 사실적시에 의한 명예훼손죄를 비범죄화할 것을 주장하는 학자도 다수 있다.

이른바 "피디수첩 형사 사건"에서는, "명예훼손죄에서 '사실의 적시'란 가치판단이나 평가를 내용으로 하는 '의견표현'에 대치되는 개념"이라 하여 의견표현의 경우 사실적

---

381) 연합뉴스, 2018. 12. 10. '태블릿PC 조작설' 변희재 1심 징역2년… "악의적 공격 반복".

382) 손형섭, "연예인의 프라이버시권 법리 ―일본의 "스마프 쫓아가기 사건"의 검토와 적용을 중심으로―", 법조 제58권 제8호(2009), 35면.

시 명예훼손인 불인정하는 판결을 하였다.[383] 이 사건에서, 정부 또는 국가기관의 명예훼손죄의 피해자성에 대해서는 "형법상 명예훼손죄의 피해자가 될 수 없으므로, 정부 또는 국가기관의 정책결정 또는 업무수행과 관련된 사항을 주된 내용으로 하는 언론보도로 인하여 그 정책결정이나 업무수행에 관여한 공직자에 대한 사회적 평가가 다소 저하될 수 있다고 하더라도, 그 보도의 내용이 공직자 개인에 대한 악의적이거나 심히 경솔한 공격으로서 현저히 상당성을 잃은 것으로 평가되지 않는 한, 그 보도로 인하여 곧바로 공직자 개인에 대한 명예훼손이 된다고 할 수 없다"[384]고 판시했다.

그리고 미국의 공인(公人) 이론에 따라, "언론보도로 인한 명예훼손이 문제되는 경우에 그 보도로 인한 피해자가 공적인 존재인지 사적인 존재인지, 그 보도가 공적인 관심사안에 관한 것인지 순수한 사적인 영역에 속하는 사안에 관한 것인지, 그 보도가 객관적으로 국민이 알아야 할 공공성, 사회성을 갖춘 사안에 관한 것으로 여론형성이나 공개토론에 기여하는 것인지 아닌지 등을 따져보아 공적 존재에 대한 공적 관심사안과 사적인 영역에 속하는 사안 간에는 심사기준에 차이를 두어야 하는데, 당해 표현이 사적인 영역에 속하는 사안에 관한 것인 경우에는 언론의 자유보다 명예의 보호라는 인격권이 우선할 수 있으나, 공공적·사회적인 의미를 가진 사안에 관한 것인 경우에는 그 평가를 달리하여야 하고 언론의 자유에 대한 제한이 완화되어야 한다"[385]는 논지가 헌법재판소와 대법원에서 받아들여지기도 했다.

(6) 가짜뉴스가 아니라 허위정보(disinformation)

사회적으로 문제 되어온 가짜뉴스와 이에 대한 규제논의는 가짜뉴스의 개념이 모호하여 그 논란은 더욱 장기화하였다. 이를 2017년 국제연합(UN)을 비롯한 4개 국제기구가 천명한 '표현의 자유와 가짜뉴스, 허위정보, 프로파간다에 대한 공동선언(Joint Declaration on Freedon of Expression and "Fake News", Disinformation and Propaganda)'은 표현의 자유와 가짜뉴스라는 모호한 개념에 근거한 규제는 표현의 자유 제한에 대한 국제적 기준에 부합하지 않는 것이라고 지적했다. 2018년 3월 유럽위원회(European Commission)는 학자와 언론인, 플랫폼사업자 등 49명의 고위직 전문

---

383) 대법원 2011. 9. 2. 선고 2010도17237 판결.

384) 대법원 2011. 9. 2. 선고 2010도17237 판결.

385) 헌법재판소 1999. 6. 24. 선고 97헌마265 결정, 대법원 2002. 1. 22. 선고 2000다37524, 37531 판결 등 참조.

가가 참여한 '허위정보에 대한 다차원적 접근'이라는 보고서를 공개했고, 이 보고서는 가짜뉴스 대신 '허위정보(disinformation)'라는 용어를 사용하도록 권고했다.[386]

그동안 가짜뉴스라는 표현에 뉴스 외에 각종 댓글, 트위터, 조작된 글과 동영상 등을 포함하여 개념적인 혼란이 많았다. 결국, 유럽위원회 보고서에서 가짜뉴스 대신에 사용할 것을 권고한 허위정보는 "허위, 부정확 또는 오도하는 정보로서 공공에 해를 끼칠 목적 내지 이윤을 목적으로 설계, 제작, 유포되는 것"이라고 정의되었다.[387] 이러한 인터넷의 가짜뉴스를 앞으로는 허위정보, 허위표현으로 명확히 표현하여 대한 법적인 대응이 사회적인 논란이 되기도 하는데, 먼저 우리가 갖추고 있는 기존 법제로 합당한 조치가 가능한지 검토하고 그러한 조치가 언론의 자유를 침해하는 것이 아닌지에 대한 고려한 후 새로운 해법을 찾아야 한다.

기존에 허위정보(표현)에 대한 규정에는 방송법의 허위, 과장 방송광고 금지(동법 제86조), 군용전기통신법(제19조), 정당법의 당 대표 경선 등과 관련하여 후보자나 가족에 대한 허위 사실을 공표한 자와 배포한 자를 처벌(동법 제52조), 허위등록신청 처벌(제59조), 국가보안법(제4조, 제7조)과 형법의 허위공문서작성(제227조), 허위진단서작성(제233조), 허위진술을 처벌하는 위증죄(제152조), 법률에 의해 선서한 감정인과 통역인 등이 허위의 감정, 통역을 한 경우 처벌(제154조), 무고죄(제156조) 등이 있다.[388]

V. 언론중재제도

1. 언론중재위원회

언론의 자유는 모든 사람이 향유하는 자유이며, 언론사도 일반인과 마찬가지로 언론 자유의 주체가 되지만 일반인과 같은 정도의 언론의 자유를 향유할 뿐[389]이라는 견해가 있다. 이러한 견해는 이미 진행하고 있는 개인 미디어도 언론의 자유의 대상을 포함

---

386) 박아란, "가짜뉴스와 온라인 허위정보(disinformation) 규제에 대한 비판적 검토", 언론정보연구 56(2), 2019.5, 116면.

387) 박아란, 위의 논문, 116면.

388) 박아란, 위의 논문, 126면.

389) 문재완, 『언론법』, 늘봄, 2008, 369면.

할 수 있다. 개인 미디어의 신장은 개인의 자유로운 의사개진을 가능하게 했고 기성 언론의 보도에 대해 불만을 느끼는 시민들이 직접적인 언론 활동을 가능하게 했다. 따라서 종래 공영 TV 방송과 라디오 등의 기존 미디어의 영향력은 점차 줄어들 것이다.

대한민국 헌법 하에서 사인 간에도 기본권은 보장되어야 하며 사인은 제3자에게도 기본권을 주장할 수 있다. 따라서 언론출판의 자유도 사인 간의 3자 효력이 인정된다.[390] 따라서 국가는 기본권 방사효가 미치는 이들 사인 간, 즉 언론과 시민사이에 발생하는 기본권 침해에 대해서도 보호의무가 있다. 언론이 허위 사실 적시로 명예를 훼손당한 피해자는 민사상 손해배상을 청구할 수 있고(민법 제751조 제1항), 손해배상에 갈음하거나 손해배상과 함께 명예회복에 적당한 처분을 구할 수 있다(민법 제764조).

이를 구체화하기 위하여 언론중재법은 국민의 모든 언론활동을 언론중재의 대상으로 하는 것은 아니다. 국민의 표현활동 중 방송, 신문, 잡지 등 정기간행물, 뉴스통신 및 인터넷신문으로 한정하여 언론으로 정의(동법 제1조 제1항 제1호)하고, 동법 제5조에서 언론 등에 의한 피해구제의 원칙으로 언론, 인터넷뉴스서비스 및 인터넷 멀티미디어 방송이 타인의 생명, 자유, 신체, 건강, 명예, 사생활의 비밀과 자유, 초상(肖像), 성명, 음성, 대화, 저작물 및 사적(私的) 문서, 그 밖의 인격적 가치 등에 관한 권리를 침해하여서는 아니 되며, 언론 등이 타인의 인격권을 침해한 경우에는 이 법에서 정한 절차에 따라 그 피해를 신속하게 구제하고 있다. 언론중재법에 의하여 정정보도, 추후보도를 청구할 수 있고, 언론중재위원회에 조정 또는 중재를 신청하여 신속한 구제를 받을 수도 있으며(제14조, 제17조, 제18조, 제24조), '정보통신망 이용촉진 및 정보보호 등에 관한 법률'[391]에 따라 정보통신망 서비스 제공자에게 정보의 삭제 또는 반박내용의 게재를 요청할 수도 있고, 방송통신심의위원회의 분쟁조정부에 명예훼손 분쟁조정 신청을 할 수도 있다(제44조의2 제1항, 제44조의10).[392] 이것은 외국에서 보기 힘든 우리나라의 특유의 신속구제제도라 할 수 있다.[393]

언론중재위원회는 언론 등의 보도 또는 매개로 인한 분쟁의 조정·중재 및 침해사항을 심의하기 위한 기구로, 문화체육관광부에 소속된 기관이다. 법관 및 변호사 그리고 언론에 관한 학식과 경험이 풍부한 사람이 위원을 하며, 중재위원회에 위원장 1명과 2

---

390) 박용상, 『언론의 자유』, 박영사, 2013, 115면.

391) '정보통신망 이용촉진 및 정보보호 등에 관한 법률'(법률 제17358호, 2020. 6. 9., 이하 정보통신망법이라 함).

392) 헌재 2021. 2. 25. 2016헌바84, 공보 제293호, 381.

393) 손형섭, 앞의 논문.

명 이내의 부위원장 및 2명 이내의 감사를 두며, 각각 중재위원 중에서 호선(互選)한다 (제7조).

[언론중재위원회 사이트]

중재위원은 법률과 양심에 따라 독립하여 직무를 수행하며, 직무상 어떠한 지시나 간섭도 받지 아니한다(제8조). 중재위원 및 직원은 형법이나 그 밖의 법률에 따른 벌칙을 적용할 때에는 공무원으로 본다.

언론중재법은 법은 언론사 등의 언론보도 또는 그 매개(媒介)로 인하여 침해되는 명예 또는 권리나 그 밖의 법익(法益)에 관한 다툼이 있는 경우 이를 조정하고 중재하는 등의 실효성 있는 구제제도를 확립함으로써 언론의 자유와 공적(公的) 책임을 조화함을 목적으로(제1조) 제정되었다.

여기서 언론이란 방송, 신문, 잡지 등 정기간행물, 뉴스통신 및 인터넷신문을 말한다. 방송이란 방송법 제2조 제1호에 따른 텔레비전방송, 라디오방송, 데이터방송 및 이동멀티미디어방송을 말한다. 방송사업자란 방송법 제2조 제3호에 따른 지상파방송사업자, 종합유선방송사업자, 위성방송사업자 및 방송채널사용사업자를 말하고, 신문이란 '신문 등의 진흥에 관한 법률' 제2조 제1호에 따른 신문을 말한다. 이 법은 "신문사업자"와 "인터넷신문", 방송사업자, 신문사업자, 잡지 등 정기간행물사업자, 뉴스통신사업자 및 인터넷신문사업자와 같은 언론사에게 적용된다. "인터넷뉴스서비스사업자"란 제

18호에 따른 전자간행물을 경영하는 자를 말한다. "인터넷 멀티미디어 방송"이란 '인터넷 멀티미디어 방송사업법' 제2조 제1호에 따른 인터넷 멀티미디어 방송을 말한다. "인터넷 멀티미디어 방송사업자"란 '인터넷 멀티미디어 방송사업법' 제2조 제5호에 따른 인터넷 멀티미디어 방송사업자를 말한다.

언론보도란 언론의 사실적 주장에 관한 보도를 말하고, "정정보도"는 언론의 보도 내용의 전부 또는 일부가 진실하지 아니한 경우 이를 진실에 부합되게 고쳐서 보도하는 것을 말한다. "반론보도"는 언론의 보도 내용의 진실 여부에 관계없이 그와 대립되는 반박적 주장을 보도하는 것을 말한다. 이 법은 "인터넷뉴스서비스"에도 적용이 되는데, 언론의 기사를 인터넷을 통하여 계속적으로 제공하거나 매개하는 전자간행물을 말한다.[394] 언론, 인터넷뉴스서비스 및 인터넷 멀티미디어 방송은 타인의 생명, 자유, 신체, 건강, 명예, 사생활의 비밀과 자유, 초상(肖像), 성명, 음성, 대화, 저작물 및 사적(私的) 문서, 그 밖의 인격적 가치 등에 관한 권리를 침해하여서는 아니 되며, 언론 등이 타인의 인격권을 침해한 경우에는 이 법에서 정한 절차에 따라 그 피해를 신속하게 구제하여야 한다.

인격권 침해가 사회상규(社會常規)에 반하지 아니하는 한도에서 다음 각 호의 어느 하나에 해당하는 경우에는 법률에 특별한 규정이 없으면 언론 등은 그 보도 내용과 관련하여 책임을 지지 아니한다(동법 제5조 제1항). 즉, 피해자의 동의를 받아 이루어진 경우나 언론 등의 보도가 공공의 이익에 관한 것으로서, 진실한 것이거나 진실하다고 믿는 데에 정당한 사유가 있는 경우에 언론은 법적 책임을 지지 않는다.

종합편성 또는 보도에 관한 전문편성을 하는 방송사업자, 일반일간신문을 발행하는 신문사업자 및 뉴스통신사업자는 사내(社內)에 언론피해의 자율적 예방 및 구제를 위한 고충처리인을 두어야 한다(제6조 제1항). 명예훼손에서 '사실의 적시' 부분에서 의견표명은 자유롭게 할 수 있다. 다만 이 의견표명이 인신공격 또는 모욕죄를 성립하면 불법행위로 손해배상 및 형사책임을 질 수 있다.

---

394) 다만, 인터넷신문 및 인터넷 멀티미디어 방송, 그 밖에 대통령령으로 정하는 것은 제외한다.

- **명예훼손**
  사회적 평가 저하

- **초상권 침해**
  동의 없는 촬영, 보도

- **성명권 침해**
  타인의 성명 무단공개

- **사생활 침해**
  사적 영역 침입,
  사생활 무단 공개

- **음성권 침해**
  음성 무단 녹음, 보도

[언론의 주의의무사항]

2. 정정보도 청구

언론의 사실적 주장에 관한 언론보도 등이 진실하지 아니함으로 인하여 피해를 입은
자는 해당 언론보도 등이 있음을 안 날부터 3개월 이내에 언론사, 인터넷뉴스서비스사
업자 및 인터넷 멀티미디어 방송사업자에게 그 언론보도 등의 내용에 관한 정정보도를
청구할 수 있다(제14조 정정보도 청구). 다만, 해당 언론보도 등이 있은 후 6개월이 지
났을 때에는 그러하지 아니하다. 이 청구는 언론사 등의 고의·과실이나 위법성을 필요
로 하지 아니한다. 국가·지방자치단체, 기관 또는 단체의 장은 해당 업무에 대하여 그

기관 또는 단체를 대표하여 정정보도를 청구할 수 있다. 민사소송법상 당사자능력이 없는 기관 또는 단체라도 하나의 생활단위를 구성하고 보도 내용과 직접적인 이해관계가 있을 때에는 그 대표자가 정정보도를 청구할 수 있다.

정정보도 청구는 언론사 등의 대표자에게 서면으로 하여야 하며, 청구서에는 피해자의 성명·주소·전화번호 등의 연락처를 적고, 정정의 대상인 언론보도 등의 내용 및 정정을 청구하는 이유와 청구하는 정정보도문을 명시하여야 한다. 다만, 인터넷신문 및 인터넷뉴스서비스의 언론보도 등의 내용이 해당 인터넷 홈페이지를 통하여 계속 보도 중이거나 매개 중인 경우에는 그 내용의 정정을 함께 청구할 수 있다.

청구를 받은 언론사 등의 대표자는 3일 이내에 그 수용 여부에 대한 통지를 청구인에게 발송하여야 한다. 이 경우 정정의 대상인 언론보도 등의 내용이 방송이나 인터넷신문, 인터넷뉴스서비스 및 인터넷 멀티미디어 방송의 보도과정에서 성립한 경우에는 해당 언론사 등이 그러한 사실이 없었음을 입증하지 아니하면 그 사실의 존재를 부인하지 못한다. 언론사 등이 피해자의 청구를 수용할 때에는 지체 없이 피해자 또는 그 대리인과 정정보도의 내용·크기 등에 관하여 협의한 후, 그 청구를 받은 날부터 7일 내에 정정보도문을 방송하거나 게재하여야 한다. 다만, 신문 및 잡지 등 정기간행물의 경우 이미 편집 및 제작이 완료되어 부득이할 때에는 다음 발행 호에 이를 게재하여야 한다.

언론사 등이 하는 정정보도에는 원래의 보도 내용을 정정하는 사실적 진술, 그 진술의 내용을 대표할 수 있는 제목과 이를 충분히 전달하는 데에 필요한 설명 또는 해명을 포함한다. 언론사 등이 하는 정정보도는 공정한 여론형성이 이루어지도록 그 사실 공표 또는 보도가 이루어진 같은 채널, 지면(紙面) 또는 장소에서 같은 효과를 발생시킬 수 있는 방법으로 하여야 하며, 방송의 정정보도문은 자막(라디오방송은 제외한다)과 함께 통상적인 속도로 읽을 수 있게 하여야 한다. 방송사업자, 신문사업자, 잡지 등 정기간행물사업자 및 뉴스통신사업자는 공표된 방송보도(재송신은 제외한다) 및 방송 프로그램, 신문, 잡지 등 정기간행물, 뉴스통신 보도의 원본 또는 사본을 공표 후 6개월간 보관하여야 한다. 인터넷신문사업자 및 인터넷뉴스서비스사업자는 대통령령으로 정하는 바에 따라 인터넷신문 및 인터넷뉴스서비스 보도의 원본이나 사본 및 그 보도의 배열에 관한 전자기록을 6개월간 보관하여야 한다.

3. 반론보도청구권

사실적 주장에 관한 언론보도 등으로 인하여 피해를 입은 자는 그 보도 내용에 관한 반론보도를 언론사 등에 청구할 수 있다. 반론보도 청구에는 언론사 등의 고의·과실이나 위법성을 필요로 하지 아니하며, 보도 내용의 진실 여부와 상관없이 그 청구를 할 수 있다. 반론보도 청구에 관하여는 따로 규정된 것을 제외하고는 정정보도 청구에 관한 이 법의 규정을 준용한다(제16조 반론보도청구권). 언론 등에 의하여 범죄혐의가 있거나 형사상의 조치를 받았다고 보도 또는 공표된 자는 그에 대한 형사절차가 무죄판결 또는 이와 동등한 형태로 종결되었을 때에는 그 사실을 안 날부터 3개월 이내에 언론사 등에 이 사실에 관한 추후보도의 게재를 청구할 수 있다.

추후보도에는 청구인의 명예나 권리 회복에 필요한 설명 또는 해명이 포함되어야 한다. 추후보도청구권은 특별한 사정이 있는 경우를 제외하고는 이 법에 따른 정정보도청구권이나 반론보도청구권의 행사에 영향을 미치지 아니한다.

인터넷뉴스서비스사업자는 제14조 제1항에 따른 정정보도 청구, 제16조 제1항에 따른 반론보도 청구 또는 제17조 제1항에 따른 추후보도 청구를 받은 경우 지체 없이 해당 기사에 관하여 정정보도청구등이 있음을 알리는 표시를 하고 해당 기사를 제공한 언론사 등에 그 청구 내용을 통보하여야 한다(제17조의2 인터넷뉴스서비스에 대한 특칙).

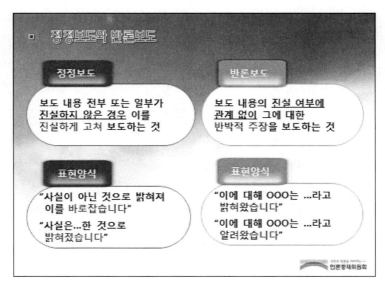

[정정보도와 반론보도의 비교]

4. 조정신청

이 법에 따른 정정보도청구 등과 관련하여 분쟁이 있는 경우 피해자 또는 언론사등은 중재위원회에 조정을 신청할 수 있다. 피해자는 언론보도 등에 의한 피해의 배상에 대하여 제14조 제1항의 기간 이내에 중재위원회에 조정을 신청할 수 있다. 이 경우 피해자는 손해배상액을 명시하여야 한다. 정정보도청구등과 손해배상의 조정신청은 제14조 제1항(제16조 제3항에 따라 준용되는 경우를 포함한다) 또는 제17조 제1항의 기간 이내에 서면 또는 구술이나 그 밖에 대통령령으로 정하는 바에 따라 전자문서 등으로 하여야 하며, 피해자가 먼저 언론사 등에 정정보도청구등을 한 경우에는 피해자와 언론사 등 사이에 협의가 불성립된 날부터 14일 이내에 하여야 한다. 조정신청을 구술로 하려는 신청인은 중재위원회의 담당 직원에게 조정신청의 내용을 진술하고 이의 대상인 보도 내용과 정정보도청구등을 요청하는 정정보도문 등을 제출하여야 하며, 담당 직원은 신청인의 조정신청 내용을 적은 조정신청조서를 작성하여 신청인에게 이를 확인하게 한 다음, 그 조정신청조서에 신청인 및 담당 직원이 서명 또는 날인하여야 한다. 중재위원회는 중재위원회규칙으로 정하는 바에 따라 조정신청에 대하여 수수료를 징수할 수 있다. 신청인은 조정절차 계속 중에 정정보도청구등과 손해배상청구 상호간의 변경을 포함하여 신청취지를 변경할 수 있고, 이들을 병합하여 청구할 수 있다.

조정은 관할 중재부에서 한다. 관할구역을 같이 하는 중재부가 여럿일 경우에는 중재위원회 위원장이 중재부를 지정한다. 조정은 신청 접수일부터 14일 이내에 하여야 하며, 중재부의 장은 조정신청을 접수하였을 때에는 지체 없이 조정기일을 정하여 당사자에게 출석을 요구하여야 한다(제19조 조정).

중재부는 정정보도청구 등 또는 손해배상 분쟁의 조정에 필요하다고 인정하는 경우 당사자 양쪽에게 조정 대상 표현물이나 그 밖의 관련 자료의 제출을 명하거나 증거조사를 할 수 있다(제20조 증거조사).

당사자 사이에 합의(제19조 제3항에 따라 합의한 것으로 보는 경우를 포함한다)가 이루어지지 아니한 경우 또는 신청인의 주장이 이유 있다고 판단되는 경우 중재부는 당사자들의 이익이나 그 밖의 모든 사정을 고려하여 신청취지에 반하지 아니하는 한도에서 직권으로 조정을 갈음하는 결정(이하 "직권조정결정"이라 한다)을 할 수 있다. 이 경우 그 결정은 제19조 제2항에도 불구하고 조정신청 접수일부터 21일 이내에 하여야 한다(제22조 직권조정결정).

당사자 양쪽은 정정보도청구등 또는 손해배상의 분쟁에 관하여 중재부의 종국적 결정에 따르기로 합의하고 중재를 신청할 수 있다(제24조 중재). 중재결정은 확정판결과 동일한 효력이 있다. 중재결정에 대한 불복과 중재결정의 취소에 관하여는 중재법 제36조를 준용한다(제25조 중재결정의 효력 등).

피해자는 법원에 정정보도청구등의 소를 제기할 수 있다. 피해자는 정정보도청구등의 소를 병합하여 제기할 수 있고, 소송계속(訴訟繫屬) 중 정정보도청구등의 소 상호간에 이를 변경할 수 있다(제26조 정정보도청구등의 소).

법원은 청구가 이유 있는 경우에는 제15조 제3항·제5항·제6항에 따른 방법으로 정정보도·반론보도 또는 추후보도의 방송·게재 또는 공표를 명할 수 있다. 정정보도청구등의 소의 재판에 필요한 사항은 대법원규칙으로 정한다.

정정보도청구등의 소는 접수 후 3개월 이내에 판결을 선고하여야 한다. 법원은 정정보도청구등이 이유 있다고 인정하여 정정보도·반론보도 또는 추후보도를 명할 때에는 방송·게재 또는 공표할 정정보도·반론보도 또는 추후보도의 내용, 크기, 시기, 횟수, 게재 위치 또는 방송 순서 등을 정하여 명하여야 한다. 법원이 제2항의 정정보도·반론보도 또는 추후보도의 내용 등을 정할 때에는 청구취지에 적힌 정정보도문·반론보도문 또는 추후보도문을 고려하여 청구인의 명예나 권리를 최대한 회복할 수 있도록 정하여야 한다(제27조 재판). 정정보도청구등을 인용한 재판에 대하여는 항소하는 것 외에는 불복을 신청할 수 없다(제28조 불복절차).

이법 제29조에서는 "법원이 언론보도 등에 의하여 피해를 받았음을 이유로 하는 재판은 다른 재판에 우선하여 신속히 하"도록 규정하였다. 손해의 배상에 관하여는 언론 등의 고의 또는 과실로 인한 위법행위로 인하여 재산상 손해를 입거나 인격권 침해 또는 그 밖의 정신적 고통을 받은 자는 그 손해에 대한 배상을 언론사 등에 청구할 수 있고, 법원은 손해가 발생한 사실은 인정되나 손해액의 구체적인 금액을 산정(算定)하기 곤란한 경우에는 변론의 취지 및 증거조사의 결과를 고려하여 그에 상당하다고 인정되는 손해액을 산정하여야 한다(제30조).

또한, 중재위원회는 언론의 보도 내용에 의한 국가적 법익, 사회적 법익 또는 타인의 법익 침해사항을 심의하여 필요한 경우 해당 언론사에 서면으로 그 시정을 권고할 수 있다(제32조 시정권고). 시정권고에 불복하는 언론사는 시정권고 통보를 받은 날부터 7일 이내에 중재위원회에 재심을 청구할 수 있다. 언론사는 재심절차에 출석하여 발언하고 관련 자료를 제출할 수 있다.

5. 개정 논의

(1) 개정 논의

언론중재법에 의하여 정정보도, 추후 보도를 청구할 수 있고, 언론중재위원회에 조정 또는 중재를 신청하여 신속한 구제를 받을 수도 있다(제14조, 제17조, 제18조, 제24조).[395] 언론보도로 인해 인격권 침해를 당한 사람은 개인적인 구제에 비하여 그 침해 속도가 빠르게 진행되고, 그 침해를 언론기관에 다투는 경우에도 재판에 의한 구제에 많은 시간과 비용을 소요하는 경우가 많다.[396] 따라서 언론을 통해 명예훼손, 초상권, 사생활 침해, 성명권, 음성권 침해 등의 경우 이를 신속하게 구제하기 위한 언론중재 제도는 일반 국민에게 효과적인 피해구제 절차가 되었다.

언론중재법에 따라 침해적인 언론보도에 대하여 정정보도, 반론보도 게재를 할 수 있도록 하고 있다. 2020년 언론중재위원회의 이용만족도 조사에서 언론중제 제도에 대한 만족도는 신청인이 79.0%, 피신청인이 74.0%로 양측의 만족도가 높은 것으로 나타났다.[397] 이것은 언론중재 제도가 외국에서 찾아보기 힘든 우리나라 특유의 신속구제제도 제도적 정착이 되었고[398] 더욱 효과적인 분쟁해결방법을 제공하여, 궁극적으로 법원의 부담을 경감시킬 수 있다는 장점이 있다고 평가되었다.

그런데, 제20대 국회(2016년~2020년)에서도 가짜뉴스와 허위·왜곡보도에 대응하도록 하는 법인들이 발의되었다. 언론개혁의 이슈로 언론의 자유 보장과 언론의 책임성 제고와 언론 피해에 대한 징벌적 배상(punitive damages) 등이 논의되었다. 결국 악의적인 허위보도에 대한 3배 이내의 배상을 규정한 법률안이 제안되었고, 온라인상의 침해배제청구권, 기사열람차단청구권, 기사삭제청구권이 제안[399]되었으나 이러한 내용을

---

395) 정보통신망법에 따라 정보통신망 서비스 제공자에게 정보의 삭제 또는 반박내용의 게재를 요청할 수도 있고, 방송통신심의위원회의 분쟁조정부에 명예훼손 분쟁조정신청을 할 수도 있다(제44조의2 제1항, 제44조의10).

396) 언론중재위원회의 언론판결분석보고서에 따르면 2009년~2018년까지 언론 관련 민사 1심판결 중 원고승소율은 49.31%로 절반에 미치지 못했고, 상소심의 원심판결 유지비율은 88.37%로 거의 뒤집히지 않는 것으로 나타났다. 특히 손해배상 청구의 경우 원고승소율은 39.74%에 불과하다. 언론중재제도가 법원에서는 인정되지 않을 주장이 받아지는 경우도 있지만, 언론으로 인한 피해를 신속히 해결하는 과정에서 피해에 대한 불충분한 회복과 중재를 종용하지 않도록 하는 제도적 검토도 계속할 필요하다.

397) 언론중재위원회, 『2020년도 언론중재위원회 이용만족도 조사 보고서』, 2020. 12. 15면.

398) 同旨 이승선, 앞의 논문, 61면; 언론중재제도는 국가가 공공선의 달성을 위한 조정자로 미디어의 활동에 개입하는 중재제도로 보아야 한다는 입장, 박용상, 『언론의 자유』, 박영사, 2013, 80면.

담은 개정안은 성립되지 않았다.

최근에는 국회에서 블로그나 트위터 등 소셜네트워크서비스(SNS)도 언론 기사의 복사나 링크 등으로 정보의 빠른 확산에 기여하지만, 현재 언론조정·중재의 대상에 포함되어 있지 않아 소셜네트워크서비스(SNS)를 통한 피해의 구제방안 마련 필요성도 꾸준히 제기되고 있어 추가적인 언론중재제도의 개선이 요구되었다.[400]

이에 제21대 국회에서도 16개 언론중재법 개정안이 제안되었고, 이것이 2021년 언론중재법안(대안)으로 개정 논의가 진행되었다. 그러나 이 개정대안은 언론에 대한 피해자의 효과적인 구제를 위한 중재법이라는 제도 취지를 넘어, 언론중재법으로 언론기관의 보도태도를 바로잡겠다는 언론개혁의 취지를 반영하고 있다. 이 때문에 언론중재법이 언론중재법에 반대하는 언론인들은 물론 개정의 필요성을 인식하던 언론법 전문가들도 "합리적인 논의를 벗어나 과잉입법"으로 비판하였고, 그 개정안의 수정이 필요한 상황이 되었다.

(2) 개선방향

2021년 국회의 언론중재법 개정안은 검토해 보면, 피해자의 입장에서 긍정적인 것으로는 언론보도에 대한 인격적 방해배제청구권을 구체화하는 방법으로 "기사열람차단권"을 신설하고 정정보도청구를 서면 외에도 전자우편, 홈페이지를 통해 할 수 있는 것 등의 정비가 제안되었고 개정 필요성 및 가능성이 있다.

반면 언론피해에 대한 배액배상 제도의 도입은 미국에서도 징벌적 배상을 3배 배상으로 보는 경우가 많이 3배 배상으로 규정하는 것이 좋다는 것이 필자의 사견이다. 국회의 개정 대안에서는 5배를 넘지 않는 범위에서 손해배상액을 법원이 정할 수 있도록 하고 있다. 그러나 언론기관의 매출기준 배상액산정 방식까지 규정하여 배상액을 많이 상향하여 언론계의 반발이 크다. 즉, 언론중재법 개정대안에서 손해배상을 매출액 기준으로 하는 규정을 두거나, "허위조작보도에 대학 특칙"에서 5배를 넘지 않는 범위의 배상을 규정하는 것과 악의를 가지고 허위조작보도를 한 경우에 특칙을 적용한다는 규정(대안 제30조의2), 고의·중과실을 추정하는 규정(대안 30조의3)은 앞에서 검토한 바와

---

399) 이승선, 위의 논문, 45면 이하 참조.

400) 미디어 오늘, 2021. 3. 24. "잘못된 유튜브 보도 피해 언론중재위에서 해결해야" [인터뷰] 이석형 언론중재위원장 "언론중재위 40년, 언론분쟁 해결 핵심 기구 뿌리내렸다"
http://www.mediatoday.co.kr/news/articleView.html?idxno=212521

같이 해석과 적용에도 크게 문제가 있어 개정안으로 부적당하다고 평가한다.

특히 개정 대안에서 제시되고 있는 손해배상의 특칙은 언론중재의 절차와 내용에 해당하는 것이 아니라 법원의 판결에 관한 특칙에 해당하는 내용을 규정한 것이라. 앞으로 언론중재법의 개정안에 "허위조작보도에 대학 특칙"과 손해배상 매출액 기준 손해배상 등의 조항은 삭제하고, 일부 배액배상의 논의만 유지될 필요가 있다.

제21대 국회에서 언론중제법 등의 언론개혁입법이 다양하게 제안되었다. 우리는 언제나 사물의 본질을 잊어서는 안 되는데, 언론중재법은 언론으로 피해받은 사람을 신속하고 효과적으로 구제하기 위한 중재 제도라는 본질에 집중해야 한다. 언론중재법이 언론개혁법의 취지로 개정논의가 추진된다면, 언론중재법은 언론중재법에 걸맞지 않은 내용을 담게 되고, 결국 언론중재법의 개정도 이루어지기 어렵게 될 수 있다.[401]

그동안의 언론중재법 개정 논의는 공직선거법 개정과 함께 논의되거나, 언론개혁법 논의로 제기되고, 어느 정권에서나 주로 여당을 중심으로 제기되어 순수하게 언론피해자의 구제라는 면에 집중하지 못했고 정치인에 대한 비판을 막고 언론은 통제하려는 의도에서 벗어나지 못했다. 이런 의도가 언론중재법의 개정 동력이기도 했으나, 반대로 그러한 의도가 언론중재법의 개정을 반대하게 하는 이유가 되기도 했다.

국민의 모든 언론 활동을 언론중재의 대상으로 하는 것은 타당하지 않을 수 있지만, 앞으로 언론중재의 대상 확대가 필요한 표현물에 대한 검토는 꾸준히 계속되어야 한다. 그리고 그동안 제기된 법안 중에 수용가능한 조항으로 정정보도 청구 내용이 원 보도의 일부인 경우에는 원 보도 분량의 2분의 1이상으로 규정하고, 기사의 열람차단에 대한 정의 규정을 두고, 인터넷신문 등에 기사의 열람차단 청구권을 두는 개정안이 반영되는 것이 타당하다.[402]

생각

인터넷의 이해도를 높이기 위해서 각자 인터넷 활용을 심화해 보자. 아프리카 TV처럼 인터넷 방송을 제작·진행하거나, 유튜브 영상을 제작하고 새로운 모바일 활용기법을 공유해보자. 어플리케이션을 제작하거나, 인터넷상에 새로운 자신의 플랫폼을 만들어 보자.

---

401) 손형섭, "2021년 언론중재법 개정안의 비판과 개선에 관한 연구", 공법학연구, 제22권 제4호(2021.11), 199면.

402) 손형섭, 앞의 논문, 200면.

자신의 블로그 제작에 있어서의 노하우와 특징에는 무엇이 있는가? 아이튠즈(iTunes)와 팟캐스팅(Podcasting)과 같은 새로운 비즈니스모델을 구상해보거나 관련 콘텐츠를 제작해 보자.

제7장 인터넷상 허위사실 유포와 명예훼손

I. 인터넷상 민주주의와 사상의 자유시장

1. 인터넷의 분극화

일찍이 기술 발전과 민주주의의 상관관계가 긍정적이라고만 확신할 수 없다는 바버의 주장은 정보화의 양적 확대가 참여의 증대라는 민주주의의 질적 성장을 자동적으로 보장하지 않는다는 점을 지적하고 있다.[403]

인터넷과 민주주의에 관계를 논한 대표적인 학자로는 Sunstein[404]이 있다. Sunstein은 "일반적으로, 표현의 자유원칙은 정부가 반대여론에 대하여 검열하는 것을 금지한다."[405]라고 전제하면서도, 미국의 법원도 공론의 장(Public forum) 원칙이 역사적으로 실재한 것으로 이해되지 않는다는 것을 지적한다.[406] 텔레비전은 빠르고 신속하기 때문에, 방송인들은 그러한 공론의 장(Public forum) 형태의 기능을 일반적인 출판매체보다 더 잘 수행한다.[407] 그런데, Sunstein은 인터넷을 통하여 집단의사의 분극화(Polarization)되는 현상을 제기한다. 그는 "집단의사의 분극화 현상은 통신시장에서 매우 중요하다. 만약 사회가 작게 분열되고, 집단 구성원으로서 그들의 초기 의도를 가지고 더욱 과격한 지점으로 나아가면서 각기의 집단들이 그들만이 선호하는 대화 방법을 만들게 되면 이 결과로 더욱 분열하게 될 것이다. 동시에 같은 생각을 하는 사람들로서 구성되어 토의한 집단은, 그들의 토론이 단순히 같기 때문에 점점 더 분화되고 단순화된다."[408]고 지적한다.

---

403) 바버가 말하는 기술과 민주주의의 상관관계를 세 가지 방향으로 전망하였는데, ① 장미 및 낙관론은 기술의 발전이 긍정적으로 민주주의 성숙에 기여할 것이라는 예측이고, ② 최악의 비관론은 기술 결정주의는 내재적인 위험을 가진다고 보며, ③ 신중한 긍정론은 기술의 사용여부에 따라 민주적 삶의 성숙이 좌우된다는 전망이다. 윤종빈, "사이버 선거운동과 정치개혁", 고시계, 통권 581권 (2007.7), 53면.

404) Case R. Sunstein, Republic.com 2.0, Princeton University Press(2007).

405) *Id*, at 22.

406) 공항(空港)도 확실히 고대로부터 공론의 장(Public Forum) 원칙이라고 취급되지 않았다. *Id*, at 24.

407) *Id*, at 31.

토론집단이 인터넷에서 어떻게 변화가 일어나는지 확인하는 것은 쉽다. 즉 민주주의, 의회주의 또는 비조직화된 군국주의자, 테러리스트 또는 환경보호론자를 생각해 보라. 라디오나 텔레비전 혹은 인터넷에서 그들은 정말로 개인적으로 토론과 연관되어 있지 않고, 단지 아이디어만 상담해주게 된다. 이러한 논의는 급박하게 상승하고, 그런 상담은 선험적인 위치를 강화하게 될 것이다. 이러한 것들은 결과적으로 과도주의로 끝난다.

만일 Fox new를 보는 사람이 너무 우익으로 빠져든다면, 혹은 al Jazeera를 보는 사람은 미국에 대해 덜 열정적이게 될 것이다. 아마도 연관성 있는 토론 풀이 큰 역할을 하는 것이다.[409] 물론 인터넷뿐만 아니라 라디오 텔레비전에서도 가벼운 집단분극화 효과는 있다. 다른 사람들의 위치에 단지 노출되는 것이 집단 분극화를 만들어 낸다. 집단이 충분히 토의하지 않기 때문에 이러한 영향이 일어나는 것이다.[410] 여기에는 심각한 위험이 있다. 그 위험은, 구성원이 설득력 있는 논쟁의 메커니즘과 사회적인 비교와 입증을 통한 것이 아니라, 지엽적인 토론의 특별한 환경이 만들어낸 예언된 결과이다. 극단적인 경우 지엽적인 토론은 사회를 위험하게 한다. 예를 들자면 나치주의, 혐오집단, 테러리스트 독특한 종류의 숭배자를 증가시킨다.[411] 인터넷에서 루머는 흔히 빨리 퍼지고, 때때로 과격 흐름과 관련되어 있다.[412]

인터넷과 다른 통신기술은 다양한 관점에 노출된 특별하고 성숙한 기회를 만든다. 그리고 다양한 관점의 기회를 증가시킨다. 그리고 정책과 원칙 면에서 실질적인 토론과 공유된 경험으로 기회는 증가한다. 그러나 인터넷을 통한 집단 분극화의 중심 사실 뒤에는 제한적인 토론 풀(pool)이 있다는 것이다.

관련하여 SNS의 '필터 버블'(Filter Bubble) 현상도, 인터넷 정보들이 인터넷 이용자가 선호하거나 유리한 것 위주로 구성돼 전달되는 현상을 말하며 인터넷 검색 사이트의 알고리즘에 의해 더욱 구조화된다. 이로 인해 심각한 정보 왜곡 현상이 발생할 수 있다.[413]

---

408) *Id.* at 63.

409) *Id.* at 65.

410) *Id.* at 71.

411) *Id.* at 78.

412) *Id.* at 88.

413) 한겨레, 2018. 9. 30. "'가짜뉴스'의 근본 원인과 민주주의의 어두운 미래",

Sunstein은 표현의 자유도 결코 절대적인 것은 아니라고 한다. 모든 민주주의 시스템은 재산권을 창조할 뿐만 아니라, 위증 뇌물 공갈 어린이 포르노 그리고 허위과장광고와 같이, 표현의 다양한 형태를 컨트롤하는 것에 의하여 표현의 형태를 규제한다. 따라서 문제는 표현을 규제할 것인가 아닌가가 아니라, 어떻게 규제하여 민주주의적 자기통제를 포함하여 표현의 자유 시스템과 연관된 가치를 높일 것인가[414]이다.

Sunstein은, "개인이 허락한 통신시스템은 필터링하거나 주문에 맞추어, 제한 없는 많은 파편들을 만들게 된다. 그들의 판단에 의해 지적된 유사한 경향에 최종 지점을 향하여 토의하는 집단이 움직임을 통하여 위험은 집단 분극화 현상에 의해서 크게 높아진다. 인터넷은 쉽게 자신과 같은 생각의 사람들과 대화할 수 있기 때문에 인터넷은 집단 분화의 큰 위험을 발생시킨다. 그 결과 잘못된 정보와 같은 매우 바람직하지 않은 성질이 확산된다."[415]는 것을 지적한다. 결국, 정보를 자유롭게 얻을 수 있을 때, 폭력주의자들이 지지를 얻을 수 없게 되는 것이다. 인터넷은 절대로 민주주의의 적이 될 수 없다. 이성적으로 인터넷은 자치적인 민주주의의 엔진이다. 위험보다는 더 많은 약속을 가지고 있다. 정말 공화주의 관점으로도 많은 약속을 가지고 있다. 특히 이제까지 보통 사람들한테 셀 수 없는 토픽이나 끊임없는 다양한 의견을 찾기는 훨씬 쉽다.[416]

2. 사상의 자유시장

따라서 우리는 인터넷에서 집단의사의 분극화 등을 통해 사회적 합의가 깨어지는 것을 막기 위해서는, 인터넷을 원칙 없이 규제하거나 필터링해서는 안 된다. 잘못된 필터링 등으로 집단의 의사는 다양한 관점의 정보를 제공하지 못하고 조각조각의 정보를 시민에게 제공하게 될 것이고 이런 조각난 정보와 성숙한 토론을 거치지 않은 집단의사가 사회를 분열시키고 민주주의의 올바른 시스템을 파괴하는 것이다. 따라서 인터넷에서 다양한 관점의 정보 제공과 토론이 이루어지도록 하는 것이 시민들과 정부의 역할이다. 선거에 관한 정보도 충분한 정보를 다양하게 제공하고 충분한 토론을 할 수 있도록 하여야 한다. 결국 Sunstein은 사상의 자유시장 이론이 절대적이라고 하

---

http://www.hani.co.kr/arti/politics/polibar/863816.html#csIdx4b08314f2eab4b4a4355b1a33b063c0

414) *Id.* at 219.

415) *Id.* at 220.

416) *Id.* at 220.

지는 않았으며 인터넷에서는 집단의사의 분극화가 큰 문제라고 지적하였지만, 결국은 언론을 억압하는 것이 아니라 이를 촉진함으로써 그 기능을 최대한 살리고 달성시킬 수 있다고 한다. 따라서 인터넷에서도 정부의 개입은 '다양성의 확보'를 중심으로 하여야 하고, '다양성의 확보'를 넘어서 오히려 '다양성'을 위축시켜서는 안 되기 때문에 국가는 매체에 대하여 간접적인 형식적 규제의 방법을 취해야[417] 하는 큰 틀은 계속 유지되어야 한다.[418]

인터넷매체의 성격은 인터넷매체의 기술적, 언론적 성격, 언론규제모델의 적용당위성 등을 종합적으로 적용하여 판단하는 것이 타당하다. 인터넷을 전통적인 신문과 방송 중에서 어느 하나의 매체에 유사하다거나 아니면 정보통신의 융합현상에 따른 융합매체로 볼 것인지에 대하여는 다양한 견해가 대립할 수 있다.

융합매체에 해당한다고 하더라도 그 중 신문과 방송 중에서 어느 매체에 보다 유사하다는 것을 포기하는 것이 아니라면 결국 인터넷이 신문과 방송 매체 중 어느 것에 해당되는지 논의가 가능하다. 이는 인터넷의 규율의 적합성을 담보하기 위함이다. 국내 학설 중에는 인터넷이 비형체적 형식의 정보의 재생 및 전파의 의미나 새로운 기술에 대하여 보다 개방적이라는 사실 때문에 신문 보다는 방송에 보다 유사성을 가지는 것으로 보는 입장이 있다.[419]

인터넷은 기술적으로 통신망을 기초로 하는 것이지만, 그를 이용하는 표현매체의 측면에서 보면 다수의 표현자가 다량의 정보를 유통시킨다는 점에서 인쇄매체에 유사하다. 다만 표현의 수용적 입장에서 보면 방송과 같이 수용자의 선택의 한계를 가진 것으로 보이므로 이 부분에서는 방송모델에 유사한 것으로도 보인다. 다만 방송모델의 수용 측면과 상이한 점은 방송모델이 '정보수용자 측의 통제능력의 결여'[420]가 본질적인 것임에 반하여, 인터넷매체에 있어서는 수용자가 '검색'이라는 선택을 통하여 상당한 정도의 통제가능성을 가지고 있다는 것이다. 이런 점을 종합하여 보면 인터넷매체는 전통적인 매체 중에서 인쇄매체에 가장 유사한 성격을 가지는 것으로 판단되고, 그에 따라 인쇄매체에 적용되는 내용규제방식, 즉 탈규제모델의 적용가능성이 높다고 할 것이다.[421]

---

417) 박용상, 『표현의 자유』, 현암사(2003), 32면 참조.

418) 손형섭, "인터넷 선거운동의 자유화에 관한 법적 연구— Condorcet의 배심정리를 적용하여 —", 세계헌법연구 제16권 제3호(2010), 304~305면.

419) 계인국, '인터넷 검색엔진과 개인정보보호", 법제연구 제46호, 한국법제연구원(2014), 156면.

420) 이인호, 앞의 보고서, 51면.

Ⅱ. 표현의 자유와의 조화

1. 인터넷 소셜 미디어

　　인터넷에 넘치는 소셜네트 서비스(SNS)망은 사람과 사람의 연결을 촉진, 지원하는 커뮤니티형 웹서비스이다. 1990년대가 되어, Geocities와 XOOM, Fortunecity, Tripod 등 포스팅서비스를 이용하여, 개인이 정보발신을 메인으로 하는 게시판이 증가하고, 이들 중 주체에 개인 중심으로 네트워크 커뮤니케이션으로 급속하게 확대되었다. 현재에는 유서 프로필을 활용이 특징적인 SNS가 1990년대 후반에 등장하였다.

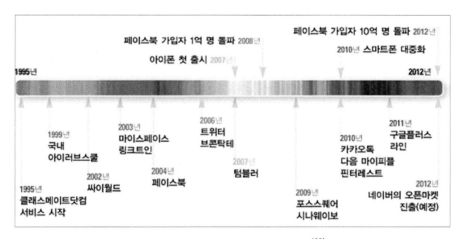

[주요 SNS 연대기와 서비스개념도][422]

　　이러한 흐름은 가속화되어 2003년경 게임 중심으로 생겨난 Friendster와 음악을 중심으로 한 Myspace 등의 SNS가 이용되었다. 그 후 세계최대 SNS로 성장한 Facebook 과 비즈니스와 취업에 연관된 Linkedin 등의 서비스가 개시되고 앞으로도 다양하게 생성, 활용될 것이다. 일본에서는 2004년경 GREE 와 회원 천만 명을 넘은 서비스인 mixi 등이 유명했다.[423]

---

421) 이인호, 앞의 보고서, 200면.

422) 한국경제매거진, 이진원 기자, "글로벌 SNS 한류 대반란, 라인·카톡 '페이스북 게 섰거라'", Cover&Special 제913호, 2013. 7. 1.자 연재기사.

423) 平塚三好 · 阿部仁, 『最新知財戰略の基本がよ~くわかる本』 秀和システム(2015), 15면.

우선, 개인의 표현의 자유를 제한한다는 측면에 관하여 보면, 페이스북(Facebook), 구글(Google), 트위터(Twitter)와 같은 인터넷기업이 국가보다 오히려 표현의 자유를 침해하고 있다는 점이 논의되고 있다. 페이스북은 폭력과 협박, 자기 학대, 따돌림 및 괴롭힘, 편파적 발언, 자극적 내용, 나체이미지를 게시할 수 없는 정책을 시행하고 있다.[424] 이와 같은 대부분의 항목들은 미국 수정헌법 제1조에 의해 보호되고 있는데, 이를테면 유명한 예술가가 게재한 사진 작품 중 아이들의 신체 일부가 노출된 사진이 있는 경우 이것이 아동포르노물과 혼돈되어 사전 검열 대상이 될 수 있는 것과 같이 외설적인 이미지의 게시를 제한하는 경우에는 시각 예술 분야의 표현의 자유에 영향을 미칠 수 있다.[425] 인터넷기업이 자신의 정책에 의하여 개인의 표현의 자유를 침해하는 경우가 많이 있는데, 국가에 의한 사전검열(censorship)의 전체 절차가 공개되고 있음에 반하여 인터넷기업에 의한 절차는 공개되지 않아 상세한 절차를 알지 못한다는 비판이 있다.[426]

또한 인터넷기업이 국가에 의한 감시요구에 대한 적절한 대응을 하지 못하는 방식으로 표현의 자유를 침해하고 있다는 논란이 있는데, 이에 따라 최근에는 미국 정부에 대하여 인터넷기업이 관련법이나 처분이 표현의 자유를 침해한다는 취지에서 소송을 제기하는 사례도 발생하고 있다.[427]

다음으로, 인터넷기업을 통해 유통되는 정보의 불법성 특히 개인의 사생활을 침해하거나 명예를 훼손하는 등 개인적인 이익을 침해하는 경우에 해당 인터넷기업에 대한 책임 문제를 논의할 수 있다. 이는 표현의 자유에 대한 제한의 측면에서, 표현의 자유와 인격권의 조화로운 해결이 모색되는 부분이기도 하다. 우리나라는 이러한 경우에 정보통신망법상 임시조치, 각종 소송제도, 조정 등 ADR이 다양하게 인정이 되고 있고, 외국에서도 유사한 것으로 보인다.

최근의 사례를 보면 구글이 게재한 사진이 개인의 사생활을 침해하였다는 이유로 삭제명령을 받은 사건이 있었는데, 포뮬라원(Formula One)의 대표인 Max Mosley는 자신과 관련된 섹스파티 사진이 구글에서 검색되는 것은 프라이버시를 침해하므로 검색

---

424) 페이스북 커뮤니티 표준(https://www.facebook.com/communitystandards).

425) Marjorie Heins, op. cip, at 326.

426) Marjorie Heins, op. cip, at 326.

427) 트위터(TWITTER)는 미국 정부를 상대로 트위터에게 요청하는 개인정보 조회 내역 등 세부내용과 조회건수 등을 개인에게 알리지 못하도록 한 조치가 미국 수정헌법 제1조상의 표현의 자유를 침해한다는 이유로 소송을 제기하였다. 전자신문, 트위터, "표현의 자유 침해 말라" 美 정부 대상 소송, 2014.10.9.자 보도기사

을 차단하여 달라는 소송을 제기하였고 구글 측은 이는 표현의 자유를 침해하는 것이라는 주장을 하였는바, 프랑스법원은 2013.11. 원고의 청구를 받아들여 해당 사진을 차단하라고 판결하였다.[428] 또 다른 사건에서는 유튜브에서 자폐 아동이 청소년으로부터 학대당하는 영상을 방치하여 이탈리아 프라이버시법을 위반하였다는 이유로 구글 직원이 형사기소된 사안에서, 이탈리아 1심법원은 2010년 일부 직원에 대하여 유죄를 선고하였으나, 이후 구글이 항소한 항소법원은 2012. 12. 1심을 파기하고 무죄를 선고하였는바,[429] 이 사건에서도 구글 측은 표현의 자유에 대한 침해라는 주장을 하였고 자폐아동의 입장에서는 사생활침해에 해당되는 사안으로서 표현의 자유와 인격권이 충돌하는 사건이나 각 기본권의 한계 상황에 관한 사례라고 할 것이다.

인터넷기업과 표현의 자유의 관계는 두 가지 관점에서 논의가 가능하다. 첫째 거대 인터넷기업은 기술적 특성이나 시장의 지위상 마치 국가권력과 같은 지위에서 개인의 정보생활을 감시하고 통제한다는 관점에서 개인의 표현의 자유를 제한하는 측면이 있고, 둘째는 인터넷기업이 검색엔진 등을 통하여 정보를 선별·유통시킴으로써 타인의 명예나 사생활을 침해하는 전통적인 불법행위법상의 침해측면으로 나눌 수 있다.

2. 인터넷 악플

(1) 대항언론

한편, 인터넷상 발생하는 분쟁은 보통 표현의 자유에 관련된 문제가 되며, 인격권, 사생활의 비밀과 자유, 개인정보자기통제권 등의 기본권과 충돌이 발생하는 사례가 종종 등장한다. 인터넷상 발생하는 많은 법적 문제 중에 명예훼손에 대하여 보면, 매스미디어 보도에 의한 명예훼손에 비하여, ① 피해가 저명인이 아니라, 일반 개인과 단체에도 미친다. ② 대항언론이 비교적 용이하다. ③ 익명성이 높고, 표현자의 직업의식의 결여로부터 무책임, 부정확한 정보가 넘친다. ④ 디지털정보를 검색, 복제가 용이하여 한번 게시된 정보가 예속 유통된다는 등이 특징이다. 개인정보의 위법한 취급의 경우에도, ② 대항언론의 용의성은 별론으로 하고, 상기 ①③④가 그대로 적용된다.[430]

---

428) Newyork Times, 2013.11.6. Google Is Ordered to Block Images in Privacy Case.

429) Newyork Times, 2012.12.21. Italian Appeals Court Acquits 3 Google Executives in Privacy Case

430) 鈴木 秀美, 「インターネット上の表現の自由と名誉・個人情報の保護 : ネット告発とレビューサイトをめぐって」, アメリカ法 2012(1), 41−58(2012−12), 42면.

프라이버시권과 명예권을 혼동하기 쉬운 이유는 양자가 인격권으로서 공통기반을 갖고 있기 때문이다. 그러나 양자의 차이점을 들자면 우리 형법상으로 명예개념은 외적 명예를 말하며 이것은 사람의 인격과 행위에 대한 사회일반의 객관적 평가를 말한다.[431)432)] 반면, 프라이버시권의 현대적인 개념은 "인격성에 관련된, 개인 사생활의 비밀을 보호하고 자기정보에 관한 접근·보유 등을 콘트롤할 권리"라고 할 수 있다.[433)]

(2) 악플과 인터넷 윤리

국내에서는 인터넷 글에 악플이 많은 인격적 침해를 하는 법적 문제가 되고 있다. 악플은 '악(惡)'과 영어의 'reply'가 합쳐진 말로 '악의적인 댓글', 즉 고의적인 악의가 드러나는 비방성 댓글을 말한다.

인터넷의 익명성과 비대면성과 감정적으로 자신의 생각을 표현하여, 결국 사회에 대한 불신적인 감정 표출하는 것이 될 수 있다. 지나친 비판의식, 부정적 사고, 시기 질투의 심리가 시민의식으로 포장되어 제기되기도 한다.

[악성댓글 작성 유형]

악플과 같은 인터넷상의 유저 사용행태는 현재 지식기반 정보사회에서 야기되고 있는 윤리적인 문제로 표현되며, 이를 해결하기 위한 규범체계나 인터넷사용자들이 지켜야할 인터넷을 사용하면서 사용자들 간에 지켜야 할 기본적 예의나 윤리로 교육되어야 할 것들이다.

기본적으로 인터넷상에서 악성댓글, 넷카시즘(netcarthism), 여론조작 등과 같이 무

---

431) 즉 타인과의 관계에서 인정되는 객관적인 명예를 말한다[정영일, 『형법각론』, 박영사(2008), 173면].

432) 일본 민법의 內田교수에 의하면 명예훼손에 의해 침해된 권리는 일반적으로 사람에 대한 사회적 평가를 저하하는 행위가 명예훼손이 되며, 객관적 사회적 평가가 피침해 이익이라고 하는 것이다. 따라서 단지 주관적 명예감정의 침해는 포함하지 않지만, 명예감정의 침해도 일본 민법의 경우 제 709조의 요건을 충족하면 명예훼손과는 별개의 불법행위가 될 수 있다고 한다[內田 貴, 『民法Ⅱ 債権各論』, 東京大学出版会(2003), 345頁], 관련 사례로 大阪高裁昭和54年11月27日判時 961−83에서는 택시 승객이 운전수에게 "운전수는 오래전에는 가마꾼 이었다"는 등 20여 분에 걸쳐 비방모욕적인 발언을 계속 한 케이스에서 위자료의 청구를 인정하였다.

433) 孫亨燮, 『プライバシー権と個人情報保護の憲法理論』, 東京大学 法学博士論文(2008.3), 65頁.

차별적으로 가해지는 '온라인 폭력'은 넷의 익명성과 비가시성, 넷의 평등주의(연령, 계층)의 영향에 의한 예의범절 약화로 나타난다. 그리고 인터넷의 정보 전파 파급력에 의해 그와 같은 폭력적인 언행(hate speech)이 더 빠르게 파급되게 된다.

[악성댓글 방지대책]

또한 이에 대한 해결방법으로 법적인 처벌이 선택되기도 한다.

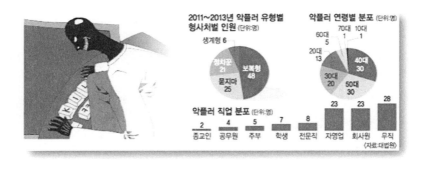

[악플러 처벌건수와 유형]

3. 정보통신망법의 임시조치

(1) 임시조치의 내용

위와 같이 소셜미디어나 인터넷의 악성댓글을 통하여 인터넷 상에서 개인의 인격권을 침해하는 현상이 발생 하고 있으며 이에 대한 대책으로 정보통신망법에 임시조치제도를 두고 있다. 정보통신망법상 임시조치(제44조의2)는 명예훼손 또는 사생활침해 등의 인격권침해를 입은 피해자의 삭제 요청이 있으면, 정보통신서비스제공자가 그 요청을 받아들여 삭제 등의 조치를 취하는 제도다. 인터넷서비스제공자(ISP)의 책임에 관한 조치를 취하도록 하고 있다.

정보통신서비스제공자로서는 일반적인 모니터링 등의 행동으로서 해당 정보의 명예훼손 여부 등을 판단하고 삭제 등의 임시조치를 취하는 것이 아니라 피해자의 주장과 소명에 의한 요청에 따라 해당 조치를 취하는 것이고, 또한 피해자의 요청이 있으면 30일간 임시조치를 취하는 것이므로 영구적인 유통의 제한 등을 표현의 제한이라고 하기 어렵다.

제44조의2 (정보의 삭제요청 등) ① 정보통신망을 통하여 일반에게 공개를 목적으로 제공된 정보로 사생활 침해나 명예훼손 등 타인의 권리가 침해된 경우 그 침해를 받은 자는 해당 정보를 처리한 정보통신서비스 제공자에게 침해사실을 소명하여 그 정보의 삭제 또는 반박내용의 게재(이하 "삭제등"이라 한다)를 요청할 수 있다. <u>이 경우 삭제등을 요청하는 자(이하 이 조에서 "신청인"이라 한다)는 문자메시지, 전자우편 등 그 처리 경과 및 결과를 통지받을 수단을 지정할 수 있으며, 해당 정보를 게재한 자(이하 이 조에서 "정보게재자"라 한다)는 문자메시지, 전자우편 등 제2항에 따른 조치 사실을 통지받을 수단을 미리 지정할 수 있다.</u> <개정 2016. 3. 22., 2023. 1. 3.>

② **정보통신서비스 제공자**는 제1항에 따른 해당 정보의 삭제등을 요청받으면 지체 없이 삭제·임시조치 등의 필요한 조치를 하고 즉시 **신청인 및 정보게재자**에게 알려야 한다. 이 경우 정보통신서비스 제공자는 필요한 조치를 한 사실을 해당 게시판에 공시하는 등의 방법으로 이용자가 알 수 있도록 하여야 한다.

③ 정보통신서비스 제공자는 자신이 운영·관리하는 정보통신망에 제42조에 따른 표시방법을 지키지 아니하는 청소년유해매체물이 게재되어 있거나 제42조의2에 따른 청소년 접근을 제한하는 조치 없이 청소년유해매체물을 광고하는 내용이 전시되어 있는 경우에는 지체 없이 그 내용을 삭제하여야 한다.

④ 정보통신서비스 제공자는 제1항에 따른 정보의 삭제요청에도 불구하고 권리의 침해 여부를 판단하기 어렵거나 이해당사자 간에 다툼이 예상되는 경우에는 해당 정보에 대한 접근을 임시적으로 차단하는 조치(이하 "임시조치"라 한다)를 할 수 있다. 이 경우 임시조치의 기간은 30일 이내로 한다.

⑤ 정보통신서비스 제공자는 필요한 조치에 관한 내용·절차 등을 미리 약관에 구체적으로 밝혀야 한다.

⑥ 정보통신서비스 제공자는 자신이 운영·관리하는 정보통신망에 유통되는 정보에 대하여 제

2항에 따른 필요한 조치를 하면 이로 인한 배상책임을 줄이거나 면제받을 수 있다.

제44조의3(임의의 임시조치) ① 정보통신서비스 제공자는 자신이 운영·관리하는 정보통신망에 유통되는 정보가 사생활 침해 또는 명예훼손 등 타인의 권리를 침해한다고 인정되면 임의로 임시조치를 할 수 있다.

② 제1항에 따른 임시조치에 관하여는 제44조의2 제2항 후단, 제4항 후단 및 제5항을 준용한다.

이 절차에서 중심적인 역할을 수행하고 있는 정보통신서비스제공자는 권리침해 여부를 판단하기 어렵거나 당사자간에 다툼이 예상되는 경우에는 임시조치를 취하도록 하고 있는데(제44조의2 제4항), 이는 정보통신서비스제공자가 해당 요청 정보의 내용에 대한 판단을 전제로 하는 조항으로서 이 절차의 임시성, 중간성, 신속성의 요체에 반할 뿐만 아니라 정보통신서비스제공자에게 과도한 부담을 지우는 것으로서 영업의 자유 제한의 이슈가 발생된다.

다만, 정보통신망법 제44조의3의 "임의의 임시조치"의 경우에는 논란이 있다. 임의의 임시조치는 정보통신서비스 제공자가 정보통신망에 유통되는 정보가 사생활 침해 또는 명예훼손 등 타인의 권리를 침해한다고 인정되면 임의로 임시조치를 할 수 있도록 규정하고 있다(제44조의3).

이와 유사제도로는 미국의 1998년 저작권법(Digital Milenium Copyright Act, DMCA) 제512조의 'Notice and Takedown(NTD)' 제도와,[434] 한국 저작권법상 불법저작물의 삭제제도(제103조)가 있다. 이 절차는 당사자 사이의 자주적인 분쟁해결을 목적으로 하고 있지만, 상세한 절차가 법률로 규정되어 사실상 강제되고 있는 점, 정보게시자의 절차적 권리 보장이 미흡한 점, 제반 절차의 미흡한 구성 등 비례의 원칙 등 기본권 제한원리에 적합하지 않다는 비판도 제기되고 있는 실정이다. 임시조치에 대하여는 2건의 헌법재판이 진행되어 1건에 대하여는 합헌결정이,[435] 1건에 대하여는 각하결정[436]이 내려진 바 있다.

---

434) 현재 미국에서는 이 제도에 대하여는 저작권자들이 저작물이 불법으로 게시될 때마다 통지와 삭제를 요청해야 함에 반하여 OSP는 면책 보호를 받게 됨에 따라 저작권 침해 모니터링에 대한 필요성을 반감시킴으로써 저작권을 무시하는 문화가 양성되고 있다는 비판이 있고, 이에 대하여 NTD절차가 효과적으로 운영되고 있다는 반론이 대립되고 있다. 미국 하원 법사위에서 이 제도의 통지와 삭제 절차 관련한 공청회를 개최하기도 하였다. 자세한 내용은, [미국] 美 저작권자, DMCA 통지와 삭제 절차 점검 요구 (http://cpcstory.blog.me/220018843143) 참조.

435) 현재 2012. 5. 31. 2010헌마88 정보통신망 이용촉진 및 정보보호 등에 관한 법률 제44조의2 제2항 위헌확인.

436) 현재 2011. 11. 24. 2010헌바353 정보통신망 이용촉진 및 정보보호 등에 관한 법률 제44조의2 제1항 등 위헌소원.

정보게시자의 분쟁해결절차상 권리 보장이 미흡하다는 비판이 있다. 정보통신망법 제44조의2 임시조치와 제44조의3 임의의 임시조치에 대해서는 정보게재자의 반대의견을 반영하는 방향으로 개정논의가 2014년부터 계속되고 있다.[437]

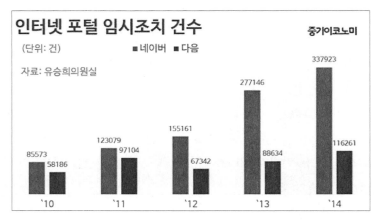

[인터넷 포털의 임시조치 통계][438]

(2) 법적 지위와 성격

정보통신서비스제공자는 정보의 직접 발행자가 아니라 중개자에 불과하지만 불법정보의 유통을 알게 된 경우에는 그 유통에 대한 책임을 면하기 어렵다는 논리에서 시작한다. 대법원은 2009년 전원합의체 판결에서 "인터넷 종합 정보제공 사업자가 제공하는 인터넷 게시공간에 게시된 명예훼손적 게시물의 불법성이 명백하고, 위 사업자가 위와 같은 게시물로 인하여 명예를 훼손당한 피해자로부터 구체적·개별적인 게시물의 삭제 및 차단 요구를 받은 경우는 물론, 피해자로부터 직접적인 요구를 받지 않은 경우라 하더라도 그 게시물이 게시된 사정을 구체적으로 인식하고 있었거나 그 게시물의 존재를 인식할 수 있었음이 외관상 명백히 드러나며, 또한 기술적, 경제적으로 그 게시물에 대한 관리·통제가 가능한 경우에는, 위 사업자에게 그 게시물을 삭제하고 향후 같은 인터넷 게시공간에 유사한 내용의 게시물이 게시되지 않도록 차단할 주의의무가 있고, 그 게시물 삭제 등의 처리를 위하여 필요한 상당한 기간이 지나도록 그 처리를

---

437) 아래 <정보통신법 개정안 정부제출안의 임시조치 흐름도> 참조.

438) 중기이코노미 이혜원 기자, "불편한 정보 삭제요구 공공 알권리와 충돌", 2015.9.14.자 기사 참조.
    <http://www.junggi.co.kr/article/articleView.html?no=11355>

하지 아니함으로써 타인에게 손해가 발생된 경우에는 부작위에 의한 불법행위책임이 성립된다고 봄이 상당하다."고 판시하여[439] 정보통신서비스제공자의 민사법상의 제한적인 책임을 인정하였다.[440] 이 논리에 따른다면 정보통신서비스제공자의 임시조치는 피해자의 요구에 의한 삭제 등의 조치를 법률상 명문화한 것에 불과하고 원래부터 민사책임원리상 인정되는 것이라는 것이다.

[참고] 법원에 인터넷게시문 삭제가처분 신청

인터넷게시물삭제가처분신청

신 청 인　　ㅇ　ㅇ　ㅇ
　　　　　　서울 서초구 반포2동 90
　　　　　　위 신청인의 대리인
　　　　　　법무법인 ㅇㅇ종합법률사무소
　　　　　　담당변호사　ㅇ　ㅇ　ㅇ
　　　　　　서울 강남구 논현1동 19-2
피신청인　　(주) ㅇㅇ커뮤니케이션
　　　　　　서울 강남구 일원2동 42
　　　　　　대표이사　ㅇ　ㅇ　ㅇ

목적물의 가격

　1,000,000원

피보전권리의 내용

　명예훼손및 인격권침해행위 금지청구권

신 청 취 지

1. 피신청인의 인터넷 ㅇㅇㅇㅇ에 신청외 ㅇㅇㅇ이 게시한 별지 목록 1, 2 기재 글을 삭제

---

439) 대법원 2009.4.16. 선고 2008다53812 전원합의체 판결.

440) 그러나 위 전원합의체판결에 의하면 정보통신서비스제공자의 삭제의무가 피해자의 요청이 없는 경우에도 제한적으로 인정하고 있는데, 이를 일반화하게 되면 임시조치제도가 정하고 있는 절차를 형해화 하게 됨으로써 동 제도의 분쟁해결기능을 약화시킬 수 있게 되는 문제가 있다. 황창근, "정보통신망법상 임시조치의 문제점 및 개선과제", 263면.

하라.

2. 위 명령을 위반한 피신청인은 1일당 금 일백만(1,000,000)원씩을 신청인에게 지급하라.
라는 결정을 구합니다.

신 청 이 유

1. 신청인과 피신청인과의 관계

신청인은 ○○○동 소재 ○○병원 ○○의사이며 피신청인은 신청외 ○○○이 신청인의 명예를 훼손한 글을 게시한 회사입니다.

2. 신청외 ○○○의 신청인에 대한 명예훼손 및 인격권 침해 행위

가. 신청외 ○○○은 ○○○○. 12. 18. 13:04 피신청인의 인터넷 ○○○○에 다음과 같은 글을 게시하여 신청인의 명예를 훼손하고 인격권을 침해하였습니다(소갑 제1호증의 1, 2 참조).
   – 이 의사는 본인의 동의 없이 눈꼬리를 가위로 자른 인물임.
   – 오로지 자기 수술 건수 하나 더 올리기 위해 사전에 예고 없이 눈에 안들어가는 장치를 눈꼬리를 가위로 자르고 억지로 장치를 집어넣고 라식을 감행한 이 의사
   – 돈벌이에 혈안이 되어서 온갖 방법을 동원해서 환자 유치하고 부작용에 대해서는 나 몰라라 하는 병원

나. 이에 대해 신청인은 ○○○○. 1. 9. 13:13 같은 인터넷 게시판에 다음과 같은 내용의 해명의 글을 게재하였습니다(소갑 제2호증 참조).
   – 눈이 많이 작은 사람은 약간 눈꼬리 부분을 마취하고 ○mm정도 절개해야 했습니다.
   – 이는 시간이 흐르면 저절로 회복되기 때문에 별 문제가 없었습니다.
   – ○○○님의 경우도 성형외과 전문가들의 의견은 별로 신경 안 써도 되는 정도니 걱정말라는 의견이었습니다.

다. 이후 위 피신청인의 인터넷 게시판의 운영자에게 위 글의 삭제를 요구하였으나 운영자는 함부로 글을 삭제할 수 없고 법원에 글 삭제를 요구하는 가처분 신청을 하라고 대답하였습니다.

라. 한편 신청외 ○○○은 ○○○○. 1. 10 02:50 신청인에게 메일을 보내 "죽을 때까지 의사 그만할 때까지 따라다닐 것"이라는 메일을 보내는 등 신청인을 협박하기도 하였습니다(소갑 제3호증 참조).

마. 신청인은 신청외 ○○○을 피신청인으로 하지 못한 이유는 신청외 ○○○은 주소를 알 수 없고, 피신청인도 신청외 ○○○의 인적사항에 대하여 공개하지 아니하여 부득이 신청외 ○○○을 피신청인으로 할 수 없었습니다.

3. 결론

위와 같은 이유로 신청인은 공공연하게 훼손당했고 심각한 인격권 침해를 입었습니다. 따라서 신청인은 피신청인의 ○○○○에 별지 목록 기재글을 삭제할 것과 이를 위반할

경우 1일당 금 일백만원씩을 지급할 것을 신청합니다.

4. 담보제공에 대하여는 민사집행법 제19조 제3항, 민사소송법 제122조에 의하여 보증보험
   주식회사와 체결한 지급보증위탁계약문서를 제출하는 방법에 의할 수 있도록 허가하여
   주시기 바랍니다.

첨 부 서 류

1. 소갑 제1호증부터 제6호증   각메일

○○○○. 5. 23.

위 신청인의 대리인
법무법인 ○○종합법률사무소
담당변호사 ○ ○ ○ ㉑

○○ 지방법원 귀중

(3) 임시조치의 개선방향

현재 임시조치제도는 인터넷환경에서 발생하는 명예훼손이나 사생활침해 등의 정보
의 유통을 제한함으로써 표현의 자유와 인격권의 조화를 꾀할 수 있는 유용한 방안
중의 하나로 보인다. 아직 제도가 여러 점에서 미비한 점도 있지만 개선과정에서 다음
두 가지 방향이 제시되었다. 첫째, 임시조치 절차는 "신청 － 임시조치 － 통지 － 재개
신청 － 재개"라는 단순한 순서로 구성되고, 각 단계에서 주도적인 역할을 하는 정보통
신서비스제공자의 부담이 없도록 형식적인 절차로 규정하여 임시조치절차를 활성화하
여야 한다는 의견이 제기되었다.

미국의 CDMA나 한국저작권법상 아무런 판단 없이 이 조치가 수행되도록 하는
것이 그와 같은 취지이다. 둘째, 표현의 자유와 인격권이 조화될 수 있도록 피해자,
정보게재자의 절차적 권리가 고루 보장되어야 하고, 이 임시절차가 집행되는 한 정
보통신서비스제공자의 책임을 면제하는 것도 절차의 활성화에 도움을 줄 수 있을

것이다.[441]

(4) 사실적시 삭제와 반의사 불벌

2016. 9. 7. 국회에 제안된 정보통신망법 개정안(의안번호 2002213)에서, 현행법은 정보통신망에서의 명예훼손죄를 반의사불벌죄로 규정하고 있고, 일반 명예훼손과는 달리 방송통신위원회가 행정처분으로 정보통신망에 유통되는 명예훼손정보를 차단할 수 있도록 하고 있는 것은, 당사자의 명시적 고발이나 신청이 없이도 국가기관이 처벌 및 정보 차단을 할 수 있기 때문에 이를 남용하여 표현의 자유가 침해될 소지가 있다는 문제의식과 정식 형사절차가 아닌 방송통신위원회의 심의 및 처분 절차에 따라 거짓 사실 적시에 의한 명예훼손이 아니라 사실 적시에 의한 명예훼손까지도 그 존부를 판단하고 이를 차단하는 것은 정보 게재자의 권리를 과도하게 침해하는 것이라는 지적이 제기되었다.

Ⅲ. 정보통신사회의 법적 쟁점

1. 회피연아 사건

2010년 김연아 선수의 귀국 후 장관환영 패러디 영상에서 "그녀가 장관을 회피하는 듯한" 영상을 인터넷 포털에 올린 사람을 확인하기 위한 수사기관의 통신사실 확인 요구에 검토 없이 개인정보를 제공한 포털사이트에 대하여 손해배상을 제기한 사건이 소위 '회피연아 사건'이다.

이 사건'에서, 전기통신사업자가 자신의 포털 사이트를 사용하는 인터넷 이용자의 개인정보를 수사기관의 통신자료 요청에 따라 제공하는 경우, 이용약관 및 개인정보취급방침 등을 통해 개인정보 제공시에 어느 정도 주의의무를 지는가에 대한 쟁점이 있는 사건이다. 전기통신사업자의 개인정보 제공행위로 인터넷 이용자는 표현의 자유와 익명표현의 자유를 침해당하고 개인정보 침해를 통하여 불법행위를 구성할 수 있다. 여

---

441) 이하 내용은 황창근, "정보통신망법상 임시조치의 문제점 및 개선과제", 정보법학, 제13권 제3호(2009), 279면.

기에는 개인정보의 의미, 개인정보를 제3자에 제공시 필요한 법적 근거와 제공하는 전기통신사업자의 검토, 주의의무는 어디까지 요구되는지가 문제되었다.[442)

원고는 2004.10.10. 위 업체 약관에 동의하고 회원으로 가입하여 피고와 서비스 이용계약을 체결한 이후 업체에 개설된 카페의 회원으로 활동하였는데, 이 사건 카페는 영어 학원 강사가 수강생들을 대상으로 강의활용 목적으로 만든 것이어서 회원 수는 1,500명 정도이다. 원고는 2010.3.4.경 인터넷 검색을 하다 밴쿠버 동계올림픽 선수단 귀국 당시 소외1 장관이 금메달리스트인 소외2 선수를 환영하면서 두 손으로 어깨를 두드리자 소외2 선수가 이를 피하는 것 같은 장면을 편집한 사진이 게시되어있는 것을 발견하고 이를 이 사건 카페의 유머게시판에 '퍼옴'이라고 표시하여 올렸다. 그 후 소외1 장관은 2010.3.5. 이 사건 게시물을 인터넷에 올린 사람들에 대해 명예훼손을 이유로 고소를 제기하였고, 이에 서울종로경찰서장은 2010.3.8. 피고에게 아래와 같이 원고 외 2명의 인적사항을 제공해 달라고 요청하였으며, 이때 서울종로경찰서장은 통신자료 제공요청서 이외에 어떠한 자료도 제공하지 않았다.

피고는 이틀 뒤 서울종로경찰서장에게 원고 외 2명의 '네이버 ID, 이름, 주민번호, 이메일, 휴대폰 번호, 네이버 가입일자'를 제공하였다. 이에 따라 서울종로경찰서장은 원고를 소환하여 명예훼손 혐의를 조사하였으나, 그 뒤 2010.4.28. 원고에 대한 고소가 취하되어 사건이 종결되었다. 한편 피고는 수사기관으로부터 연간 수십만 건의 이용자 개인정보 제공요청을 받고 있고, 통신비밀 전담기구로 이사 1명, 팀장급 직원 1명, 실무자 4명으로 구성된 개인정보보호팀을 설치하여 운영하고 있으나, 위 전담기구가 개별적인 통신자료 요청 건에 대해 별도의 점검회의 등을 하지는 않았다.

이 사건에서, ① 피고의 '개인정보 취급방침'에는 개인정보를 외부에 공개하지 않는 원칙의 예외로 "법령의 규정에 의하거나 수사 목적으로 법령에 정해진 절차와 방법에 따라 수사기관의 '요구'가 있는 경우"라고 기재되어 있어 있으나, 실제로는 구 전기통신사업법을 근거로 수사기관의 '요청'이 있기만 하면 언제나 예외 없이 이용자의 인적사항 일체를 수사기관에 제공하여온 점, ② 서울종로경찰서장은 피고에게 이 사건 게시물 작성자에 대한 개인정보 제공을 요청하면서 '요청사유 및 가입자와의 연관성'란에 단지 '정보통신망 이용촉진 및 정보보호 등에 관한 법률 위반(명예훼손), 용의자 수사'라고만 기재하고, 그 작성자의 'ID와 인적사항일체'에 대한 조회를 의뢰하였는데, 이에

---

442) 손형섭, "인터넷이용자 개인정보 제공에 관한 법적 연구— 서울고등법원2012.10.18. 선고 2011나19012 판결 검토를 통하여 —", 공법연구, 제42집 제2호(2013), 152면.

대해 피고는 전담기구를 설치·운영하고 있음에도 아무런 검토 없이 원고의 '네이버 ID, 이름, 주민번호, 휴대폰 번호, 네이버 가입일자'뿐만 아니라 구 전기통신사업법에서 제공대상으로 규정되어 있지도 않은 원고의 '이메일 주소'까지 제공한 점, ③ 한편 이 사건 게시물은 공적 인물인 장관을 대상으로 한 것으로서, 위 게시물이 공적 인물인 장관의 명예를 훼손하는 것이라고 보기 어려울 뿐만 아니라 원고는 위 게시물을 직접 생산하거나 편집한 바 없이 다른 인터넷 사이트에 게시된 것을 이 사건 카페의 유머게시판에 그대로 옮긴 것에 불과하여 위 게시물로 인한 법익침해의 위험성이 원고의 개인정보 보호에 따른 이익보다 훨씬 중대한 것이라거나 수사기관에 개인정보를 급박하게 제공하여야 할 특별한 사정이 있다고는 보이지 않는 점 등을 종합하여 보면, 피고가 수사기관에 대해 원고의 주민등록번호와 전화번호 등 인적사항 일체를 제공한 행위는 원고의 개인정보를 충실히 보호하여야 할 의무에 위배하여 원고의 개인정보자기결정권 내지 익명표현의 자유를 위법하게 침해함으로써 원고로 하여금 그 법익침해와 관련한 손해를 입도록 한 것인지가 쟁점이었다.[443)]

2. 판결의 경과

1심에서는 원고가 패소했다. 그러나 2심 고등법원 판결에서, 피고의 위와 같은 개인정보 제공행위로 인해 원고가 정신적 고통을 받았을 것은 경험칙상 명백하고 피고로서도 그러한 사정을 충분히 알 수 있었을 것이므로, 피고는 원고가 입은 정신적 손해에 대해 위자료를 지급할 의무가 있다고 할 것인바, 피고가 수사기관에게 원고의 개인정보를 제공한 경위와 내용, 이후의 경과, 이 사건 게시물의 내용과 성격 및 명예훼손과의 관련성 존부, 수사의 필요성이라는 공익목적 달성과 원고의 피침해 법익과의 관계, 구 전기통신사업법 제54조 제3항의 내용과 피고의 이용자 개인정보 보호의무와의 충돌 접점의 조화, 영장주의 등 적법절차 준수를 천명한 헌법원칙의 관철의 필요성 등을 포함하여 기타 이 사건 변론에 나타난 제반 사정을 두루 참작하여 원고에 대한 위자료는 500,000원으로 정하였다.[444)]

반면, 대법원 판결에서는 "전기통신사업자는 제공을 위해 실질적인 심사의 권한은 없고, 그 인적사항에 관한 정보는 수사기관의 서면 요청만 있으면 심사할 것도 없이 제

---

443) 법률신문, 2016. 4. 7. 손형섭, "국민을 보호하는 기관은 어디 있나?"

444) 이상, 손형섭, "인터넷이용자 개인정보 제공에 관한 법적 연구", 154면~158면.

공해야 한다."고 판결했다. 이 판결은 고등법원 판결을 뒤집었을 뿐만 아니라, 헌법재판소가 2010헌마439 사건 다수의견에서 이 법률조항이 "전기통신사업자에게 이용자에 관한 통신자료를 수사관서의 장의 요청에 응하여 합법적으로 제공할 수 있는 권한을 부여하고 있을 뿐이지 어떠한 의무도 부과하고 있지 않다"고 하며 이 규정이 강제력이 개입되지 않은 임의수사에 해당한다는 결정과 배치되는 판결이다.

대법원은 "수사기관의 권한 남용에 대한 통제는 국가나 해당 수사기관에 대하여 직접 이루어져야 함이 원칙"이라고 하면서 사인인 인터넷 포털사업자에게 그 심사의무를 인정하는 것은 국가나 해당 수사기관이 부담해야 할 책임을 사인에게 전가시키는 것이라며 인터넷 포털사업자를 보호하고 있다.

3. 통신자료와 통신사실확인자료

'통신자료'는 이용자의 인적사항 확인을 위한 신상정보로, 전기통신사업법 제83조 제3항에서 "전기통신사업자는 법원, 검사 또는 수사관서의 장,[445] 정보수사기관의 장이 재판, 수사,[446] 형의 집행 또는 국가안전보장에 대한 위해를 방지하기 위한 정보수집을 위하여 다음 각 호의 자료의 열람이나 제출(통신자료제공)을 요청하면 그 요청에 따를 수 있다". 이 통신자료에는 "이용자의 성명, 이용자의 주민등록번호, 이용자의 주소, 이용자의 전화번호, 이용자의 아이디,[447] 이용자의 가입일 또는 해지일"로 규정하고 있다. 여기에 이메일은 제외되어 있다.[448] 법령에 규정된 권한이 있는 자의 자료제공요청서에 의해서 수사기관으로서의 제공이 이루어진다. 통신내용의 취득은 형사소송법 제106조 제3항 등에 따른 압수수색영장이 필요하다. 통신내용은 일반 압수수색영장의 집행에 의한 취득에 의하므로 상대적으로 더 강한 보호가 이뤄지고 있다고 할 수 있다.[449]

통신사실확인자료는 통신비밀보호법 제13조부터 제13조의4에 따른 '법원의 허가'에 따라, 통신자료는 전기통신사업법 제83조 제3항에 따른 해당 특정 기관장의 '요청서'에 따라, 각각 해당 정보 보유자인 사업자의 제공에 의해 이뤄진다.[450] 통신사실확인자료

---

445) 군수사기관의 장, 국세청장 및 지방국세청장을 포함한다.

446) 조세범 처벌법 제10조 제1항·제3항·제4항의 범죄 중 전화, 인터넷 등을 이용한 범칙사건의 조사를 포함한다.

447) 컴퓨터시스템이나 통신망의 정당한 이용자임을 알아보기 위한 이용자 식별부호.

448) 임규철, "전기통신사업자의 수사기관으로의 통신정보 제공 시 문제점과 개선방향", 헌법학연구, 제19권 제3호(2013. 9), 269면.

449) 임규철, 위의 논문, 271면.

450) 통신사실 확인자료와 통신자료의 법적 구분

와 통신자료는 2001년 12월 20일 통신비밀보호법이 개정되기 전까지는 전기통신사업법의 통신자료로 규정하고 있다. 당시에는 법원의 허가 없이 특정 부서장의 요청에 의해 통신사실확인자료의 요구가 가능했었다. 2005년 5월 26일 개정 통신비밀보호법에서 통신사실확인자료의 요구시 법원의 허가규정이 신설된 것이다.[451]

그러나 정보의 구체성 등을 비교해보면 법률상 양자의 구별 실익이 있지만, 통신내용에 관한 정보인가 비내용적 정보인가로 구분하는 경우 그 구별 실익이 크지 않다고 한다. 통신 당사자의 내용만으로 통신내용을 가장 좁게 해석하면 포괄적이 아닌 제한된 영장 발부의 경우에만 타당한 주장이며, All-IP 시대에 '누구와, 어떤 수단을 통해, 어디에서, 얼마만큼 등'도 실질적인 통신내용에 포함되는 것으로 본다면 통신사실확인자료나 통신자료의 법을 통한 인위적인 구분설정은 수사기관의 입장이라면 몰라도 정보주체의 정보보호를 위한 입장이라면 침해 구별은 실익이 없는 구분이라고 비판이 있다.[452]

특히 '통신자료'의 경우 이용자 성명, 주민번호, 주소, 아이디 등 단순 인적사항에 불과하지만, 유무선 인터넷 융합 서비스가 본격화되면서 이용자의 신원정보 자체가 '통신사실확인자료'로 가입자의 인적사항과 아이디를 입수, 해당 가입자가 이용하는 서비스가 위치 정보 등을 적시하는 경우 통신사실확인자료를 통해 얻을 수가 있는 내용과 동일한 사실이 될 수 있으므로 수사기관에서의 활동에 있어 민감한 문제가 된다.

통신비밀보호법이나 전기통신사업법의 규정은 전기통신사업자의 법령에 따른 보유정보인 통신사실확인자료나 통신자료에 대해 각기 영장이 아닌 '법원이 허가'나 '수사기관의 요청'을 통해 수사기관이 취득 가능하도록 하고 있다. 이에 따르면, 전기통신

근거 법률	통신비밀보호법	전기통신사업법
제공 범위	통신사실 확인자료 상대방 전화번호, 통화 일시 및 시간, 발·착신번호, 접속자료, 인터넷 로그기록, 기지국 위치 추적 정보	통신자료 이용자 인적사항 정명, 주민번호, 주소, 전화번호, 아이디, 가입·해지일자
요청 기관	검사, 경찰, 정보수사기관장, 법원	검사, 수사기관장, 정보수사기관장, 법원
요청 절차	관할법원 및 지원의 허가	4급 이상 공무원(수사관서장) 결재
당사자에게 자료 제공 받은 사실 통지 여부	공소 및 입건을 하지 아니하는 처분이 있은 후 30일 내 자료를 제공받은 사실 통지	해당 없음
위반시 벌칙	5년 이하의 징역 또는 3천만 원 이하의 벌금	5년 이하의 징역 또는 2억원 이하의 벌금

권헌영, 발표자료, 35면 참조.

451) 설민수, "인터넷서비스제공자를 통해서 본 제3자 보유정보에 대한 영장주의의 실효성", 법조 제58권 제8호 통권 제635호, 2009. 8, 178~180면.

452) 임규철, 앞의 논문, 272면.

사업자에게 통신사실확인자료의 제공은 통신비밀보호법과 법원의 허가에 따라 의무적이나, 통신자료 제공은 수사기관의 요청에 대한 재량적 성격을 가지고 있다.[453]

4. 판결에 대한 비판적 대안

(1) 판결의 문제점

이 사건의 고법 판결에서 보듯이, 전기통신사업자는 수사기관의 개인정보 제공 요청에 대하여 이용자에게 개인정보 제공의 동의를 받거나, 개인정보보호 담당자 혹은 담당 팀에서 개인정보제공에 대한 타당성 점검회의 및 그 검토 사실에 대한 결과 유지가 필요했다. 이것을 다했다면 민법 제390조에 의한 계약책임은 배제될 수 있고, 나아가 제750조의 불법행위책임 면책의 검토에서도 논의의 양상은 달라질 수 있었을 것이다.[454]

이 사건 고등법원 판결로 인하여 NHN, 다음, SK 커뮤니케이션즈, 카카오톡 등 주요 인터넷 기업들은 영장 없는 통신자료 제공 요청에 불응하는 입장을 표명했다. 그러나 이에 대하여 수사기관은 효과적이고 신속한 수사에 어려움을 들어 난색을 표명하게 되었다. 나아가 수사기관들은 사건 관련 통신자료를 포괄적인 영장으로 일시에 다량을 제공받고 있는 실태도 나타났다. 이동통신사들은 여전히 통신자료제공에 응하고 있고 통신자료 제공 여부에 대한 이용자의 문의에 답을 주지도 않는다. 결국 2012년 하반기 통신자료 제공현황은 총 42만5,739건으로 2011년 상반기보다 31.2% 늘고 2012년 상반기보다는 7.7%가 늘어 꾸준히 증가추세였다.[455] 이와 같이 국가기관이 네트참가자를

---

453) 통신사실 확인자료와 통신자료의 법적 구분

근거 법률	통신비밀보호법	전기통신사업법
제공 범위	통신사실 확인자료(제13조 등) 상대방 전화번호, 통화 일시 및 시간, 발·착신번호, 접속자자료, 인터넷 로그기록, 기지국 위치 추적 정보	통신자료(제83조 등) 이용자 인적사항 성명, 주민번호, 주소, 전화번호, 아이디, 가입·해지일자
요청 기관	검사, 경찰, 정보수사기관장, 법원	검사, 수사기관장, 정보수사기관장, 법원
요청 절차	관할법원 및 지원의 허가	4급 이상 공무원(수사관서장) 결재
당사자에게 자료 제공 받은 사실 통지 여부	공소 및 입건을 하지 아니하는 처분이 있은 후 30일 내 자료를 제공받은 사실 통지	해당 없음
위반시 벌칙	5년 이하의 징역 또는 3천만 원 이하의 벌금	5년 이하의 징역 또는 2억원 이하의 벌금

454) 손형섭, 앞의 논문, 166면.

455) 헤럴드 경제, 2013. 9. 15, 통신사, 수사기관 제공 통신자료 지난해 크게 늘었다.
http://news.heraldcorp.com/view.php?ud=20130915000014&md=20130918004334_AT

일방적으로 파악하는 것을 허용하는 것은 헌법상 문제가 있다.[456] 반면, 정보통신사업자 등의 개인정보보호 의무자가 개인정보의 수사기관 제공에서 그 보호를 위해 진중한 검토를 하여 개인정보 제공 여부를 결정한다면 수사기관에 대한 개인정보 제공에 불법행위 책임을 발생하지 않을 여지도 있다.

통신사실확인자료에 대한 '법원의 허가'를 법원실무는 대법원 규칙에 따라 영장을 담당하는 법관이 이를 처리하고 있어 사실상 일반영장과 구별이 힘들다. 따라서 법원의 허가를 현실적으로 영장주의에 준해서 해석해도 무리가 없다는 의견도 있다.[457] 반면, 통신자료 제공시 공통으로 요청권자인 수사기관에 의해 입증이 되어야 하는데 그것이 어느 정도를 요구하는지에 대해서는 별도 명문의 규정이 없다. 게다가 위 허가의 기각률은 매우 낮다. 2012년 수사기관에 제공된 전화번호 수는 1,276만 5,110건이나 된다고 한다. 이것은 수사기관이 '수사상 필요성과 관련성'의 이유만으로 국민 30%의 통신정보를 제공받았다는 것이 된다.[458]

이 사건 대법원의 판결 이후 해당 포털사업자도 승소의 기쁨을 만끽할 수 없다. 오히려 판결의 취지와 달리 "사회적 합의가 형성될 때까지 이 법에 의한 통신자료 제공 요구에는 응하지 않을 예정"이라는 모순된 입장을 밝혔다(2016. 3. 14. 기사). 그러나 대법원 판결에 따르면, 앞으로 포털 사업자는 수사기관의 통신사실 확인 요구에는 조건 없이 응해야 하며 이를 제공하지 않을 권리가 있는지 의문이다. 앞으로 글로벌 시대에 구글, 텔레그램 등 외국 인터넷서비스제공사업자들과의 경쟁에서 국내 기업들만 사용자의 개인정보를 보호하지 않는 기업으로 평가되어 사용자의 유출 현상을 걱정해야 할 수 있다. 이 대법원 판결의 진정한 승자가 누구인지 의문이 없을 수 없다.

(2) 관련 제도의 헌법불합치

2014년에 인터넷기업 '다음카카오톡'의 대화내용의 압수수색과 관련한 논란 다음카카오가 수사기관의 법집행에 따른 자료 제출로 인하여 사적 검열의 논란에 휩싸여, 급기야 동 회사의 대표가 합법적인 영장에 대하여도 그 집행을 거부하겠다는 취지의 발언으로까지 발전되었다.[459]

---

456) 미국에서는 1996년 전기통신법 223조, 일본에서는 '프로바이더 책임제한법'에 의해 입법적 해결을 도모하고 있다.

457) 임규철, 앞의 논문, 282면. 실제로 법원의 허가에 대하여 실무상 영장이라는 표현을 쓰기도 한다.

458) 임규철, 앞의 논문, 267면.

이와 같이 법에 근거한 압수수색영장의 집행, 법원의 통신제한조치의 집행, 통신자료의 제출에 의한 것인데, 왜 이러한 검열이 논란의 대상이 되는가? 통신에 대한 감청이나 통신자료에 대한 압수수색 등의 조치가 법관이 발부한 영장에 의하는 경우에는 원칙적으로 문제가 되지 않는다. 다만 전기통신사업법상 통신자료의 제출은 법관의 영장이 없는 경우에도 수사기관 등 행정기관의 요청만에 의하여 그 제출이 이루어지고 있다는 점에서 행정기관에 의한 통신자료에 대한 검열이라는 논란이 발생된다. 여기에 인터넷기업이 적극적으로 협조하는 경우에는 국가의 정책에 동조하고 공동으로 검열 등의 행위를 하는 것으로 오해를 빚게 되는 것이다. 특히 전기통신사업법에서는 "…을 요청하면 그 요청에 따를 수 있다"라고 규정하여(제83조 제3항), 인터넷기업은 수사기관 등의 통신자료제출 요청에 응하여야 할 의무가 없는 것으로 되어 있음에도 불구하고 이에 적극적으로 협조하고 있는 것이 검열논란으로 발전되었다.[460]

2018년 6월 28일 헌법재판소는 "통신비밀보호법 제13조 제1항 '검사 또는 사법경찰관은 수사를 위하여 필요한 경우 전기통신사업법에 의한 전기통신사업자에게 제2조 제11호 바목, 사목의 통신사실 확인자료의 열람이나 제출을 요청할 수 있다' 부분, 제13조의3 제1항 중 제2조 제11호 바목, 사목의 통신사실 확인자료에 관한 부분은 헌법에 합치되지 아니한다고 결정하면서 위 법률조항들은 2020. 3. 31.을 시한으로 개정될 때까지 계속 적용한다."라고 결정했다.[461] 이유는 "수사기관은 위치정보 추적자료를 통해 특정 시간대 정보주체의 위치 및 이동상황에 대한 정보를 취득할 수 있으므로 위치정보 추적자료는 충분한 보호가 필요한 민감한 정보에 해당되는 점, 그럼에도 이 사건 요청조항은 수사기관의 광범위한 위치정보 추적자료 제공요청을 허용하여 정보주체의 기본권을 과도하게 제한하는 점, 위치정보 추적자료의 제공요청과 관련하여서는 실시간 위치추적 또는 불특정 다수에 대한 위치추적의 경우 보충성 요건을 추가하거나 대상범죄의 경중에 따라 보충성 요건을 차등적으로 적용함으로써 수사에 지장을 초래하지 않으면서도 정보주체의 기본권을 덜 침해하는 수단이 존재하는 점, 수사기관의 위치정보 추적자료 제공요청에 대해 법원의 허가를 거치도록 규정하고 있으나 수사의 필요성만을 그 요건으로 하고 있어 절차적 통제마저도 제대로 이루어지기 어려운 현실인 점 등

459) 디지털타임즈, 다음카카오 '감청영장 불응'…법조계 "불가능", 2014. 10. 14.자 보도기사.

460) 이인호, 앞의 보고서, 215면.

461) 헌재 2018. 6. 28. 2012헌마191등, 판례집 30−1하, 564, 570.

을 고려할 때, 이 사건 요청조항은 과잉금지원칙에 반하여 청구인들의 개인정보자기결정권과 통신의 자유를 침해한다.”라는 것이었다.[462]

한편으로는 영장주의 원칙을 고수하면서 디지털 증거의 특성에 따라 형사소송법 등 다양한 법개정 논의가 제기되었다.[463] 영장주의에 부합하면서도 개인정보의 최소한, 효율적 제공을 실현할 수 있는 정책적 방안이 필요하다. 이미 ‘형사사법절차 전자화 촉진법’[464]을 통하여 법무부는 형사사법포털시스템(KICS)[465]과 모바일 앱(모바일 형사사법포털)을 운용하고, 이를 통하여 사건의 경찰청, 검찰청과 법원의 연계가 가능하게 되었다. 이 형사사법포털 시스템(KICS)을 이용하여 영장 신청과 영장 발부를 통합하여 신속하면서도 영장의 대상을 특정하여 영장을 발부할 수 있도록 하는 전자영장 제도를 구상해 본다. 즉, 전자영장 제도는 이 사건에서와 같이 개인정보 제공에 영장주의와 형사소송법 제106조 등에 부합하면서도 신속한 수사가 가능하도록 하는 대안이 될 수 있다는 것이다. 형사사법포털망을 통하여 영장의 대상물을 특정하고 수색할 장소를 전자영장 신청서에 기재하고, 압수·수색의 목적물이 ‘범죄수사에 필요’하다는 ‘필요성’을 갖추고 있음을 상당히 소명(probable cause)하여야 한다. 그러면 법원의 영장담당 판사는 KICS를 통하여 위 소명과 형사소송법 제106조 제1항 “피고사건과 관계가 있다고 인정할 수 있는 것에 한정”이라는 ‘관련성’을 구비하였는지 판단하는 것이다.[466]

전자정보는 특성상 범죄혐의와 무관한 정보까지 포괄적으로 압수·수색될 위험이 크므로 대상을 특정하거나 압수 방법을 제한하고 당사자의 참여도 확대해야 하는데,[467] KICS를 통한 전자영장의 처리가 신속히 진행되면, 영장의 신청시 범죄혐의와 무관한 정보를 포괄적으로 미리 수집하는 포괄적 압수수색의 관행도 줄일 수 있을 것이다.[468] 따라서 전자영장을 통해 신속한 수사와 엄격한 영장심사 양자의 공익을 실현하도록 노력하자는 것이다. 물론 최근 법원의 영장실무에서는 압수 수색영장의 기각률 저조 현상이 있고, 이는 수사기관의 수사편의 과다보장이라고 비판되고 이다. 이를 고려하여

---

462) 헌재 2018. 6. 28. 2012헌마191등, 판례집 30―1하, 564, 565.

463) 노명선, “2012년디지털증거압수수색에관한개정법률안공청회” 발표자료, 한국포렌식학회, 2012, 3면.

464) ‘형사사법절차 전자화 촉진법’(법률 제9942호 신규제정 2010. 01. 25.)

465) http://www.kics.go.kr 참조.

466) 전승수, “디지털 정보에 대한 압수수색영장의 집행”, 법조 통권 670, 2012. 7, 260면 참조.

467) 이숙연, “전자정보에 대한 압수수색과 기본권, 그리고 영장주의에 관하여”, 헌법학연구 제18권 제1호, 2012. 3, 17면.

468) 또한 전자영장재도에서도 수사기관의 압수수색영장 집행 처분에 대한 형사소송법상 준항고도 가능하다.

위의 전자영장 제도도 헌법 제12조 제3항의 영장주의가 실질적으로 형해화하지 않는 한도에서 이용되어야 할 것이다.[469]

[전자영장 등을 이용한 개인정보 제3자 제공의 절차]

생각

2018년 6월 28일 결정된 헌법재판소의 "통신비밀보호법 제13조 제1항 '검사 또는 사법경찰관은 수사를 위하여 필요한 경우 전기통신사업법에 의한 전기통신사업자에게 제2조 제11호 바목, 사목의 통신사실 확인자료의 열람이나 제출을 요청할 수 있다' 부분, 제13조의3 제1항 중 제2조 제11호 바목, 사목의 통신사실 확인자료에 관한 부분은 헌법에 합치되지 아니한다. 위 법률조항들은 2020. 3. 31.을 시한으로 개정될 때까지 계속 적용한다."는 2012헌마191 등, 결정문을 검토하고 종래의 판례와 새로운 개선방향에 대해 토론해 보자.

---

469) 이상, 손형섭, "인터넷이용자 개인정보 제공에 관한 법적 연구", 166~176면.

제8장

사이버 범죄

I. 사이버 시대의 법적 과제

1. 규제의 필요성

인터넷이 등장하면서 인터넷의 사이버 공간을 주로 활용하는 사람은 진보적이고 자유적인 사람들이라 생각된 적이 있었다. 그러나 지금은 인터넷은 누구나 활용하는 도구가 되었으며, 따라서 진보적이거나 보수적인 것에 관여 없이 모든 사람이 참여하는 도구가 되었다. 그러다 보니 이곳에는 조폭들도 인터넷을 이용하여 불법도박 사이트를 개설하여 범죄수익을 거두고 금전 세탁을 하는 범죄에도 이용되게 되었다. 인터넷이 이른바 사이버 범죄에 이용되게 된 것이다.

최근 자신에 대한 성범죄 동영상이 웹하드 등에서 배포되고 있어 이의 삭제를 요구해도 관련 영상이 끊임없이 업로드 되어 한 여성이 자살한 사건도 발생했다. 웹하드 업체와 관련 개인정보 삭제를 대행해 주는 디지털 장의사 업체가 같은 경영지배구조상에 있어 의뢰인의 동영상 등 개인정보 삭제에 제 역할을 하지 못한다는 사실이 TV 다큐멘터리[470]와 국정감사 등에서 밝혀졌다. 한때 자유와 방임이 요구되는 공간으로 생각되었던 인터넷과 사이버스페이스에서도, 이제는 운영자와 유저의 다양한 행태 중 범죄행위에 대하여 사이버 범죄로 적극적으로 국가와 사회가 대처해야 할 필요가 있게 되었다.

또한, 정부는 국가기관의 시스템을 타깃으로 하는 사이버 테러와 사이버 범죄를 통제하고, 인터넷에서도 어떠한 규칙이 필요하다는 강한 주장을 하게 된다. 또한, 종래 자유공간이던 인터넷에서, 관련 범죄행위에 어떻게 대처할까, 그리고 인터넷의 시큐리티를 어떻게 확보할까도 중대한 문제가 되었다.[471] 사이버 시큐리티가 확보될 수 있어야만, EU의 경쟁력과 성장이 확실한 것이 된다는 생각에 기반,[472] EU의 정책입안·집행

---

470) '그것이 알고 싶다' 웹하드 업체, 성범죄 피해자에 돈까지 챙겼나, 2018. 7. 29. 00:08:45
http://m.newsen.com/#forward#07pz

471) 松井茂記·鈴木秀美·山口いつ子, 『インターネット法』, 有斐閣(2015), 17면.

472) EU는 2016년 5월에 EU 전체에 네트워크 및 정보시스템의 시큐리티를 향상시키기 위한 지침을 제정했다. 이것은 EU의 역

기관인 집행위원회(European Commission, EC)가 2010년 5월에 집행위원회(정책문서)로 공표한 'EU를 위한 디지털 어젠다(Digital Agenda for Europe)'에서는 "사이버 범죄"가 디지털경제 성장의 주요한 장애의 하나가 되고 있다는 점을 지적하고, 사이버 공간에서 "신뢰와 안전"의 확보를 EU의 행동영역에 포함하고 있다.

사이버 범죄[473]는 종래의 컴퓨터범죄와 같이 컴퓨터라는 기술 문명의 등장에 따라, 일반적인 컴퓨터범죄의 특성과 함께 정보통신망이라는 네트워크의 특성을 가진 범죄, 가상공간에서 발생하는 모든 범죄행위·사이버 공간을 이용해서 저질러지는 범죄, 사이버 공간에서 획득한 정보를 악용하여 공공복리를 저해하고 건전한 사이버 문화에 해를 끼치는 범죄행위 등 사이버범죄의 개념이 다양하게 사용되고 있다.[474]

2. 사이버 범죄 개념

사이버 범죄[475]의 개념은 종래의 컴퓨터범죄와 같이 컴퓨터라는 기술문명의 등장에 따라, 일반적인 컴퓨터범죄의 특성과 함께 정보통신망이라는 네트워크적 특성을 가진 범죄, 가상공간에서 발생하는 모든 범죄행위·사이버 공간을 이용해서 저질러지는 범죄, 사이버 공간에서 획득한 정보를 악용하여 공공복리를 저해하고 건전한 사이버 문화에 해를 끼치는 범죄행위 등 사이버 범죄의 개념이 다양하게 사용되고 있다.[476]

사이버 범죄라는 개념을 정립하기 위해서는 그 기초가 되는 하이테크·인터넷·디지털 등과 같은 용어 자체가 명확하게 정립되어야 하지만, 개념 정립에 기초가 되는 용어 자체도 명확하게 정의하기가 어려우므로, 사이버 범죄라는 개념을 명확하게 정의하기

내 전체에 적용되는 최초의 사이버 시큐리티에 관련한 지침이며, "① 사이버 시큐리티의 중요 과제에 있어 가맹국가 간에 협력관계를 강화한다. ② 에너지·교통·건강·금융 등 중요한 서비스 분야의 운영주체 및 오프라인 시장, 검색엔진, 클라우드 서비스 등 디지털 서비스의 제공주체에 시큐리티 상의 의무를 부과한다. ③ 가맹 국가는 하나 또는 그 이상의 국가기관을 지정하여 사이버 위협에 대처하기 위한 전략을 세운다."는 내용을 포함한다. 또한, EU는 이후 가맹국 당국이 회원이 되는 컴퓨터 시큐리티 관련 문제 대책팀을 결정하는 외에, 사이버 시큐리티의 문제에 대하여 가맹국에서 정보공유와 가이드라인의 작성 등을 통하여, 이 지침을 국내법화하여 운용하는 것에 대하여, 집행위원회와 가맹국이 서로 협력해 나가는 것을 기획하고 있다. 庄司克宏の外5人, 前揭書, 13면.

473) 우리나라에서 사이버 범죄라는 용어는 1999년에 경찰청 사이버 범죄수사대 창설과 함께 공식적으로 용어를 사용하게 되었고, 이후 2000년 8월 29일 조응규의원 등 20인으로부터 발의된 정보통신망이용촉진및정보보호등에관한법률(법률 제6360호, 2001년 1월 16일 제1차 전부개정)이 전면 개정되면서부터 본격적으로 사용되었다.

474) 장윤식, 국가 사이버범죄 전략에 관한 연구, 고려대학교 박사학위 논문, 2014.6, 9면 참조.

475) 우리나라에서 사이버범죄라는 용어는 1999년에 경찰청 사이버범죄수사대 창설과 함께 공식적으로 용어를 사용하게 되었고, 이후 2000년 8월 29일 조응규의원 등 20인으로부터 발의된 '정보통신망 이용 촉진 및 정보보호 등에 관한 법률'(법률 제6360호, 2001년 1월 16일 제10차 전부개정)이 전면 개정되면서부터 본격적으로 사용되었다.

476) 장윤식, 국가 "사이버범죄 전략에 관한 연구", 고려대학교 박사학위 논문(2014. 6), 9면 참조.

어렵다. 다만, 사이버 범죄는 컴퓨터범죄가 발생된 이후 인터넷이 발달하였고, 인터넷을 이용하여 발생한 범죄를 인터넷범죄로 볼 수 있으며, 인터넷을 연결하여 만들어진 가상공간에서 발생하는 범죄를 사이버 범죄로 볼 수 있다. 따라서 사이버 범죄는 컴퓨터와 인터넷의 결합으로 발생한 가상의 공간에서 발생한 범죄로 볼 수 있다.[477]

Ⅱ. 사이버 범죄의 유형

1. 사이버 범죄의 구분

사이버 범죄는 일정 부분 현실 공간에서 발생하는 범죄행위들과 같은 유형으로 나타나는 경우가 있다. 이미 앞 장에서 여러 번 언급한 명예훼손죄가 그러하다. 그렇다면 이를 전통적인 범죄로 볼 것인가, 아니면 사이버 공간에서 발생하는 독특한 범죄로 볼 것인가? 명예훼손의 경우 현실 세계에서 발생하면 단순한 명예훼손으로 볼 수 있고, 사이버상에서 발생하면 사이버 명예훼손으로 볼 수 있다. 물론 양자는 범죄행위가 동일하지만, 인터넷 사용 유무로 구분하여 형법과 특별법으로 처벌한다. 반면, 명예훼손과 비슷한 모욕죄의 경우는 현실 세계와 사이버상에서 발생하지만 명예훼손과 달리 형법으로만 처벌하기 때문에 단순히 인터넷 사용 유무로 구분하기 어려운 부분이 있다.

김종섭 교수는 전통적 범죄와 신종범죄로 구분한다. 이 견해는 인터넷이 발달함에 따라 현실 세계에서 발생하던 범죄가 인터넷 공간을 범행수단으로 이용하여 발생하는 범죄, 즉 전통적 범죄와 사이버 공간이 등장함으로써 새롭게 발생한 신종범죄로 구분하는 견해로 전자는 명예훼손·사기·도박·성범죄이며, 후자는 해킹·바이러스·저작권 등이다.

사이버 경찰청에서는 사이버 테러형 범죄와 일반 사이버 범죄로 구분한다. 이 견해는 해킹·악성프로그램 유포와 같이 고도의 기술적 요소가 포함되어 정보통신망 자체에 대한 공격행위를 통해 이루어지는 것을 사이버테러형 범죄로, 사기·불법복제·유해사이트·명예훼손·개인정보침해·음란 등과 같이 사이버 공간이 범죄의 수단으로 사

---

477) 강동범, "사이버범죄 처벌규정의 문제점과 대책", 형사정책 제19권 제2호 (2007), 34면; 김동환, "사이버범죄 예방에 관한 연구", 박사학위논문, 창원대학교(2010), 6면.

용된 유형을 일반 사이버 범죄로 구분한 것이다.[478] 이외에도 사이버 공간을 합법적으로 이용하는 범죄와 사이버 공간을 불법적으로 침입하여 이루어진 범죄로 구분하는 견해와 사이버 범죄의 유형을 사이버공간을 합법적으로 이용한 범죄(사이버공간을 이용한 전통적 범죄와 사이버공간에서만 존재하는 재물의 침해나 캐릭터의 인격권침해 구분), 보호되는 사이버공간을 불법적으로 침입하여 이루어진 범죄로 구분[479]하기도 한다.

(자료 : 한국 형사 정책 연구원)

[사이버 범죄의 유형별 비율]

이처럼 각자마다 사이버 범죄의 유형을 달리 설명하고 있다. 여기에서는 전통적 범죄와 신종범죄로 구분하여 형법적 범죄와 개별법적 범죄로 구별한다. 즉 현실 세계에서 발생하고 형법으로 처벌하던 범죄인 명예훼손·사기·모욕·음란·도박·업무방해·비밀침해를 전자의 범죄로 구분하고, 후자는 각 개별법으로 처벌하고 있는 해킹·바이러스·불법복제·개인정보침해·스토킹 범죄로 구분하여 서술한다.

2. 사이버 범죄의 형태

(1) 형법상의 범죄

가. 컴퓨터등 사용사기죄

인터넷 사기죄는 컴퓨터가 보급되기 시작할 때부터 발생해온 범죄이다. 형법 제347

---

478) 또한, 해킹기술의 사용 유무를 기준으로 구분하는 견해도 있다. 즉, 해킹기술을 통해 범행이 발생하는 스파이·테러·폰프리킹·홈뱅킹 사기, 홈페이지 훼손 그리고 해킹기술을 사용하지 않고 인터넷을 통해 불량 정보유통·판매사기·저작권침해·도박 사이트 운영·매매춘알선·명예훼손·스토킹 등으로 구분한다는 것이다.

479) 허일태, "사이버범죄의 현황과 대책", 동아법학 제27권(2000), 72면.

조 제1항 단순사기죄는 사람을 기망하여 재물 또는 재산상 이익을 취득하는 행위인데, 과거에 발생한 사기죄는 컴퓨터를 도구로 하여 컴퓨터에 부정한 명령 혹은 허위 정보를 입력하는 행위이기 때문에 동죄로 처벌하기에 곤란한 부분이 있었다. 왜냐하면, 단순 사기죄는 사람을 기망하여 이익을 취득해야 하는데 컴퓨터와 전자기기는 사람을 기망할 수 없기 때문이다. 이러한 이유로 1995년 12월 29일에 **형법 제347조의2 "컴퓨터 등 사용사기죄"를 신설하였다.** 이후 타인의 신용카드와 비밀번호를 무권한자가 사용하여 현금을 인출하는 범법행위가 발생하였으나, 본조를 적용하지 못하고 절도죄로 처벌할 수 없는 문제를 해결하고자 2001년에 권한 없는 정보의 입력·변경이 추가되었다.[480] 1980~1990년대 사기죄는 주로 허위입력 등으로 인한 방법으로 재산상 이익을 취득하는 경우였다. 그러나 쇼핑사이트를 만들어 놓고 무료배송 또는 타 사이트보다 저렴하게 판매하는 광고를 한 후 고객에게 제품을 판매한 후 물건을 보내지 않고 돈만 받아 챙기고 잠적한 사례도 있었다. 여기에 관한 인터넷 공간에서 발생하는 사기죄의 처벌사례로는 중고물품을 거래하는 인터넷 사이트에서 헤드셋과 컴퓨터 마우스를 구매한다고 글을 올린 피해자에게 전화하여 10만원을 입금하면 보내주겠다고 하였으나 실제로는 헤드셋과 컴퓨터 마우스를 보내주지 않고 사람을 기망하여 재물을 교부받아 기소되어 처벌받은 사건이 있었다.[481]

그리고 컴퓨터를 해킹하여 인터넷뱅킹의 아이디와 비밀번호를 갈취하여 돈을 자신의 계좌로 이체하는 경우, 인터넷 쇼핑몰을 해킹하여 물품대금 입금계좌를 바꿔치기하여 대포통장에 이체하는 행위, 경매 사이트에서 경매가격을 부당하게 높이는 행위, 인터넷 메신저에서 친구에게 급하게 돈을 빌려달라거나 결제를 대신 해달라고 하는 경우 등이 발생하고 있다.

또한, 근래에 들어서 유명은행이나 전자거래업체 등의 홈페이지와 동일하게 보이는 위장홈페이지를 만든 뒤, 인터넷 이용자들에게 이메일을 보내 위장 홈페이지에 접속하도록 하는 등의 기망행위를 통하여 계좌번호·주민등록번호 등의 개인정보를 입력하도록 유인하는 피싱(개인정보와 낚시의 합성어)과 같은 신종사기 수법과, 합법적으로 소유하고 있던 사용자의 도메인을 탈취하거나 도메인시스템 이름을 속여서 사용자들이

---

480) 형법 제347조의2(컴퓨터등 사용사기) 컴퓨터등 정보처리장치에 허위의 정보 또는 부정한 명령을 입력하거나 권한 없이 정보를 입력·변경하여 정보처리를 하게 함으로써 **재산상의 이익**을 취득하거나 제3자로 하여금 취득하게 한 자는 10년 이하의 징역 또는 2천만원 이하의 벌금에 처한다.

481) 부산지방법원 2008.8.22 선고 2008고단2906 판결.

진짜 사이트로 오인하도록 유도하는 피싱의 변형된 인터넷 사기기법인 파밍과 같은 신종수법도 발생하고 있다. 현재 인터넷 사기죄가 발생한 경우에는 형법 제347조(사기죄)로 처벌하기보다는 형법 제347조의2(컴퓨터 등 사용사기죄)로 처벌한다. 그런데 컴퓨터사용사기죄는 조문에서 재산상의 이익을 취득하는 등의 행위를 처벌하고 있어 순수한 이득죄에 해당한다. 따라서 현금자동지급기에서 현금을 인출하는 행위는 여전히 절도죄가 된다. 대법원 2005도3516 판례에서는 예금주인 현금카드 소유자로부터 일정한 금액의 현금을 인출해 오라는 부탁을 받고, 그 위임받은 금액을 초과하여 현금을 인출한 행위에 대하여 "인출한 현금 총액 중 인출을 위임받은 금액을 넘는 부분의 비율에 상당하는 재산상 이익"을 침해한 것으로 컴퓨터등사용사기죄가 성립한다고 보았다.[482]

나. 컴퓨터등 업무방해죄

과거 컴퓨터 시스템을 파괴하거나 기타 불법적인 방법으로 정보처리에 장애를 발생시키는 행위는 형법의 업무방해죄와 본질은 동일하지만 위계·위력이 사람을 전제로 하기 때문에 컴퓨터에 대한 가해행위는 형법 제314조(업무방해죄)로는 처벌할 수 없는 부분이 있어 이를 처벌하기 위해 1995년 형법 개정 시 형법 제314조 제2항(컴퓨터 등 업무방해죄)을 신설하였다. 즉, 동죄는 컴퓨터의 대량 보급과 개인 또는 국가기관의 업무가 자동화되면서 사무 대부분이 컴퓨터에 의해 처리됨에 따라 기타 불법적인 방법으로 정보처리에 장애를 발생시키는 행위가 사람을 전제로 하는 형법의 업무방해죄로 처벌할 수 없는 부분과 구성요건을 명확하기 위해 마련된 조항으로 볼 수 있다.[483] 이처럼 컴퓨터 또는 전자기기를 이용하여 업무를 방해하는 행위를 하는 경우에는 형법 제314조 제1항(업무방해죄)대신 동조 제2항(컴퓨터 등 업무방해죄)[484]와 정보통신망법 제48조(정보통신망 침해행위 등의 금지)[485]·제71조(벌칙)로 처벌하며, 그 유형으로는

---

482) 이정훈, "정보통신기술의 발전에 따른 형사법적 대응과정에 관한 고찰", 중앙대·부산대 법학전문대학원 공동학술대회, 2023. 1. 23, 59면.

483) 이정훈, "사이버범죄에 관한 입법동향과 전망", 사이버커뮤니케이션학보 제20권(2006), 239면; 임웅, 『형법각론』, 법문사(2013), 225면.

484) 형법 제314조(업무방해) ① 제313조의 방법 또는 위력으로써 사람의 업무를 방해한 자는 5년 이하의 징역 또는 1천500만원 이하의 벌금에 처한다.
② 컴퓨터등 정보처리장치 또는 전자기록등 특수매체기록을 손괴하거나 정보처리장치에 허위의 정보 또는 부정한 명령을 입력하거나 기타 방법으로 정보처리에 장애를 발생하게 하여 사람의 업무를 방해한 자도 제1항의 형과 같다.

485) 정보통신망법 제48조(정보통신망 침해행위 등의 금지) ① 누구든지 정당한 접근권한 없이 또는 허용된 접근권한을 넘어 정보통신망에 침입하여서는 아니 된다.

네이버·다음 등 포털사이트에 허위로 클릭 수를 조작하여 검색순위가 변경되게 하거나, 특정 프로그램을 통해 특정 포털의 검색결과를 보여주고 사용자를 연결함으로써 이득을 취한 행위, 또는 타인의 컴퓨터에 접속하여 컴퓨터 바이러스 또는 악성프로그램을 이용하여 업무에 관한 중요한 자료를 삭제하는 행위가 있다.

컴퓨터 등 업무방해죄로 처벌한 사례는 포털사이트 운영회사의 통계·집계시스템 서버에 허위의 클릭정보를 전송하여 그 정보가 검색순위 결정 과정에 반영된 경우, 컴퓨터 등 업무방해죄로 처벌한 사건이 있었다.[486] 이외에도 불특정 다수가 이용하는 컴퓨터에 자신들의 프로그램을 설치하여 경쟁업체 프로그램이 정상적으로 사용되거나 설치되지 못하도록 함으로써 인터넷 이용자들의 인터넷 이용에 관한 업무를 방해하였다고 하여 컴퓨터 등 업무방해로 기소되어 처벌한 사건이 있었다.[487]

다. 모욕죄

인터넷상에서 발생하는 모욕은 명예훼손과 같이 주로 댓글이나 인터넷 게시판을 이용하여 발생하며, 유명 연예인이나 유명 정치인 이외에도 일반인도 대상이 된다. 일반인을 대상으로 한 모욕의 대표적인 예로는, 한 여성이 지하철에 애완견을 데리고 탑승을 했는데 그 애완견이 설사를 하였고, 주인은 지하철 바닥에 있는 개의 배설물을 치우지 않고 내렸다. 이후 개의 배설물을 어떤 할아버지가 치웠고, 이를 촬영한 한 네티즌이 2005년 6월경에 인터넷 게시판에 게재하였다. 이후 촬영한 동영상과 글이 여러 사이트로 퍼져나갔고, 이를 본 네티즌들이 애완견 주인을 모욕한 사건이 이른바 '개똥녀 사건'이다. 노인석에 앉아있는 여학생에 자리를 양보해달라는 70대 이상의 할머니에게 반말과 욕설을 한 사건인 '지하철 패륜녀 사건', 2011년 6월 서울 지하철에서 한 할머니가 엄마와 함께 탑승한 아이를 '예쁘다'고 만지자 아이의 엄마가 가지고 있던 1.5리터 페트병으로 할머니의 얼굴을 가격한 사건인 '지하철 할머니 폭행녀 사건', 지하철에서 다리를 꼬고 앉아 옆 사람에게 피해를 주는 것을 지적한 할아버지를 향해 차마 입에 담을 수 없는 욕설과 폭언을 한 사건인 '지하철 막말남 사건' 등이 있었다.[488]

---

② 누구든지 정당한 사유 없이 정보통신시스템, 데이터 또는 프로그램 등을 훼손·멸실·변경·위조하거나 그 운용을 방해할 수 있는 프로그램(이하 "악성프로그램"이라 한다)을 전달 또는 유포하여서는 아니 된다.
③ 누구든지 정보통신망의 안정적 운영을 방해할 목적으로 대량의 신호 또는 데이터를 보내거나 부정한 명령을 처리하도록 하는 등의 방법으로 정보통신망에 장애가 발생하게 하여서는 아니 된다.

486) 대법원 2009.4.9. 선고 2008도11978 판결.

487) 대법원 2011.5.13. 선고 2008도10116 판결.

그리고 일반인을 상대로 발생한 모욕은 대부분 촬영기술의 발달과 인터넷의 발달로 새로운 국면을 맞게 되었다. 휴대기기로 촬영된 동영상 또는 사진을 인터넷 게시판에 게재하여 불특정 다수인이 동영상 또는 사진을 보고 언어폭력을 행사하게 되었다. 특히 최근의 사례만 보더라도 모욕 행위가 정도를 벗어나고, 사회적으로 큰 파문을 일으키고 있어 일부에서는 인터넷 공간에서 발생하는 모욕죄를 따로 처벌하자는 의견까지 나오게 되었다. 사이버 모욕죄를 신설하려는 논의가 2005년 이후 꾸준히 연구되고 정보통신망법 개정안으로 제시된 바도 있지만 아직 사회적 합의가 이루어지지 않아 법규에 포섭되지 않았다. 현재는 현실 세계에서 발생하거나, 인터넷 공간에서 발생한 모욕죄는 형법 제311조(모욕죄)로만 처벌한다.[489]

라. 명예훼손죄

인터넷이 대중화되면서 현실 세계에서 발생하던 명예에 관한 죄가 최근 사이버 공간에서 빈번하게 발생하고 있다. 명예훼손은 공연히 사실을 적시하거나, 허위의 사실을 적시하여 사람의 명예를 훼손한 자로 볼 수 있다. 따라서 사이버 공간에서 발생한 명예훼손의 개념은 타인을 비방할 목적으로 불특정 다수가 접근 가능한 공간, 즉 인터넷 게시판·블로그·미니홈피 등에서 공연히 사실을 적시하거나 허위의 사실을 적시하여 사람의 명예를 훼손하는 동영상이나 사진 또는 글을 작성하는 행위라고 볼 수 있다. 앞 장에서 설명한 것 같이 형법과 정보통신망법 제44조 제1항(사이버 명예훼손) 등에 의해 처벌할 수 있다.

인터넷상에서 발생하는 명예훼손은 인터넷 이용자라면 누구나 쉽게 명예훼손 현장을 목격할 수 있을 만큼 매우 빈번하게 발생한다. 그 이유는 불특정 다수인이 인터넷이라는 공간에서 자유롭게 의사소통하는데, 여기에 익명성·비대면성과 같은 인터넷 특성이 더해지기 때문이다. 의사소통을 자유롭게 하는 대표적인 공간은 미니홈피·인터넷 게시판·블로그 등이 있다. 특히 블로그(blog)는 1인 미디어 방식으로 별다른 생각 없이 개인적인 생각을 글로 작성할 수 있고, 작성된 게시물에 불특정 다수인이 방명록 형태의 댓글을 달 수 있다. 그 때문에 명예훼손이 가장 빈번하게 발생하는 곳이기도 하다.

---

488) 그리고 일반인의 경우에 해당하는 사례로, 스타킹에 출연했던 이은지 양은 당시 함께 촬영한 슈퍼주니어의 멤버 강인과 함께 찍은 사진을 게재하였고, 이를 본 팬들이 이은지 양에게 악성 댓글을 게재하여, 이후 악성 댓글에 시달리던 이은지 양이 자살한 사건과 같이 네티즌에 의해 신상이 공개되어 마녀 사냥식의 댓글 때문에 자살한 사례가 있었다.

489) 김기홍, "사이버 명예훼손과 모욕의 형사책임에 관한 연구", 박사학위논문, 중앙대학교 대학원 법학과(2015.2), 8면 이하 참조.

인터넷 명예훼손은 유명 연예인이나 유명 정치인이 대상에서부터 일반인들에까지 매우 폭이 넓어졌다. 유명인에 대한 명예훼손 사례로는 타블로 사건 등이 있으며, 유명 정치인에 대한 허위사실을 유포한 네티즌을 명예훼손죄로 고소하였다. 즉, 2007년 신정아 학력위조 사건 이후 한 네티즌이 가수 타블로의 학력에 대해 의문을 제기하였다. 이후 대형 포털사이트 네이버에 타진요(타블로에게 진실을 요구합니다)를 개설하였다. 강모 의원이 아나운서를 지망하는 한 여학생에게 '다 줄 생각을 해야 하는데 그래도 아나운서를 할 수 있겠느냐' 등을 말한 내용이 화제가 되었고 이 소식을 들은 현직 아나운서들이 성명서를 내고 명예훼손으로 고소한 사건이었다. 이외에도 미디어 다음에 실린 여성 연예인 A씨에 대한 기사란에 추가 댓글을 달아 수십억 원을 받고 모 재벌의 아이를 낳아준 사실이 있는 것처럼 암시한 혐의로 기소되어 처벌받은 사건이 있었다.[490]

마. 사이버 음란정보유포

사이버 음란정보유포란 정보통신망을 이용하여 전자메일, 게시판, 파일공유사이트 등에 문자, 음향, 부호, 동영상 등의 음란정보를 유포하는 것을 말한다.[491] 인터넷이 발달과 같이 성장해온 범죄 중 하나가 인터넷 음란에 관한 죄이다. 인터넷을 이용한 음란죄가 발생하는 이유는 음란물에 관한 자료의 범람·성 어필 문화·언론보고 등으로 볼 수 있다. 특히, 인터넷 음란물에 관한 자료 범람은 성적으로 충동시킬 뿐만 아니라 구제적인 방법까지 제시하기 때문에 성범죄를 야기 시킬 수 있는 원인 중의 하나이다.[492] 최근에는 음란물에 관한 자료가 인터넷을 이용하여 유통이 되는데 그 방법들을 보면 인터넷 홈페이지를 이용하는 방법·이메일의 첨부 파일을 이용하는 방법·웹하드 또는 P2P 사이트 그리고 인터넷 동호회를 이용하는 방법·이외에 인터넷 응용프로그램을 이용하는 방법 등으로 유통된다.[493] 특히 웹하드·P2P 사이트는 해외에 서버를 두고 운영하는 경우가 많아 발견하기도 어렵고, 발견이 되더라도 법률을 적용하기 어려울 수가

---

490) 대법원 2008.7.10. 선고 2008도2422 판결.

491) 유명연예인들의 성관계장면이나 녹화된 동영상이나 국내외에서 제작된 몰래카메라 동영상을 비롯한 수많은 음란화상 및 동영상들이 인터넷에 유통되고 있고, 이를 입수하기 위하여 수많은 청소년 및 성인들이 많은 시간을 헛되이 보내는 등 중독 증세를 보이고 있어 우리 사회가 크게 병들고 있다. 정완, "사이버음란물 피해의 심각성과 그 대책", 피해자학연구 제11권 제2호, 103면.

492) 주승희, "최근 독일에서의 사이버범죄의 발생 현황 및 대처 노력", 法學論叢 제22권 제3호(2015.12), 30면 이하 참조.

493) 박희영, "사이버 음란물에 대한 형법적 대응 방안: 전기통신기본법상 전기통신역무이용 음란물죄의 해석을 중심으로", 법학연구 제41권 제1호(2000), 251면.

있다.

이러한 사이버 음란정보유포행위에 대해서는 정보통신망법, '성폭력 범죄자의 처벌 등에 관한 특례법' 그리고 '아동·청소년의 성보호에 관한 법률'이 적용된다. 인터넷 공간에서 발생하는 음란에 관한 범죄를 처벌할 수 있는 법조항으로는 형법 제243조(음화반포 등)[494]·제244조(음화제조 등), 정보통신망법 제42조(청소년유해매체물의 표시)·제42조의2(청소년유해매체물의 광고금지)·제44조의7(불법정보의 유통금지 등), '성폭력 범죄의 처벌 등에 관한 특례법' 제12조(통신매체를 이용한 음란행위)·제13조(카메라 등을 이용한 촬영)·제14조(미수범), 전파법 제85조(벌칙), 청소년보호법 제16조(판매 금지 등)·제22조(외국 매체물에 대한 특례)·제58조(벌칙), '영화 및 비디오물의 진흥에 관한 법률' 제53조(불법비디오물의 판매 등의 금지), '풍속영업의 규제에 관한 법률' 제3조(준수 사항)등이 있다.[495]

바. 도박·도박개장죄

인터넷 도박을 하거나, 운영을 하는 경우 처벌조항은 형법 제246조(도박, 상습도박)·제247조(도박개장), '게임산업진흥 등에 관한 법률' 제28조(게임물 관련사업자의 준수사항), '사행행위 등 규제 및 처벌 특례법' 제30조(벌칙) 등으로 처벌할 수 있다.

2011년 전북 김제의 한 마늘밭에서 발견된 110억 원 돈 출처가 불법 인터넷 도박 사이트를 운영하여 벌어들인 수익금으로 밝혀져 큰 충격을 주었다. 구 게임물등급위원회 심의를 받고 겉으로 보기에 포커나 고스톱 게임을 제공하는 정식 게임 사이트처럼 운영하지만 실제로는 해외에 서버를 두고 불법적으로 현금 또는 신용카드 등을 이용하여 인터넷 공간에서 현금처럼 사용할 수 있는 돈을 환전하여 게임을 하도록 하는 방식으로 운영하는 범죄이다.[496]

처벌사례로는 2000년대에 인터넷 고스톱게임 사이트를 유료화하는 과정에서 사이트를 홍보하기 위하여 고스톱대회를 개최하면서 참가자들로부터 참가비를 받고 입상자들

---

494) 형법 제243조(음화반포 등) 음란한 문서, 도화, 필름 기타 물건을 반포, 판매 또는 임대하거나 공연히 전시 또는 상영한 자는 1년 이하의 징역 또는 500만 원 이하의 벌금에 처한다.

495) 이원상·채희정, 『사이버범죄의 새로운 유형과 형사정책적 대안연구』, 한국형사정책연구원(2010.12), 61면 참조.

496) 유럽에서는 인터넷에서 이루어지는 도박이 도박장이라는 용어에 포함되는지에 대해서는 이론의 여지가 있는 것으로 보인다. 판례에 따르면 부동산뿐만 아니라 지속적인 성격을 지닌 모든 시설물이 여기에 해당된다. 따라서 인터넷에서 이루어지는 도박도 '도박장'이라는 개념에 포함된다. 이를 위반하는 자는 3년의 자유형 및 9만 유로의 벌금형에 처해지며, 조직적 단체의 조직원은 가중 처벌된다. Eric Hilgendorf, 유럽에서의 사이버범죄의 새로운 유형과 형사정책, 형사정책연구원, 2010.12, 109면.

에게 상금을 지급한 행위에 대하여 형법 제247조 도박개장죄를 인정한 사례[497]와 불법 인터넷 도박 사이트에 가입하여 도박 사이트에서 코인 충전을 하여 도박한 자에 대해 형법 제246조 도박죄로 처벌한 사례도 있다.[498] 현재 게임물의 윤리성 및 공공성 확보, 사행심유발 또는 조장에 대한 방지, 청소년의 보호, 불법게임물의 유통 방지에 대한 업무는 '게임산업진흥에 관한 법률' 제16조에 의해 게임관리위원회의 소관이 되었다.

(2) 개별법상 범죄

가. 사이버스토킹

사이버스토킹이란 인터넷 게시판, 대화방, 이메일 등 정보통신망을 통하여 상대방이 원하지 않는 접속을 지속적으로 시도하거나 욕설, 협박 내용을 담고 있는 메일 송신 행위를 지속하는 것을 말한다.[499] 그리고 사이버공간에서 발생하는 스토킹은 인터넷이 연결된 전자기기 등을 이용하여 공포심이나 불안감을 유발하는 부호·문언·음향·화상 또는 영상을 반복적으로 상대방에게 도달하도록 하는 내용의 정보를 반복적으로 함으로써 상대방으로 하여금 두려움이나 불안함을 느끼게 하는 행위로 볼 수 있다.[500] 또한, 사이버스토킹은 반드시 인터넷상에서 컴퓨터를 통해서 이루어지는 것이 아니고, 회사 내부 전산망에서 이루어지는 것과 팩스·휴대전화 등을 통해 이루어지는 것도 포함하는 개념으로 볼 수 있다.[501]

국내에서는 1999년·2003년·2005년에 스토킹을 처벌할 수 있는 입법을 제정하기 위한 시도들이 있었으나, 국회의원의 임기만료 등의 이유로 폐지되거나 철회되었고, 현재는 입법제안의 측면에서 뿐만 아니라 관련 문제에 대한 학계에서의 구체적인 논의도 현실적인 관심에서 밀려난 상태이다. 스토킹 범죄행위는 현실 세계와 인터넷 공간을 가리지 않고 발생한다. 현실 세계에서 스토킹 범죄가 발생한 경우는 경범죄처벌법으로 처벌하고, 인터넷 공간에서 발생하는 경우는 정보통신망법 제44조의7(불법정보의 유통

---

497) 서울중앙지방법원 2001.10.16 선고 2001노5722 판결.

498) 부산지방법원 2008.11.10 선고 2008고정5088 판결.

499) 이원상·채희정. 앞의 보고서, 53면.

500) 법집행기관들은 20─40%의 스토킹사례들이 전자수단과 관련되어 있다고 추산하고, 다른 전자수단 중 인터넷이 피해자에 대한 개인정보를 수집하고 그의 행동을 감시하고 스토커의 인적사항을 숨기기에 매우 유용하다고 평가한다. 이상현, 『미국 사이버범죄의 현실, 법, 실무』 형사정책연구원(2010.12), 55면.

501) 이정훈, 앞의 논문, 261면.

금지 등) 제1항[502] · 제74조(벌칙)에 따라 처벌을 받는다.

인터넷 공간에서 발생하는 스토킹 유형으로는 개인을 대상으로 이메일·미니홈피·블로그·트위터·문자메시지 등에 지속적으로 접촉을 요구하거나, 웹하드·P2P 사이트에 타인의 개인정보와 함께 성적 사생활을 폭로하여 원치 않는 전화를 받게 하는 행위, 정보통신망을 이용하여 특정인에게 원하지 않는 접근을 지속적·반복적으로 시도하여 성적 괴롭힘을 하는 유형이 있다.[503]

나. 해킹

해킹에는 보안 취약점이 존재하는 시스템에 해커가 침입하여 해당시스템을 조작한 후 그 시스템을 이용하여 스팸메일을 재전송하도록 만드는 '스팸릴레이', 보안 취약점이 존재하는 시스템을 해킹하여 관리자 권한을 획득한 후 해당 시스템에 피싱을 위한 가짜 사이트를 개설하여 해킹된 서버가 피싱을 위한 경유지로 이용되도록 만드는 '피싱 경유지 해킹', 해커가 원격지 시스템을 해킹하여 홈페이지의 내용을 임의대로 변경하는 '홈페이지 변조', 네트워크를 따라 흐르는 데이터를 중간에서 가로채는 '스니핑(Sniffing)', 스니핑과 유사한 방식이지만 스니핑보다 한 단계 더 발전된 '스푸핑(Spoofing)', 회원정보를 그 동의 없이 가져가는 일종의 해킹 프로그램인 '스파이웨어'가 있다.[504]

해킹을 위해서는 컴퓨터 또는 전자기기에 인터넷이 연결해야 한다. 그래서 해킹은 인터넷 발달과 함께 자라온 신종 범죄로 볼 수 있다. 물론 인터넷이 대중화되기 전까지

---

502) 제44조의7(불법정보의 유통금지 등) ① 누구든지 정보통신망을 통하여 다음 각 호의 어느 하나에 해당하는 정보를 유통하여서는 아니 된다.
  1. 음란한 부호·문언·음향·화상 또는 영상을 배포·판매·임대하거나 공공연하게 전시하는 내용의 정보
  2. 사람을 비방할 목적으로 공공연하게 사실이나 거짓의 사실을 드러내어 타인의 명예를 훼손하는 내용의 정보
  3. 공포심이나 불안감을 유발하는 부호·문언·음향·화상 또는 영상을 반복적으로 상대방에게 도달하도록 하는 내용의 정보
  4. 정당한 사유 없이 정보통신시스템, 데이터 또는 프로그램 등을 훼손·멸실·변경·위조하거나 그 운용을 방해하는 내용의 정보
  5. 「청소년 보호법」에 따른 청소년유해매체물로서 상대방의 연령 확인, 표시의무 등 법령에 따른 의무를 이행하지 아니하고 영리를 목적으로 제공하는 내용의 정보
  6. 법령에 따라 금지되는 사행행위에 해당하는 내용의 정보
  6의2. 이 법 또는 개인정보 보호에 관한 법령을 위반하여 개인정보를 거래하는 내용의 정보
  6의3. 총포·화약류(생명·신체에 위해를 끼칠 수 있는 폭발력을 가진 물건을 포함한다)를 제조할 수 있는 방법이나 설계도 등의 정보
  7. 법령에 따라 분류된 비밀 등 국가기밀을 누설하는 내용의 정보
  8. 「국가보안법」에서 금지하는 행위를 수행하는 내용의 정보
  9. 그 밖에 범죄를 목적으로 하거나 교사(敎唆) 또는 방조하는 내용의 정보

503) 정완, "인터넷범죄의 형사법적 과제와 전망", 인터넷법연구 제2호(2003), 228면.

504) 이원상·채희정, 앞의 보고서, 36~37면 참조.

해킹하는 해커들은 보통 개인의 이득을 취하기 위해 행위를 하였다. 그러나 인터넷이 발달하면서 해킹의 대상은 점차 네트워크에 연결된 다른 컴퓨터로 옮겨져 범죄를 목적으로 하거나, 자신의 실력을 과시하기 위해 해킹행위를 하게 되었다. 사실 해킹은 보안기술을 좋은 방향으로 활용하여 자신과 타인에게 기여하는 것을 뜻하고, 반대로 그 기술을 악용하여 개인적인 이득을 취하거나 파괴적인 행위로 만족을 얻고자 하는 것을 크래킹이라고 하지만 해킹은 컴퓨터가 일반화되면서 점차 나쁜 의미로 변질하였다.[505] 여기서 말하는 해킹이란 컴퓨터를 이용하여 다른 사람이나 기관의 컴퓨터 등 정보처리장치 또는 정보처리기에 침입하여 기술적인 방법으로 다른 사람의 컴퓨터 등 정보처리장치가 수행하는 기능이나 전자기록에 함부로 간섭하는 일체의 행위를 말한다.[506]

해킹은 범죄유형·침해유형·발생유형에 따라 처벌법규가 산재되어 있다. 해킹범죄의 행위유형으로는 무단침입·비밀침해·자료삭제·자료변경·업무방해·재산취득으로 볼 수 있다.[507] 처벌법규로는 형법 제227조의2(공전자기록위작 변작)·제232조의2(사전자기록 위작 변작)·제314조 제2항(업무방해죄)·제316조 제2항(비밀침해죄), 정보통신망법 제48조(정보통신망 침해행위 등의 금지)·제72조(벌칙), 정보통신기반보호법 제12조(주요 정보통신 기반시설 침해행위 등의 금지), 통신비밀보호법 제3조(통신 및 대화비밀의 보호)·제16조(벌칙), 물류정책기본법 제33조(전자문서 및 물류정보의 보안) 등으로 처벌한다.

최근에 발생하는 해킹행위로는 기업을 대상으로 하는 개인정보유출범죄와 다른 사람의 컴퓨터에 침입하여 금융 정보를 탈취하거나, 개인파일을 삭제 또는 변경시키는 행위를 하거나, 백신 파일을 삭제 또는 변조하거나, 윈도우 서비스를 강제 종료하는 등 제품의 작동을 방해하는 행위, 이외에도 비정상적인 방법으로 메모리·게임 파일·서버 등에 접근하여 데이터 등을 변조하여 온라인게임 아이템을 탈취하거나 탈취한 아이템을 현금화시키는 범죄행위가 있다.[508]

클라우드 서비스의 개인정보 유출과 관련해서 사건으로는 2012년 8월에 클라우드

---

505) 권영빈, 『컴퓨터시대의 인터넷 윤리』 GS인터비전(2009), 138~139면.

506) 이정훈, 앞의 논문, 264면.

507) 이정훈, 앞의 논문, 248~249면.

508) 사이버범죄의 새로운 양상에 관하여, 모바일기기들과 네트워크는 DDos 공격, SPAM, 피싱과 같은 사이버 공격에 취약하다. 영국법원에서의 최근 황실가족의 핸드폰 사용에 대한 언론의 해킹에 관한 소송에서 나타나듯이, 모바일기기는 사용자의 인식 없이 공격될 수 있다. 미국에서, 크리스 페이지라는 악명 높은 해커는 사적인 컨퍼런스에서 보통 사람들이 널리 퍼진 소프트웨어를 이용하여 모바일폰을 어떻게 도청할 수 있는지를 보임으로써 핸드폰의 취약성을 확인시켜 주었다. 이상현, 앞의 보고서, 52면.

저장 서비스를 제공하는 Dropbox가 해킹당해 사용자의 이메일 명단이 유출되는 사건이 발생했으며 2013년 2월에는 세계 최대의 메모/정보 정리 툴인 에버노트가 해킹당해 사용자명, 전자메일, 암호화된 패스워드 등이 유출됐다. 2014년에는 8월 말에 애플의 아이클라우드(iCloud) 해킹 사건이 있었다.[509] 이 사건 미국의 커뮤니티 사이트인 4Chan에 미국 유명연예인들의 누드 사진이 게시되면서 시작된 이 사건은 애플 아이폰 사용자들의 사진이나 연락처 등이 저장된 아이클라우드가 악의적인 해커에 의해 해킹당한 것으로 나타났다.[510]

또한, 클라우드 서비스 사업자가 사용자의 메일을 검열하고 있다는 것을 알 수 있는 사건이 발생했다. 2014년 4월 초에 구글은 최근 미국 텍사스 휴스턴에 사는 41살 남성의 지메일 계정에서 아동 학대 포르노 사진을 발견하고는 이 남성의 신원을 아동보호기관에 통보하여 경찰은 이 남성을 체포하였다.[511] 이 사건은 단순히 메일 뿐만 아니라 클라우드 서비스 공간에 있는 어떠한 정보도 클라우드 사업자에 의해서 검열될 수 있다는 것을 보여주는 사례가 되었다.[512]

다. 개인정보침해

이제 사람들은 쇼핑·오락·교육·행정·금융업무 등 많은 업무를 인터넷으로 처리하고 있다. 이 과정에서 기업들은 기업의 이익을 위해 경쟁하듯 개인정보를 수집하고 있다. 여기서 말하는 개인정보는 개인의 신체, 재산, 사회적 지위, 신분 등에 관한 사실, 판단, 평가 등을 나타내는 일체의 모든 정보를 뜻한다. 개인정보침해에 관한 유형으로는 이용자 동의 없이 개인정보 수집하거나, 수집된 개인정보를 고지·명시한 범위를 초과하여 목적 외로 이용하는 것이다. 개인정보침해에 관한 처벌규정으로는 형법 제316조(비밀침해죄), 정보통신망법 제22조(개인정보의 수집·이용 동의 등)·제23조(개인정보의 수집제한 등)·제24조(개인정보의 이용 제한)·제25조 제1항(개인정보의 취급위

---

509) 박춘식, "클라우드 보안이 왜 이슈로 대두되는가?", CLOUDSEC 발표자료, 2013. 14~15면.
   <http://www.cloudsec.co.kr/2013/pdf/cloudsec2013_09.pdf>

510) Rik Ferguson, "아이클라우드 해킹 사건에서 얻을 수 있는 교훈", Trend Micro Inc. 2014.9.5,
   <http://www.trendmicro.co.kr/kr/support/blog/naked-celebrities-revealed-by-icloud-hack/index.html>, 2014년 10월 3일
   최종방문

511) 한겨레신문, 2014. 8. 5, "아동포르노' 보는 자, 구글이 감시한다",
   <http://www.huffingtonpost.kr/2014/08/05/story_n_5650688.html>

512) 이인호, 앞의 보고서, 38면.

탁)·제26조 제1항(영업의 양수 등에 따른 개인정보의 이전)·제27조 제1항(개인정보 관리책임자의 지정)·제28조(개인정보의 보호조치)·제29조(개인정보의 파기)·제30조 (이용자의 권리)제1항·제2항·제5항·제6항·제31조 제1항(법정대리인의 권리)·제71조 (벌칙)·제72조(벌칙), 통신비밀보호법 제16조(벌칙)·등에 의해 처벌된다.

기업을 대상으로 개인정보유출 사건이 자주 발생하였고, 대표적인 사건으로 옥션 고객정보유출사건·GS칼텍스 고객정보유출사건·국민은행 개인정보유출사건·리딩투자증권 개인정보유출사건·소니 고객유출사건 등이 있었으며, 기업들이 수집한 개인정보가 유출되는 것이 대부분이다.

개인정보 보호법은 업무상 알게 된 개인정보(제59조[513] 제2호)를 누설하거나 권한 없이 다른 사람이 이용하도록 제공하는 행위"를 금지하고 있고, 5년 이하의 징역 또는 5천만원 이하의 벌금에 처하게 된다(제71조 제5호). 또한 이 법 제60조에 따라 개인정보취급자는 직무상 비밀유지 의무를 부담한다.[514]

기업을 대상으로 개인정보 유출 사건이 발생하는 이유는 과거의 개인정보가 단순한 신분정보에 불과하였지만, 오늘날에는 사회의 구성·유지·발전을 위한 필수적인 요소로 기능하기 때문이다. 그리고 기업에게는 개인의 성명·주민등록번호·주소 및 전화번호 등과 같은 개인정보는 기업이익 창출을 위한 자산적 가치로 평가하기 때문에 범죄의 표적이 된다.[515] 기업의 개인정보 수집방법으로는 경품행사를 통해 개인정보를 작성하도록 하고 개인정보를 이용할 수 있도록 하는 방법, 기업 간에 정보를 주고받는 형식, 그리고 기업 사이트에 가입하면서 작성한 정보 등으로 수집한다.[516]

라. 지식재산권 침해

지식재산권 침해문제는 아날로그 시대부터 논의가 되어왔던 문제였으나, 당시에는

---

513) 제59조(금지행위) 개인정보를 처리하거나 처리하였던 자는 다음 각 호의 어느 하나에 해당하는 행위를 하여서는 아니 된다.
  1. 거짓이나 그 밖의 부정한 수단이나 방법으로 개인정보를 취득하거나 처리에 관한 동의를 받는 행위
  2. 업무상 알게 된 개인정보를 누설하거나 권한 없이 다른 사람이 이용하도록 제공하는 행위
  3. 정당한 권한 없이 또는 허용된 권한을 초과하여 다른 사람의 개인정보를 훼손, 멸실, 변경, 위조 또는 유출하는 행위

514) 김주영, 손형섭, 앞의 책, 251면.

515) 양종모, "사물인터넷(IoT) 관련 사이버범죄 동향 및 형사법적 규제", 형사법의 신동향 통권 제48호(2015. 9), 313면 이하 참조.

516) 2000년 이후로 매해 개인정보의 도용에 따른 범죄 증가, 타인의 정보를 이용하여 특정 웹사이트에 가입하여 불이익을 야기하거나 비용을 전가하는 행위도 심심치 않게 보도되고 있다. 인터넷상에서 개인정보 유출로 인한 경제적 피해를 호소하는 소비자들이 속출하고 개인정보 유통 및 매매가 암암리에 성행하고 있으며, 인터넷 서비스 제공자들의 서버를 해킹하여 회원들의 개인정보 DB를 도용하는 등 개인정보 피해가 위험수준을 넘어섰다. 이원상·채희정, 앞의 보고서, 48면.

그 침해수준이 매우 미미하거나 다른 문제들에 비해 중요성이 높지 않았다. 그러나 인터넷의 발전으로 현대사회는 고도화된 복제기술을 통하여 창작물이 쉽게 재창작되고 있으며, 창작자와 이용자의 구분이 모호해지고 이용자의 사적 이용영역이 넓어진데다 정보의 디지털화로 정보와 자료의 제작·배포·이용이 매우 용이한 환경이 만들어짐에 따라 지식재산권 침해는 중요한 문제로 부각 되고 있다.[517]

과거 저작권자를 보호하고 불법복제를 하는 행위를 처벌하기 위해 1986년 12월 31일 컴퓨터프로그램보호법을 제정하였다. 이 법은 2008년 법률 제8852호까지 11차례 개정되었으나, 2009년 4월 22일 개정된 저작권법에 의거하여 2009년 4월 22일 폐지되었다. 따라서 최근에 발생하고 있는 저작물에 대한 불법복제 처벌은 저작권법으로 처벌한다.

1990년대 이전에는 플로피디스크를 통해 불법복제가 이루어졌다. 또한 당시에는 불법복제가 일반인보다는 일부 사용자들이 활동하는 동호회나 클럽에서 불법프로그램을 제공받는 형태였다. 그러나 1990년대 후반에 들어서는 불특정 다수가 인터넷을 통해 파일형태의 프로그램을 그대로 전송·다운 받을 수 있는 웹하드·P2P 사이트·이메일이 활성화되었다. 그 때문에 언제 어디서든 간단한 검색만으로 쉽게 컴퓨터프로그램·영화·음반 등을 파일형태 그대로 전송·다운 받을 수 있게 되었다. 특히 지금은 CD·DVD·USB·외장하드 등 저장장치가 발달하여 장소를 불문하고 저작권 자료를 다운 받을 수 있고, 소장한 자료를 쉽게 주고받을 수 있으며 또한 영구소장이 가능하다. 저작권침해(불법복제)문제로 크게 부각된 대표적인 사례로는 소리바다사건[518]이다. 이후 2007년 한미FTA 체결에 따른 후속입법으로 저작권법이 강화되면서 대대적으로 단속하게 되었고, 이로 인해 소프트웨어·음악·영화·프로그램 등에 저작권에 대한 인식이 인터넷에서도 높아졌다.[519]

---

517) 이원상·채희정, 앞의 보고서, 59면.

518) 소리바다 운영자는 2000년 5월에 국산 음악파일 공유 프로그램을 개발하여 웹사이트에서 P2P방식의 MP3 음악파일 공유서비스를 제공하고 서버를 이용해 저작권 사용대가를 치르지 않은 MP3 파일의 교환을 매개하였다. 이에 대하여 국내 11개 음반회사가 2002년 7월 9일 소리바다 운영자인 양 모씨 형제를 음반복제권 및 배포권 침해를 이유로 침해금지가처분신청을 하였다. 소리바다시스템은 중앙 서버가 존재하기는 하되 IP주소와 같은 이용자들간 연결에 필요한 정보만 관리함으로써 냅스터 방식에서 문제되던 비대한 중앙서버 운영에 따른 재정적 부담을 해결하면서도 GNUtella(미국 널소프트사가 개발한 프로그램으로 전 세계의 PC를 병렬로 무한히 연결할 수 있어 이론적으로는 전 세계 PC에 들어 있는 모든 파일을 검색할 수 있다.) 방식에서 문제되던 기술적인 병목현상도 동시에 해결한 것으로 평가받고 있다. 법원은 소리바다 프로그램을 이용하여 파일을 업로드 및 다운로드 하는 행위 및 소리바다 서버 3대의 사용을 금지하는 취지의 가처분 결정을 내렸다. 이에 소리바다가 가처분이의신청을 내었고, 2003년 2월 14일 소리바다가 낸 가처분 이의에 대하여 종전의 가처분 결정을 인가하는 판결을 내렸다. 동 판결은 우리나라 법원이 P2P 서비스에 대한 구체적인 법적 평가를 최초로 내린 판결이다. 수원지방법원 2003.2.14. 선고 2002가합284판결; 권상로, "인터넷공유사이트를 통한 음악파일교환에 관한 법적연구: 소리바다 서비스의 음악저작권침해 여부를 중심으로", 법학연구 제30권(2008), 430~431면.

마. 사이버상 성폭력에 대한 벌

2020년 한국에서는 n번방 사건이라는 사이버 범죄가 큰 사회적 문제가 되었다. 갓갓, 박사 등의 인터넷명으로 불린 가해자 피해자를 "스폰 알바"를 모집한다는 등의 방법로 유인하여 얼굴 및 개인정보가 나오는 성적 착취물을 찍게 하고 이를 유포한 디지털 성범죄, 특히 미성년을 대상으로 한 범죄로 크게 사회 문제가 되었다. 1990년대부터 인터넷 대화의 방식은 다양하게 변모하고 있다. 인스턴트 메신저와 인터넷 채팅이 사용되고, 이후 오디오 채팅과 화상채팅이 사용되었다. 예전 드라마에는 주인공이 해외로 유학을 가면 헤어지는 것이 되었다. 하지만 인터넷을 통한 다양한 네트워크 서비스로 원거리 연애가 가능하게 되었다.

본래 섹스란 우리가 생각하는 것만큼 명확하지가 않은데, '상호 이끌림과 욕망' 그리고 '이러한 욕망에 대한 충족'이라고 다소 두리뭉실하게 표현되어 있다고 한다. 또 중요한 점은 섹스는 꼭 육체적 측면에서 정의가 내려진다는 것이 아니라는 점이다.[520] 이러한 의미에서 인터넷의 등장은 섹스의 방식도 변화시켰다. 사이버 공간에서 일어나는 사이버 섹스는 몸의 섹스가 아닌 말의 섹스, 상상의 섹스를 의미한다.[521]

'아동·청소년의 성보호에 관한 법률'은 아동·청소년대상 성범죄의 처벌과 절차에 관한 특례를 규정하고 피해아동·청소년을 위한 구제 및 지원 절차를 마련하고 있다(동법 제1조). 이 법에서는 19세 미만인 아동·청소년에 대한 강간·강제추행 등(아동·청소년에 대한 강간·강제추행 죄)과 장애인 아동에 대한 강간·강제추행 등에 가중처벌 규정을 두고 있다. 제11조(아동·청소년이용음란물의 제작·배포 등)에서는 아동·청소년이용음란물을 제작·수입 또는 수출한 자는 무기징역 또는 5년 상의 유기징역에 처하도록 규정하였다. 영리를 목적으로 아동·청소년이용음란물을 판매·대여·배포·제공하거나 이를 목적으로 소지·운반하거나 공연히 전시 또는 상영한 자는 10년 이하의 징역에 처한다(동조 제2항). 제3조 아동·청소년이용음란물을 배포·제공하거나 공연히 전시 또는 상영한 자는 7년 이하의 징역 또는 5천만원 이하의 벌금에 처한다. 제4조 아동·청소년이용음란물을 제작할 것이라는 정황을 알면서 아동·청소년을 아동·청소년

---

519) 독일, 영국, 프랑스의 사이버범죄에 관한 형법은 인터넷범죄에 효과적으로 대응하는 데에 있어 당분간은 충분해 보인다. 중요한 것은 형법적 규제는 형법 외적조치의 뒷받침이 있어야 한다는 것이다. 즉, 미디어의 역량, 다시 말해 인터넷에서 의미 있는 것들과 의미 없는 것들, 유용한 것과 사회유해적인 것들을 합리적으로 다룰 수 있는 능력을 키우는 것이 무엇보다도 중요하다. 인터넷의 이상발육에 대처함에 있어서 형법은 언제나처럼 오직 최후수단이어야 하는 것이다. Eric Hilgendorf, 전게서, 115면.

520) 크리스핀 더로우·로라 렌젤·앨리스 토믹, 『사이버커뮤니케이션 이론 2.0』 성균관대학교출판부(2004), 242면.

521) 심영희, "사이버 섹스: 새로운 친밀성의 가능성인가?", 아시아여성연구 제44집 제2호(2005), 103면.

이용음란물의 제작자에게 알선한 자는 3년 이상의 징역에 처한다. 제5조 아동·청소년 이용음란물임을 알면서 이를 소지한 자는 1년 이하의 징역 또는 2천만원 이하의 벌금에 처한다고 규정하며 미수범처벌규정도 두고 있다.

이 법 제17조(온라인서비스제공자의 의무)에서는 운영자에게 아동·청소년이용음란물을 발견하기 위하여 대통령령으로 정하는 조치를 취하지 아니하거나 발견된 아동·청소년이용음란물을 즉시 삭제하고, 전송을 방지 또는 중단하는 기술적인 조치를 취하지 아니한 온라인서비스제공자는 3년 이하의 징역 또는 2천만원 이하의 벌금에 처한다. 다만, 온라인서비스제공자가 정보통신망에서 아동·청소년이용음란물을 발견하기 위하여 상당한 주의를 게을리 하지 아니하였거나 발견된 아동·청소년이용음란물의 전송을 방지하거나 중단시키고자 하였으나 기술적으로 현저히 곤란한 경우에는 그러하지 아니하다고 규정하였다.

'성폭력범죄의 처벌 등에 관한 특례법'[522]은 성폭력범죄 피해자의 생명과 신체의 안전을 보장하고 건전한 사회를 조성하기 위한 법으로 형법의 관련범죄를 가중처벌하고 있으며, 제10조(업무상 위력 등에 의한 추행)[523] 제11조(공중 밀집 장소에서의 추행)[524] 제12조(성적 목적을 위한 다중이용장소 침입행위)에 대한 별도의 처벌 규정을 두고 있다.

특히, 이법 제13조(통신매체를 이용한 음란행위)에서는 "자기 또는 다른 사람의 성적 욕망을 유발하거나 만족시킬 목적으로 전화, 우편, 컴퓨터, 그 밖의 통신매체를 통하여 성적 수치심이나 혐오감을 일으키는 말, 음향, 글, 그림, 영상 또는 물건을 상대방에게 도달하게 한 사람은 2년 이하의 징역 또는 500만원 이하의 벌금에 처한다."고 규정하고, 제14조(카메라 등을 이용한 촬영)에서는 "① 카메라나 그 밖에 이와 유사한 기능을 갖춘 기계장치를 이용하여 성적 욕망 또는 수치심을 유발할 수 있는 다른 사람의 신체를 그 의사에 반하여 촬영하거나 그 촬영물을 반포·판매·임대·제공 또는 공공연하게 전시·상영한 자는 5년 이하의 징역 또는 1천만원 이하의 벌금에 처한다. ② 제1항의 촬영이 촬영 당시에는 촬영대상자의 의사에 반하지 아니하는 경우에도 사후에 그

---

522) 성폭력범죄의 처벌 등에 관한 특례법(법률 제15156호, 2017. 12. 12., 일부개정)

523) 제10조(업무상 위력 등에 의한 추행) ① 업무, 고용이나 그 밖의 관계로 인하여 자기의 보호, 감독을 받는 사람에 대하여 위계 또는 위력으로 추행한 사람은 2년 이하의 징역 또는 500만원 이하의 벌금에 처한다.

524) 제11조(공중 밀집 장소에서의 추행) 대중교통수단, 공연·집회 장소, 그 밖에 공중(公衆)이 밀집하는 장소에서 사람을 추행한 사람은 1년 이하의 징역 또는 300만원 이하의 벌금에 처한다.

의사에 반하여 촬영물을 반포·판매·임대·제공 또는 공공연하게 전시·상영한 자는 3년 이하의 징역 또는 500만원 이하의 벌금에 처한다. ③ 영리를 목적으로 제1항의 촬영물을 정보통신망을 이용하여 유포한 자는 7년 이하의 징역 또는 3천만원 이하의 벌금에 처한다."고 규정하여 사이버상의 음란물 유포자 처벌에 대한 구체적인 규정을 두고 있다.

섹스와는 다르게 사이버공간의 익명성이 상대방의 육체적 존재감이 줄 수 있는 부담감을 덜어 준다고 하면서, 온라인 또는 가상현실에서 이루어지는 성행위 경험은 이용자에게 현실과 다름없는 동등한 의미로 받아들여진다고 주장한다. 이러한 이유에서 버추얼섹스는 보다 적극적인 의미로 사이버 섹스, 컴퓨터 매개 섹스라는 표현이 사용되기도 하다.[525] 낸시 듀얼(Nancy Deuel)은 버추얼(virtual) 섹스(sex)는 섹스의 욕구에 대한 창의적인 발산이 상호교감되어 정신적 또는 육체적 흥분을 불러일으키는 것이라고 한다.

인터넷상에 불륜을 유도하는 사이트가 성행한다. 온라인상의 광고 등 새로운 상업적인 방향으로 성장하기도 한다. 그리고 현실적으로 사이버상의 만남이 오프라인상의 만남으로 이어져 긍정적 혹은 부정적인 사회 현상을 보이기도 한다. 나아가 사이버공간에서도 동성애자인 사실을 공개하고 자신들의 집단끼리 함께 모여 활동하기도 한다.

Ⅲ. 성적인 표현물

1. 음란물의 개념

통상적으로 포르노그래피와 유사한 의미로 혼용하는 것으로 우리 형법에서는 음란(Obscenity)이라는 표현을 사용하고 있다. 음란물이란 사전적 정의에 따르면 "음탕하고 난잡한 것"으로서 일반적으로 오로지 성적인 흥미에만 호소하는 표현물로서 성욕 내지 성적 호기심의 충족 외에 별다른 가치나 기능이 없는 표현물을 지칭하는 개념으로 사용된다. 포르노그래피가 보다 넓은 의미의 비법률적·문화적 용어로서 성적 노골성에도 불구하고 나름의 예술성·문학성을 지니고 있는 표현물까지도 포괄하는 개념이

---

525) 크리스핀 더로우·로라 렌젤·앨리스 토믹, 위의 책, 242면.

라면, 음란이라는 용어는 노골적 성행위 묘사 외에 별다른 기능이 없다고 인정되는 것으로서 주로 법률적 차원에서 금지의 대상으로 삼고 있는 성 표현물을 가리킬 때 사용된다.[526]

우리나라의 법률에는 포르노그래피라는 용어대신에 음란이라는 용어만을 사용하고 있기 때문에 음란의 의미에 대하여 사회적인 논쟁이 있으며 이에 대해서는 헌법재판소의 결정과 법원의 판례를 참고할 필요가 있다.

헌법재판소는 미성년자보호법 제2조의2 제1호[527] 사건에서, '음란성'이란 판례상 "일반 보통인의 성욕을 자극하여 성적 흥분을 유발하고 정상적인 성적 수치심을 해하여 성적 도의관념에 반하는 것"[528] 또는 "인간존엄 내지 인간성을 왜곡하는 노골적이고 적나라한 성표현으로서 오로지 성적 흥미에만 호소할 뿐 전체적으로 보아 하등의 문학적·예술적·과학적 또는 정치적 가치를 지니지 않는 것(헌재95헌가16)"[529]으로 정의되고 있어 법관의 보충적인 해석을 통하여 그 규범내용이 확정될 수 있는 개념이라고 판단하였다.[530]

음란의 사전적 의미는 '사람 또는 그 행동이 성(性)에 대해 삼가지 않고 난잡한 경우나 책·그림·사진·영화 등이 그 내용에 있어서 성(性)을 노골적으로 다루고 있어 난잡한 것'으로서, 음란물은 선량한 풍속을 해한다거나 그 사회의 도덕성을 훼손한다는 것을 주된 이유로 하여 오래전부터 규제의 대상이 되어 왔다. 그런데 '음란'이란 개념 자체가 사회와 시대적 변화에 따라 변동하는 상대적, 유동적인 것이고 그 시대에 있어서 사회의 풍속, 윤리, 종교 등과도 밀접한 관계를 가지는 것이며,[531] 인터넷은 진입장벽이 낮고 표현의 쌍방향성이 보장되는 등의 장점으로 오늘날 가장 거대하고 주요한 표현매체의 하나로 자리를 굳혔고, 이와 같은 표현매체에 관한 기술의 발달은 표현의 자유의 장을 넓히고 질적 변화를 야기하고 있으므로, 계속 변화하는 이 분야에서의 규제 수단

---

526) 이현우, "현행법상 아동 포르노그래피 규제에 관한 헌법적 고찰", 서울대학교 법학석사 학위논문(2015), 서울대학교, 11~12면.

527) 제2조의2(불량만화 등의 판매금지 등)누구든지 다음 각호의 행위를 하여서는 아니된다. 1.미성년자에게 음란성 또는 잔인성을 조장할 우려가 있거나 기타 미성년자로 하여금 범죄의 충동을 일으킬 수 있게 하는 만화(이하 "불량만화"라 한다)를 미성년자에게 반포, 판매, 증여, 대여하거나 관람시키는 행위와 이러한 행위를 알선하거나 또는 이에 제공할 목적으로 불량만화를 소지·제작·수입·수출하는 행위

528) 대법원 1995. 6. 16. 선고 94도2413 판결, 공1995하, 2673; 2000. 12. 22. 선고 2000도4372 판결, 공2001상, 402.

529) 헌재 1998. 4. 30. 95헌가16, 판례집 10－1, 327, 341.

530) 헌재 2002. 2. 28. 99헌가8, 판례집 14－1, 87, 92면.

531) 대법원 1997. 12. 26. 선고 97누11287 판결.

또한, 헌법의 틀 내에서 다채롭고 새롭게 강구되어야 할 것이다."[532]

헌법재판소는 '출판사 및 인쇄소의 등록에 관한 법률' 제5조의2 제5호 등에 대한 위헌제청 사건에서 위 법률조항의 '음란' 개념에 대하여 "음란이란 인간존엄 내지 인간성을 왜곡하는 노골적이고 적나라한 성표현으로서 오로지 성적 흥미에만 호소할 뿐 전체적으로 보아 하등의 문학적, 예술적, 과학적 또는 정치적 가치를 지니지 않은 것"이라고 결정한 바 있다.[533]

한편, 대법원은 "음란한 문서라 함은 일반 보통인의 성욕을 자극하여 성적 흥분을 유발하고 정상적인 성적 수치심을 해하여 성적 도의관념에 반하는 것을 가리킨다고 할 것이고, 문서의 음란성의 판단에 있어서는 당해 문서의 성에 관한 노골적이고 상세한 묘사서술의 정도와 그 수법, 묘사서술이 문서 전체에서 차지하는 비중, 문서에 표현된 사상 등과 묘사서술과의 관련성, 문서의 구성이나 전개 또는 예술성·사상성 등에 의한 성적 자극의 완화의 정도, 이들의 관점으로 부터 당해 문서를 전체로서 보았을 때 주로 독자의 호색적 흥미를 돋우는 것으로 인정되느냐의 여부 등의 모든 점을 검토하는 것이 필요하고, 이들의 사정을 종합하여 그 시대의 건전한 사회통념에 비추어 그것이 '공연히 성욕을 흥분 또는 자극시키고 또한, 보통인의 정상적인 성적 수치심을 해하고, 선량한 성적 도의관념에 반하는 것'이라고 할 수 있는가의 여부를 결정하여야 할 것이다."라고 일관되게 판시하여 왔다.[534]

구 정보통신망법 사건에서도 이법에서 규정한 '음란' 개념에 대하여 "사회통념상 일반 보통인의 성욕을 자극하여 성적 흥분을 유발하고 정상적인 성적 수치심을 해하여 성적 도의관념에 반하는 것으로서, 표현물을 전체적으로 관찰·평가해 볼 때 단순히 저속하다거나 문란한 느낌을 준다는 정도를 넘어서서 존중·보호되어야 할 인격을 갖춘 존재인 사람의 존엄성과 가치를 심각하게 훼손·왜곡하였다고 평가할 수 있을 정도로 노골적인 방법에 의하여 성적 부위나 행위를 적나라하게 표현 또는 묘사한 것으로서, 사회통념에 비추어 전적으로 또는 지배적으로 성적 흥미에만 호소하고 하등의 문학적·예술적·사상적·과학적·의학적·교육적 가치를 지니지 아니하는 것을 뜻한다고 볼 것"이라고 판시[535]하여, 종래의 '음란'의 개념과 크게 다르지 아니한 입장을 유지해

---

532) 헌재 2002. 6. 27. 99헌마480, 판례집 14-1, 616, 632 참조.

533) 헌재 1998. 4. 30. 95헌가16, 판례집 10-1, 327.

534) 대법원 1995. 6. 16. 선고 94도2413 판결; 대법원 1997. 8. 27. 선고 97도937 판결; 대법원 2000. 10. 27. 선고 98도679 판결 등 참조.

535) 대법원 2008. 3. 13. 선고 2006도3558 판결; 대법원 2008. 3. 27. 선고 2006도6317 판결; 대법원 2008. 5. 8. 선고 2007도47129 판

오고 있다.

2. 형법 등 규정

형법 제243조 "음화반포등죄"에서 말하는 문서 등은 음란한 기타 물건의 예시이다. 따라서 법문에 규정한 문서, 도화, 필름 기타 물건 외에 미술·조각품·사진·녹음테이프·비디오테이프 등이 이에 포함된다.[536] 그러나 음란성이 있는 전자적 정보(사이버 음란물) 자체는 이에 포함되지 않는다는 것이 판례와 다수설이다. 다만, 음란한 전자적 정보가 담겨져 있는 기록장치(하드 디스크 또는 서버 컴퓨터) 자체는 음란물에 해당한다고 해석한다.

형법 제242조(음행매개) 영리의 목적으로 사람을 매개하여 간음하게 한 자는 3년 이하의 징역 또는 1천500만원 이하의 벌금에 처한다.

제243조(음화반포등) 음란한 문서, 도화, 필름 기타 물건을 반포, 판매 또는 임대하거나 공연히 전시 또는 상영한 자는 1년 이하의 징역 또는 500만원 이하의 벌금에 처한다.

제244조(음화제조 등) 제243조의 행위에 공할 목적으로 음란한 물건을 제조, 소지, 수입 또는 수출한 자는 1년 이하의 징역 또는 500만원 이하의 벌금에 처한다.

제245조(공연음란) 공연히 음란한 행위를 한 자는 1년 이하의 징역, 500만원 이하의 벌금, 구류 또는 과료에 처한다

'아동·청소년의 성보호에 관한 법률'

제2조(정의) 제4호 "아동·청소년의 성을 사는 행위"란 아동·청소년, 아동·청소년의 성(性)을 사는 행위를 알선한 자 또는 아동·청소년을 실질적으로 보호·감독하는 자 등에게 금품이나 그 밖의 재산상 이익, 직무·편의제공 등 대가를 제공하거나 약속하고 다음 각 목의 어느 하나에 해당하는 행위를 아동·청소년을 대상으로 하거나 아동·청소년으로 하여금 하게 하는 것을 말한다. 가. 성교 행위, 나. 구강·항문 등 신체의 일부나 도구를 이용한 유사 성교 행위, 다. 신체의 전부 또는 일부를 접촉·노출하는 행위로서 일반인의 성적 수치심이나 혐오감을 일으키는 행위, 라. 자위 행위

5호 "**아동·청소년이용음란물**"이란 아동·청소년 또는 아동·청소년으로 명백하게 인식될 수 있는 사람이나 표현물이 등장하여 제4호의 어느 하나에 해당하는 행위를 하거나 그 밖의 성

결.

536) 김옥조, 앞의 책, 1003면.

적 행위를 하는 내용을 표현하는 것으로서 필름·비디오물·게임물 또는 컴퓨터나 그 밖의 통신매체를 통한 화상·영상 등의 형태로 된 것을 말한다.

3. 음란의 표현물성

형법에서의 "음란물(obscenity)은 독일 형법에 규정된 '하드코어 포르노그래피'와 유사하거나 그 이상의 해악을 지닌 성적 표현만이 해당될 수 있는 것이다. "표현의 자유를 주된 기본권으로 하여 이 사건 법률조항이 과잉금지의 원칙에 위배되지 않는다고 판단"하고 경합적 또는 보충적 관계에 있는 기본권의 침해 여부 및 문화국가원리 위배 여부에 관하여도 같은 결론"[537]으로 합헌결정 한바 있다. 이 결정은 과거 "'음란' 표현은 헌법 제21조 제4항의 헌법적 한계를 벗어난 것이어서, 언론·출판의 자유에 의해서 보호되지 않는다." 따라서 자유의 제한에 관한 과잉금지원칙 위반 여부의 심사는 불필요하다고 한 이 결정 소수의견[538]과 종래 헌재 결정[539]을 변경한 것이다.

그런데 헌법재판소는 '아동·청소년의 성보호에 관한 법률' 제8조 제2항 및 제4항[540]에 대한 결정에서, 이 사건 법률 제2조 제3호가 '청소년이용음란물'의 하나로 규정하고 있는 '청소년의 수치심을 야기 시키는 신체의 전부 또는 일부 등을 노골적으로 노출하여 음란한 내용을 표현한 것으로서, 필름·비디오물·게임물 또는 컴퓨터 기타 통신매체를 통한 영상 등의 형태로 된 것'이라는 부분에 있어서, 우선 '음란한'이라는 부분은 그 개념과 관련하여 명확성의 원칙에 반하지 않는다 할 것"[541]이라고 판시하여 음란표현의 개념을 위 선례와 같이 파악하면서도, "본건에서 문제되고 있는 '청소년이용음란물' 역시 의사형성적 작용을 하는 의사의 표현·전파의 형식 중 하나임이 분명하므로

---

537) 헌재 2009. 5. 28. 2006헌바109 등, 판례집 21-1하, 545, 567-567.

538) 헌재 2009. 5. 28. 2006헌바109 등, 판례집 21-1하, 545, 548-548.

539) 헌법재판소는 "모든 표현이 시민사회의 자기교정기능에 의해서 해소될 음란 또는 저속한 표현 중 '음란'이란 인간존엄 내지 인간성을 왜곡하는 노골적이고 적나라한 성표현으로서 오로지 성적 흥미에만 호소할 뿐 전체적으로 보아 하등의 문학적, 예술적, 과학적 또는 정치적 가치를 지니지 않은 것으로서, 사회의 건전한 성도덕을 크게 해칠 뿐만 아니라 사상의 경쟁메커니즘에 의해서도 그 해악이 해소되기 어렵다고 하지 않을 수 없다. 따라서 이러한 엄격한 의미의 음란표현은 언론·출판의 자유에 의해서 보호되지 않는다고 할 것이다."라고 판시하여, '음란표현'은 헌법상 언론·출판 자유의 보호영역 밖에 있다고 판단한 바 있다.

540) 제8조(아동·청소년이용음란물의 제작·배포 등) ② 영리를 목적으로 아동·청소년이용음란물을 판매·대여·배포하거나 이를 목적으로 소지·운반하거나 공연히 전시 또는 상영한 자는 7년 이하의 징역에 처한다. ④ 아동·청소년이용음란물을 배포하거나 공연히 전시 또는 상영한 자는 3년 이하의 징역 또는 2천만 원 이하의 벌금에 처한다.

541) 헌재 1998. 4. 30. 95헌가16, 판례집 10-1, 327, 344; 헌재 2002. 2. 28. 99헌가8, 공보 66, 204, 207 등 참조.

언론·출판의 자유에 의하여 보호되는 의사표현의 매개체라는 점에는 의문의 여지가 없는 바, 이 사건 법률 제2조 제3호 및 제8조 제1항은 이의 제작·수입·수출 행위를 처벌함으로써 위와 같은 의사표현의 매개체에 의한 일정한 내용의 표현을 금지하고 있다는 점에서 헌법상 보장되고 있는 표현의 자유, 즉 언론·출판의 자유를 제한하는 것으로 볼 수 있다."라고 판시했다.

이어서 "그러나 '청소년이용음란물'이 헌법상 표현의 자유에 의한 보호대상이 되고 따라서 그 제작 등의 행위에 대하여 형사상 중한 처벌을 가하는 것이 이러한 기본권을 다소 제한하게 되는 결과가 된다 하더라도, 이는 공공복리를 위하여 필요한 제한으로서 헌법 제37조 제2항의 비례의 원칙에 반하지 아니한다 할 것이다."라고 판시하여 '음란표현'도 헌법상 언론·출판 자유의 보호영역 안에 있다고 판단하였다.[542]

음란표현이 헌법상 표현의 자유에 의한 보호대상이 되고 따라서 음란물 정보의 배포 등의 행위에 대하여 형사상 중한 처벌을 가하는 것이 이러한 기본권을 다소 제한하게 되는 결과가 된다 하더라도, 음란한 표현은 그 보호가치가 낮은 표현물로써, 이는 공공복리를 위하여 필요한 제한으로서 다음과 같은 이유로 헌법 제37조 제2항의 과잉금지의 원칙에 반하는 것이라고 보기 어렵다.[543]

Ⅳ. 사이버 성폭력

1. 사이버 성폭력의 의미

사이버 성폭력에 관한 사례1로 인기 유튜버인 여자 모델이 비공개 촬영회에서 촬영 도중 성추행과 협박을 받았고, 누드사진 유출에 의해 피해를 받았다며 SNS에 고백을 했고 그 가해자에 대한 법적 처벌이 논란이 되었다. 피해자는 자살을 지도할 정도의 극도의 스트레스를 받았고, 스튜디오 운영자, 촬영자, 판매자, 유포자가 모두 경찰의 수사를 받았다. 이에 관련된 촬영장소로 알려진 스튜디오가 재산상의 손해를 보고, 스튜디오 담당자는 욕설 등 다양한 인격 모독까지 받았다. 관련 사건의 국민청원에 참여했던

---

542) 헌재 2009. 5. 28. 2006헌바109 등, 판례집 21-1하, 545 [합헌, 각하].

543) 헌재 2009. 5. 28. 2006헌바109 등, 판례집 21-1하, 545, 564-564.

사람들이 오해받은 스튜디오 관련자들로부터 사과를 요구받기도 했고 나아가 이 스튜디오 운영자는 정부와 청와대 홈페이지에 청원글을 게시한 사람과 이 정보의 확산에 기여한 연예인을 상대로 손해배상 소송을 제기[544]하여 사이버 성폭력과 표현의 자유 및 청원권, 인격권, 재산권 등에 관한 다양한 법적 문제가 발생했다.

사이버 성폭력이란 아직 확정된 개념은 아니며 다의적이고 논쟁적인 개념이다. 사이버성폭력은 크게 두 가지 관점에서 분류할 수 있다. 하나는 사이버성폭력을 인터넷상에서 '인간의 성적 온전성에 대한 침해'의 방식으로 다루는 것이고 다른 하나는 '여성에 대한 폭력'이라는 관점에서 다루는 방식이다.

전자의 개념 규정방식은 현행 '성폭력범죄의 처벌 및 피해자보호 등에 관한 법률' 제13조(통신매체를 이용한 음란행위)는 "자기 또는 다른 사람의 성적 욕망을 유발하거나 만족시킬 목적으로 전화, 우편, 컴퓨터, 그 밖의 통신매체를 통하여 성적 수치심이나 혐오감을 일으키는 말, 음향, 글, 그림, 영상 또는 물건을 상대방에게 도달하게 한 사람은 2년 이하의 징역 또는 2천만원 이하의 벌금에 처한다."<개정 2020. 5. 19.> 제14조(카메라 등을 이용한 촬영)에서는 "① 카메라나 그 밖에 이와 유사한 기능을 갖춘 기계장치를 이용하여 성적 욕망 또는 수치심을 유발할 수 있는 사람의 신체를 촬영대상자의 의사에 반하여 촬영한 자는 7년 이하의 징역 또는 5천만원 이하의 벌금에 처한다. <개정 2018. 12. 18., 2020. 5. 19.>, ② 제1항에 따른 촬영물 또는 복제물(복제물의 복제물을 포함한다.)을 반포·판매·임대·제공 또는 공공연하게 전시·상영한 자 또는 제1항의 촬영이 촬영 당시에는 촬영대상자의 의사에 반하지 아니한 경우(자신의 신체를 직접 촬영한 경우를 포함한다)에도 사후에 그 촬영물 또는 복제물을 촬영대상자의 의사에 반하여 반포등을 한 자는 7년 이하의 징역 또는 5천만원 이하의 벌금에 처한다. <개정 2018. 12. 18., 2020. 5. 19.> ③ 영리를 목적으로 촬영대상자의 의사에 반하여 「정보통신망 이용촉진 및 정보보호 등에 관한 법률」 제2조 제1항 제1호의 정보통신망을 이용하여 제2항의 죄를 범한 자는 3년 이상의 유기징역에 처한다. ④ 제1항 또는 제2항의 촬영물 또는 복제물을 소지·구입·저장 또는 시청한 자는 3년 이하의 징역 또는 3천만원 이하의 벌금에 처한다. <신설 2020. 5. 19.> ⑤ 상습으로 제1항부터 제3항까지의 죄를 범한 때에는 그 죄에 정한 형의 2분의 1까지 가중한다. <신설 2020. 5. 19.>" 관련 규정은 2020. 5. 19.에 신설·개정되었다.

---

544) 법률신문, 2018. 6. 11. "원스픽쳐 스튜디오, 가수 수지 및 정부 상대 '1억원' 손해배상소송", https://www.lawtimes.co.kr/Legal-News/Legal-News-View?serial=143866

사이버 성폭력이란 "원치 않는 성적인 언어(외모와 성적 취향, 음담패설 등)나 이미지로 상대방에게 불쾌감 또는 위압감 등의 피해를 주는 행위를 말하며 나아가 성적인 접근이나 제안을 명시적으로 제시하지 않는다 하더라도 성적인 은유나 암시로 상대방이 불쾌감을 느끼게 되는 경우"도 포함하게 된다. 이러한 개념규정방식은 전자가 '성(sexuality)'에 초점을 맞추는 것과 달리 '성차(gender)'에 중점을 두고 사이버 성폭력을 "여성이라는 성에 근거하여 이루어지는 성적이며 심리적인 폭력 및 괴롭힘"으로 규정한다. 따라서 전자와 달리 여성 적대적인 욕설이나 비속어, 단순히 불쾌감을 주는 성적 메시지, 여성에 대한 언어폭력 등이 여성의 통신환경을 실질적으로 저해한다면 모두 사이버성폭력으로 규제하여야 한다는 광의의 입장을 취한다.

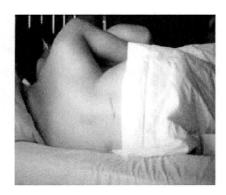

[인터넷에서 범람 하는 노출 사진]

2. 법적 규제

(1) 성폭력범죄처벌법

'성폭력범죄의 처벌 및 피해자보호 등에 관한 법률'은 형법 등에서 규정된 성폭력범죄를 특별히 가중처벌하는 규정과 이 법 제12조에서 "자기의 성적 욕망을 만족시킬 목적으로 화장실, 목욕장·목욕실 또는 발한실(發汗室), 모유수유시설, 탈의실 등 불특정 다수가 이용하는 다중이용장소에 침입하거나 같은 장소에서 퇴거의 요구를 받고 응하지 아니하는 사람은 1년 이하의 징역 또는 300만원 이하의 벌금에 처한다."는 등의 특별한 성폭력범죄에 대한 처벌규정을 두고 있다.

'성폭력범죄의 처벌 등에 관한 특례법'은 소위 몰래카메라에 대하여 다음과 같은 처벌 규정을 두고 있다. 사이버성폭력을 처벌하는 규정으로 "통신매체를 이용한 음란행위"에 대하여 이법 제13조에서 "자기 또는 다른 사람의 성적 욕망을 유발하거나 만족시킬 목적으로 전화, 우편, 컴퓨터, 그 밖의 통신매체를 통하여 성적 수치심이나 혐오감을 일으키는 말, 음향, 글, 그림, 영상 또는 물건을 상대방에게 도달하게 한 사람은 2년 이하의 징역 또는 500만원 이하의 벌금에 처"하도록 하였다.

제14조(카메라 등을 이용한 촬영)에서는 "카메라나 그 밖에 이와 유사한 기능을 갖춘 기계장치를 이용하여 성적 욕망 또는 수치심을 유발할 수 있는 사람의 신체를 촬영대상자의 의사에 반하여 촬영한 자는 5년 이하의 징역 또는 3천만원 이하의 벌금에 처한다." 그리고, 제2항에서 "제1항에 따른 촬영물 또는 복제물을 반포·판매·임대·제공 또는 공공연하게 전시·상영한 자 또는 제1항의 촬영이 촬영 당시에는 촬영대상자의 의사에 반하지 아니한 경우에도 사후에 그 촬영물 또는 복제물을 촬영대상자의 의사에 반하여 반포 등을 한 자는 5년 이하의 징역 또는 3천만원 이하의 벌금에 처한다." 제3항에서는 "영리를 목적으로 촬영대상자의 의사에 반하여 '정보통신망 이용촉진 및 정보보호 등에 관한 법률' 제2조 제1항 제1호의 정보통신망을 이용하여 제2항의 죄를 범한 자는 7년 이하의 징역에 처한다."라고 규정을 정비하여 처벌하고 있다. 그리고 이 범죄들의 미수범도 처벌하고 있다(제15조). 따라서 사례1에서의 성추행 현장의 촬영자, 업로더 등의 가해자는 이와 같은 법에 의한 처벌을 할 수 있다.

성폭력처벌법

제13조(통신매체를 이용한 음란행위) 자기 또는 다른 사람의 성적 욕망을 유발하거나 만족시킬 목적으로 전화, 우편, 컴퓨터, 그 밖의 통신매체를 통하여 성적 수치심이나 혐오감을 일으키는 말, 음향, 글, 그림, 영상 또는 물건을 상대방에게 도달하게 한 사람은 2년 이하의 징역 또는 500만원 이하의 벌금에 처한다.

제14조(카메라 등을 이용한 촬영) ① 카메라나 그 밖에 이와 유사한 기능을 갖춘 기계장치를 이용하여 성적 욕망 또는 수치심을 유발할 수 있는 다른 사람의 신체를 그 의사에 반하여 촬영하거나 그 촬영물을 반포·판매·임대·제공 또는 공공연하게 전시·상영한 자는 5년 이하의 징역 또는 1천만원 이하의 벌금에 처한다.

② 제1항의 촬영이 촬영 당시에는 촬영대상자의 의사에 반하지 아니하는 경우에도 사후에 그 의사에 반하여 촬영물을 반포·판매·임대·제공 또는 공공연하게 전시·상영한 자는 3년 이하의 징역 또는 500만원 이하의 벌금에 처한다.

---

③ 영리를 목적으로 제1항의 촬영물을 「정보통신망 이용촉진 및 정보보호 등에 관한 법률」 제2조 제1항 제1호의 정보통신망(이하 "정보통신망"이라 한다)을 이용하여 유포한 자는 7년 이하의 징역 또는 3천만원 이하의 벌금에 처한다.

자기 또는 다른 사람의 성적 욕망을 유발하거나 만족시킬 목적으로 전화·우편·컴퓨터 기타 통신매체를 통하여 성적 수치심이나 혐오감을 일으키는 말이나 음향, 글이나 도화, 영상 또는 물건을 상대방에게 도달하게 한 자는 1년 이하의 징역 또는 300만 원 이하의 벌금에 처한다고 규정하여 이른바 통신매체이용음란죄를 처벌하고 있다. 그러나 이 조항은 '자기 또는 다른 사람의 성적 욕망을 유발하거나 만족시킬 목적'을 가진 행위에 대해서만 규제를 하고 있어 사이버 성희롱의 일반에 대해서는 적용이 어렵다.

(2) 정보통신망법

가. 불법정보의 유통금지

자기 홈페이지에 들어 온 사람에게 남의 음란화상 홈페이지에 링크시켜주는 행위는, 음란화상 주인의 양해를 구하고 링크를 걸어준 경우가 아니면, 처벌할 수 있다. 종래 구 전기통신기본법 제82조의2에서 규정한 음란한 영상 및 문언의 전시 행위에 해당했으나 해당 규정은 삭제되었다.[545] 따라서 이와 같이 사이버 음란물에 대한 사건은 다음과 같이 정보통신망법에 의해 규제될 수 있다.

정보통신망법 제44조의7(불법정보의 유통금지 등)에서는 "누구든지 정보통신망을 통하여 1. **음란한 부호·문언·음향·화상 또는 영상을 배포·판매·임대하거나 공공연하게 전시하는 내용의 정보**, 2. 사람을 비방할 목적으로 공공연하게 사실이나 거짓의 사실을 드러내어 타인의 명예를 훼손하는 내용의 정보, 3. 공포심이나 불안감을 유발하는 부호·문언·음향·화상 또는 영상을 반복적으로 상대방에게 도달하도록 하는 내용의 정보, 4. 정당한 사유 없이 정보통신시스템, 데이터 또는 프로그램 등을 훼손·멸실·변경·위조하거나 그 운용을 방해하는 내용의 정보, 5. 청소년 보호법에 따른 청소년유해매체물로서 상대방의 연령 확인, 표시의무 등 법령에 따른 의무를 이행하지 아니하고 영리를 목적으로 제공하는 내용의 정보 등"의 정보 유통을 금지하고 있다. 이를 위반한자는 제74조(벌칙) 제1항에 따라 "1년 이하의 징역 또는 1천만원 이하의 벌

---

545) 김옥조, 앞의 책, 1004면.

금"에 처하도록 했다.

나. 처벌사례

예를 들어, 인터넷 사이트의 초기 화면에 성인 동영상물에 대한 광고용 선전문구 및 영상을 게재하고 이를 통해 접속한 사람들을 유료회원으로 가입시킨 사례에는 음란성을 인정하지 않았다.[546] 마찬가지로, 인터넷 폰팅광고 및 연예인 누드광고 사이트에 전라의 여성 사진, 남녀의 성행위 장면을 묘사한 만화 등을 게시한 것도 음란성을 인정하지 않았다.[547] 음란성의 판단은 표현물 제작자의 주관적인 의도가 아니라 그 사회의 평균인의 입장에서 그 시대의 건전한 사회통념에 따라 객관적이고 규범적으로 평가해야 한다는 것이다.[548]

반면, 인터넷에 올린 야설의 내용이 비정상적인 남녀관계를 설정하여 그들 사이의 성행위를 저속하고 천박한 느낌을 주는 의성어·의태어 등을 동원하여 지나치게 노골적·사실적·집중적으로 묘사하거나 등장하는 남녀의 나신을 선정적·자극적으로 묘사한 사례에서는 음란성을 인정하였다.[549]

> 정보통신망법 제42조(청소년유해매체물의 표시) 전기통신사업자의 전기통신역무를 이용하여 일반에게 공개를 목적으로 정보를 제공하는 자(이하 "정보제공자"라 한다) 중 「청소년 보호법」 제2조 제2호마목에 따른 매체물로서 같은 법 제2조 제3호에 따른 청소년유해매체물을 제공하려는 자는 대통령령으로 정하는 표시방법에 따라 그 정보가 청소년유해매체물임을 표시하여야 한다.
> 제42조의2(청소년유해매체물의 광고금지) 누구든지 「청소년 보호법」 제2조 제2호마목에 따른 매체물로서 같은 법 제2조 제3호에 따른 청소년유해매체물을 광고하는 내용의 정보를 정보통신망을 이용하여 부호·문자·음성·음향·화상 또는 영상 등의 형태로 같은 법 제2조 제1호에 따른 청소년에게 전송하거나 청소년 접근을 제한하는 조치 없이 공개적으로 전시하여서는 아니 된다.

---

546) 대법원 2008. 6. 12. 선고 2007도3815 판결【정보통신망이용촉진및정보보호등에관한법률위반(음란물유포등)】.

547) 대법원 2008. 6. 12. 선고 2006도4067 판결【특정경제범죄가중처벌등에관한법률위반(사기)·정보통신망이용촉진및정보보호등에관한법률위반(음란물유포등)】.

548) 신평, 『한국의 언론법』 높이깊이(2011), 110면.

549) 대법원 2008. 6. 12. 선고 2006도4067 판결【특정경제범죄가중처벌등에관한법률위반(사기)·정보통신망이용촉진및정보보호등에관한법률위반(음란물유포등)】.

제44조의7(불법정보의 유통금지 등)

① 누구든지 정보통신망을 통하여 다음 각 호의 어느 하나에 해당하는 정보를 유통하여서는 아니 된다.

1. 음란한 부호·문언·음향·화상 또는 영상을 배포·판매·임대하거나 공공연하게 전시하는 내용의 정보

제74조(벌칙) ① 다음 각 호의 어느 하나에 해당하는 자는 1년 이하의 징역 또는 1천만원 이하의 벌금에 처한다.

2. 제44조의7 제1항 제1호를 위반하여 음란한 부호·문언·음향·화상 또는 영상을 배포·판매·임대하거나 공공연하게 전시한 자

(3) '풍속영업의 규제에 관한 법률'

제3조(준수 사항) 풍속영업을 하는 자(허가나 인가를 받지 아니하거나 등록이나 신고를 하지 아니하고 풍속영업을 하는 자를 포함한다. 이하 "풍속영업자"라 한다) 및 대통령령으로 정하는 종사자는 풍속영업을 하는 장소(이하 "풍속영업소"라 한다)에서 다음 각 호의 행위를 하여서는 아니 된다.

1. 「성매매알선 등 행위의 처벌에 관한 법률」 제2조 제1항 제2호에 따른 성매매알선등행위

2. 음란행위를 하게 하거나 이를 알선 또는 제공하는 행위

3. 음란한 문서·도화(圖畵)·영화·음반·비디오물, 그 밖의 음란한 물건에 대한 다음 각 목의 행위

가. 반포(頒布)·판매·대여하거나 이를 하게 하는 행위

나. 관람·열람하게 하는 행위

다. 반포·판매·대여·관람·열람의 목적으로 진열하거나 보관하는 행위

4. 도박이나 그 밖의 사행(射倖)행위를 하게 하는 행위

기타 종래 전파법의 무선설비로 음란통신을 한 자에 대한 처벌규정을 삭제되었다. 그리고 '영화 및 비디오물의 진흥에 관한 법률' 제53조에서는 등급분류를 받지 아니한 비디오물이나 복제 등의 확인을 받지 아니하고 복제하거나 배급한 비디오물, 등급분류 또는 확인이 취소된 해당 비디오물, 규정을 위반하여 신고를 하지 아니한 자가 제작하거나 수입 또는 배급한 비디오물, 등급분류를 받은 내용을 변경하거나 등급을 변경한

비디오물을 불법비디오물로 규정하고 그 제작하거나 공급·판매·대여 등의 유통을 하거나 진열·보관을 금지하고 있다.

V. 아동음란물 규제

정보통신기술의 발전과 관련하여 세계적으로 새롭게 등장하는 이슈 중의 하나가 소위 '아동·청소년연상음란물' 혹은 '가상 아동포르노'에 대한 법적인 접근 방식이다. 아동·청소년연상음란물 혹은 가상 아동포르노란 실제로 청소년이 등장하지 않는 경우라고 하더라도 마치 청소년이 실제로 등장하는 것처럼 묘사되는 아동포르노를 말한다. 아동·청소년연상음란물 혹은 가상 아동포르노와 관련하여 논란이 되는 것으로는 두 가지 종류의 표현물이 존재한다. 하나는 "만화, 애니메이션 등과 같이 가상의 청소년을 대상으로 하는 표현물"이고, 나머지 하나는 "외양은 청소년처럼 보이지만 실제로는 성인인 사람을 출연시켜서 이용자로 하여금 청소년으로 오인하게 만든 표현물"이다.[550] 아동·청소년연상음란물 혹은 가상 아동포르노의 규제와 관련하여, 외국의 입법례는 다른 모습으로 법적인 대응을 하고 있다.

1. 아청법

(1) 규정

우리나라는 아동·청소년 대상 성범죄의 처벌과 절차에 관한 특례를 규정하고 피해 아동·청소년을 위한 구제 및 절차를 마련하며 아동·청소년 대상 성범죄자를 체계적으로 관여함으로써 아동·청소년을 성범죄로부터 보호하고 아동·청소년이 건강한 사회구성원으로 성장할 수 있도록 '아동·청소년의 성보호에 관한 법률'(이하, 아청법이라 한다)을 제정하였다.

이 법 제2조 제1호에서 아동·청소년이란 19세 미만의 자를 말하고, 제4호에서 "아

---

550) 가상아동포르노에 관한 해외 입법례 및 사례에 관한 소개로는 이향선, "디지털시대의 가상아동포르노 규제 — 비교법적 고찰과 우리 사회에 대한 함의", 한국방송학보 제27권 제2호, 한국방송학회, 2013. 3, 241~256면 참조.

동·청소년의 성을 사는 행위"란 아동·청소년, 아동·청소년의 성(性)을 사는 행위를 알선한 자 또는 아동·청소년을 실질적으로 보호·감독하는 자 등에게 금품이나 그 밖의 재산상 이익, 직무·편의제공 등 대가를 제공하거나 약속하고 다음 각 목의 어느 하나에 해당하는 행위를 아동·청소년을 대상으로 하거나 아동·청소년으로 하여금 하게 하는 것을 말한다고 하며 각 항목을 가. 성교 행위, 나. 구강·항문 등 신체의 일부나 도구를 이용한 유사 성교 행위, 다. 신체의 전부 또는 일부를 접촉·노출하는 행위로서 일반인의 성적 수치심이나 혐오감을 일으키는 행위, 라. 자위 행위로 정하였다.

이 법 제2조 제5호에서는 "아동·청소년이용음란물"이란 아동·청소년 또는 아동·청소년으로 명백하게 인식될 수 있는 사람이나 표현물이 등장하여 제4호의 어느 하나에 해당하는 행위를 하거나 그 밖의 성적 행위를 하는 내용을 표현하는 것으로서 필름·비디오물·게임물 또는 컴퓨터나 그 밖의 통신매체를 통한 화상·영상 등의 형태를 말한다고 정의하고 있다.

그리고 같은 법 제11조 제2항에서 영리를 목적으로 아동·아동·청소년이용음란물을 판매·대여·배포·제공하거나 이를 목적으로 소지·운반하거나 공연히 전시 또는 상영한 자는 10년 이하의 징역에 처한다고, 제5항에서 아동·청소년이용음란물임을 알면서 이를 소지한 자는 1년 이하의 징역 또는 2천만 원 이하의 벌금에 처한다고 규정한다.

[아동·청소년 음란물의 개념][551]

---

551) 뉴스와이, 2012.10.14, 성승환, "아동·청소년 음란물… '이런 경우가 단속대상'", 기사
   <http://yonhapnewstv.tistory.com/5568>

(2) 아동포르노 규제 취지

아동포르노 규제는 아동이 타인에 보여 지기 위해 성행위를 실제로 하거나 연기하는 것 자체가 그 아동에게 정신적 또는 육체적 피해를 준다는 논리에 따라 그러한 아동의 성노동 또는 성적 착취를 예방하는 것을 목표로 삼는다. 따라서 그 매체물의 내용이 음란한가와는 무관하며, 이러한 점에서 매체물이 보는 사람의 마음을 오염시킬 수 있다는 논리에 따라 그런 오염을 차단하는 것을 목적으로 하는 보통의 음란물 규제와 다르다. 음란매체물 자체의 내용이 음란하지 않더라도 매체물의 제작과정에서 아동이 성행위를 실제로 하거나 연기를 하면 곧바로 아동포르노로 간주된다. 결국 아동포르노 규제는 표현물의 규제라기보다는 아동참여포르노 제작 규제이다.[552]

(3) 검토

아동·청소년음란물의 경우에는 아동·청소년 학대 방지의 목적에서 전세계적으로 규제가 공통적으로 이루어지고 있겠지만, 아동·청소년연상음란물의 경우에는 실질적인 아동 학대가 없다는 점에서 각 나라별로 처한 사회·문화적 현실을 반영하여 규정하기 마련이다.

일전에 학생으로부터 받은 질문 중에, "OO라는 사진작가가 있습니다. 로리타 장르적 요소가 다분한 작품을 촬영하고 SNS에 게시합니다. 대중의 반응은 OO를 혐오하거나 지지하였습니다. 한 일본의 전철 내에서 찍은 어린이 사진을 게재한 것을 보았습니다. 사진 속의 어린이는 유치원생이고 옷을 입은 상태이나 하의를 클로즈업하여 찍은 것입니다. 사진 속 피해아동의 동의 없이 SNS에 게재해도 됩니까?"하는 것이었다. 이 사례가 아청법에 저촉하는지 또한 우리 현재 사회·문화적 기준에 따라 판단해야 한다.

우선 아청법 제2조 제5호에서는 "아동·청소년이용음란물"에 해당하여 처벌가능성이 있다. 이때 이것이 아동청소년이용음란물에 해당하는지에 대한 판단은 앞에서 논의한 음란물의 정의에 비추어 판단해야 한다. 따라서 그것이 사회적 상규를 넘지 않고 예술성을 갖추었을 때에는 이에 해당하지 않을 수 있다.

사안에 따라 본인의 의사에 반하여 게재한 경우 성폭력처벌법위반의 검토가 가능하다. 이 법 제13조 통신매체를 이용한 음란행위로서 올린 것인지를 검토해야 할 것이다.

---

552) 박경신, "가상아동포르노그래피 규제의 위헌성", 법학연구 제21권 제2호(2013), 183~184면 참조.

특히, 이 법 제14조 "카메라 등을 이용한 촬영"의 검토에 있어, "카메라나 그 밖에 이와 유사한 기능을 갖춘 기계장치를 이용하여 성적 욕망 또는 수치심을 유발할 수 있는 다른 사람의 신체를 그 의사에 반하여 촬영하거나 그 촬영물을 반포·판매·임대·제공 또는 공공연하게 전시·상영한 자는 5년 이하의 징역 또는 1천만원 이하의 벌금"에 처할 수 있고, 촬영대상자의 의사에 반하여 게시한 경우에도 처벌이 가능할 수 있다. 기타, 개인정보 보호법 위반, 초상권 등의 침해로 인한 민사 손해배상 등의 청구가 가능하다.

(4) n번방사건 관련 법개정

2020년 3월에 대한민국 사회를 떠들썩한 n번방 사건은 아동·청소년을 기프티콘 등의 금전적 이익을 미끼로 개인정보를 취득 후 협박을 통하여 성착취 영상을 제공하게 하고 이를 텔레그램에 유포하고 관련 영상물에 피해자의 개인정보를 함께 공개한 강력범죄이다. 특히 박사방과 같은 범죄인은 공무원과 공익요원 등을 하수인으로 하여 공공의 개인정보를 불법적으로 이용해 아동·청소년에게 협박하여 성적 학대 등을 내용으로 하는 음란물을 제작하도록 강제하고 피해 아동·청소년에게 성폭행을 자행하기도 했다. 이러한 행위는 '아동·청소년의 성보호에 관한 법률' 제11조에 아동·청소년이용음란물의 제작 등을 무기징역 또는 5년 이상의 유기징역에 처하도록 하고 있고, 판매·배포 등에는 10년 이하의 징역에 처할 수 있다. 제14조에서 아동·청소년에 대한 강용행위도 5년 이상의 유기징역에 처하도록 규정하고 있다. 개인정보 보호법에서도 개인정보의 불법 제공 등에 대해 5년 이하의 징역 또는 5천만원 이하의 벌금에 처한다.

2. 디지털 성범죄 수사

2017년 9월 26일에 정부 합동으로 '디지털 성범죄 피해방지 종합대책'을 발표한 바 있으며, 경찰청, 방송통신심의위원회, 여성가족부 등이 각각의 피해 방지 대책을 발표하고 관련 시스템을 정비하고 있다.

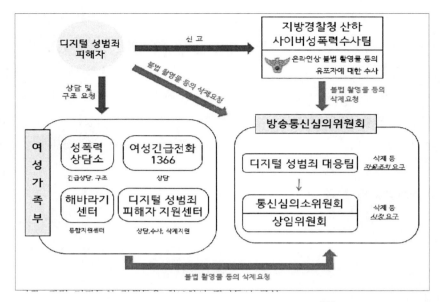

[디지털 성범죄 관련 수사지원 시스템][553]

물론 이러한 시스템의 정비 못지않게 관련 문제 해결을 위한 의지가 문제 해결의 원동력이 된다.

[경찰 사이버신고 시스템(ECRM)][554]

---

553) 조주은, 최진응, "디지털 성범죄 대응 정책의 운영실태 및 개선과제", 입법정책보고서 7호, 2018. 8. 8, 20면.

경찰에서도 사이버범죄신고시스템을 정비하여 사건을 처리하고 있다.

　　2013년 6월 미국 NSA의 직원인 에드워드 스노든(Edward Snowden)이 폭로한 것처럼, 미국은 광범위한 인터넷 감시체계를 가지고 있는 것으로 평가받는다. 스노든(Edward Snowden)은 전 중앙정보국(CIA)과 미국 국가안보국(NSA)의 컴퓨터 기술자이며 미국 정부의 해외 도청사실을 폭로한 뒤 러시아로 망명했다. 미국의 이와 같은 감시체계는 해외정보감시법(Foreign Intelligence Surveillance Act of 1978, FISA Amendments Act of 2008), 애국법(USA Patriot Act) 등에 근거한다.[555] 이러한 미국의 해외정보감시와 이에 대한 폭로한 스노든의 행위에 대하여 당신은 어떻게 평가하는지 토론해보자.

---

554) 경찰 사이버신고 시스템(ECRM) https://ecrm.police.go.kr/minwon/main

555) Enemies of the Internet 2014
　　(http://12mars.rsf.org/2014-en/2014/03/11/usa-nsa-symbolises-intelligence-services-abuses/)

I. 인공지능 AI(artificial intelligence)

1. 인공지능의 구현

(1) 생활속의 AI

1947년 처음 논의되었던 인공지능의 논의가 2000년 이후 인공지능의 시대를 맞이하게 되었다. 인공지능 기술의 발달로 음석인식을 활용한 인공지능 스피커와 같이 음성으로 제어 가능한 기기 등이 사용되고 있다. 제로 UI란 사용자의 생활환경 안에서 자연스럽게 사용자의 요구 사항을 인지하여 필요한 서비스를 제공하여 현재 스크린 기반의 사용자 인터페이스를 최소화하려는 기술인데, 이를 통하여 사용자의 음성 인식, 사용자의 자연스러운 제스쳐 인식 등을 통해 구현된다. 이러한 제로 UI 기술은 스마트폰에서의 음성 비서, 집에서의 음성 인식을 통하여 다양한 구현이 기대된다.[556]

기업	서비스	종류	특징
네이버	클로바(Clova) 베티	AI 비서 앱	음성인식, 번역, 콘텐츠 추천
카카오	카카오 미니	AI 비서 앱	음성 언어를 컴퓨터가 해석하여 문자로 변환, 문자를 음성 언어로 전환
KT	기가지니(GIGA Genie)	AI TV 스피커	AI TV와 스피커 결합으로 홈 IoT환경 제공
마이크로소프트	Microsoft Cortana	AI 비서/ 아마존 스피커	원거리 음성기능 추가로 원거지 제어가능

[음성기반 인터페이스의 예][557]

예를 들어, 2018. 3. 5. UC버클리 로스쿨에서 미국 연방통신위원회(FCC)의 위원 미

---

556) 정승호, 전우성, 김장한, 김건동, "인공지능 기반 음성인식을 활용한 시각 제어 웹 플랫폼", 한국디자인학회 학술발표대회 논문집 (2018.11), 290면.

557) 정승호, 전우성, 김장한, 김건동, 위의 발표문, 290면.

농 크랜번(Mignon Clyburn)이 망 중립성(net neutrality)에 대한 강의를 할 때, 한국에서 인공지능 스피커라고 불리는 스마트 스피커를 사용하며 청중의 질문을 스마트스피커에게 물어보는 모습으로 인공지능 기기를 시연하기도 했다. 앞으로 AI스피커를 통해 비서업무의 대행, 가전제품 등 주변 환경통제가 널리 보급될 것으로 보인다.

(2) AI에 의한 정치

필자는 이러한 정치(politics)와 디지털 기술(technology)의 결합을 통한 효율성과 합리성의 증대를 폴리테크(PoliTech)로 명명하며, 주로 디지털을 통한 시민의 정치 참여와 AI를 통한 정치와 정책 결정의 발전을 예상한다.[558]

일본에서 2018년 자민당에서는 AI와 빅데이터를 이용한 정책입법안을 추진해야 하고, 당내에 최고기술책임자를 두어야 한다는 제안이 보도되었다. 핀테크와 인슈테크(보험＋기술)의 유행을 따라 정치와 행정의 장에서도 AI를 이라는 취지의 제언으로 이해할 수 있지만, 헌법상 논의되어야 할 문제는 적지 않다.[559]

일본 헌법에서 국회는 유일한 입법기관이고(일본 헌법 제41조), 국민의 권리와 의무에 영향을 주는 중요사항은 국민의 대표기관인 국회가 공개된 포럼에서 유권자에 의한 감시와 통제를 맡으며 책임을 갖고 결정을 해야 한다는 헌법적 요구가 있다. 나아가 과학기술과 환경문제와 같이 복잡하고 유동적인 요소를 갖은 사항에는 국회의 입법에 의해 전부를 법률로 정하는 것에는 한계가 있기 때문이 국회에서 입법할 때 풍부한 전문적 지식을 갖은 행정기권에 맡기고 전체적으로 유연하게 규율하려는 것도 헌법상 허용될 수 있다.[560]

(3) AI와 알고리즘

헌법상 주의가 필요한 것은 AI가 스스로 학습을 시작하여 그 알고리즘이 고도로 복잡해지고 있다는 것이다. 이러한 플랫폼화에 의해 AI가 정말로 국회의 지시와 같이 입법하고 있는가를 국회의원이 실질적으로 체크하고 감시하는 것이 어렵지 않게 된다. 만일, AI가 공개 포럼에서 국회가 민주적으로 결정한 정책의 기본 내용과 목적으로부

---

558) 손형섭, "디지털 플랫폼과 AI에 의한 국회 전자청원시스템 활성화 연구", 유럽헌법연구, 제31권(2019) 참조.

559) 山本 龍彦, 前揭書, 27면~28면.

560) 山本 龍彦, 前揭書, 30면.

터 다른 입법을 지도하거나 그것이 국회를 통과하게 된다면, 실질적으로 입법권이 국회로부터 AI에 이전되는 것이다.[561]

이러한 사태를 피하고자 국회의 내부에 국회의원 외 알고리즘의 분석능력을 갖춘 전문가와 AI 입법의 사회적, 실질적인 영향을 평가하는 전문가 등을 구성원이나 스텝으로 하는 상설조직을 두고 국회가 AI입법을 실질적으로 감시, 통제할 수 있도록 제도를 상설하는 것이 요구될 것이다.[562]

데이터 사이언스의 측면에서 어려운 점은, "AI에 위임하는 편이 결과적으로 보다 좋은 정책 실현이 될 것이고, 이를 위한 절차를 어떻게 잘 만들 수 있는가와 같은 비판이 필요하다." 그러나 헌법이 보장하는 민주주의는 그렇지 않다.[563] 무엇이 더 좋은 결과인가는 개인의 가치관에 의해 변경될 수 있다. 따라서 국회라는 개방된 플랫폼에서 민주적 정책 방향성 등에 대하여 토의할 필요가 있다. 헌법상 정책목적과 실현수단의 선택은 항상 오류가 있을 수 있기 때문에 민주적 책임 추급을 위한 회로, 절차가 필요하다. 만일 AI가 절대적으로 오류가 없다고 한다면 그것으로 좋지만, AI가 무결하지 않은 이상 헌법이 규정하는 민주적 책임 추급의 회로, 절차를 유지해 둘 필요가 있을 것이다.[564]

AI는 국회의원보다도 상대적으로 좋은 판단을 할 것이기 때문에 민주적 책임 추급의 회로는 비워두어도 좋다고 생각하는 사고를 절대군주제의 발상에 가깝다는 비판도 있다. 확실히 좋은 군주가 존재한다고 한다면, 민주적 회로는 오히려 방해된다. 이것과 같은 발상으로 AI를 취급한다면 국민주권을 제시한 현대 헌법도 개정될 수 있다.[565]

AI에 의한 정책제언의 실증연구가 시작되어 나가노현은 2018년부터 교토대학과 日立製作所가 2016년에 설치한 "日立미래과제탐색공동연구부문"이 과속대책, 의료대책의 상황, 중앙신간선 개통의 영향과 대책 등에 대하여 AI에 예측과 제언을 시키는 실증연구를 개시하고 있다.[566] 일본은 총무성을 중심으로 AI가 입출력하는 데이터 보호와 이로운 활용에 대하여 연구해 왔으며, AI의 사고 등에 관한 책임의 배분에 대한 검토가

---

561) 山本 龍彦, 前揭書, 31면.

562) 山本 龍彦, 前揭書, 31면.

563) 山本 龍彦, 前揭書, 32면,

564) 山本 龍彦, 前揭書, 32면.

565) 山本 龍彦, 前揭書, 33면.

566) 山本 龍彦, 前揭書, 33면.

진행되었다. AI 시스템의 개발자 또는 이용자의 불법행위책임이 발생할 가능성에 대하여 검토하고, AI 알고리즘 설명권은 "총무성 AI 알고리즘 설명"에서 이미 연구가 진행되었다.[567]

이제는 자동의사결정에 대한 설명을 요구할 수 있는 헌법상 기본권의 확립 필요성이 논의되기도 한다. 예를 들어, 미국 일부에서는, 병원 등의 등급 사이트의 운영에서는, 그것이 어떻게 이루어졌는지 빅데이터의 해석에 사용한 알고리즘 등의 개시가 의무로 되고 있다. 이것은 자유로운 정보유통(표현의 자유)의 측면을 유지하면서, 기본권 보호의 시각에서 별도의 형태로 이뤄지고 있다. 이 또한 간접적이지만 자기정보통제권을 뒷받침하는 것이 된다. 결국 기본권을 중시하는 접근이 중요하다는 것을 알 수 있다.[568][569] 따라서 EU에서는 GDPR에서 이미 AI 알고리즘 설명요구권을 인정하고 있다. 이질적 영향 평가는 많은 조직에서 채택한 책임 있는 데이터 사용의 기본 틀 중 하나이다. 이질적인 영향을 주는 알고리즘은 역사적으로 불리한 상황을 더욱 불리하게 만든다. 이 점에 비추어, 조직은 이러한 이질적인 영향을 줄이기 위해 알고리즘을 수정하고자 할 수 있다.[570]는 헌법적 권리논의도 진행된다.[571]

2. 인공지능에 대한 권리

(1) AI 알고리즘 설명요구권

지금까지 세계는 최종적으로는 인간이 판단하고, 현실 세계를 바꾸는 것은 어디까지나 인간이었지만, IoT의 세계에서는 AI(또는 컴퓨터)가 인간의 판단을 개입시키는 것 없이 현실 세계에 작용하게 된다. 이러한 IoT의 세계는 종래 사회의 틀을 크게 바꾸었다. 왜냐하면, 현재의 사회제도는 인간이 판단·행동하고, 그 판단·행동의 결과의 책임을 진다는 것을 전제로써 구성되어 있기 때문이다. 그 때문에, IoT 세계의 사회제도·법제도가 따라잡지 못하는 일이 생긴다. 법 제도의 정비는 항상 시대에 뒤처진

---

567) http://www.soumu.go.jp/main_sosiki/kenkyu/ai_network/(2018. 5. 29).

568) 庄司克宏·佐藤真紀·東史彦·宮下紘·市川芳治·山田弘,『インターネットの自由と不自由』, 法律文化社(2017), 133~134頁.

569) 손형섭, 앞의 책, 66~67면.

570) Mark MacCarthy, Standards of Fairness for Disparate Impact Assessment of Big Data Algorithms, 48 Cumb. L. Rev. 67 (2017), at 68.

571) 이상은 손형섭, "디지털 플랫폼과 AI에 의한 국회 전자청원시스템 활성화 연구", 유럽헌법연구, 제31권(2019), 514~517면 참조.

다. 새로운 시대를 향한 법제도 정비의 지연은, 다양한 문제를 일으킨다.[572]

미국에서 AT&T는 최근 데이터브로커와 사용자의 위치 정보공유를 중단할 것이라고 밝혔다. 페이스북은 광고주가 인종이나 종교와 같은 민감한 카테고리를 사용하는 광고를 금지했다고 밝혔다. Google은 사용자가 Google이 추적 한 모든 사이트의 목록을 포함하여 대량의 데이터를 사용자가 다운로드할 수 있는 기능을 만들었다.[573] 미국의 연방의회는 광범위한 언론에 아마존과 같은 회사에 압박을 가할 기회를 갖게 되었다. 그것은 소비자가 추출한 데이터를 사용하는 방법을 정확하게 공개해야 할 수 있게 된다. 그리고 기업에는 소비자들에게 그 데이터에 대한 어떤 권리를 부여하게 할 수 있다.[574]

일본은 총무성을 중심으로 AI가 입출력하는 데이터 보호와 활용에 대하여 연구해 왔으며, AI의 사고 등에 관한 책임의 배분에 대한 검토가 진행되었다. AI시스템의 개발자 또는 이용자의 불법행위책임이 발생할 가능성에 대하여 검토하고, AI 알고리즘 설명권 "총무성 AI 알고리즘 설명"에 대한 근거에 대한 연구가 이미 진행되었다.[575]

이제는 자동의사결정에 대한 설명을 요구할 수 있는 헌법상 기본권의 확립 필요성이 논의되기도 한다. 예를 들어, 미국 일부에서는, 병원 등의 등급 사이트의 운영에서는, 그것이 어떻게 이루어졌는지 빅데이터의 해석에 사용한 알고리즘 등의 개시가 의무로 되고 있다. 이것은 자유로운 정보유통(표현의 자유)의 측면을 유지하면서, 기본권 보호의 시각에서 별도의 형태로 이뤄지고 있다. 이 또한 간접적이지만 자기정보통제권을 뒷받침하는 것이 된다. 결국, 기본권을 중시하는 접근이 중요하다는 것을 알 수 있다.[576]

국내에서도 2020년 개정 신용정보법에서 알고리즘 설명요구권이 규정되었고, 2023년 개인정보 보호법 개정에서도 알고리즘 설명요구권이 규정되었다. 신용정보법 제36조의2에는 자동화 평가 결과에 대한 설명 및 이의제기 등이 규정되었는데, 제1조에서는 개인인 신용정보주체는 개인신용평가회사 및 대통령령으로 정하는 신용정보제공·이용자에 대하여 ① 개인신용평가, ② 대통령령으로 정하는 금융거래의 설정 및 유지

---

572) 福岡眞之介·桑田寬史·料屋恵美, 『IoTとAIの法律と戦略』, 商事法務(2017), 20頁.

573) The New York Times, Sept. 22, 2018, "Just Don't Call It Privacy"
https://www.nytimes.com/2018/09/22/sunday-review/privacy-hearing-amazon-google.html

574) Id.

575) http://www.soumu.go.jp/main_sosiki/kenkyu/ai_network/(2018. 5. 29).

576) 庄司克宏の外5人, 前掲書, 133~134頁.

여부, 내용의 결정, ③ "그 밖에 컴퓨터 등 정보처리장치로만 처리하면 개인신용정보 보호를 저해할 우려가 있는 경우로서 대통령령으로 정하는 행위"를 자동의사결정을 하는지 설명할 것을 요구할 수 있다.[577]

2023년 개정 개인정보 보호법 제4조(정보주체의 권리)에서 정보주체의 권리로 "자동화된 개인정보 처리에 따른 결정을 거부하거나 그에 대한 설명 등을 요구할 권리"를 신설했다. 그리고 제37조에서 정보주체가 개인정보처리자에 자신의 개인정보 처리의 정지를 요구하거나 개인정보 처리에 대한 동의를 철회할 수 있도록 하는 규정(제37조 제1항)과 개인정보처리자가 위의 처리정지 요청을 받고 지체 없이 개인정보 처리의 전부 혹은 일부를 정지를 할 의무를 규정하고, 단서에서 법률상 특별규정이 있는 등의 경우에 정보주체의 처리정지 요구를 거절할 수 있도록 규정(제37조 제2항)했다.

그리고 제37조의2(자동화된 결정에 대한 정보주체의 권리 등)에서 "① 정보주체는 완전히 자동화된 시스템(인공지능 기술을 적용한 시스템을 포함한다)으로 개인정보를 처리하여 이루어지는 결정(「행정기본법」 제20조에 따른 행정청의 자동적 처분은 제외하며, 이하 이 조에서 "자동화된 결정"이라 한다)이 자신의 권리 또는 의무에 중대한 영향을 미치는 경우에는 해당 개인정보처리자에 대하여 해당 결정을 거부할 수 있는 권리를 가진다고 규정했다. 다만, 자동화된 결정이 제15조 제1항 제1호·제2호 및 제4호에 따라 이루어지는 경우에는 그러하지 아니하다.

또한, 정보주체는 개인정보처리자가 자동화된 결정을 한 경우에는 그 결정에 대하여 설명 등을 요구할 수 있다(제37조의2 제2항). 개인정보처리자는 제1항 또는 제2항에 따라 정보주체가 자동화된 결정을 거부하거나 이에 대한 설명 등을 요구한 경우에는 정당한 사유가 없는 한 자동화된 결정을 적용하지 아니하거나 인적 개입에 의한 재처리·설명 등 필요한 조치를 하여야 한다(동조 제3항). 개인정보처리자는 자동화된 결정의 기준과 절차, 개인정보가 처리되는 방식 등을 정보주체가 쉽게 확인할 수 있도록 공개하여야 한다(동조 제4항). 제1항부터 제4항까지 규정한 사항 외에 자동화된 결정의 거부·설명 등을 요구하는 절차 및 방법, 거부·설명 등의 요구에 따른 필요한 조치, 자동화된 결정의 기준·절차 및 개인정보가 처리되는 방식의 공개 등에 필요한 사항은 대통령령으로 정한다(동조 제5항)."는 규정을 신설했다. 이처럼 AI 알고리즘에 의한 자동화 평가 방식에 대한 법적 통제제도가 EU의 GDPR 제22조 프로파일링을 포함한 자동

---

577) 그리고 자동화 평가를 하는 경우 자동화 평가의 결과, 자동화 평가의 주요 기준, 자동화 평가에 이용된 기초정보의 개요 등을 요구할 수 있다.

화된 개별 의사결정에 관한 규정을 유래로, 국내에서도 입법으로 구체화 되고 있다.

이 규정의 실효성과 효과적인 행사가 가능하도록 하는 검토도 계속되어야 한다. 또 다른 대응책으로 인공지능 시스템에 대한 모니터링을 해야 한다는 견해와 인공지능 알고리즘에 대한 투명성(Transparency) 원칙이 도입되어야 한다.[578]

설명가능성의 기술적인 XAI가 구현되고 있다. 반면, 제조사가 영업비밀을 이유로 알고리즘에 관한 정보를 비공개 하게 된다. 코드를 이해할 전문적인 지식이나 기술이 없어 이해 못 할 수 있다. 알고리즘이 너무 크고 복잡하여 이해할 수 없을 수 있다.

이제는 설명을 제공하는 Ai기술인 XAI가 구현되고 있다. 그러나 알고리즘 설명요구권은 이해관계자(stakeholders)/개발사/제조사/이용자/의사결정 대상이 되는 환자나 피고인에게 법적 권리를 행사하는데 도움이 될 수 있다(권리행사의 도움). 설명가능성을 달성하기 위한 방법적 기술도 개발되고 있다. 현재 XAI기법으로 상용되는 것으로는 SHARP외에도 개인신용데이터 이미지 변환 및 합성곱 신경망을 적용하는 LRP, 비정상적인 온라인 활동을 탐지하고 필터링하기 위해 딥러닝 기법으로 모형을 구축하고 구축한 모형의 근본적인 구조를 해석하는 LIME 등이 있다.[579]

앞으로는 설명가능한 인공지능(XAI) 기술의 한계로 ① 설명이 충분한 것인가? 원래 모델의 오류＋설명의 오류가 있을 수 있다. 설명에 대한 평가가 필요한 상황이 된다. ② 인간의 그 설명의 의미를 해석하는 과정에서 오류가 발생할 수 있다. 또한, 제조사가 영업비밀을 이유로 알고리즘에 관한 정보를 비공개 하게 된다. 코드를 이해할 전문적인 지식이나 기술이 없어 이해 못 할 수 있다. 알고리즘이 너무 크고 복잡하여 이해할 수 없을 수 있다.

(2) AI 네트워크와 인권

AI는 인간의 인지, 신체 능력을 확장할 가능성을 갖는 한편, 일정한 경우에 인간을 넘는 지적 기능을 달성할 수가 있기 때문에, 장래의 인간 중심의 사회상을 동요하여, 인간 존엄을 위협할 우려가 있다. 또 AI는 이용자의 선택을 지지하는 것에 의해, 개인의 자율적 선택을 지원하는 한편, 개인의 의사결정 과정을 조작하고 자율적 선택에 간섭할 위험도 있다. 따라서 AI의 개발 및 이·활용에 있어서는 인간의 존엄과

---

578) 남상준 외 3인, 앞의 보고서, 8면.

579) 홍태호 외 3인, "설명 가능한 인공지능과 CNN을 활용한 암호화폐 가격 등락 예측모형", 지능정보연구, 제29권 제2호, 2023, 131면.

개인의 자율이 존중되도록 유의할 필요가 있다.

　Sarfaty(Galit A. Sarfaty) 교수는 국제인권을 빅데이터를 사용한 도구로 사용할 수 있다고 하였다.[580] 임박한 국제인권 침해를 예측하기 위해 빅데이터를 사용할 수 있다는 것이다.[581] 그녀는 정보과학은 비즈니스 환경에서 발생하는 인권 유린의 위험을 최소화하며 이익을 창출할 수 있는 이익이 있다는 것이다.[582] 물론 데이터 분석에는 한계와 편향이 있지만, 확실히 국제인권 체계를 재조명하여 인권침해를 예방할 수 있는 엄청난 잠재력이 있다고 한다.[583]

(3) AI의 불법행위

　AI가 인간의 상해를 일으키는 행동을 하여, 인간에게 위해를 가한 경우에 누가 어떻게 책임을 질 것인가? 민법에서는, 피해자는 가해자에게 손해배상책임을 추궁할 수 있으나, 그 책임이 인정되기 위해서는, 법률적으로 가해자에게 "고의·과실"(의도적으로 했거나, 한 행위에 부주의가 있는 경우)이 필요하다. AI 제품을 제조·판매한 제조 회사 및 시스템 개발 회사에 대해서도 "고의·과실"이 있는가가 문제된다. 이들 기업에 대하여 제조물 책임을 추궁하는 것도 생각할 수 있지만, 제조물책임법에서는 기업에 과실이 없더라도 제품에 "결함"이 있는 경우에 책임을 추궁할 수 있다. 그러나 어떨 때 AI 제품에 결함이 있다고 할 수 있는가는, 현시점에서 확립된 해석이 존재하지 않는다. 덧붙여, AI가 일으킨 사고의 형사책임에 대하여도 그 성립에는 고의·과실이 필요하다는 같은 문제가 발생한다.[584]

　주식거래 등 투자행위에서, 실제 로봇 어드바이저를 통한 거래시 알고리즘 등 기술 관련 오류로 인해 발생한 손해에 대해서는 책임소재와 분배에 관한 규정을 바탕으로 손해배상금 지급을 담보하는 보험 및 피해구제 기금의 설립도 투자자 보호를 위한효과적인 방안이 될 수 있을 것이다.[585]

---

580) Galit A. Sarfaty, "Can Big Data Revolutionize International Human Rights Law?", 39 University of Pennsylvania Journal of International Law 73 (2017), at 76.

581) *Id.* at 78.

582) *Id.* at 99.

583) *Id.* at 110.

584) 福岡真之介·桑田寛史·料屋恵美, 前揭書, 62頁.

585) 이제영, "핀테크 산업 확대에 따른 정책과제와 발전방향", 한국통신학회, 한국통신학회논문지 43(9)(2018.9), 1550~1560, 1557면.

(4) AI 계약의 유효성

민법에서는 인간의 유효한 의사에 근거하는 것이, 계약을 유용하게 하는 전제 조건이고, 인간의 유효한 의사에 근거하지 않은 계약에 대해서는 취소나 무효를 주장할 수 있다. AI가 계약을 체결한 경우, 인간의 의사를 전체로 한 관점으로부터는 계약의 유효성에 의문이 든다. 물론, AI에는 배후에 그것을 사용하는 인간이 있지만, AI가 계약한다고 해도 AI의 배후에 있는 인간이 판단했다고 평가할 수 있는 경우가 있다. 그 경우에는 지금까지의 생각대로 계약의 유효성을 판단할 수 있다. 그러나 AI가 인간의 상해를 일으킨 판단을 하여 계약을 한 경우에, 그 계약은 인간의 의사를 반영하고 있다고 하기는 어렵다. 그래서 그러한 AI가 체결한 계약에 대해서 취소나 무효를 주장할 수 있는가가 문제된다.

더욱이 한 걸음 나아가, AI가 인간이 보았을 때 명백히 이상한 계약을 체결한 경우에 상대 인간은 그 계약의 체결에 해당하는 조사를 할 의무가 있는가, 계약이 플랫폼에서 체결된 경우에 플랫폼 제공자가 AI에 의한 이상한 계약을 배제할 의무를 지는지도 문제 된다.[586]

3. 형사재판에서의 AI

미국의 위스콘신주에서 형량 판단에 AI 프로그램을 활용했다. 미국 위스콘신주 법원이 형사사건 선고전 조사보고서에 콤파스라는 재범위험 평가 알고리즘을 참고하여 판결한 사건에서, 이 콤파스를 활용한 판결이 헌법상 적법절차 원칙을 위반하였다는 소송이 제기되었으나, 법원의 판단에 콤파스가 유일한 요소가 된 것은 아니라는 점에서 청구를 기각했다.[587] 이후 콤파스가 흑인 및 라티노에 대한 재범위험성이 백인보다 2배 높게 나온다는 보도가 나왔고, 개발자 스스로도 이 인공지능이 평가하는 재발위험성에 문제점이 있으며 재판에서 재범률 평가를 위해 사용하는 것에 적절하지 않는다는 의견을 내기도 했다.

---

586) 福岡真之介·桑田寛史·科屋恵美, 前掲書, 63頁.

587) State v. Loomis, 881 N.W.2d 749(Wis.2016).

4. 생성형 인공지능: GPT(Gnerative Pre-trained Transformer)

　세계는 인공지능에 대한 윤리논의를 거쳐, 이제는 입법 논의에 이르고 있다. EU의 인공지능법(Artificial Intelligence Act, 2021)이 그 시작이며 2022년에는 미국 바이든 정부에서는 인공지능청사진이 제안된 바 있고, 2023년 10월에는 '인공지능의 안전하고 신뢰할 수 있는 개발 및 사용에 관한 행정명령'[588]이 내려졌다.

　국내의 다양한 인공지능 관련 법제의 노력도 진행되고 있다. 발표 자료에서와 같이, '사람 중심의 인공지능 윤리기준', '교육분야 인공지능 윤리원칙', '국가인권위원회의 인공지능 개발과 활용에 관한 인권가이드라인' 외에 과학기술정보통신부가 2023년 9월에 발표한 '디지털 권리장전'도 이러한 인공지능 관련 법제 대응의 흐름을 보여주고 있다.

　챗GPT는 인간에 의한 강화 학습이 가능하도록 시행하고 있다. GPT3.5보다 GPT4가 많이 발전되었지만, 입력값(프롬프트)의 차이에 따라 결괏값이 달라지는 문제는 여전히 발생하고 있다.

　2023년 한국에서는 GPT4의 성능실험을 통하여, 한국의 2023년 법학적성시험(LEET) 추리논증(총 40문항)을 테스트하였다. GPT4는 2021년 9월 말까지의 데이터를 학습한 상태였다. 리트(LEET)는 LSAT와 달리 한 문제에서 답이 2~3개 나오는 경우가 있어 미국의 테스트와 다른 양상이었다. LSAT에서의 언어추리 분야에서는 높은 성적을, 논리학에서는 낮은 점수를 보여, 논리추론에는 아직 미흡하지만 긴 문장에 대한 추리 분석에는 강한 모습을 보여주었다고 한다.

　GPT4의 LEET 성능실험에서는 아직 50% 이하의 점수를 냈다. GPT-4는 연쇄 사고 흐름 분야에서 낮은 점수를 보였고, 단순(simlpe) 프롬프트 분석에서는 높은 성적을 보였다고 한다. 실험을 통해서 GPT4의 한계는 ① 일관성의 기대 불가. 같은 질문에 대하여 다른 답을 내는 문제가 있었다. ② 암시적 사실추론 불가. 그러한 질문에 답을 할 수 없다는 결과가 나오게 된다. ③ 판단 기준 추출 실패, ④ 정답, 풀이의 매칭 문제로는 풀이해석을 한 후 통계적인 접근으로 답을 고르는 것을 어려워하는 경우가 발생하였다. GPT4 API를 사용하여 실험하는 경우에는 많은 용량의 분석이 가능하게 되었지만 아직 결과를 내기 어려워하는 모습을 보였다. 논리적 분석을 논리적으로 하지 못하는 문제를 보여주었다. 주로 인터넷에 있는 상식적인 정보를 기반으로 하는 판단이 우선되어 문제를 보인다.

---

588) Executive Order on the Safe, Secure, and Trustworthy Development and Use of Artificial Intelligence(OCTOBER 30, 2023).

한편, 국가인권위원회에서는 가이드라인에서 인공지능 영향평가를 해야 한다는 권고를 했다. 2022년 12월 28일 과기정통부의 업무계획에서 3대 추진 전략에서 디지털 전면확산이 있고, 이 중에서 디지털 포용과 선도적인 모범국가 실현이 목표였다. 이를 위해 디지털 권리장전을 만들려고 했고, 2023년 권리장전으로 법규범이 아니지만, 이후 디지털사회기본법의 전 단계로서의 역할을 할 것으로 보인다.

앞으로 정부는 인공지능기본법, 메타버스법, 디지털 포용법 등의 5대 기본법을 만들려고 한다. 데이터기본법은 제정되었고, 디지털사회기본법의 정토통신융합법 등을 포괄하려 한다.

5. 인공지능 인권 사전 영향평가

새롭게 변화를 거듭하고 있는 인공지능에 대해서는 입법 기술상으로 개념을 정리하고 이를 규정하는 것이 어려운 점이 있다. 인공지능 기술에 대한 인권 보장을 위한 다양한 평가와 대응은 언제나 필요하다고 생각한다. 다만, 현재 실시되고 있는 개인정보 영향평가도 민간영역에 까지 확대하기 위해 오랜 논의를 진행했지만 크게 진척되지 못한 점이 있어, 새롭게 변화하는 인공지능에 대하여 현시점에서 영향평가 제도를 도입하는 것이 당연하다고 수용하기보다는 도입한 경우 발생하는 많은 문제점이 우려되어 찬성하기 어려운 점이 있다.

정부의 2023년 9월에 발표한 '디지털 권리장전'이 발표자의 지적과 같이 기존 인권과 정책의 지향점을 재확인하는 수준에 그치기 때문에 그 법적 효과나 가치가 불분명하다는 지적에 동의한다. 다만, 이러한 작업을 통하여 향후 인공지능 관련 규범이 헌법과 인권의 가치를 보장하는 기본적인 방향을 설정하고, 이를 기반으로 한 인공지능 관련 법제의 작업이 진행될 수 있기를 바란다.

최근 개인정보 보호법에서 사전 적정성 검토제도를 통해 인공지능(AI) 등 신규 서비스·기술 분야에서 개인정보 보호법을 준수하는 방안을 개인정보위와 사업자가 함께 마련하고 있다.[589] 그런데, EU의 Artificial Intelligence Act(2021)에서와 같이 고위험 인공지능 기술에 관한 사전 영향평가나 개인의 내밀한 데이터를 사용하는 인공지능에 대한 사전 영향평가제도는 논의되어야 한다고 생각한다.

그러나 개인정보 영향평가와 같이 현존하는 제도에서도 시행과정에 민간기업에 적

---

589) 아주경제, 2023. 11. 13. https://www.ajunews.com/view/20231113141412056

용하는 경우에는 규범적, 현실적 어려움이 많이 있다. 따라서 시시각각 변화하고 있는 인공지능 기술에 대한 사전영향평가가 준비가 덜 된 규제 수단으로 먼저 기술의 길목을 막게 될 수 있다는 우려도 있다. 특히 이러한 제도가 AI를 활용하는 표현에 대한 제한하게 되면 헌법 제21조의 언론·출판에 대한 허가나 검열에 해당할 우려가 있다. 따라서 우리는 인간의 여러 과학적 행동에 대하여 다양한 비판과 견제는 가능하지만, 법적으로 정비된 사전 평가제도를 통과해야만 사용하거나 상용할 수 있도록 하는 사전허가제도를 두고 있지는 않다.

인공지능 기술 사전영향평가가 인간의 기술 활동과 이를 통한 표현 활동에 제한이 되거나 한국에서만 특별히 존재하는 기술 제한적인 평가제도가 도입되게 되는 것은 아닐까? EU의 인공지능법(Artificial Intelligence Act(2021))에서는 규제에 대한 영향평가는 실시하고[590] 인공지능에 대하여 그 리스크에 기반하여 규제하는 방식을 정하고 있다. 다만, 하이리스크 인공지능 시스템의 경우 동법에 규정한 명시된 요건의 충족을 입증하기 위해 적합성평가 절차를 진행하도록 하고 있다(EU AI Act 제43조 Conformity assessment). 따라서 인공지능 기술에 대한 전면적인 사전 영향평가 제도는 규제가 전면적이고 강도가 강할 수 있어 발생하는 우려가 크지 않을지 의문이 있다.

6. 인공지능의 전망

2023년 한국의 4차산업융합법학회에서 인공지능과 법에 대하여 발표한 롤랑드 보글(Roland vogl) 교수는 스탠퍼드대 로스쿨에서 IP법과 AI법을 연구해왔다. 그는 미국에서 AI에 관한 포괄적인 법안은 만들지 않을 것이라 예측하면서, 앞으로 AI 피해에 대한 많은 소송이 있을 가능성이 높으며, 필자의 생각과 같이 개별법에서의 AI의 책임 문제의 틀을 제공하게 될 것으로 예측했다.

개인적으로는 인공지능에 대한 사전영향평가가 도입된다면 그것은 프라이버시에 관한 사전영향평가나, 고위험 AI 사용에 한정된 영향평가 제도로 정비되어야 하지 않을까 하는 생각을 한다.

나아가, 지금은 헌법과 2023년 9월에 발표한 '디지털 권리장전'을 기반으로 관련 법제의 정비를 검토하고, 인공지능이 활용가능하게 하거나 법적 책임 문제를 해결할 수 있도록 저작권법, 특허법, 민법, 형법 등 개별법에서 필요한 조문의 개정작업이 함께

---

590) Artificial Intelligence Act(2021) 제3조(Results of ex-post evaluations, stakeholder consultation and impact assessments) 제3항.

논의되고 이러한 작업을 기반으로 하여 충분한 시간이 지난 후에 인공지능 법제가 그 위에 정비되는 것이 좋지 않을지 하는 생각을 한다.

AI TRiSM은 인공지능 신뢰, 리스크, 보안 관리(AI Trust Risk Security Management)의 준말이다. AI Trust는 AI 시스템이 작업을 편견없이 올바르게 수행하는 것을 말하며, AI Risk는 AI의 위협 관리를 위해 정확하고 엄격한 거버넌스를 적용하는 것이며, AI Security Management는 무단 엑세스, 침입, 조작으로부터 AI 시스템을 보호하는 것이다.[591]

7. 기대와 대비

인공지능 챗봇 민원 서비스가 활용되고 있다. 챗GPT와 같은 인공지능의 활용이 실시되고 있다. 인공지능 명암의 양면이 있고 종래 기술낙관론자와 기술회의론자의 논의가 여전히 유효하다. 극단으로 치우치지 않은 나아갈 방향의 모색 필요가 있다.

증강 민주주의(Augmented Democracy)로의 변화를 맞이하여 민주주의는 온라인으로 중심이 상당이 이동할 것이다.[592] 대중의 참여를 통해 복잡한 의사 결정 프로세스 강화하게 될 것이다. 이러한 과정에 법학자와 법률가의 참여도 필요하다. 그러나 우리 사회의 모든 분야에 현명한 지혜를 갖은 현자를 적재적소에 찾아 기용하기는 쉽지 않다. 따라서 공동체의 시민이 현명한 의사 결정 과정에 참여하여 입법과 환경 개선에 역할이 필요하다. 또한, 이 과정에서 직면하게 되는 새로운 문제점에 대해서도 항상 해결할 수 있는 준비를 해야 한다.

AI는 디지털 어시스턴트와 같은 의사결정 지원 시스템 실행 인공 지능으로 의사결정에 정보를 더 많이 제공할 수 있다. 인간의 한계를 극복함으로써 효율적이다. 그러나 학습 알고리즘은 종종 민감한 개인 데이터가 필요하고, 시민을 몰아내고 훼손하는 데 사용할 수 있으며 민주주의를 침해할 수 있다. 예를 들어, 가짜 뉴스의 확산 소셜 미디어는 선거 결과에 영향을 줄 수 있으므로 민주적 과정의 대규모 조작이 가능한 지능형 알고리즘을 사용하여 시민의 의사를 훼손할 수도 있다.[593]

---

591) https://www.skcc.co.kr/insight/trend/2328

592) Evangelos Pournaras, Proof of Witness Presence: Blockchain Consensus for Augmented Democracy in Smart Cities, CoRR abs/1907.00498 (2019), at 2.

593) Id, at 12.

역시 AI는 인간중심으로 활용할 도구이며, 우리가 맹목적으로 신뢰할 수 있는 철인이나 군자는 아니다. 4차 산업혁명을 위한 법제의 핵심은 규제 완화와 전통적 효율성 차원을 벗어나 과감하고 모험적인 투자촉진을 가능하게 하는 제도를 마련할 필요가 있다. 이를 위해서 민간영역과 공적인 영역에서 디지털로 시민의 정치의사를 제기, 수집, 토의, 집합하여 구체적으로 실현할 수 있도록 하는 디지털 플랫폼의 다양한 생성과 활동은 앞으로 미래 정치를 변화시키게 될 것이다. 디지털 플랫폼에 의한 정치의사의 제기·토의·수집·실현의 정치적 행위는, 시민들의 자발적인 참여와 도전을 실현하고, 정부 등 공공지관의 변화를 유도할 것이다.[594]

AI의 활용성이 보편화 되면서 예상치 못한 문제점이 나타나고 있는데 최근에는 미시간주 디트로이트 경찰이 얼굴인식 기술 사용 과정에서 문제가 발생하기도 했다. 무고한 흑인 여성을 용의자로 오인하는 등 허위 식별 사건으로 총 6건의 안면인식 허위 고발이 접수되었다. 억울하게 누명을 쓴 6건의 피해자, 모두 흑인이었다. AI를 활용한 안면인식 기술 도입 이후 흑인 체포율이 증가하고 있어 특정 인종에만 편향된 기술 활용이 아니냐는 의견도 제시되는 등 AI의 신뢰, 리스크 및 보안 관리의 필요성이 시급해지고 명확해지고 있다.[595]

AI를 통제할 적절한 안전장치가 없다면 AI모델은 통제 불가능한 부정적 영향을 빠르게 발생시켜 AI가 제공하는 긍정적 성과와 사회적 이익을 퇴색시킬 수도 있다는 점을 고민해야 한다. AI를 통해 기존 자동화를 넘어선 추론을 할 수 있는 AI 자동화의 혁신을 추구하고 있다.

EU 인공지능법은 학습데이터를 최신으로 유지하고, 생성 AI의 학습 데이터를 공개하는 내용을 담고 있다. 미국은 오바마 정부에서부터 인공지능 기술과 윤리 연구를 계속했고, 트럼프 정부에서는 국가와 안보의 리더십을 중심으로 인공지능에 대하여 접근했고, 바이든 정부에서는 세계 기술질서를 공고히 유지하려는 목표를 가지고 2022년 인공지능 권리장전 청사진을 발표했다. 현재 연방차원에서 다양한 입법논의가 진행되고 있다. 기타 각 주별로 AI에 대한 정책을 펼치고 있다. 주로 주민의 권리, 프라이버시 등을 보호할 수 있는가가 주법에서의 연구과제이다. 법적으로는 특허권과 저작권에 관한 쟁점이 논의되고 있다. AI의 발명자 적격성이 인정되지 않는다. 하지만 이에 대한

594) 손형섭, "디지털 플랫폼과 AI에 의한 국회 전자청원시스템 활성화 연구", 유럽헌법연구 제31권(2019), 535~537면 참조.
595) https://www.skcc.co.kr/insight/trend/2328

다양한 논의가 있다. 미국의 AI 규제는 선도적으로 여러 가지 규정을 연구해 왔다. 현재 AI의 발명자 적격성을 인정하고 있지 않지만, 앞으로는 다른 논의 가능성도 있다. 연방차원의 이니셔티브 확장을 추구하고, 주의 법률에서는 시민의 권리 보호를 위한 논의가 추진되고 있는 것으로 평가할 수 있다. 대학 중 스탠퍼드 대학에서 최근 인간중심 AI 센터를 설립하고, 컴퓨터공학, 생명공학, 철학, 법학, 경영학. 심리학, 정치학, 역사학 등 다양한 관점에서 인간 중심의 인공지능 기술을 연구하고 있다.[596)]

생각

최근 인공지능(AI, Artificial Intelligence) 기술과 인공지능의 고도화를 돕는 빅데이터 기술과 컴퓨터의 딥 러닝 기술의 발달로 인간의 지적 활동의 상당한 영역을 AI가 대체하게 될 것이라는 불안감과 혹은 기대감이 증폭되고 있다.

당신은 AI의 가능성에 대해 어떻게 생각하는가? 자신의 활동분야의 AI를 합리적으로 활용할 수 있는 방법에 대하여 생각하고 토론하자. 그리고 AI가 대체되는 직업에 대한 대응방법에는 어떠한 방법이 있을지 토의해 보자.

---

596) 김지희, "인공지능과 경제 성장: 인공지능은 경제 성장의 촉진제가 될 수 있을까", 인공지능과 미래사회, 서울대학교 법과 경제연구센터 인공지능정책 이니셔티브, 2019, 18면.

I. ICT와 지적재산 환경의 변화

1. 저작권과 산업재산권

미국의 Jobanna K.P. Dennis 교수는 가상공간을 누가 지배할 것인가라는 질문에 대답으로, 누가 특허권과 지식재산권을 지배하는가에 달려 있다고 답한다.[597] ICT기술의 발전과 변화로 지식재산권을 보호하는 태도와 양상도 바뀌고 있다.

우리 헌법은 제22조에서 "① 모든 국민은 학문과 예술의 자유를 가진다. ② 저작자·발명가·과학기술자와 예술가의 권리는 법률로써 보호한다."고 규정하여 지식재산권의 보호하고 있다. 지식재산권은 지적소유권이라고도 하는데, 문학, 예술 및 과학 작품, 연출, 예술가의 공연이나 음반 및 방송, 발명, 과학적 발견, 공업의장, 등록상표, 상호 등에 대한 보호 권리와 공업, 과학, 문학 또는 예술 분야의 지적 활동에서 발생하는 기타 모든 권리를 말한다. 즉 저작권, 특허권, 실용신안권, 상표권, 디자인권을 총칭하는 권리로 이해할 수 있으며, 각기 저작권법, 특허법, 실용신안법, 상표법, 디자인보호법, '부정경쟁방지 및 영업비밀보호에 관한 법률', 민법, 상법 등에 의하여 규율되고 보호된다. 이것은 인간의 지적창작물을 보호하는 무체의 재산권으로 저작권과 산업재산권으로 나뉜다.

저작권은 저작권법에 의해 보호되며, 저작권(Copyright)은 어문, 음악, 미술, 컴퓨터 프로그램, 캐릭터 같은 독창적인 저작물의 저작자에게 부여하는 배타적인 권리로서, 자신의 창작물을 공표하고, 이를 어떠한 방법으로든 공개, 배포 또는 전달하고, 저작물을 다른 사람이 특정의 방법으로 사용하도록 허락할 수 있는 권리이다. 산업재산권은 특허권, 실용신안권, 의장권, 상표권 등이 있다. 이러한 권리를 보호하기 위하여 특허법, 실용신안법, 상표법이 있고, 의장권을 보호하던 의장법이 국민에게 친숙한 디자인이란 용어를 사용하여, 2005년 7월 1일부터 디자인보호법으로 개정되었다. 실용신안법은 산

---

597) Jobanna K.P. Dennis, Owning methods of conductiong business in cyberspeace, in Cyberspeace Law, Routledge(2013), at 102.

업상 이용할 수 있는 물품의 형상·구조 또는 조합에 관한 고안을 실용신안으로 등록하도록 했다. 특허권의 발명을 보호·장려하고 그 이용을 도모하기 위해 특허법이 있다. 특허권의 존속기간은 특허권의 존속기간은 제87조 제1항에 따라 특허권을 설정·등록한 날부터 특허출원일 후 20년이 되는 날까지로 한다(특허법 제88조 제1항).

특히 산업재산에 관한 기술을 보호하고 산업스파이를 막기 위해서 '부정경쟁방지 및 영업비밀보호에 관한 법률'은 영업비밀(동법 제10조), 기술(제18조 등)을 형사처벌하는 규정을 두어 보호하고 있으며, '산업기술의 유출방지 및 보호에 관한 법률'[598]은 산업기술의 해외유출 등의 행위를 한 자를 "15년 이하의 징역 또는 15억원 이하의 벌금"(동법 제36조 등)에 처하도록 하고 있다.

2. 인터넷 이용자의 변화

디지털 시대에 있어 이용자의 변화는 대표적으로 UCC(User Created Contents)로서 유튜브는 물론 개인 유저가 만든 다양한 콘텐츠로서 인터넷의 중요한 자원이 되고 있다.[599] 디지털 시대에 있어 이용자는 저작물을 단순히 구매하여 감상하는데 그치지 않고, 저작물을 편집·가감하여 2차적 저작물을 만들어 내고 있어 이용자와 창조자의 경계가 허물어지고 있다. 또한, UCC는 제작과정에서 타인의 동영상·이미지·텍스트 등을 종합적으로 이용하게 된다. 현 저작권 제도에서 타인의 저작물을 이용하기 위해서는 원칙적으로 해당 저작권자의 동의를 얻어야 하나 개인의 입장에서 해당 저작물의 저작권자의 소재를 일일이 파악하고 그 동의를 구하는 것은 쉬운 일이 아니다.[600]

저작권자의 동의 없이 만들어진 UCC는 온라인서비스 제공자가 제공하는 블로그·카페를 통해 복제·배포·전송[601]되고 그 과정에서 저작권법 위반 행위가 발생하기 쉽다.

---

598) '산업기술의 유출방지 및 보호에 관한 법률'(시행 2017. 9. 15. 법률 제14591호).

599) UCC는 이용자에 의해 손수 제작된 저작물을 말하는 것으로, 디지털 기술의 발달과 인터넷 보급, 이용자의 자아표출 욕구 등이 맞물리면서 문화의 수동적 소비자에 불과했던 이용자가 UCC를 통해 문화의 공급자로 등장하게 되었다.

600) 민지애, 디지털 콘텐츠 공유 저작권 활성화 방안에 관한 연구, 국민대학교 박사학위 논문, 2015, 125면 이하 참조.

601) 복제·전송과 관련하여 대법원은 "구 저작권법(2008. 2. 29. 법률 제8852호로 개정되기 전의 것)은 제102조 제1항에서 '온라인서비스제공자가 저작물의 복제·전송과 관련된 서비스를 제공하는 것과 관련하여 다른 사람에 의한 저작물의 복제·전송으로 인하여 그 저작권이 침해된다는 사실을 알고 당해 복제·전송을 방지하거나 중단시킨 경우에는 다른 사람에 의한 저작권의 침해에 관한 온라인서비스제공자의 책임을 감경 또는 면제할 수 있다'고 규정하고, 같은 조 제2항에서 '온라인서비스제공자가 저작물의 복제·전송과 관련된 서비스를 제공하는 것과 관련하여 다른 사람에 의한 저작물의 복제·전송으로 인하여 그 저작권이 침해된다는 사실을 알고 당해 복제·전송을 방지하거나 중단시키고자 하였으나 기술적으로 불가능한 경우에는 그 다른 사람에 의한 저작권의 침해에 관한 온라인서비스제공자의 책임은 면제된다'고 규정하고, 같은 법 제103조 제5항에서 '온라인서비스제공자가 저작권자로부터 불법 저작물의 복제·전송을 중단시킬 것을 요구받고 즉시 그 저작물의 복제·전송을 중단시킨 경우에는 온라인서비스제공자의 책임을 감경

물론 해당 이용 행위가 정당한 인용의 범위 내에 있거나 사적 복제에 해당하는 등 저작권 제한사유에 해당할 경우 저작권법 위반의 가능성에서 벗어날 수 있으나 인터넷 공간에서의 전파의 광범위성 등 인터넷 공간에서의 저작물 유통 환경을 감안한다면 책임이 없는 경우는 적을 것이다.

반면, 특허권으로 인정받을 수 있는 범위도 늘고 있다. 미국에서 Bilski판결[602]에서, Bilski 발명은 공급자와 수요자간의 상품거래에 중개인이 개입하여 가격 변동 리스크를 방지하는 방법으로, BM(Business Method)[603]을 특허로 주장했다. 미국에서 구글, 이베이, 페이스북 그리고 야후 같은 인터넷 사업 리더들은 그들이 할 수 있는 최대한으로 다양하게 특허 보호를 하려 한다.[604] 이를 통해 종래 저작권이나 특허권에 해당하지 않는 것들도 인터넷 비즈니스상의 권리가 되어 주장되고 다툼이 될 우려는 높아졌다. 그리고 생성인공지능의 등장으로 지식재산권 분야에서 지적인 결과물이 무엇인가에 대한 새로운 질문이 발생했다.

3. 저작권 저촉여부

아날로그 시대에서는 저작물이 유통되기 위해서는 해당 저작물을 물리적으로 다른 곳으로 이전해야 했으므로, 많은 시간과 비용이 소요되었다. 그러나 현재와 같은 시대에서는 저작물은 아날로그 시대와는 비교할 수 없을 정도로 빠르게 유통된다. 디지털화한 저작물은 지리적, 지역적 한계 없이 빠르게 복제되어 전 세계적으로 유통될 수 있다. 가수 싸이의 "강남스타일" 뮤직비디오가 Youtube에 게재된 지 51일 만에 1억 뷰를

또는 면제할 수 있다'고 규정하고 있는데, 위 각 조항의 입법 취지나 위 각 조항의 해당 문구상 별다른 제한이 없는 점 등에 비추어 보면, 위 각 조항은 형사상 책임에도 적용된다고 보아야 한다. 그리고 구 저작권법(2008. 2. 29. 법률 제8852호로 개정되기 전의 것, 이하 같다) 제102조 제2항이 규정하고 있는 '기술적으로 불가능한 경우'란 온라인서비스의 제공 자체는 유지함을 전제로 이용자들의 복제·전송행위 중 저작권의 침해행위가 되는 복제·전송을 선별하여 방지 또는 중단하는 것이 기술적으로 불가능한 경우를 말하므로, 비록 온라인서비스이용자들이 해당 온라인서비스를 이용하여 저작물을 복제·전송함으로써 그 저작권을 침해하였다고 하더라도, 온라인서비스제공자가 그와 같은 침해사실을 알고 저작권의 침해가 되는 복제·전송을 선별하여 이를 방지 또는 중단하는 기술적 조치를 다하였다고 인정되는 경우에는 해당 침해행위에 대한 형사상 책임이 면제된다. 그리고 온라인서비스제공자가 구 저작권법 제103조 제5항에 의하여 그 책임을 감경 또는 면제받을 수 있기 위해서는 저작권자로부터 중단 요구를 받은 즉시 그 저작물의 복제·전송을 중단시켜야 하는 점에 비추어, 온라인서비스제공자가 스스로 저작권 침해사실을 알게 된 경우에도 그 즉시 당해 복제·전송을 중단시켜야 구 저작권법 제102조 제1항에 의하여 그 책임을 감경 또는 면제받을 수 있다고 보아야 한다."고 판시하였다. 대법원 2013.9.26. 선고 2011도1435 판결.

602) Bilski v. Kappos, 130 S. Ct 3218(2010).

603) BM발명 특허에 대하여는 김원준, "BM발명의 특허적격성 판단기준에 관한 고찰", 법학논총, 제30집 제3호(2010); 이수미, "In re Bilski 판결 이후 영업방법(BM) 발명에 대한 미국의 특허대상 판단기준의 변화에 대한 연구", 창작과 권리 통권 56호(2009년 가을) 등 참조.

604) Jobanna K.P. Dennis, "Owning methods of conductiong business in cyberspeace", in Cyberspeace Law, Routledge, at 102.

돌파한 사례[605]처럼 디지털화한 저작물은 특별한 노력과 비용 없이, 누구나 쉽게 접할 수 있는 Youtube와 같은 인터넷 사이트를 통해 전 세계인에게 유포될 수 있다. 현재, 우리 저작권법 제20조는 "저작자는 저작물의 원본이나 그 복제물을 배포할 권리를 가진다. 다만, 저작물의 원본이나 그 복제물이 해당 저작재산권자의 허락을 받아 판매 등의 방법으로 거래에 제공된 경우에는 그러하지 아니하다."고 규정하고 있다. 이것은 최초판매의 원칙(권리소진의 원칙)을 규정해 둔 것이다.[606] 이러한 권리소진의 원칙이 기존의 서적, 음반 등 유형물의 판매에 적용되는 것 외에 디지털 저작물의 경우에도 적용되는 것인지는 견해의 대립이 있다. 무한복제가 가능한 디지털 저작물의 특성상 디지털 저작물에는 적용되지 않는다고 보는 것이 일반적이다.[607]

II. 저작권과 표현의 자유 충돌

1. 손담비 모방 UCC[608]

손담비의 "미쳤어"라는 곡(원곡)을 부르면서 춤을 추는 것을 촬영한 이용자제작콘텐츠(UCC, user created content) 형태의 53초 분량의 동영상을 주된 내용으로 하는 게시물(이 사건 게시물)을 원고가 운영하는 블로그에 게시하였다. 원곡을 신탁 받아 관리하는 한국음악저작권협회는 저작권을 침해하였음을 이유로 블로그를 운영하는 포털에 위 게시물의 삭제를 요청하였고, 포털은 이 사건 게시물을 임시 게시중단 처리하였다.

---

605) 스타N뉴스(star.fnnews.com) 2014.5.26.

606) 예를 들어, 서점에서 정당하게 서적을 구입하였다면, 그 서적을 구입한 사람은 저작권자의 동의 없이 그 서적을 선물로 타인에게 주거나 중고로 팔 수 있다. 당초 미국의 판례를 통하여 확인되기 시작한 권리소진의 원칙은 저작권자가 배포권을 이용하여 복제물과 배포과정에 지속적으로 관여하는 것을 차단함으로써 저작권자가 자신의 저작권을 가지고 경쟁을 제한하기 위한 수단으로 사용하는 것을 막는 것과, 일단 유통된 저작물의 경우 저작권자의 간섭을 받음이 없이 자유로이 처분할 수 있도록 함으로써 정보의 자유로운 유통을 보장하고 사회의 편익을 극대화하는 것의 두 가지 주요한 기능을 수행하여 왔다고 한다. 박성호, 『저작권법』 박영사(2014), 352면 이하 참조.

607) 저작권자의 측면에서는 저작권을 통한 수익모델이 오프라인에서 온라인으로 급격하게 변화하고 있다. 콘텐츠 산업의 시장 매출 규모는 해마다 커지고 있으며, 그 중 디지털 콘텐츠 매출의 비중이 점차 증대되고 있다. 콘텐츠 산업 전체 매출액은 2012년의 경우 87조 2,716억 원이며, 이 중 온라인 및 디지털 매출액 규모는 26조 3,573억 원으로 30.2%의 비중을 차지하고 있다. 2012년 온라인 및 디지털 매출액 규모는 2011년 대비 9% 증가한 것으로 2009년부터 2012년까지 연평균 증가율은 17.4%에 이른다. 한국콘텐츠진흥원, 「콘텐츠산업통계」, 2013, 78면.

608) 서울남부지방법원 2010.2.18. 선고 2009가합18800 판결. 저작권과 표현의 자유에 관한 대표적인 판례.

이에 원고는 이 사건 게시물이 원저작자의 저작권을 침해하지 않음을 확인하는 등의 소송을 제기하였다.

(1) 저작물의 복제·전송

법원은 원고가 원고의 딸이 이 사건 저작물의 가사와 음의 주요 부분을 흉내 내어 부르는 것을 촬영하여 녹화한 행위와 이를 UCC 동영상으로 제작하여 피고 회사의 서버에 등재하는 행위는 각 저작권법이 규율하는 '복제'에 해당된다 할 것이며(저작권법 제2조 제22호 참조), 원고가 이 사건 게시물을 수신 범위의 차단 없이 포털사이트인 ○○○에서 운영하는 블로그에 등재한 행위는 이 사건 게시물을 불특정다수인, 즉 공중에게 '전송'한 것에 해당한다고 할 것이므로(저작권법 제2조 제7, 10호 참조), 저작권자의 저작재산권이 법률에 따라 제한되는 등의 특별한 사정이 없다면 원고의 위 각 행위가 저작자의 저작재산권 중 복제권, 전송권 등을 침해하는 것이라고 볼 여지가 있다고 판단하였다.

(2) 저작재산권의 제한

저작재산권의 제한과 관련하여 법원은 다음과 같이 판단하였다. 어떠한 기본권 주체가 다른 기본권 주체의 저작물을 사용하여 새로운 창작물을 창조하여 공개하는 경우, 일방 기본권 주체의 표현의 자유 및 문화·예술의 자유라는 기본권이 상대방 기본권 주체의 저작재산권이라는 기본권과 충돌하는 상황이 초래된다. 이러한 충돌을 조화롭게 해결하기 위하여 기본권 제한의 문제가 대두되는데, 우리 헌법은 '국민의 모든 자유와 권리는 국가안전보장·질서유지 또는 공공복리를 위하여 필요한 경우에 한하여 법률로써 제한할 수 있다'(헌법 제37조 제2항 참조)는 일반규정을 두면서 좀 더 구체적으로 재산권에 있어서는 '재산권의 행사는 공공복리에 적합하도록 하여야' 하며 '그 내용과 한계는 법률로 정한다'는 내용의 제한(헌법 제23조 제1, 2항 참조)을 두고 있다.

이러한 취지하에 저작재산권 보호 및 제한의 법리를 구체적으로 입법화한 것이 저작권법으로서,[609] 저작권법은 저작권자의 창작물을 보호하고 정당한 보상을 보장하여 창작활동에 대한 유인을 제공하는 것뿐만 아니라 권리자의 정당한 이익을 불합리하게 저

---

609) 저작권법은 제1조의 규정을 통해 이 법은 저작자의 권리와 이에 인접하는 권리를 보호하고 저작물의 공정한 이용을 도모함으로써 문화 및 관련 산업의 향상발전에 이바지함을 목적으로 한다고 명시하고 있다.

해하지 않는 한, 그 지적활동의 결과물을 널리 공중이 공유하게 함으로써 궁극적으로 문화 및 관련 산업 발전을 달성함에 그 존재 의의를 두고 있다고 할 것이다. 이러한 입법취지 및 목적에 따라 우리의 저작권법은 여러 조문에 걸쳐 저작재산권의 제한규정을 두어 저작물을 자유 이용할 수 있는 경우를 명문화함으로써 저작자와 이용자의 권리의 균형 및 조화를 도모하고 있으며, 이러한 제한 규정에 해당할 경우 제3자가 저작자의 허락이나 기타 어떠한 절차 없이 저작물을 이용하였더라도 저작권 침해에 해당한다고 볼 수는 없다. 다만, 어떠한 경우에 저작재산권이 제한될 수 있는지를 모두 법으로 규정하는 것은 입법기술상 불가능하므로, 우리 저작권법상의 제한규정에서도 불가피하게 추상적인 개념들이 사용되고 있는바, 이러한 추상적 개념들을 구체적인 사안에서 해석함에 있어서는 우리 헌법의 이념, 위에서 살펴본 저작권법의 목적 및 입법취지를 고려하여 당사자들의 충돌하는 기본권 사이에 세밀한 이익형량과 상위규범과의 조화로운 해석이 요구된다고 할 것이다.[610]

(3) 공표된 저작물의 인용

공표된 저작물의 인용에 관한 법원의 판시내용은 다음과 같다. 저작권법 제28조는 공표된 저작물은 보도·비평·교육·연구 등을 위해서는 정당한 범위 안에서 공정한 관행에 합치되게 이를 인용할 수 있다고 규정하고 있는바, 위 규정은 소극적인 복제 뿐 아니라 자신의 저작물 중에 타인의 저작물을 인용하는 것까지 포괄하여 규율하는 것으로 해석되므로, 정당한 인용은 배포권, 전송권 등 저작자의 저작재산권 일반에 대한 제한사유에 해당한다고 할 것이다. 위 규정에 해당하기 위해서는 그 인용의 목적이 보도·비평·교육·연구에 한정된다고 볼 것은 아니지만, 인용의 '정당한 범위'는 인용저작물의 표현 형식상 피인용저작물이 보족, 부연, 예증, 참고자료 등으로 이용되어 인용저작물에 대하여 부종적 성질을 가지는 관계(즉, 인용저작물이 주이고, 피인용저작물이 종인 관계)에 있다고 인정되어야 하고, 나아가 정당한 범위 안에서 공정한 관행에 합치되게 인용한 것인지 여부는 인용의 목적, 저작물의 성질, 인용된 내용과 분량,

---

610) 어문저작물, 2차적 저작물에 관한 저작재산권이 별개의 재산권이고, 편집저작물에 관한 저작재산권과는 피침해권리나 피침해이익이 다르므로, 소송물이 다르다고 해야 한다. 편집저작물이나 2차적 저작물의 저작재산권 중 지분적 권리에 기한 청구가 별도로 확정된 것이 아니기 때문이다. 따라서 소송물 식별기준으로 저작인격권이나 저작재산권을 이루는 개별적인 권리들은 저작인격권이나 저작재산권이라는 동일한 권리의 한 내용에 불과한 것이 아니라, 각 독립된 권리이기 때문에 소송물이 다르다고 한 것은 그 결론의 논거로서 타당하다고 할 수 없다. 전효숙, "저작권침해소송의 소송물—대법원 2013.7.12.선고 2013다22775 판결을 중심으로—", 이화여자대학교 법학논집 제19권 제2호(2014. 12), 553면 이하 참조.

피인용저작물을 수록한 방법과 형태, 독자의 일반적 관념, 원저작물에 대한 수요를 대체하는지 여부 등을 종합적으로 고려하여 판단하여야 한다.[611]

(4) 법원의 결론

이 사건 저작물이 사용된 부분은 이 사건 동영상을 구성하는 여러 요소들 중 일부에 불과할 뿐이고 이를 제외한다고 하더라도 이 사건 동영상은 원고의 어린 딸이 추는 춤과 귀여운 표정 및 행동 등이 기록된 독자적인 존재 의의를 가지는 저작물로 판단되는 점, 원고의 딸이 이 사건 저작물을 가창한 것임을 식별할 수 있는 분량은 이 사건 동영상 중에서 15초 정도로 극히 짧으며, 그마저도 음정, 박자, 화음이 이 사건 저작물과 상당 부분 상이하고 가사조차도 원 가사의 일부 단어가 순서를 달리하여 부정확하게 차용되고 있어 결과적으로 이 사건 동영상이 이 사건 저작물을 본질적인 면에서 사용하고 있다고 보기는 어려운 점, 녹음 및 게시 방식에 있어서도 비전문가에 의하여 복제되어 화질, 음질 등의 상태가 비교적 좋지 않고 특별히 상업적으로 포장되어 게시되었다고 볼 수는 없는 점, 그 밖에 일반 공중의 관념으로 볼 때 이 사건 게시물이 이 사건 저작물의 가치를 침해한다거나 대체한다고 느껴진다거나, 이 사건 게시물이 실제로 피인용저작물인 이 사건 저작물의 시장가치에 악영향을 미치거나 시장수요를 대체할 정도에 이르렀다고 볼 만한 여지가 없고, 오히려 이 사건 저작물의 인지도를 높이는 방향으로 기여한다고 볼 수도 있는 점 등을 종합하면 이 사건 게시물은 이 사건 저작물을 정당한 범위 안에서 공정한 관행에 합치되게 인용한 것으로 판단된다.

나아가 모든 저작물은 기존의 저작물들이 축적되어 이루어진 문화유산에 뿌리를 두고 있어 공동의 자산으로서의 성격을 내포하고 있을 뿐 아니라, 저작물은 널리 향유됨으로써 존재 의의를 가지는 특성이 있어 그 향유 방법을 지나치게 제한하는 것은 오히려 저작권자의 이익에 배치될 가능성이 높은 점, 여기에 표현의 자유 및 문화·예술의 자유를 국민의 기본권으로 보장하고 문화국가 실현을 향해 노력한다는 우리 헌법의 이념, 위에서 본 바와 같이 저작권자의 이익을 보호할 뿐만 아니라 공중의 정당한 권리를 보장하여 문화 및 관련 산업 발전을 달성하고자 하는 저작권법의 입법목적 등을 모두 더하여 보면, 이 사건 저작물을 활용한 UCC[612] 형태의 이 사건 동영상, 게시물 등을 복

---

611) 대법원 1998. 7. 10. 선고 97다34839 판결, 대법원 1990. 10. 23. 선고 90다카8845 판결 등 참조.

612) UCC는 콘텐츠를 편집·수정·보완하고 창조성을 더하여 2차적 저작물을 만들어 내고 있다. 그런데 UCC는 보통 기존의 동영상·이

제하고 공중에 공개하는 것을 제한함으로써 저작권자가 얻는 이익에 비하여 그로 인해 초래될 수 있는 저작권자의 잠재적인 불이익과 표현 및 문화·예술의 자유에 대한 지나친 제약, 창조력과 문화의 다양성의 저해, 인터넷 등의 다양한 표현수단을 통해 누릴 수 있는 무한한 문화 산물의 손실이 더 크다고 판단되므로, 이러한 측면에서도 원고의 이 사건 게시물은 피고 협회가 보유하는 저작재산권이 저작권법으로 정당하게 제한받고 있는 범위 내에서 피고 협회의 저작물을 인용한 것이라 하겠다. 따라서 원고의 이 사건 게시물의 복제, 전송 등의 행위가 피고 협회의 저작권을 침해한 것으로 볼 수는 없다.[613]

2. 패러디

표현의 자유와 저작권의 충돌을 잘 보여주는 영역은 패러디다. 넓은 의미의 패러디란 표현형식을 불문하고 대중에게 널리 알려진 원작의 약점이나 진지함을 목표로 삼아 이를 흉내내거나 과장하여 왜곡시킨 다음 그 결과를 알림으로써 원작이나 사회적 상황에 대하여 비평 또는 웃음을 이끌어내는 것을 말한다.[614] 패러디는 18세기 독일 시인 베르니케(Wernicke)의 단편시집에서 본격적으로 사회의 유명 인사나 작품에 대한 야유, 장난 조소 등 오락적인 표현 수법으로 작품화되기 시작하여 19세기 이후에는 문학뿐만 아니라 영화, 방송, 연극 등 다양한 매체를 통하여 패러디가 성행하게 되었다고 한다.[615] 저작권법에서 패러디는 원작의 개변을 필연적으로 수반하기 때문에 원저작권자의 2차적 저작물 작성권을 침해하는지, 동일성 유지권을 침해하는지와 같은 문제점을 야기한다. 패러디는 원작에 대한 과장·왜곡이 수반되는 만큼 원저작권자에 대해 사용동의를 얻는다는 것은 현실상 불가능하므로, 만약 패러디가 2차적 저작물 작성권을 침해한다거나 원저작자의 동일성 유지권을 침해하는 것이라면 패러디 자체를 인정하지 않는 것과 마찬가지다.

최근에는 예술창작 분야에서도 AI가 활용되고 있다. 이에 대한 저작권 인정여부는

미지 등을 이용하여 만들어지고 있어, UCC의 제작·배포(전송) 과정에서 항상 저작권 침해 논란을 일으킨다. UCC 제작자인 일반 이용자들이 해당 UCC 제작시 제작에 이용하는 동영상·이미지 등에 대해 저작권자의 적법한 허락을 얻는 사례는 드물다.

613) 인터넷에서 이루어지고 있는 수많은 UCC 제작행위에 대해 해당 권리자는 언제든지 삭제 요구를 할 수 있다. 또한 이 뿐만 아니라 저작권자들은 저작권법 위반으로 해당 이용자를 형사 고소하거나 민사상 손해배상을 청구할 수 있으며, 실제로도 그렇게 하고 있다.

614) 오승종, 『저작권법(제2판)』 박영사(2012), 607면.

615) 임덕기, "현행 저작권법상 패러디 항변의 문제점", 콘텐츠재산연구 제2권, 차세대콘텐츠재산학회(2011), 138면.

세계적인 법적 이슈가 되었다.

3. 기본권 충돌과 문제 해결

기본권의 충돌이라 함은 복수의 기본권 주체가 서로 충돌하는 권익을 실현하기 위하여 국가에 대해 각기 대립되는 기본권의 적용을 주장하는 경우를 말한다. 디지털 시대에는 이용자의 표현의 자유와 권리자의 저작권이 충돌하게 된다. 기본권 충돌의 해결이론으로는 기본권의 서열이론, 입법의 자유영역이론, 실제적 조화의 이론 등이 있다.[616] 헌법재판소는 "두 기본권이 충돌하는 경우에는 헌법의 통일성을 유지하기 위하여 상충하는 기본권 모두 최대한으로 그 기능과 효력을 발휘할 수 있도록 조화로운 방법이 모색되어야 한다."[617]라고 하면서 비례의 원칙에 따라 기본권 침해 여부를 심사하고 있다.

앞서 언급한 바와 같이 저작권 또한 절대적인 것이 아니라 헌법이 정하는 바에 따라 제한할 수 있으며, 다른 기본권과 충돌할 경우에는 헌법재판소 결정과 같이 상충하는 기본권 모두 최대한으로 그 기능과 효력을 발휘할 수 있는 조화로운 방법이 모색되어야 할 것이다. 따라서 저작권법에 규정된 저작권 제한규정은 헌법상의 이익형량을 통해 표현의 자유를 비롯한 국민의 기본권과 저작권의 상충을 해결할 수 있는 최소한의 수단을 입법자가 마련해 둔 것이라 보아야 할 것이며, 이러한 입장에서 저작권 제한 규정은 저작권 외의 국민의 기본권을 충분히 보장할 수 있는 방향으로 해석되어야 할 것이다. 특히 저작권법상 공정이용 조항은 저작권 제한의 일반규정으로서 저작권이 표현의 자유의 검열 수단이 되지 않도록 표현의 자유 보장을 위한 저작권법상의 마지막 보루로서 가능한 한 확대 적용되어야 한다.

---

616) 권영성, 『헌법학원론』, 법문사(2014), 322면 이하 참조.
617) 헌법재판소 2011.12.29. 2010헌마293.

Ⅲ. 온라인 서비스제공자의 저작권법적 책임

1. Viacom v. Youtube 사건

미국에서 MTV, Comedy Central 채널을 보유한 세계 4대 미디어 재벌인 Viacom이 2007. 3. 13. Youtube를 상대로 Youtube 사이트에 Viacom 소유의 프로그램이 무단으로 게재되면서, 대규모의 저작권 침해가 발생했다는 이유로 Youtube를 상대로 뉴욕 남부 연방지방법원에 10억 달러의 배상소송을 냈다. Viacom은 두 가지 점에서 Youtube의 불법성을 지적했는데, 첫째, Youtube가 Viacom의 영상물을 Viacom의 승인 없이 온라인에 유포한 것은 명백한 저작권침해이며, Youtube는 이 사실을 분명하게 인지하고 있었다. 둘째, Youtube가 해당 저작권침해 영상물을 관람하는 이용자의 규모가 증가함에 따라 인터넷 광고 수익을 거두었다.

미국의 저작권법인 DMCA(Digital Millienium Copyright Act, 디지털밀레니엄저작권법)에 의하면 본인이 저작권을 침해했다는 사실을 반드시 인지하고 있는 경우와 금전적 이윤 획득을 목적으로 저작권 침해를 할 경우에는 불법성이 인정된다고 명시하고 있다. 그러나 Youtube는 미국 저작권법이 정하는 면책 가이드라인에 맞는 조치를 해왔기 때문에 저작권침해에 대한 책임이 없다고 주장했다. 미국 저작권법 제512조는 Youtube와 같은 서비스 제공자들이 이용자들에게 침해물 삭제 관련 정책을 공지하고, 적절한 통지 및 삭제 절차를 따르며 자사의 네트워크상에서 저작권 침해행위가 발생하고 있거나 저작권 침해 콘텐츠가 존재한다는 사실에 대해 알지 못하는 경우 이용자들에 의한 저작권침해에 대하여 서비스 제공자들을 면책하고 있다[618)]

(1) 1심 판결 내용

이 사건의 1심을 담당했던 뉴욕 남부지방법원은 2010. 6. 23. Viacom의 주장처럼 미국 저작권법 제512조 (C)항의 면책조항의 적용의 예외에 해당하려면 단순히 저작권 침해가 빈번히 이루어지고 있다는 사실을 알고 있는 것만으로는 부족하고, 특정 침해 사실이나 정황에 대해 Youtube 측이 알고 있었거나 인식하고 있었을 것이 요구되는

---

618) 박경화, "YouTube, 저작권 침해 소송에서 또 다시 Viacom에 승리", 저작권 동향 제8호(2013), 2면.

데,[619] Youtube가 자사의 사이트에 저작권 침해 콘텐츠가 업로드 되고 있다는 것에 대한 일반적인 인식은 갖고 있었지만, 구체적으로 어느 동영상이 저작권을 침해하는 것인지는 알지 못했으며, 저작권자의 삭제 통지가 있는 경우에는 해당 동영상을 즉시 삭제함으로써 면책조항이 요구하는 의무를 다했고, Youtube와 같은 서비스 제공자에게 모든 동영상을 확인하라고 명하는 것은 미국 저작권법이 요구하는 바가 아니라고 판단하고 Viacom의 청구를 기각하였다.

(2) 2심 판결 내용

2심이었던 제2항소법원은 2012. 4. 5. Viacom이 증거로 제시한 Youtube 내부관계자 이메일의 내용에 초점을 맞추어 합리적인 배심원이라면 Youtube가 구체적인 저작권 침해 행위에 대해 알고 있었다고 판단할 것이라며, Youtube가 의도적으로 저작권 침해 행위를 외면했는지 여부에 대한 결론을 내릴 수 있도록 4가지 주요 쟁점을 중심으로 재심리하라는 지시와 함께 1심 법원의 판결을 파기 환송하였다.[620] 또한, 제2항소법원은 미국 저작권법 면책조항이 저작권 침해사실에 대한 통지를 받은 즉시 해당 콘텐츠를 삭제하는 조치를 취하는 Youtube와 같은 OSP를 면책시켜주는 조항은 타당하나, 미국 저작권법 제512조 (C) 항에 규정된 바와 같이 OSP가 특정 저작권 침해 사실이나 정황을 알았거나, 해당 저작권 침해행위자를 통제할 권한과 능력이 있음에도 불구하고 의도적으로 묵인한 경우 면책조항의 적용 예외에 해당해 면책되지 않을 수 있다고 판시하였으며, OSP가 저작권 침해행위를 "통제할 권리와 능력"이 있었는지 여부를 판단하는 데 있어 OSP가 침해 행위를 알고 있었는지는 중요하지 않고, 다만 OSP가 "이용자들의 활동에 상당한 영향력을 행사할 수 있었다면" 저작권 침해행위를 통제할 권리와 능력이 있었던 것으로 보아야 한다고 판시했다. 이때, 상당한 영향력이란 OSP가 이용자들의 콘텐츠를 얼마나 면밀히 통제할 수 있는가 하는 통제의 정도를 의미한다고 판시했다.[621]

---

619) 박경화, 앞의 논문, 2면.

620) 박경화. 앞의 논문, 2면.

621) 박경화, 위의 논문, 3면.

(3) 파기환송심판결

가. 특정 저작권 침해행위를 알았는가?

Youtube는 Viacom이 문제 삼은 63,060개의 동영상 목록을 제출하면서 이와 관련하여 Viacom으로부터 어떠한 저작권 침해 통지도 받은 사실이 없다고 주장했고, Viacom도 통지했다는 증거가 없다는 것을 인정하였다. 다만, Viacom은 침해 동영상의 존재를 알고 있었다는 것에 대한 입증책임은 면책조항으로 항변하는 Youtube에 있다고 주장하였으나, 법원은 그러한 주장이 콘텐츠의 양이 방대하여 콘텐츠의 내용을 일일이 확인하는 것이 불가능하기 때문에 서비스 제공자를 면제해 주기 위한 면책조항 제정 이유를 망각한 시대착오적 주장이라고 지적하며, Viacom이 Youtube가 침해행위를 알고 있었다는 것을 입증하지 못하였다고 판단하였다.

나. 저작권 침해행위를 의도적으로 외면했는가?

미국 법원은 서비스 제공자가 면책조항의 보호를 받을 수 있는 자격을 상실하는 경우 서비스 제공자가 "구체적이고 확인 가능한 침해 사례"에 대하여 의도적으로 외면한 경우로 한정되어야 한다고 지적하며, Viacom이 Youtube에 제공한 정보는 특정 TV 프로그램과 관련해 저작권 침해가 발생하고 있다는 것뿐이었고, 각각의 침해 동영상에 대한 구체적 정보는 제공되지 않았기 때문에 Youtube가 그러한 침해 동영상을 확인하고 삭제하기 위해서는 Viacom이 언급한 TV 프로그램과 관련된 수백 개의 동영상을 일일이 검토했어야만 하고, 이러한 면책조항은 서비스 제공자가 그렇게 모든 동영상을 직접 일일이 확인해야 하는 부담에서 벗어나게 해주기 위한 것으로 Youtube에게 적극적인 의무를 지우는 것으로 해석되지 않는다고 판단했다.

다. 저작권 침해 행위 통제 권한 및 능력을 갖고 있었나?

법원은 미국 저작권법 제512조 (C)(1)(B)가 의미하는 "침해 행위를 통제할 권한과 능력"은 단순히 웹 사이트에 게시된 콘텐츠를 삭제하는 등의 일상적인 권한과 능력이 아닌 "침해활동에 영향을 미치거나 참여할 수 있는 권한과 능력"을 의미한다고 설명하여 Youtube가 저작권을 침해한 콘텐츠인지 여부와 관계없이 Youtube에 게시된 콘텐츠에 대한 이용자들의 접근을 용이하게 하기 위해 자동화된 검색어 제한 시스템을 사용하기도 하고, Youtube 직원들이 특정 동영상을 선정해 홈페이지에 게시하기도 했지만 합리적인 배심원이라면 이를 근거로 "침해활동에 영향을 미치거나 참여할 수 있는 권한과 능력"을 갖고 있었다는 결론을 짓지 않을 것이라고 판시했다.

라. 면책조항의 보호를 받을 수 있는가?

Youtube는 Apple, Sony, Panasonic, Tivo, AT&T 등과 이용허락 계약을 체결하고 유튜브 시스템에 저장된 동영상을 이용자의 지시에 따라 다른 휴대 장치에서도 이용 가능한 포맷으로 전환해 사용할 수 있도록 하고 있다. 이는 현대인들이 PC 뿐만 아니라 휴대전화, 태블릿 등 다양한 장치를 통해 온라인 서비스를 이용하고 잇다는 현실을 반영할 기술일 뿐이며, 유튜브 뿐만 아니라 많은 서비스 제공자들이 이러한 이용허락 계약을 체결하고 있다. 법원은 이러한 이용허락계약이 "이용자의 지시에 따라 저장된 자료"에 접근할 수 있도록 하는 방법이므로 Youtube가 수동적으로 개입해 특정 콘텐츠를 선정해서 전달하는 것은 아니며, 단지 이용자가 여러 하드웨어를 통해 좀 더 쉽게 콘텐츠를 이용할 수 있도록 하기 위한 것이기 때문에 면책조항으로 보호받을 수 있는 행위라고 판단했다. 법원은 항소법원이 재심리를 지시한 모든 쟁점들에 대한 결론이 Youtube가 면책조항으로 보호받을 수 있다는 것으로 내려졌기 때문에 Viacom의 청구를 기각한다고 판결하였다.[622]

2. 우리나라 OSP 책임에 대한 판결의 검토

'칵테일 98사건'[623]은 우리나라에서 OSP 책임에 대하여 구체적으로 다투어진 최초의 판례라고 할 것이다. 그러나 '칵테일 98사건'에서는 원고의 청구를 기각하기는 하였으나, 구체적으로 원고의 청구의 기초가 된 OSP 책임의 근거에 대하여는 명확히 밝히고 있지 않다.

이 판결의 내용을 살펴보면, "전송 등이 가능하도록 장소나 시설을 제공한 것에 불과한 자는 이를 통하여 발생하는 불법행위에 관하여 자신이 직접적인 고의를 가지고 있지 아니한 이상 원칙적으로는 그러한 장소나 시설의 제공사실만을 가지고 곧바로 침해에 대한 직접적인 책임을 부담하는 것으로 보아야 할 아무런 근거가 없는 것"이라 하여 원칙적으로 특별한 사정이 없는 이상 OSP의 직접책임을 부정할 수 있음을 의미

---

622) 박경화, 앞의 논문, 2~4면.

623) 서울중앙지방법원 1999. 12. 3. 선고 98가합111554 판결.

하는 판시를 하면서 "다만, 예외적으로 이들이 이용자의 침해행위를 적극적으로 야기하였다거나 우연한 기회나 권리자로부터의 고지를 통하여 이용자의 침해물 또는 침해행위의 존재를 인식하고도 이를 방치한 경우 또는 이들이 침해행위를 통제할 권리와 능력이 있고, 그 침해행위로부터 직접적인 재산상 이익을 얻는 경우 등과 같이 이용자의 직접적인 침해행위와 동일하게 평가할 수 있을 만한 특별한 사정이 있는 경우에는 그 책임을 인정하여야 할 경우가 있을 수 있으며…"라고 판시하여 미국의 기여책임 및 대위책임의 법리를 언급하고 사안을 포섭하여 그 영향을 받았음을 보여주고 있다.

다만, 위 판결이 위와 같은 미국의 기여책임 및 대위책임의 법리를 언급하고 있으면서도 그 전제로서 "일반적으로 불법행위책임에 있어서 그 책임은 당해 침해행위의 직접적인 귀속자가 부담하는 것일 뿐, 이로 인한 책임을 제3자에게 물을 수 없음이 원칙이라 할 것이고, 다만 교사·방조에 의한 공동불법행위책임이나 사용자책임의 법리에서와 같이 침해행위를 직접적으로 행하지 아니한 제3자라 하더라도 침해행위 또는 침해행위자와의 관련성이 있는 것으로 평가되는 경우에 한하여 예외적으로 그 제3자를 상대로 그 책임을 물을 수 있다 할 것이다."라고 하여 '교사·방조에 의한 공동불법행위책임' 또는 '사용자책임의 법리' 등을 언급하고 있는 점을 알았을 때, 미국의 기여책임 및 대위책임의 이론의 영향을 받기는 하였으나, OSP 책임의 근거로서 '교사·방조에 의한 공동불법행위책임' 또는 '사용자책임의 법리'가 적용될 수 있음을 고려하였다고 볼 여지도 있다.[624]

소리바다1 가처분이의 사건[625]에서도 우리 법원은 항소심 판결이전까지 OSP 책임이 문제된 사안에서, 미국의 기여책임 이론 및 대위책임이론을 강하게 영향을 받은 것처럼 보이는 판시를 하면서도, 어느 규정에 의해 OSP 책임이 성립하는지에 명확히 판시하지 않았으나, 이 사건에서 OSP 책임의 근거를 '민법 제760조 제3항'이라고 명백히 밝힌 바 있다.

---

624) 저작권침해와 관련하여 우리나라의 현행 저작권법 제125조에서는 저작재산권 그 밖에 이 법에 따라 보호되는 권리(저작인격권 및 실연자의 인격권을 제외한다)를 가진 자가 고의 또는 과실로 권리를 침해한 자에 대하여 그 침해행위에 의하여 자기가 받은 손해의 배상을 청구하는 경우에 그 권리를 침해한 자가 그 침해행위에 의하여 이익을 받은 때에는 그 이익의 액을 저작재산권자등이 받은 손해의 액으로 추정한다. 그리고 저작재산권자등이 고의 또는 과실로 그 권리를 침해한 자에 대하여 그 침해행위에 의하여 자기가 받은 손해의 배상을 청구하는 경우에 그 권리의 행사로 통상 받을 수 있는 금액에 상당하는 액을 저작재산권자등이 받은 손해의 액으로 하여 그 손해배상을 청구할 수 있다고 규정하고 있다. 즉, 저작권법 제125조는 다양한 손해액산정 방법 및 등록된 저작권을 침해하는 경우 침해자의 과실을 추정하는 규정을 둠으로써, 손해액 산정에 있어 어려움을 구제하고 주관적 요소에 대한 입증의 어려움도 덜어 주고 있다. 최상필, "저작권법상 손해배상청구 제도에 관한 소고", 민사법이론과 실무 제18권 제3호(2015. 8), 215면 이하 참조.

625) 서울고등법원 2005. 1. 12. 선고 2003나21140 판결.

3. 저작권법의 변화

(1) 빅데이터의 저작권법 보호

빅데이터는 '비즈니스에 도움이 되는 견해를 도출하는 데이터'로 일반적으로 이해되고 있다.[626] 많은 비용과 노동력을 들여 모은 빅데이터를 제3자가 무단으로 복사한 경우, 빅데이터의 작성자는 그 제3자에 대해 무엇을 말할 수 있는가? 우선 생각할 수 있는 것은 "데이터베이스의 저작물"로서의 저작권법에 의한 보호이다. 빅데이터에 저작권이 인정된다면 저작권을 침해하는 자에 대해 금지 청구 및 손해배상청구를 할 수 있다(저작권법[627] 제104조의8 침해의 정지·예방 청구 등, 제125조 손해배상의 청구, 민법 불법행위 손해배상청구). 그런데, 빅데이터가 데이터베이스가 저작물로서 인정되는가가 문제 된다.

저작권법은 "제93조(데이터베이스제작자의 권리) 제1항 데이터베이스제작자는 그의 데이터베이스의 전부 또는 상당한 부분을 복제·배포·방송 또는 전송(이하 이 조에서 "복제등"이라 한다)할 권리를 가진다."고 규정하고 있다. 이 "데이터베이스"라고 함은 "데이터베이스"는 소재를 체계적으로 배열 또는 구성한 편집물로서 개별적으로 그 소재에 접근하거나 그 소재를 검색할 수 있도록 한 것을 말한다(제2조 제1항 9호). 즉, 데이터베이스의 저작물로서 보호되기 위해서는 ① 정보가 체계적으로 구성되어 있을 것 및 ② 정보의 선택 및 체계적인 구성으로 창작성을 가질 필요가 있다.[628]

단순한 데이터의 집합물은 체계적으로 구성되어 있지 않기 때문에 저작물로서 보호되지 않는다. 또한, 예를 들어, 단순히 시계열로 체계화된 것은 아무 고안도 없기 때문에 창작성은 인정되지 않고 집합물로서 보호되지 않는다. 빅데이터에 대해서는 비구조화 데이터와 같이 체계화되어 있지 않은 것도 있다. 만일, 저작권법의 보호를 받고 싶

---

626) 日本平成24年度情報通信白書.

627) 저작권법(시행 2018. 10. 16. 법률 제15823호, 2018. 10. 16., 일부개정).

628) ①에 대하여, 판례[여행업 시스템 사건(東京地裁平成26·3·14裁判所Web)]에서는 정보의 선택은 일정의 수집 방침에 근거하여 수집된 정보 중에서 일정의 선정에 근거하여 정보를 선정할 필요가 있고, 체계적 구성은, 수집·선택한 정보를 정리 통합하기 위해, 정보의 항목·구조·형식 등을 결정하여 양식을 작성하여 분류의 체계를 결정하는 등의 데이터베이스의 체계 설정을 하는 것이 필요하다고 판시한 바 있다.
②에 대하여, 판례[츠바사 시스템 사건(東京地裁13·5·25判例時報1774호132頁)]에서는 통상의 선택으로 특유한 것으로 인정되어지지 않은 데이터베이스나, 형식 지정 등의 오래된 편에 나열된 구성은, 다른 업자의 데이터베이스에도 채용되어 있기에, 창작성을 부정한 바 있다.

다면, 그 나름의 체계를 구축하고 데이터를 통합해 둘 필요가 있다. 무엇보다도, 빅데이터도 분석하기 위해 어떠한 노력에 투여되는 것이 통상이며, 그 결과 2차적 빅데이터라는 것이 생성된다. 빅데이터가 처음 데이터 그대로라면 저작권으로서의 보호를 받을 수 없지만, 2차적 빅데이터에 대해서는 앞서 기술한 ①②의 요건을 충족시키는 것으로 데이터베이스 저작물로서의 보호를 받을 수 있다.[629][630]

영국에서 AI창작물에 대하여 보호기간을 70년이 아닌 50년까지 인정하는 법제가 등장했다. 저작물과 이에 대한 공정이용(fair use)도 큰 이슈이다. 현제는 인공지능의 생산물에 인공지능의 저적권을 인정하지 않는 인간 본위의 저작권법이 세계적으로 유지되고 있지만 조금씩 변화된 입장이 논의되는 상황이다.

수년전 화제가 되었던 가수 조영남 씨 그림 논란 사건에서 대법원은 조수를 이용한 창작물에 대하여 형사재판에서 무죄판결을 했다. 그렇다면 AI를 사용했을 때에도 이러한 경우에도 저작권을 인정할 수 있는가가 앞으로의 쟁점이 된다.

(2) 민법과 부정경쟁방지법

어느 기업이 제공한 데이터에 의해 생긴 손해에 대해서도 데이터의 취급과 같이 계약으로 정해 두는 것이 바람직하다. 다수 당사자 간에 데이터를 융통하는 계약을 정한 경우에는, 데이터 제공처가 제공한 데이터를 어떻게 사용하는지 완전히 조절할 수 없는 이상, 방대한 손해배상이 발생할 위험을 부정할 수 없기 때문에 데이터 제공자는 무엇보다도 정확한 데이터를 제공하려고 노력하지만 손해에 대해서 책임은 지지 않는다는 면책 규정을 두는 것을 생각해볼 수 있다.

무엇보다도, 계약에서 정하지 않은 경우에는 어떻게 되는지에 대한 문제가 남는다. 그러한 경우, 손해가 발생한 기업으로부터 데이터 제공자에 대하여 채무불이행책임(민법 제390조)에 근거하여 청구를 하는 것으로 생각할 수 있지만, 데이터 제공자에게 손해배상책임이 인정되기 위해서는 데이터 제공자의 고의·과실 존재와 손해와의 인과관계가 입증되어야 한다. 그러나 기기로부터 수집한 데이터를 그대로 제공하도록 구성된 경우에는 데이터 제공자에게 과실이 있다고 말할 수 있는지는 논의의 여지가 있다. 또한, 데이터 이용자는 데이터를 체크하거나, 손해를 경감하는 조치를 취해야 하는 것으

---

629) 福岡真之介·桑田寛史·料屋恵美, 前揭書, 163~164頁.

630) 손형섭, "일본에서의 디지털 기본권에 관한 연구", 187면.

로 과실상계(동법 제496조[631])가 인정되고, 데이터 제공자의 책임이 경감될 가능성도 있다.[632] 또한 앞서 데이터의 부정경쟁방지법[633]에 의한 보호와 같이 이 법에 따라 민·형사적 보호도 가능할 수 있다.

1961년 부정경쟁방지법이 제정되고 1991년 이후 부정경쟁방지 및 영업비밀보호에 관한 법률로 역할을 하다 2021년 12월 개정[634]으로 데이터 보호 및 퍼블리시티 보호 규정이 추가되었다. 부정경쟁방지법은 주로 평등 관계에 있는 사업의 이익 보호라서, 형사처벌 규정과 행정기관의 조사 권한을 두고 있지만, 법의 성격은 민법에 대한 특별법에 해당한다.[635] 하지만 공정거래법과 부정경쟁방지법은 공정한 경쟁질서 유지를 도모하는 공통점이 있다. 2021년 개정으로 데이터에 대한 부정한 취득, 사용, 공개, 기술적 보호조치를 회피하는 장치의 전시 제조 등을 규정하여(동법 제2조 제1호 카목) 데이터의 권한 있는 정당한 사용 이외에 폭넓은 행위를 부정경쟁행위에 EU의 디지털시장법(DMA)이 2023년 5월 2일에 시행되었다.[636] 이 법은 시장을 독점할 수 있는 대기업을 게이트키퍼로 정하고 의무와 금지사항을 적용한다. 최종 사용자가 게이트키퍼의 운영 체제에 타사 앱 또는 앱 스토어를 설치하도록 허용하도록 하고 있어 애플사도 앱 스토어 외에 구글 플레이 스토어를 설치하도록 해야 한다. 게이트키퍼 기업이 이 법의 의무나 금지를 다르지 않으면 전 세계 매출의 10%까지 벌금을 부과할 수 있고, 반복 위반시 20%까지 벌금을 책정할 수 있다.[637] 소비자입장에서 이 법은 시장 경쟁을 촉진하여 디지털 상품과 서비스를 저렴하게 구매할 수 있게 되고 나아가 개인데이터 보호도 강화될 것으로 기대된다.

---

631) 제396조(과실상계) 채무불이행에 관하여 채권자에게 과실이 있는 때에는 법원은 손해배상의 책임 및 그 금액을 정함에 이를 참작하여야 한다.

632) 福岡真之介·桑田寛史·料屋恵美, 前揭書, 182頁.

633) 부정경쟁방지 및 영업비밀보호에 관한 법률(시행 2018. 7. 18. 법률 제15580호, 2018. 4. 17., 일부개정).

634) 부정경쟁방지 및 영업비밀보호에 관한 법률(이하 부정경쟁방지법, 법률 제18548호, 2021. 12. 7., 일부개정 된 법률).

635) 강명수, "2021년 부정경쟁방지법 개정의 체계 정합성과 해석론에 대한 일고찰―행정규제형 부정경쟁방지법의 본질적 특징을 중심으로―", 부산대학교 법학연구, 제63권 제4호 통권 114호(2022. 11), 190면.

636) Proposal for a Regulation for the European Parliament and of the Council on contestable and fair markets in the digital sector (Digital Markets Act).

637) 손형섭, "디지털 시대에 헌법상 공정의 원칙과 그 구현에 관한 연구", 공법연구 제52권 제2호(2023. 12.) 인용.

Ⅳ. 삼성과 애플의 특허 분쟁

1. 사건의 경과

2000년대 이후 지식재산권의 중요성은 꾸준히 증대되었다. 특히 1991~2010년에 극심한 증가가 있었다. 2011년 4월 15일 애플사가 미국 캘리포니아주 연방북부지법에 삼성전자를 상대로 특허, 상표, 디자인 침해를 이유로 소송을 제기하였다. 삼성도 2011년 4월 22일 애플을 상대로 한국의 서울, 일본의 도쿄, 독일의 만하임(Mannheim)에서 애플이 삼성의 모바일 통신 기술 특허를 침해했다고 소송을 제기했다. 삼성은 또한 영국 고등법원, 워싱턴 DC에 있는 국제 무역위원회(ITC)에 Apple에 대하여 6월에서 모두, 소송을 제기했다. 이후 양사는 세계에 걸쳐 법정에서의 스마트폰 전쟁(Smart phone war)을 했다.

양사의 사건에 대하여 미국에서는 특허, 상표, 디자인을 모두 다루고 있었으며, 독일은 특허와 디자인, 네덜란드는 특허, 호주는 특허와 디자인을 다루었다. 2011년 7월 1일 애플사가 삼성전자 제품들에 대한 판매금지 가처분을 미국 캘리포니아주 북부연방지방법원에 청구하고, 그 청구에 대해 1심 법원인 연방북부지법이 2011년 12월 2일 가처분 청구에 대한 기각 결정[638]을 내렸고, 애플사는 항소했다.

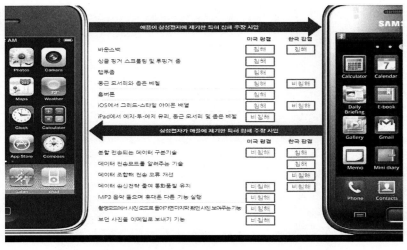

[apple v. samsung 특허소송의 주요 쟁점과 판결][639]

---

638) 11-CV-01846 LHK (N.D.Cal. Dec.2, 2018).

2. 판결의 내용

미국 민사소송법에서 가처분은 예외적으로 부여되는 처분이며, 가처분을 얻어내기 위해서 청구인은 ① 소송의 본안에서 승소할 가능성, ② 가처분을 선고하지 않는 경우 원고에게 즉각적이고 치유할 수 없는 위해가 가해질 가능성, ③ 가처분을 선고할 경우 소송 당사자들이 겪게 될 어려움, 그리고 ④ 가처분을 선고함으로써 얻어질 공익이다.[640]

애플사가 판매금지 가처분 청구를 주장한 디자인권의 내용은 아이폰의 디자인, 그리고 사용자가 스크린에 손가락을 위치시키고 화면에 표시된 이미지를 기기의 문서의 경계선까지 드래그한 후에 손가락을 떼면, 해당하는 페이지는 튕겨 나와서 다시 스크린 전체를 채우게 된다. 이 튕겨나오는(bounce back) 기능은 가처분 청구된 삼성의 네 가지 기기에서 모두에서 사용되었다.[641]

2012년 5월 14일에 미국 연방순회항소법원이 하급심 법원의 가처분 기각 결정에 대해 일부 지지, 일부 취소 환송 판결[642]을 내렸다. 가처분 청구의 근거가 된 4건의 지재권 중 디자인 3건, 특허 1건 중 스마트폰 관련 디자인 2건과 "바운스백" 방법 특허에 대해서 1심 결정을 지지했다. 하지만 아이패드 관련 디자인 1건에 대해서 잘못 결정을 내렸다고 하며 지방법원의 판결을 취소 환송했다.[643]

- 2011. 4. 15. 애플 캘리포니아 북부지법 소제기
- 2011. 4. 21. 삼성 서울중앙지법 소제기, 이후 국제 무역위원회, 일본, 네덜란드, 영국, 프랑스, 이탈리아, 독일, 호주 소제기
- 2012. 8. 24. 서울중앙지법 판결 선고
- 2012. 8. 24. 캘리포니아 북부지법 배심원 평결

---

639) 윤세균·진선태, "삼성전자와 애플사 간 특허소송 사례의 주요 쟁점 및 시사점", 한국디자인학회 2012 가을 국제학술대회, 2012.10, 108~109면.

640) 11−CV−01846 LHK (N.D.Cal. Dec.2, 2018). 경민수, "미국 캘리포니아주 법원에서의 애플 v. 삼성 간의 침해금지 가처분 청구 소송 및 항소심 판결", 한국지식재산연구원, 지식재산연구 7(2), 2012. 6, 81면.

641) 경민수, "미국 캘리포니아주 법원에서의 애플 v. 삼성 간의 침해금지 가처분 청구 소송 및 항소심 판결", 한국지식재산연구원, 지식재산연구 7(2)(2012. 6), 80면.

642) 11−CV−01846 (Fed. Cir. May 14. 2012).

643) 경민수, 앞의 논문, 88면.

- 2012. 12. 18. 삼성의 유럽 표준특허 소송 취하
- 2013. 6. 4. ITC 판결(2013. 8. 3. 거부권 행사)
- 2013. 12. 12. 서울중앙지법 판결 선고(2차 사건)
- 2014. 2. 7. 미국 법무부 표준특허남용 조사 종결
- 2014. 2. 26. 한국 공정위 무혐의 결정
- 2014. 4. 29. EU 집행위 반독점 조사 합의종결
- 2014. 5. 2. 캘리포니아 북부지법 배심원 평결(2차 사건)
- 2014. 8. 6. 미국 이외 모든 지역 소취하

[삼성 애플 특허 사건 주요 소송 경과]

이로써 가처분 소송에 관련된 디자인, 특허와 스마트폰, 타블렛 컴퓨터 간의 법적인 관계가 비교적 명확해졌다.[644] 연방순회항소법원은 "보통의 관찰자(ordinary observer)" 테스트를 확립한 바 있다. 보통의 관찰자 테스트는 제품 구매자가 물품 구매시에 일반적으로 기울이는 주의력을 가지고 보통의 관찰자의 눈으로 보았을 대를 판단의 기준으로 채택한 것이다.[645]

3. 정리

오라클과 같은 프로그램 회사에서 더 강하게 저작권과 특허권을 통하여 자신의 제품인 프로그램에 관한 권리를 보호한다. 예를 들어, 오라클은 그 뒤 안드로이드에 Java API를 가져다 쓴 구글에 대해 소송을 시작했다. 2012년 2012년 6월 1일 오라클이 제기한 소송이 특허침해 무효로 판결이 났으나 2014년 5월 9일에 열린 항소심에서는 오라클이 승소, 원심으로 파기 환송되었다. 그러나 2016년 5월 26일 다시 구글이 Java API 공정 이용을 인정받으며 승소했고, 오라클은 재차 항소할 의사를 내비쳤다. 그리고 2018년 3월 27일에 이어진 미국연방고등법원의 판결에선, 구글이 안드로이드 스마트폰 운영체제(OS)를 개발하면서 오라클의 프로그래밍 인터페이스(API)를 허락 없이 사용한 것은 불공정한 저작권 침해라는 것이 인정되어 마침내 오라클이 승소하게 되었다.

삼성과 애플의 소송은 디자인과 자신의 IT제품에 관한 디자인권과 특허권침해로 소

---

644) 경민수, 위의 논문, 76면.

645) 경민수, 위의 논문, 83면.

송에 전 세계에서 이루어진 것이다. 앞으로 이와 같은 자신의 기술을 법적으로 보호하려는 각사의 노력은 계속될 것이다.

국내에는 산업 기술의 부정한 침탈에 대해서 지식재산권법(특허법, 실용신안법, 디자인보호법, 상표법) 외에도, '부정경쟁방지 및 영업비밀보호에 관한 법률', '하도급거래 공정화에 관한 법률', '산업기술의 유출 방지 및 보호에 관한 법률', 방위산업기술보호법, 형법에 따라 처벌 또는 배상[646]할 수 있도록 하고 있다. IT와 미디어 기술에 대한 보호는 이러한 여러 법률과 정책을 복합적으로 사용해야 해결의 가능성을 확보할 수 있다.

생각

대학을 졸업한 A는 핸드폰 거치대를 만들어 팔고 있다. 이 제품에 디자인을 더하기 위하여 그림을 그려주는 생성형 AI인 미드저니(Midjourney)를 활용하여 제품의 디자인을 만들었다. 이를 온·오프라인에 저렴한 가격으로 판매했다. 그런데 어느 날 변호사로부터 소장이 집으로 도착했다. 내용은 미드저니로 디자인한 내용에 실제 핸드폰 거치대 판매 회사의 상호가 포함되어 있기에 상표법 위반으로 고소한다는 내용과 이를 인정하고 금액 30만원으로 합의를 하고 해당 디자인의 사용을 금지할 것을 요구받았다. A는 고심 끝에 해당 제품의 상표등록 여부를 확인하니 아직 상표등록이 되지 않았으며 상표등록 절차 진행 중이라고 한다. A는 변호사의 합의에 응해야 하는가 아니면 응할 필요가 없는가?

---

646) 박재영, "기술탈취 방지 및 기술보호를 위한 입법·정책 과제", 입법정책보고서 제22호−181224(2018. 12. 24), 7면.

제11장

게임산업과 콘텐츠, 인공지능

1. 콘텐츠 제도의 역사

(1) 게임콘텐츠

대한민국 영화법 제12조 공연윤리위원회의 심의를 통한 검열 시대로부터 등급분류제도, 2002년 영화진흥법상 상영등분류에 제한상영가 등급 신설 등 한때 헌법재판소는 사전검열제도에 대한 위헌결정을 통해 콘텐츠의 사선검열제도를 개선했다.

게임콘텐츠에 경우, 2006년 게임산업진흥법상의 등급분류제도, 사행행위처벌 등 규제 및 처벌 특례법 등에 대한 논의로 이어지고 있다. 2013년에 게임물등급위원회를 게임물관리위원회로 개편하고 등급분류 업무를 민간등급분류기관에 위탁하여 최근 제도를 운영하고 있다(게임산업진흥법 제21조 제9항, 제21조의4).

게임은 문화콘텐츠이다. 저작권으로 보호되며, 부정경쟁방지법에 의해서 보호된다. 부정경쟁법은 건전한 거래질서를 보호하기 위해 만들어지는 법이다. 창작성, 표현, 실질적 유사성 등이 있으면 게임은 저작권으로 보호받게 된다. 대법원 2019. 6. 27. 2017다212095 저작권 침해 금지 사건에서는 적극적으로 내재적 표현의 유사성을 인정했다.

게임의 창작요소 리니지 게임도 과거의 게임과 콘텐츠의 재조합을 통한 창작물인 측면이 있다. 우리나라의 콘텐츠에 대한 규제시스템의 핵심 내용 중의 하나는 등급분류시스템이고, 이러한 등급분류시스템은 시장에서 자율적으로 이루어지는 것이 아니라 국가에 의해서 형성되고 운영되고 있다. 예컨대 영화 및 비디오물에 대해서는 '영화 및 비디오물의 진흥에 관한 법률'에 따라 영상물등급위원회가, 게임물에 대해서는 '게임산업진흥에 관한 법률' 따라 게임물등급위원회가 사전등급분류를 하고 있다. 이러한 등급분류시스템의 기본적인 목적 중의 하나가 바로 '청소년 보호'이다. 공적 등급분류시스템과의 조화 명제 차원에서 문제가 될 수 있는 제도 중에는 인터넷게임 셧다운제가 있었다. 그리고 청소년유해매체물 이용자의 연령 및 본인확인제와 정보통신망법상의 청소년유해매체물에 대한 광고 규제에서도 이러한 문제가 발견된다.[647]

청소년 보호법 청소년 보호법(시행 2018. 3. 13. 법률 제15209호, 2017. 12. 12., 일

---

647) 이인호, 앞의 보고서, 258면.

부개정)은 청소년을 유해한 매체물 등으로 보호하기 위하여(제1조), 청소년유해매체물을 정하고, 청소년유해약물, 성기구 등 청소년유해물건, 청소년유해업소, 청소년폭력·학대 등을 규정하고 있다(제2조). 청소년보호위원회는 매체물이 청소년에게 유해한지를 심의하여 청소년에게 유해하다고 인정되는 매체물을 청소년유해매체물로 결정(제7조)하고 등급 구분 등(제8조)을 할 수 있다. 나아가 매체물의 제작자·발행자, 유통행위자도 청소년유해매체물의 자율 규제(제11조)를 요청할 수 있다. 이 법 제13조에서는 청소년유해표시 의무를 규정하고, 제3장에서는 청소년의 인터넷게임 중독 예방을 위한 장을 두고 있다.

여기서 게임물 중 인터넷게임의 제공자에게 회원으로 가입하려는 사람이 16세 미만의 청소년일 경우에는 친권자 등의 동의를 받도록 하고, 인터넷게임 제공자는 16세 미만의 청소년 회원가입자의 친권자 등에게 해당 청소년과 관련된 게임에 관한 이용시간, 결제정보 등을 제공해야 한다. 나아가 청소년 보호법 제26조에서는 "인터넷게임의 제공자는 16세 미만의 청소년에게 오전 0시부터 오전 6시까지 인터넷게임을 제공하여서는 아니 된다."라고 규정하여 심야시간대의 인터넷게임 셧다운 제도를 시행하였으나 2021년 12월 31일부로 폐지되었다.

나아가, 최근 게임산업진흥법에서 등급분류제는 완화와 자율의 형태를 보이고 있다. 독일에서 등급분류는 이용자가 적절한 게임을 선택할 수 있도록 사전에 콘텐츠 정보를 제공하는 기능을 한다는 점에서 우리도 등급을 제한하는 분류에서, 다양한 "정보를 제공하는 방식"이 도입될 것으로 보인다.

(2) 등급분류의 국가적 차이

넷플릭스에서 상영되는 일본 애니메이션 귀멸의 칼날(鬼滅の刃)은 국내에서는 주제, 폭력성, 언어를 이유로 19세 이상 시청가로 등급분류되어 있다. 그런데 일본에서는 이 애니메이션은 2020년 후지TV에서 심야만화로 방송되어 히트한 바 있고 방송용에는 연령 제한이 없다. 일본 넷플릭스에서는 15세 이상으로 정해져 있다. 일본에서도 이 애니메이션이 어린아이가 보기에는 잔혹하다는 평이 있는데, 부모의 시청지도에 맡기고 있다. 그런데 국내 넷플릭스에서 19세 이상 시청가로 분류되어 있어도 관련 내용이 유튜브를 통하여 재생산, 정리되고 있어 아이들이 대부분 이 만화를 간접 경험하고 있는 것이 현실이다.

2. 각국의 게임콘텐츠 관리

(1) 미국

세계 최대 게임 시장인 미국은 자율 규제를 강조하고 등급 분류를 위한 게임 심의가 있다. 게임을 TV나 영화 같은 문화 콘텐츠로 취급하고 심의하는 등급분류 체계를 가지고 있는 것이다. 이 또한 정부가 아닌 업계에서 설립한 기관으로 미국에는 민간협회인 미국 게임등급위원회(ESRB)가 있다. 대한민국에서는 게임 자체를 문제 삼는 데 반해, 미국 정부는 올바른 정보 제공에 목적을 두고 있다. 미국의 게임물 등급 분류 표시는 7가지로 콘텐츠에 대한 연령 한계를 설정하여 간단한 규제 방식을 취한다. 폭행이나 노출, 나치와 같은 역사적 상황 등 윤리적 이슈에 관해서만 제재를 가하는 것이다. 국내 정부가 플랫폼, 게임방식, 콘텐츠 등 전방위적 규제를 가하는 것과 대비된다.[648]

미국은 게임을 예술적 표현의 일종으로 보고 법적 분쟁에 대한 판단을 해오고 있다. 2011년에는 캘리포니아의 주법(CA Law AB1179)이 폭력적인 비디오 게임을 18세 미만의 청소년들에게 판매 등을 금지하였고, 엔터테인먼트 머천트 협회(EMA, Entertainment Merchants Association)와 엔터테인먼트 소프트웨어 협회(ESA, Entertainment Software Association)는 이 법에 대해 위헌성을 다투는 소송을 제기했다. 이 사건은 미연방대법원의 Brown 판결에서 7대 2로 이 법률을 연방헌법 위반으로 판단했다.[649] 이 판결에서는 사회적 메시지들을 전달하는 비디오 오락물도 공적 담론을 보호하기 위한 언론의 자유 조항의 적용대상이 되며 결과적으로 비디오 게임도 예술의 한 형태로 표현의 자유의 보호 대상에 포함된다고 했다. 따라서 캘리포니아는 정부가 수정헌법 제1조의 보호영역의 규제를 입증할 수 없는 한 이 규제는 무효라고 판시했다. 보충의견에서는 이 법률의 모호성을 지적하기도 했다. 반대의견의 토마스(Tomas) 대법관은 아동에 대한 표현은 넓은 규제가 가능하고 이 법이 부모의 아동에 대한 통제를 지원하는 법이라고 했고, 브레이어(Breyer) 대법관은 폭력적 비디오 게임과 청소년 폭력관의 인과관계를 긍정하는 다양한 연구를 제시하며 규제 입법의 필요성이 존재함이 증명되었으며 입법부의 판단을 존중해야 한다고 했다. 이 판결을 찬성하는 입장에서는 "게임에 대한 콘텐츠 기반의 제한은 위헌이며, 정부 관료가 아닌 부모는 자녀에게 적합한 것을 결정할 권

---

648) 이하의 내용은 손형섭·김정규, "WHO의 게임이용 장애 질병코드 부여 관련 법정책의 방향", 언론과 법 제19권 제1호(2020), 245면 이하를 인용함.

649) Brown v. Entertainment Merchants Association, 564 U.S. 786 (2011).

리가 있다"고 인식했다.

유럽의 심의기관인 범유럽 게임 정보 심의단체인 PEGI(Pan European Game Information, PEGI)나 일본의 컴퓨터엔터테인먼트협회(CERO)는 폭력, 범죄, 성적 모사 등에 대한 규제를 하고 있다. 금지표현 규정에 따르면 '극단적인 출혈묘사', '대량살인', '폭행표현', '성행위 및 성행위와 관련된 포옹, 애무 등의 표현' 등은 규제한다.

(2) 유럽

유럽에서는 정부 예산과 다양한 경로로 게임진흥 정책을 지원한다. 스웨덴은 기능성 게임 석사과정을 개설했으며 독일은 기능성게임 어워드(시상식)를 운영하고 있다. 유럽 게임 개발사들은 정부 예산의 지원을 받아 보건과 의료, 직업훈련 등 다양한 분야의 기능성 게임을 개발하고 있다. 유럽은 유럽권역 민간 심의기구인 PEGI(Pan European Game Information)가 있고, 이 또한 자율적으로 시행되는 것이라 반드시 등급을 받아야 하는 법적인 의무는 없다.

독일에서 청소년미디어위원회(Kommission für Jugendmedienschutz: KJM)는 연방 전역의 민영방송과 텔레미디어에서의 청소년보호를 위한 법률상의 규정 준수를 감시하는 중앙기구이다. '청소년미디어보호 국가협약'(JMStV) 규정에 위반되는 사례에서 청소년미디어위원회는 불복 또는 과태료의 부과와 같은 감독적 처분을 정할 수 있다. KJM은 이미 오랫동안 게임과 JMStV 제6조에 의거한 방송을 주제로 하는 워킹그룹을 두고 있으며 여기에서는 이 영역에서의 지속적인 감시와 청소년미디어법의 중요성의 관점에서 새로운 발전을 심사하고 있다. 세계적으로 가장 폭력에 대한 규제가 엄격하고 게임 심의도 철저하다는 독일에서는 USK라는 단체가 게임물의 심의를 담당하고 있다. USK는 Unterhaltungssoftware Selbstkontrolle의 약자이며, 엔터테인먼트 소프트웨어 자율 규제 단체(Entertainment Software Self-Regulation Body)라는 뜻이다. 각 연령별로 나누어진 등급은 게임의 장르나 기준이 되는 행동과 액션의 수준, 판단과 외부에 대한 작용 등은 '독일 유아 및 청소년 보호법'(Art. 14 German Children and Young Persons Protection Act: Jugendschutzgesetz)의 내용에 근거하여 판단한다. USK에서 판단한 게임의 이용 등급을 구매자들에게 알려줄 수 있도록 하는 정도로도 충분하며, 일반 매장에서 게임이 판매된 이후 아이들이 게임을 이용할 때 가장 많은 책임을 져야 하는 것은 결국 가정과 부모의 역할이다. USK는 게임의 내용이 청소년들에게 유해한지 아닌

지를 판별하고, 게임 내용에 걸 맞는 등급을 결정해서 부여하는 중요한 업무를 담당하고 있고, 재정적인 부담은 심의 비용 및 독일의 게임 협회에서 지불하고, 나이에 따라 구분되어 있는 USK의 연령 등급은 정부에서 보증하고 있으니 민간 자율기관이면서도 공공적인 성격의 단체로 볼 수 있다.

독일은 게임에서의 폭력에 대해 엄격한 심의를 한다. "폭력에 대한 보호가 전반적으로 강한 편이라는 것은 인정한다. 이것은 세계대전을 두 번이나 겪었던 역사의 교훈과 경험 때문이며, USK뿐 아니라 사회 전반적으로 전쟁이나 폭력에 대해 굉장히 예민하다. 결국 법이나 규제 역시 이런 사회적인 영향을 많이 받고 있다." USK는 확률형 아이템에 대한 우려를 표명하지만 이로 인해 더 높은 연령등급을 정하거나 등급심의를 거부하는 식으로 확률형 아이템을 규제할 권한은 없음을 명시하였다. 또한 USK는 확률형 아이템 Lootbox가 도박관련법에 따른 도박으로 볼 수 없다는 의견을 제시하였다.

반면, 과거 독일에서는 청소년들이 학교에서 자동차로 질주하는 사고가 발생하거나 간혹 총기 사고까지 벌어지는 비극이 있었는데, 최근 4년의 통계를 확인해보면 가족과 함께 게임을 즐기는 경우 이런 종류의 사고가 줄어든다는 조사가 있었다. 전반적으로 게임에 대한 긍정적인 평가는 늘어나고 있다고 한다. 게임이용 장애에 대하여, 독일에서 치료가 필요한 경우는 게이머의 3% 정도 된다고 보는데, 이런 경우에는 학교나 시의 상담소 등에서 상담을 받아 문제를 해결하고 있다. 이외에 다양한 USK 행사를 통해 도움을 주기도 하지만, 결국 과몰입은 게이머 스스로 이기는 방법을 배워 해결해 나가야 하는 것이다. 이런 교육을 위해 각 시에 청소년청이 있어 그들이 이런 일들을 예방하고 담당한다는 입장이다.

(3) 일본

일본에서 방송, 영화, 게임 등의 이용 등급 분류는 "青少年保護育成条例"에 의해 실시된다. 방송 등급 분류는 BPO라는 방송윤리, 프로그램 개선기구에서 방송 내용에 따라 등급을 결정한다. 방송 등급은 전체, 12세 이상, 15세 이상, 18세 이상 관람가로 나누어진다. 이 등급은 방송 프로그램의 성적, 폭력적인 내용, 유해물 등을 고려하여 결정한다. 영화의 경우 PG12라는 영화윤리기구가 영화 내용에 따라 등급을 부여한다. 영화 등급은 대체로 G(전체 관람가), PG12(12세 이상), R15+(15세 이상), R18+(18세 이상)관람가로 분류된다.

일본은 전통적으로 파칭코 의존성이 사회 문제된 바 있지만 법적인 규제를 하지는 않았다. 최근 경마·경륜을 인터넷으로 할 수 있게 되어 관련 매출이 높아졌다. 일본에서는 인터넷게임보다는 닌텐도와 같은 비디오 게임이 더 강세이다. 일본에서도 게임 의존증, 게임중독으로 게임이용 장애를 표현하고 있으나 이에 대한 규제는 콘텐츠 내용에 대한 규제로 인식하여 후생노동성의 직접적인 규제 대상이 아니다. 일본의 심의 단체인 CERO(컴퓨터엔터테인먼트협회)는 컴퓨터소프트웨어 윤리기구이며 법적 강제력이 없다. 사전검열제도로 오용되지 않기 위해서 게임은 심의를 받지 않고도 게임을 발매할 수 있다.

　　게임의 경우, CERO라는 컴퓨터엔터테인먼트 등급관리기구가 게임 등급을 결정한다. 이 기구는 게임의 폭력성, 성적 요소, 언어 등을 평가하여 A(전체), B(12세 이상), C(15세 이상), D(17세 이상), Z(18세 이상) 등으로 등급을 부여한다. 이러한 등급 분류는 일본에서 문화 산업의 발전과 청소년 보호에 큰 역할을 하고 있다. 현재 CERO의 이사장은 전 최고재판소 소장이 맡고 있다.

　　일본은 "쿨 제팬 전략"을 2019년에 수립하고 이를 바탕으로 시책을 추진한다. 여기에는 컴퓨터 게임, 비디오 게임을 사용한 경기를 스포츠 경기로서 파악하여 스포츠에 이를 포함하는 내용도 다루고 있다. 일본은 게임을 유년기 지능 발달의 도구로 적극 활용하는 '키즈게임' 산업이 발달했다. 이들 기능성 게임은 아이들의 뇌 발달과 창의력 향상에 도움을 준다. 마우스 클릭을 통해 목표물 맞추는 게임인 '코코의 어드벤처'나 두 개의 그림을 놓고 차이점을 찾아내는 '차이를 잡아라', '드림 피쉬 키즈게임' 등이 대표적이다.

　　일본에서도 세계보건기구가 2019년 5월 25일 게임 과몰입으로 일상생활이 어렵게 되는 게임장애를 국제질병으로 정식 인정하고, 국제질병분류(ICD)의 최신판에 게임이용 장애를 추가한 것을 보도했다. WHO에 따르면, (1) 게임을 하는 시간과 빈도를 스스로 제어 할 수 없고, (2) 게임을 최우선으로 하는 문제가 일어나고 계속되는 등의 상태가 12개월 이상 지속되어 사회생활에 중대한 지장을 초래하는 경우에 게임 장애로 진단 될 가능성이 있다. 게임 장애가 되면 "아침에 기상할 수 없는 사람"이 되어 사회적 문제의 근원이 된다고 평가한다. 질병으로 진단하는 근거가 명확하므로 WHO는 치료 연구가 진전 될 것으로 기대했다. 환자 수 등 정확한 통계 데이터를 수집하는 것은 각국과 각 지역의 상황 파악에 도움이 된다. 환자에게는 회사나 학교를 쉬고 치료에 전념 할 수 있도록 해준다. 보험 회사의 치료비 지불의 대상이 되는 여부는 각국 정부의 판단에 따른다.

그동안 PC를 하거나 게임을 하여도 어떠한 치료교육이라는 것도 하지 않는 경우가 많았고 앞으로는 다양한 치료 교육을 담당하는 서비스가 늘어났으면 좋겠다는 기대도 많이 나타난 것을 보인다. 알코올·약물·도박 등 중독 대책에 대한 상담·치료 체제의 정비나 민간단체에 대한 지원, 신속한 인재 육성 등에도 관심을 두고 있는데 게임 장애에 대해서도 실태 조사 결과 등을 감안하여 필요한 대책을 수립한다는 것이 일본의 계획이다.

3. 한국의 게임물 관리제도

국내에서 진행될 게임이용 장애에 대한 법적 조치에 대한 규범적 논의를 위하여 현재 정부에서 시행하고 있는 게임관련 규제와 관련법을 전체적으로 조망하고 관련 규제법에 대한 반대론도 검토해 본다.

(1) 셧다운제

'신데렐라법'이라고도 불리는 강제적 셧다운제는 2004년부터 도입이 논의되다가, 2008년 청소년 보호법의 개정안으로 처음 발의되었고 2010년 6월 3일 여성가족부와 문화체육관광부가 개정안에 합의하여 2011년 4월 29일 적용대상을 16세 미만으로 하는 내용으로 통과되어 2011년 11월 20일에 시행되었다. 청소년 보호법(2018. 12. 18. 법률 제15987호) 제26조(심야시간대의 인터넷게임 제공시간 제한) 제1항에서는 "인터넷게임의 제공자는 16세 미만의 청소년에게 오전 0시부터 오전 6시까지 인터넷게임을 제공하여서는 아니 된다."고 규정하고, 제2항에서는 "② 여성가족부장관은 문화체육관광부장관과 협의하여 제1항에 따른 심야시간대 인터넷게임의 제공시간 제한대상 게임물의 범위가 적절한지를 대통령령으로 정하는 바에 따라 2년마다 평가하여 개선 등의 조치를 하여야 한다."고 규정한다. 그리고 제3항에서는 "제2항에 따른 평가의 방법 및 절차 등에 필요한 사항은 '게임산업진흥에 관한 법률'에서 정하는 바"에 따르도록 하고 있다. 이를 위반한 경우 "2년 이하의 징역 또는 2천만원 이하의 벌금에 처한다"(동법 제59조).

여기에 더하여 제19대 국회에서 손인춘 의원이 발의한 '인터넷게임중독 예방에 관한 법률안'은 그 적용대상을 16세 미만 청소년에서 모든 청소년으로, 적용 시간대를 '오전 0시~6시'에서 '오후 10시~다음 날 오전 7시'로 범위를 확대하자는 조항을 담고 있었다. 찬성 측에서는 셧다운제로 인해 청소년의 심야 게임시간 비중이 줄었다는 통계를 제시하며, 청소년은 자제능력이 성인에 비해 떨어지기 때문에 셧다운제와 같은 보호제도가 여전히 필요하다고 주장했다.

셧다운 제도를 반대하는 측은 지금까지 셧다운제는 실효성이 거의 없다고 주장한다. 실제로 태국에서는 2003년 밤 10시부터 오전 8시까지 청소년 게임이용을 차단하는 셧다운제를 시행했으나 실효성에 대한 의문이 제기되어 2년만인 2005년 폐지, 청소년의 PC방 출입 시간 제한제로 변경한 사례가 있다. 우리나라 역시 그동안 셧다운제가 시행됐음에도 총 게임 시간은 크게 감소하지 않았다는 연구결과도 셧다운제 자체를 철폐하자는 반대 측의 근거로 쓰이고 있다.

헌법재판소는 "16세 미만 청소년에게 오전 0시부터 오전 6시까지 인터넷게임의 제공을 금지하는 이른바 '강제적 셧다운제'를 규정한 구 청소년보호법 제23조의3 제1항 및 청소년 보호법 제26조 제1항 중 '인터넷게임'의 의미가 불명확하여 죄형법정주의의 명확성 원칙에 위반되거나 청소년의 일반적 행동자유권, 학부모의 자녀교육권, 인터넷 게임제공자의 직업수행 자유를 침해하지 않는다는 결정을 했다. 그러나 여전히 셧다운제에 대해서는 비판이 있으며 특히 그 실효성이 없다는 의견이 많다. 이 규제는 지극히 하나의 시간대만 가지고 있는 대한민국의 국내용 규제라는 시각을 떨쳐버릴 수 없었고[650] 결국 2022년부터 폐지되었다.

(2) 등급분류제도

게임물관리위원회의 역사는 그동안 많은 변화를 거쳐 왔다. 공연윤리위원회, 한국공연예술진흥협의회, 영상물등급위원회의 역사를 거쳐 2006년 게임산업진흥법 제정으로 게임물등급위원회가 출범했다.[651] 2013년 5월 22일 게임산업진흥법에 근거조항을 두게 되면서 같은 해 2013년 12월 23일 게임물관리위원회로 명칭과 소재지(부산)를 변경했

---

650) 다만 이 법에 의해 심야에 청소년은 게임을 하지 않도록 하는 것이 원칙이라는 규범을 제시하여, 다양한 게임에서 부모의 통제권을 확보한다는 점에서는 긍정적인 면도 있었다.

651) 이하의 내용은 손형섭·김정규, 앞의 논문, 256면 이하를 인용함.

다. 미국, 유럽, 일본처럼 민간기관에 등급 권한을 이양하려고 했으나 난항을 거듭하다 2013년 12월에 게임문화재단이 게임물 민간 심의기관으로 지정되었다. 2014년에 게임 콘텐츠등급분류위원회(Game Content Rating Board: GCRB)로 게임물 등급 분류가 이양되었다. 게임물관리위원회에서는 아케이드, 모바일, 성인용, 시험용 게임을 담당하고, 게임콘텐츠등급관리위원회는 PC, 콘솔 게임 중 전체 이용가 및 청소년 이용가를 대상으로 한해 심의를 담당한다. 게임물관리위원회는 2017년 12월에 국제등급분류연합(IARC)가입하였다.

게임산업진흥법에서는 게임물관리위원회와 등급분류제도(동법 제21조~제21조의9)를 규정하고 있다. 동법 제21조(등급분류) 제1조에서는 게임물을 유통시키거나 이용에 제공하게 할 목적으로 게임물을 제작 또는 배급하는 자에게 적용되기에 비영리 게임의 제작과 배포에도 규제가 적용된다. 따라서 등급분류를 받지 않는 게임은 내용에 관계없이 배포가 포괄적으로 금지된다. 법에 따라 전체 이용가, 12세 이용가, 15세 이용가, 청소년 이용불가의 연령기준이 적용된다.

게임산업진흥법은 2019. 11. 26. 일부개정되어 정보통신망을 통해 게임제공업 등록을 한 자에 대하여 일부 영업정지 처분의 근거를 마련하고, 등급을 받은 내용과 다른 내용의 게임물을 유통하는 등의 위반행위를 한 경우에도 영업정지에 갈음하여 과징금을 부과할 수 있도록 하고, 과징금의 상한을 2천만원에서 10억원으로 상향하여 현실화하였다.

(3) 자율규제기구의 문제점

자율규제기구의 자율성 활성화에도 한계는 있다. 개임과 영상물 분야에서 자체등급분류를 위한 자체등급분류사업자 지정을 받고 하는 것에 투명성, 공정성, 그리고 신속과 효율성이 담보되어야 한다. 자율성을 보장하기 위하여 등급분류를 사업자 협의의 자율성에 맡기는 방안도 제시되어 콘텐츠 유통의 주체에게 스스로 등급분류를 맡기는 자체등급분류제도의 시행방안을 제시되고 있다.

다만, 그와 같이 사업자 및 사업자단체에 맡기는 자율규제 방식, 즉 자율심의 방식 혹은 공동규제 방식에 대하여 일정한 불신도 없지 않다. 웹하드 업계의 자율규제 시스템이 작동하지 않았던 양진호 회장 사건에 비추어 자율규제와 공동규제에 대한 문제이 없는 것은 아니다.

현행 게임물관리위원회가 심의를 관리하고. 기업이 자체등급분류사업자를 신청하여 2년간 게임위의 사전심의 기능을 대체하여 자체 심의할 수 있게 되었다. 그런데 최근 게임물관리위원회에 시스템 관련 납품 비리 의혹이 발생하여 자체등급분류 통합 사후관리시스템이 제대로 작동하지 않는 일이 발생했고, 12시 15세 이용가로 1년간 이용되었던 서비스의 청소년이용불가 상향 조치에 따른 이용자들의 반발과 게임물관리위원회(이후 계관위라 함)에 대한 비평이 제기되었다.

콘텐츠 상영에 관하여 기억에 남는 사건으로는, 2018년 제23회 부산국제영화제에서 상영되려고 했던 다큐멘터리 영화『다이닝벨』을 두고 상영취소논란이 발생한 바 있다. 부산영화제 집행위원회도 상영을 중단하는 것이 표현의 자유와 전통을 깨뜨린 것이라며 상영을 진행했다. 관련 영화는 휴머니즘다큐영화였는데 당시 여당에서 상영중지의 요구를 거세게 제시하여 정치적인 이슈에 휘말리게 되었다. 실제 영화이 내용과 달리 정치적으로 논쟁이 되어 영화와는 무관한 부산영화제의 예산 지원과도 연결되는 등 상당한 혼란이 발생한 바 있다. 영화 자체를 보면 납득할만한 이야기 인데, 당시 정권의 아킬레스건 같은 세월호 사건을 다루는 것 자체에 민감하게 반응하여 불필요한 사회적 비용이 소요되었던 것으로 보인다.

(4) 등급분류 제도의 효율성

등급분류 심사에서 절차적인 효율성을 도모하는 것이 타당하다고 생각한다. 게임분류거부를 받은 게임이 있을 수 있는데 이 경우 심의록을 열람청구하고, 이후 콘텐츠를 수정하여 다시 심의 받을 수 있는 절차가 어떻게 구축될 필요가 있다. 판정에 어이없는 결과가 나오는 경우를 방지하거나 시정하는 쪽으로 집중하는 것이 타당하다. 나아가 게임이용자들이 게임 이용 중 부당한 아이템의 회수, 멸실, 강퇴 등을 당했을 때의 이에 대한 적절한 구제방안을 해결하는 것도 필요하다.

4. 인공지능과 게임

게임에서는 이미 체스 게임, 전략게임, 그리고 2016년 알파고와 같은 자동결정 기술에서 인공지능기술의 활용과 그 변화는 오랫동안 계속되었다. 최근 AI를 이용하는 게임에서. AI가 게임유저로 참여하는 모습을 볼 수 있다.

게임의 창작 단계에서 AI는 다양하게 활용되고 있다. AI를 사용한 게임의 개발로 게임 개발의 시간과 비용을 현저하게 줄이고 있다. 물론 여기에도 원저작자는 동의 없는 학습데이터의 사용으로 분쟁이 발생할 수 있다. 앞으로 게임 AI는 기획을 도와주는 어시스턴트 AI, 캐릭터를 AI에 의해 생성할 수 있게 된다. 게임 개발·운영에 AI의 활용, 이익 창출의 극대화가 시도되고 있다. MS는 오픈소스 저작권자들의 동의 없이 AI 학습에 오픈소스를 사용했다는 이유로 소송을 당했다.

이제 생성형 AI인 ChatGPT를 활용하여 게임 이야기를 만드는 시뮬레이션 게임이 가능하다. 게임 캐릭터 중 유저와의 AI를 기반으로 한 배경 인물(NPC)이 같은 주변 환경을 AI를 활용하여 다양하고 입체적인 캐릭터를 생성하여 이를 통한 게임구현이 가능하게 되어 유저와 대화하고 교통하면서 게임의 참여에 현실감을 높이고 있다.[652]

문제점으로는 데이터 수집 및 활용에 대한 법적 정비, 초상권, 저작권 침해문제가 존재한다. 빅데이터 문제와 같이 데이터 수집에 어려움이 있어 이에 대한 정책지원 요구를 게임업계에서 제기하고 있다. 관련 윤리문제, 사용의 피로감 문제, GPT의존 문제(신뢰도)가 발생하고 있다.

2021년 EU AI 법안에서는 게임 인공지능에 대하여 투명성을 요구하고 있다. 게임유저의 자율의사를 회피하는 경우에 법적 개입 가능성이 늘고 있다. 지식재산권, AI 알고리즘 문제, 다크웹 문제가 여전히 과제이다. 지식재산권에서 캐릭터 시나리오의 문제점이 발생하여 AI가 관련된 라이선스가 문제 될 수 있다.

AI와 윤리적 문제로 알고리즘 편향성의 문제가 제기되고 있다. 데이터의 편향성과 알고리즘 편향성 문제가 발생하고 있다. 수집되는 데이터에 공정하고 객관적인 데이터 투입의 문제와 학습, 실증에서의 결과에 대한 검증도 필요할 것이다. 게임에서도 발생할 수 있는 윤리적 문제 등에 대한 사전적 리스크를 제거할 필요가 있다.

대한민국에서는 이러한 문제의 규제기관은 문화체육부가 중심이 된다. 그리고 '게임산업진흥에 관한 법률' 제16조(게임물관리위원회)에 이해 설치되었다. 동조 제1항에서 게임물의 윤리성 및 공공성을 확보하고 사행심 유발 또는 조장을 방지하며 청소년을 보호하고 불법 게임물의 유통을 방지하기 위하여 게임물관리위원회를 두도록 했다.

앞으로 생성형 AI가 창출한 결과물에 대해서는 출처표시를 의무화할 필요가 있다. 학습데이터의 이력관리 의무화, 학습데이터의 거래 등에 대한 규격화(표준화)가 필요

---

652) 정지년, "AI와 함께하는 게임의 혁신", 2023년 11월 17일 한국게임법과정책학회·4차산업혁명융합법학회 공동학술세미나, 발제문.

하다. 즉, 이러한 게임 개발에 AI를 사용하는 경우에 필요한 가이드라인이 필요하다. 그리고 인공지능에 대한 규제가 만들어진다면 게임에도 그러한 규제가 그대로 적용될 것인가 적용되지 않을 것인가는 향후 쟁점이 된다.

5. 남은 과제

(1) 게임이용 장애의 대응

게임산업진흥법에서는 이미 제12조의3에서는 게임과몰입을 중독이라는 용어와 혼용하여 사용한다. 제12조의3에서는 소위 선택적 셧다운 제도를 규정하여 청소년이나 친권자의 요청이 있으면 게임물 이용방법, 게임물 이용시간 등 제한할 수 있도록 규정한다. 이용자는 '게임산업진흥에 관한 법률 시행령' 제8조의3에 따라 게임물사업자는 법정대리인의 동의를 받거나 부모에게 청소년 게임이용 내역을 고지하여야 한다(시행령 제8조의3 제7호). 또한, 주의문구 게시와 게임물 이용시간 경과 내역의 표시(시행령 제8조의3 제8호)를 해야 한다.

일부 유저들은 "정보통신망을 통하여 공중이 게임물을 이용할 수 있도록 서비스하는 게임물 관련 사업자에게 게임물 이용자의 회원가입 시 반드시 본인인증 절차를 거칠 수 있도록 조치를 마련하고 청소년의 법정대리인으로부터 동의를 확보할 것을 요구하고 있는 게임산업법 제12조의3 제1항 제1호 및 제2호, 본인인증 및 법정대리인 동의의 구체적인 방법을 정하고 있는 게임산업법 시행령 제8조의3 제3항 및 제4항이 인터넷게임을 이용하고자 하는 청구인들의 표현의 자유, 사생활의 비밀과 자유, 개인정보자기결정권, 일반적 행동자유권 및 평등권을 침해한다며", 2013. 7. 24. 위 조항들의 위헌확인을 구하는 이 사건 헌법소원심판을 청구하였다. 이러한 청구의 배경에는, 해당 인증제도에는 기본적 인권의 침해 우려는 물론 인증에서의 번거로움과 인증 시에 발생하는 비용 문제가 있었다. 헌법재판소는 "인터넷게임을 이용하기 위하여 최초로 회원가입을 할 때 1회 본인인증 절차를 거쳐야 한다는 것으로 그 제한 정도가 크지 않음에 비해, 본인인증 조항을 통하여 달성하고자 하는 게임과몰입 및 중독 방지라는 공익은 게임중독으로 인한 사회문제가 곳곳에서 발생하고 있는 현실에서 매우 중대한 것"으로 보아 청구를 기각했다.

따라서 게임 중독에 대한 과민반응과 낙인효과 그리고 이를 이유로 한 위축효과를 막기 위한 대책은 게임업계는 물론 국가 정책에서도 고려되어야 한다. 즉, 게임세 등의 규제적인 논의 검토에 앞서서 게임에 대한 낙인효과를 해결할 정책적 방법이 먼저 검토되어야 할 것이다. 이를 위하여 미국의 스템(STEM)과 2020년 #PlayApartTogether와 같이 게임을 직접 플레이하고 제작하면서 자연스럽게 성취의식을 높여 학습에 흥미를 갖도록 하는 등 게임을 스포츠 경기로 파악하여 건전한 취미생활 혹은 스포츠 생활의 일환으로 이해하고 선순환의 발전을 시킬 수 있는 정책적인 방향도 계속 구체화할 것이다. 게이머 스스로에게도 육체적 정신적 건강을 위한 여러 교육과 이에 참여의 기회를 부여해야 할 것이다.

(2) 게임법·정책의 원칙

우리 시장의 잇따른 게임 규제는 정부 인사들의 인식에서 비롯됐다는 평가도 있다. 게임을 경험해 보지 않은 기성세대들이 게임을 저급문화로 인식하는 데 따른 결과라는 것이다. 업계 관계자는 "게임을 쉽게 만들고 쉽게 돈을 버는 산업으로 생각한다."며 "2022년 국내 게임사들이 벌어들인 지식재산권 사용료 수입은 나머지 한류 관련 업체들이 벌어들인 수치의 5.7배가 되는 총 6억 8000만 달러(7700억원)에 달한다."고 지적했다.

한국게임산업협회(K-Games)를 포함한 유럽 게임개발자협회(EGDA), 호주게임산업협회(IGEA, Interactive Gaming and Entertainment Association) 등의 세계 게임 산업계도 성명서를 내어 게임이용 장애 질병 코드화는 현 단계에서 학술적 합의가 부족함을 주장했다. 미국이나 유럽은 게임중독을 가정에서 통제해야 할 '양육의 문제'로 인식한다. 미국의 등급분류를 담당하는 미국 게임등급위원회(ESRB) 패트리샤 반스 의장은 "미국의 학부모들은 게임중독을 의학적인 치료가 필요한 사안이 아니라 부모의 양육으로 해결될 수 있는 사안으로 인식하고 있다."라며 "일부 게임중독을 의학적인 중독으로 다루는 연구결과가 발표되긴 하지만 주류 학계에서 다루는 연구라고 보기는 어렵다."라고 말했다.

"권력적인 수단이 아닌, 콘텐츠 이용자에게 정보를 제공할 수 있는 수단으로의 자리매김하는 것이 마땅하다."라는 의견에 찬성하면서도 전반적인 콘텐츠 등급분류의 구조를 설계하고 개선에서 일정한 기준이 있어야 한다. 등급심사과정의 효율성을 제고하여 콘텐츠 제작 기업 등의 편이성을 높이도록 해야 한다. 그러면서도 "리스크 관리와 콘텐츠 시장의 사후 심판은 국가의 책무"라고 할 수 있다.

기타 게임물에서 확률형 아이템이 법적인 쟁점이 되고 있다. 주된 내용은 게임사가 확률형 아이템에서 획득 가능한 아이템의 구성 비율과 종류, 아이템이 나올 확률 등을 명시해야 하는 것이 아닌가? 지금과 같이 유저들이 지나친 확률형 아이템에의 지출에 질린 게이머들의 입장을 어떻게 반영할 것인가의 문제이다. 이에 문화체육관광부는 2024년 2월 19일 「확률형 아이템 정보공개 관련 해설서」를 배포했다. 이 해설서는 23년 2월 국회를 통과한 「게임산업진흥에 관한 법률」에 따라 3월 22일부터 시행되는 확률형 아이템 정보공개 제도에 대한 것으로, ① 게임사와 게임이용자간 확률형 아이템에 대한 정보 비대칭성을 해소할 수 있도록 확률형 아이템의 범위, ② 확률형 아이템별 표시사항, ③ 게임 및 광고·선전물 내 표시 방법 등에 대한 구체적인 기준을 설명하고 있다.

[문광부 확률형 아이템 확률 정보공개 해설서]

생각 [동영상 공유 서비스]

Youtube로 대표하는 동영상서비스는 인터넷상 서버 내에 동영상을 특정다수의 이용자에게 시청할 수 있도록 하는 서비스이다. 라이브캠 등을 제공하는 Ustream[653]나 dailymotion[654] 등도 다양한 동영상 서비스를 제공하고 있다.

처음에는 동영상은 스트리밍에 의해 시청하기보다 콘텐츠를 다운로드하여 시청하는 것이 주류였다. 그러나 통신회선이 발달하여 점차 대용량 데이터가 단시간에 배송되게 되

653) http://www.ustream.tv/

654) http://www.dailymotion.com/kr

자 동영상 배송기술 자체의 발달로 압축률이 높게 된 덕분에, 통신회선에서도 단시간에 대용량데이터가 송신할 수 있게 되고, 스트리밍 시청이 증가하게 되었다.

스트리밍은 음성과 동영상 등의 콘텐츠를 송신, 시청하기 위한 방식의 하나이다. 1995년 리얼네트워크사가 개발한 리얼오디오에서 처음으로 선보였다. 인터넷에서 영상이나 음향·애니메이션 등의 파일을 하드디스크 드라이브에 다운로드받아 재생하던 것을 다운로드 없이 실시간으로 재생해 주는 기법이다. 전송되는 데이터가 마치 물이 흐르는 것처럼 처리된다고 해서 '스트리밍(streaming)'이라는 명칭이 붙여졌다. 파일이 모두 전송되기 전이라도 클라이언트 브라우저 또는 플러그인이 데이터의 표현을 시작하게 되어 있다. 따라서 재생시간이 단축되며 하드디스크 드라이브의 용량도 영향을 거의 받지 않는다.

스트리밍이 동작하려면 데이터를 수신하고 있는 클라이언트 측은 데이터를 모으고, 그 데이터를 사운드나 그림으로 변환해 주는 응용프로그램에 끊임없이 보내줄 수 있어야 한다. 만약 클라이언트가 데이터를 수신하는 속도가 너무 빠르면 여분의 데이터를 버퍼에 저장하면서 동시에 스트리밍하게 된다. 그러나 데이터 수신 속도가 빠르지 않으면 데이터의 표현이 매끄럽지 않게 된다.

인터넷이 발달할수록 점점 더 중요한 위치를 차지하고 있는 기술로, 특히 인터넷방송이 활성화되는 계기를 마련했다는 평가이다. 일반 사용자들 역시 대용량 멀티미디어 파일을 즉시 다운로드할 만큼 빠른 접속회선을 갖추고 있지 않으므로 이 기술을 적용하는 리얼플레이어나 윈도미디어플레이어와 같은 소프트웨어가 필수사항으로 자리 잡고 있다. 또한 스트리밍 서비스를 해주는 회사도 급격하게 늘어나고 있다.[655]

---

655) 네이버 지식백과, 스트리밍 [streaming] (두산백과).

Ⅰ. IT기업과 인터넷 광고의 의미

1. IT기업의 수익과 광고

Google은 전 세계 디지털 광고 시장의 42%를 점유(독보적 1위)하고 있고, Google
의 트래킹 코드는 전 세계 top 1 million web sites의 3/4에 심겨 있다. 구글은 많은 수
익을 세계의 디지털 광고를 통해 얻고, 이 수익으로 인터넷서비스 전영역의 기술 개발
에 투자하는 형태를 보인다. 2015년 10월 구글로부터 분리된 다국적기업인 Alphabet도
기술, 생명 과학, 투자 자본 및 연구 등 여러 산업을 포괄하고 자회사에는 웨이모
(Waymo)를 비롯하여 Chronicle, CapitalG, Loon 및 Google Fiber를 포함하고 있지만
그 매출도 86%가 광고에서 창출된다.

이미 많은 인터넷기업의 수입이 인터넷 광고부터 나온다. Google이 많은 돈을 버는
방식은 트래커(추적시스템)에 기반 한 행태 타깃형 광고이다. 기존에는 트래커 차단이
브라우저의 확장기능(extensions)으로 제공되었으나, 점차 브라우저 제작사가 브라우저
에 트래커 차단 기능을 내장하는 방식으로 진행되고 있다.[656]

페이스북(facebook)의 사업도 기본적으로 데이터를 기반으로 하여 많은 광고를 통
해 수익을 얻는다. 많은 사람이 이용하면 데이터는 더 많이 모이에 되고 이에 관련 광
고를 보여주며 수입을 얻게 된다. 따라서 구글, 페이스북과 같은 데이터 기업들은 데이
터브로커(data broker)의 역할을 하게 된다.

이제 많은 인터넷 기업에게 광고수익은 주요 수입원이기에 경시할 수 없다. 인터넷
보급으로 누구나 쉽게 웹상에 정보를 수집, 발신할 수 있게 되었고 이를 통하여 SNS를
이용하여 상품과 음식서비스의 리뷰사이트 등, 다양한 이용형태도 등장했다. 몰, 어프
리에이트(affiliate),[657] Drop Shipping[658] 등 다양한 인터넷 판매 플랫폼 사업들이 생성

---

656) Apple의 Safari에 내장된 ITP나 Firefox의 tracking protection feature, Opera의 ad and tracker blocking 등이 이에 해당된다. 심지
어, Internet Explorer도 내장된 'tracking protection mode'를 가지고 있다.

657) 성과 보수형 광고

되고 있다. 자본주의 고도화에 의한 메스미디어의 발달에 의해, 개인은 메스미디어가 발신한 정보를 수수하는 주체에서 인터넷을 이용하여 주체적으로 정보를 수집하고, 발신할 수 있게 되었고 관련 비즈니스 산업도 다양한 플랫폼 사업으로 확산되고 있다.

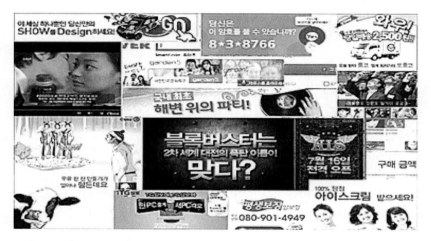

[화면을 뒤덮은 인터넷 광고들]

2. 인터넷 광고의 의의

"인터넷 광고란 무엇인가?"라는 질문에 대한 답을 논하기에 앞서, 새로운 광고를 탄생시킨 인터넷이라는 매체(media)에 대해 검토해 볼 필요성이 있다. 인터넷은 불특정 다수를 대상으로 영향력을 가져온 TV, 신문에 이어 현대사회의 중심적인 매체로 자리잡고 있다. 인터넷이라는 매체적 성격을 생각할 때, 모든 매체가 그러하듯이 매체와 동반자 관계를 형성해온 광고를 떠올리지 않을 수 없다. 즉, 모든 매체는 광고를 통해 그 존재가 유지되고 지속 가능하기 때문에, 광고에 대한 내용을 살피는 것은 필수적인 것이 된다.[659]

인터넷 광고란 일반적으로 인터넷 매체 속에서 집행되고 있는 광고라는 포괄적인 개념으로 이해되고 있지만, 그 구체적인 정의 및 개념 규정은 명확하지 않다. 그 이유는 인터넷이 플랫폼(platform)이면서 매체의 성격을 동시에 가지고 있으며, 또한 인터넷

658) 인터넷에서 통신판매의 한 형태로서 사이트가 중개자가 되어, 상품을 구매자에게 판매자로 부터 직배송하는 운영 방식을 사용한다.
659) 이시훈·최환진·홍원의, 『AD 2.0: 인터넷 광고의 새로운 패러다임』, 한경사(2008).

스스로가 계속 진화하면서 새로운 형태의 하위 구성요소를 생성해내고 있기 때문이다.[660] 실제로 해외의 인터넷 광고 분야 대표기구라고 할 수 있는 미국 쌍방향 광고기구(Interactive Advertising Bureau)나 일본의 인터넷광고추진협의회(Japan Internet Advertising Association)의 자체 용어 정의(glossary)에서도 인터넷 광고에 대한 특별한 정의를 내리지 않고 있다.

그럼에도 불구하고 많은 학자들이 인터넷 광고에 대한 정의를 시도하고 있다. 우선 인터넷 광고에 대한 정의를 내리기 전에 많은 학자들은 광고에 대한 정의가 현대사회에 맞게 개선 및 개정되어야 한다고 보았다. 원우현 교수는 기존 광고의 정의에 공익광고(public service announcement)를 포함시키면서, 광고란 개인 또는 조직 형태의 명시된 후원자가 다수의 청중에게 대중매체에서 제공하는 광고 시간/공간을 이용해 유무형의 제품(제화, 서비스, 아이디어, 이미지 등)을 구매 또는 수용할 것을 설득하는 행위로 정의하기도 하였다. 해외에서는 Richard와 Curran은 광고의 정의를 새롭게 수정하고 있는데, 광고란 확인 가능한 출처로부터 만들어진 커뮤니케이션의 매개된 형태이고, 대가가 지불되며, 현재나 혹은 미래에 어떤 행위를 취하도록 수용자를 설득하기 위해 디자인된 것이라고 한다.

이처럼 기존 광고의 개념이 다르게 확장되고 정의되고 있는 상황에서, 이러한 새로운 정의를 확장해, 기존 광고의 정의에 적합하고 인터넷 매체에 토대를 두는 커뮤니케이션 형태로 인터넷 광고를 정의할 필요성도 제기된. 비록 기존 광고의 정의에 인터넷의 매체적 특성을 부여하면 간단히 인터넷 광고가 정의되는 것으로 보일 수 있지만, 현실적으로 이러한 시도는 인터넷 광고를 이해하는 데 적절한 것이라고 평가할 수 없다. 인터넷이라는 매체에서 구현되고 집행되는 인터넷 광고는 더 다양한 특성을 가지고 있기 때문이다.

3. 인터넷 광고 현황

2015년 우리나라 전체 광고비 시장 규모는 11조 1,525억원으로 조사됐다. 한국방송광고진흥공사에 따르면 방송광고 매출액은 4조 4,305억원(IPTV, 케이블PP 포함), 인쇄매체는 2조 517억, 그리고 인터넷 광고 매출액은 3조 2,878억원(모바일광고 포함)으로 조사되었다. 특히 인터넷 광고는 전체 광고 매출액의 32.878%를 차지하며 빠른 성장세

---

660) 한국인터넷마케팅협회, 『인터넷 광고 활성화를 위한 기반조성방안 연구』 한국전산원 연구보고서(2005).

를 보여주고 있다.

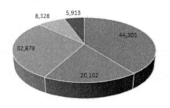

2015년 방송통신광고비 조사결과

출처: 한국방송광고진흥공사(KOBACO)

　　인터넷 쇼핑은 B2C(Business-to-Consumer)를 기반으로 제품을 소유하는 물류, 유통, 창고업자가 소매업자를 거치지 않고 자신의 제품을 인터넷 웹사이트에 게시해 소비자들에게 직접 판매하는 방법을 활용하고 있다.[661] 그런데 인터넷을 활용한 B2C 방식은 수집의 용이성, 시공간의 한계 극복, 구매 경험 공유 등의 특징에도 불구하고 소비자들이 직간접적으로 제품과 서비스를 경험하지 못하므로 이를 극복하는 방안으로 O2O(Online-to-offline)는 온라인과 오프라인을 연결해 새로운 가치를 창출하는 서비스로 등장했다. 즉, O2O는 온라인 사이트를 방문하는 소비자에게 쿠폰을 발행하여 오프라인 매장을 방문하게 하는 방법으로 이용되기도 한다.[662] 따라서 종래 전자상거래로서 인터넷망을 이용해 상품과 서비스를 구매, 판매하는 E-Commerce, 플랫폼과 SNS를 이용한 전자상거래인 Social Commerce 등 다양한 인터넷 광고 방법이 구현되고 있다.

　　요즘 인터넷 광고에는 웹 사이트에 게재되는 직사각형의 띠 모양으로 된 배너광고와 푸시기술을 이용한 푸시광고, 이메일광고, 동영상광고, 전면광고 및 팝업광고 등이 이용된다.[663] 코틀러(Philip Kotler)에 따르면 종래 1.0 시장은 제품판매가 목표이고 핵심 콘셉트는 제품개발이었으며, 2.0 시장은 고객 만족 및 보유를 목표로 '차별화'가 핵심 콘셉트이었지만, 3.0 시장에서는 '더 나은 세상 만들기'가 목표이며 핵심 콘셉트는 '가치'라고 한다.[664]

---

661) 홍문기, "인터넷 광고의 특성이 O2O 환경구축에 미치는 영향에 대한 법적/제도적 연구", OOH광고학연구 제15권 제2호(2018.5), 26면.

662) 홍문기, 위의 논문, 27면.

663) 이하 육소영, "인터넷 광고에 관한 법적 쟁점-표현자유권의 문제를 중심으로", 공법학연구 제9권 제1호(2008), 155~156면.

최근에는 "리뷰사이트", 즉 소비자가 평판을 제공하고 이를 광고에 이용하는 이른바 "소비자평판 사이트"가 등장하여 활용되고 있다. 그런데 이러한 "소비자평판 사이트"에의 투고나 "인터넷 고발"도 표현행위의 주체가 판명되는 경우에는, 표현행위 주체의 법적 책임이 문제되지만, 표현행위의 주체가 익명인 경우에는 이른바 프로바이더(Provider) 혹은 플랫폼 사업자의 의무와 책임이 문제 된다. 인터넷 보급으로 SNS "소비자평판 사이트"를 이용한 새로운 비즈니스 사업으로 바이럴 마케팅(Viral marketing)[665]이 활용된다. 바이럴 마케팅은 소비자의 이용 리뷰를 활용하는 비즈니스 플랫폼 사업으로 국내에서도 입소문 마케팅으로 활성화될 것이다. SNS 광고는 타겟형 광고로 이용되고 있다. 주로 Facebook, 인스타그램 등이 광고에 활용되고 있다. Twitter도 신원정보, 머물렀던 장소, 그 이외의 활동에서의 데이터 등 사용여부에 관한 정보를 이용하여 광고에 활용하고 있다. 이러한 소셜미디어를 이용한 광고에 인플루언서, 체험담 등을 이용한 리뷰 등을 통한 광고, 소위 바이럴마케팅이라고 하는 광고방식이 사용되기도 한다.

Ⅱ. 인터넷 광고와 리뷰사이트

인터넷상에 제품과 서비스 등에 대하여 정보공유를 목적으로 리뷰를 투고할 수 있는 수개의 웹사이트가 개설되어 있다. 이것을 "리뷰사이트"라고 한다. 이러한 많은 리뷰사이트는 전문가에 한하지 않고 일반개인이 익명으로 리뷰를 투고할 수 있도록 한다. 리뷰의 대상은 서적, 전자제품, 음식점 등 다양하다.

1. 미국 옐프(Yelp.com) 사이트

미국은 상업적 언론과 비상업적 언론을 별개로 논하고 있으며 비상업적 언론에 비하여 상업적 언론의 보호에 대하여 소극적 입장을 보이고 있다. 다만 Sorrell 판결에서 상업적 언론과 비상업적 언론에 대한 연방대법원의 태도에서 진일보하여 묵시적으로, 상업적 언론의 보호를 비상업적 언론 보호에 접근시킨다.[666]

---

664) 조병량, 『광고의 윤리와 법과 규제』 나남(2013), 41면; 필립 코틀러(안진환 옮김), 『마켓 3.0』 타임비스(2010).

665) viral은 바이러스와 오럴(oral)의 합성어로 viral marketing은 입소문(소비자 평판)을 활용한 마케팅을 의미한다.

엘프(Yelp)는 2004년 미국 샌프란시스코에서 창업한 지역비즈니스 리뷰사이트[667])이다. Yelp에 게재된 업종은 음식점, 의료기관, 미용원 등 다양하다. Yelp의 무료 개정을 얻은 유저는 이용자 레스토랑, 소매품, 병원 등(이하 점포 등)에 대해 최저 별 1개부터 5개까지 평가와 자기기술 감상을 투고할 수 있다. 점포 등 검색희망자는 점포 등의 명칭으로 검색하여 해당 점포 등을 이용한 유저에 의한 평가를 읽을 수 있고, 지역과 업종을 지정하여 해당 점포 등 일람을 열람할 수 있다. 게재된 리뷰를 투고자는 스스로 삭제할 수 있다.

엘프도 리뷰 가이드라인과 규약에 반한 이유로 리뷰를 삭제할 권한을 갖는다. 또 엘프가 운영하는 자동 필터링에 의해 리뷰를 삭제할 수 있다. 한편, 점포 등의 측면에서도 무료로 회원등록을 하는 것에 의해, 스스로 점포 등 사진을 투고하거나, 리뷰를 투고하여 이용객에 메시지를 보낼 수 있다. 단, 엘프 사이트상 스스로 점포 등을 삭제할 수는 없다. 샌프란시스코 지역비즈니스 리뷰사이트로서 시작한 엘프는 현재 세계 27개국에서 사업을 진행하고, 2014년에는 아시아 국가에도 서비스 개시가 확대되었다. 엘프에 의하면 6,100만 건 이상의 리뷰가 있고, 2014년 2사분기 월평균 사이트 방문자는 1억 3800만명을 넘었다.

[Yelp.com 웹사이트]

---

666) 육소영, "의료정보와 상업적 언론 – Sorrell v. Health 판결을 중심으로 –", 정보법학 제17권 제2호(2013), 81면.

667) http://www.yelp.com/

유저에 의해 점포 등에 대하여 옐프의 회원취득과 리뷰 투고, 열람은 무료이다. 옐프의 수익은 점포 등이 임의로 게재하는 광고 수입이다. 옐프는 유료로 광고 게재를 한다고 종합평가가 변동하는 것은 아니라고 사이트상에 명기하고 있다. 그러나 유저와 점포 등이, 옐프가 자의적인 종합평가 조작과 리뷰를 임의 배치를 하고 있다고 비난하며, 이 주장이 소송에 이르기도 한다. 유료 광고를 신청하지 않은 점포 등의 종합평가를 낮게 조작하는 옐프가 행한 소송이 캘리포니아주에서 점포 등을 경영하는 중소사업자에 의해 제기되었다. 이 재판은 원고의 소를 기각한 연방지방법원 판결을 거쳐 2014년 9월 2일 제9순회구 연방항소법원 판결이 내려졌다.[668]

이 판결의 원고1은 가구 수리업을 하는 자로 옐프에 점포 등 정보가 게재되고 있는 중소사업자 외 3명이다. 원고1에 의하면 옐프에 의한 유료 광고 게재의 권유를 거절한바, ① 자기 점포 등에 대하여 고평가 리뷰가 삭제되고, 그 결과 종합평가가 낮아졌다. ② 옐프 스스로 원고의 점포 등에 대한 저평가 리뷰를 투고하였다, 이것들 행위가 광고를 게재하도록 강요하는 것이라고 원고는 주장하였다. 피소당한 옐프는 종합평가의 기준이 되는 리뷰의 선택은 소프트웨어에 의해 자동으로 되는 것이고, 자의적인 운영은 없다고 반론하였다.

그러나 항소심에서도 원심을 지지하였다. 원고는 우선 ①에 대하여 옐프에 의한 광고 게재 권유를 거절하자 해당 점포에 대한 최고 다섯 개 별 평가한 복수의 리뷰가 삭제되어 4.5의 종합평가는 3.5까지 내려갔다. 이것에 의해 해당 점포의 평가가 낮아지고 매출량은 감소했다. 이것은 광고 등을 구매하게 하려는 옐프의 재물 강요행위였다고 주장했다. 원고2 등은 치과의원을 경영하는 치과의로 옐프의 광고 게재의 권유를 거절한 2, 3일 후에 같이 5성 평가의 리뷰 9건이 삭제되고, 종합평가는 5성으로부터 3성까지 낮아졌다. 이 치과병원은 종합평가가 낮아지는 두려움으로 치과의사가 광고 게재를 신청한 수일 후, 5성 평가의 리뷰가 몇 개 게재되어, 4성까지 회복하였다. 원고2 등 치과의사도 원고1과 같이 이러한 옐프의 자의적인 리뷰게재 및 종합평가 조작을 광고수입을 요구하는 재물 강요행위로 소를 제기하였다. 치과의사에 의하면 옐프의 광고 영업 담당자는 "유료광고 게제를 요구하면 저평가 리뷰를 감추어주고, 당신 병원의 종합평가를 높게 유지해 줄 수 있다"고 말하여 권유했다고 한다.

미연방법에 의하면 상행위에 의한 재물강요란 "현실적인 혹은 압박적인 힘, 폭력 혹

668) BORIS Y. LEVITT, ET AL. vs. YELP! INC. THE 9TH CIRCUIT Case No. 11-17676 UNITED STATES COURT OF APPEALS September 2. 2014.

은 공포심을 불법하게 이용하는 것 또는 직무상 권한을 이용하는 것으로 동의를 얻어 타인으로부터 재물을 취득하는 것"으로 규정된다.[669] 항소심은 피고의 행위가 부정이라고 하기 위해서는, 원고가 피해 받은 것을 피할 수 없거나 피고에 당해 이익을 구하는 권리가 없는 것 중, 어느 것인가를 원고가 입증하지 않으면 안 된다는 기준을 제시하였다. 기준이 이런 이상 완화된다면 본래 적법하지 않은 상거래를 장난으로 재물강요에 해당한 것으로 저해하는 것이 된다고 하는 이유이다.

따라서 항소심은 호의적인 리뷰 게재를 받을 권리를 점포 등은 갖지 않으며, 옐프에는 정당한 광고수입을 요구할 권리가 있고 본건에서 옐프가 원고에 재물강요를 한 것이 입증되지 않았다고 결론지었다.

다음으로 ②에 대하여는, 옐프가 스스로 저평가 리뷰를 투고한 점에 대하여 4인의 원고 중 2인이 제소하였다. 원고는 200인의 옐프 회원 등이 일반 유저를 가장하여 옐프에 리뷰를 투고하고 있고, 옐프의 최고경영책임자가 뉴욕타임스의 블로그에서 인정했다는 점을 드는 등 원고의 점포 등에 대한 저평가 리뷰는 광고를 게재하려고 하거나 점포 등에 대하여 옐프가 투고한 것으로 주장하였다. 그러나 항소심은 원고가 제기한 옐프의 업무제제와 이 사건과의 관련성이 인정되지 않고, 당해 저평가 리뷰가 옐프에 의한 것이라고 입증이 되지 않았다고 판단했다. 따라서 쟁점 ①, ② 어느 것도 원고의 주장을 기각하고, 원심을 파기환송했다.

항소심은 쟁점 ①에 관한 판결문 중에서, 옐프에는 정당한 광고 수입을 추구할 권리가 있고 이를 위하여 동회사가 리뷰에 의한 경제적 영향력을 이용하여도 그것은 상행위상의 "공격적인 마케팅"일뿐이라고 했다. 옐프가 광고료를 지급하고 있는 점포 등의 종합평가를 상대적으로 높이고, 역으로 광고를 게재하지 않은 점포 등의 옐프 사이트상의 평가를 낮추는 것에 의해, 점포 등에 광고 게재 인센티브를 부여하는 것도 정당한 업무 범위 내에 있고 법적인 문제가 되지 않는다고 판시하고 있다.

캘리포니아주에서는 상품과 서비스에 관한 코멘트를 인터넷상에 투고하지 않도록 소비자에게 요구하는 기업을 단속하는 법이 2014년 9월에 성립하였다. 같은 법률은 28주와 워싱턴 D.C에서 제정되고 있다. 옐프 등의 리뷰사이트는 이러한 입법을 환영하고, 입법 및 사업의 움직임은 옐프를 부추기고 있는 인상이다.

그러나 한편으로 이 사건 상소심 판결을 "자본주의의 냉정한 이론"이라고 비판하는

---

669) 18 U.S.C. §1951(b).

기사를 게재한 뉴스도 있다. 인터넷 유저 간에는 옐프 등의 리뷰사이트가 제공하는 정보의 신뢰성을 의문시하는 목소리가 많이 나온다. 본 판결에서 시사하는 것은 리뷰사이트는 어디까지나 영리기업에 의해 운영되고 있는 것이라는 것을 인식하고, 인터넷상에 넘치는 "입소문을 취사선택해야 현명한 소비자라는 것이다.[670]

2. 일본 타베로크(tabelog.com)

일본에서는 2012년 1월 価格.COM사가 운영한 음식점 랭킹 사이트 "타베로크" 랭킹이 조작되고 있다는 보도로, 리뷰사이트의 신뢰성을 둘러싼 논의가 높아졌다. 리뷰사이트의 투고에는 익명성을 이용한 정보조작의 문제 외에도, 비판적인 투고에 의해 리뷰의 대상이 된 상품과 리뷰를 제공한 법인과 개인의 명예훼손, 인용훼손이 될 가능성이 있다.

또 의사, 변호사, 대학교수 등의 직업 활동이 리뷰의 대상이 된 경우에는, 투고가 명예훼손에 해당하지 않는 경우에도, 리뷰사이트에 투고와 동 사이트의 운영이 리뷰대상자의 프라이버시를 침해하거나, 개인정보 수집과 제3자 제공에 대하여 적용되는 개인정보보호법에 위반하는 문제가 발생하고 있다.[671] 우리나라에서는 영화나 책에 대한 리뷰가 관련 사이트에 이용되고 있다.

일본의 음식점 리뷰사이트인 "타베로그" 사건에서 음식점이 리뷰의 삭제를 요구한 소송에서 음식점측이 패소하였다. "타베로그"는 2005년 3월에 서비스를 시작하여 인기 사이트로 성장하여, 점포의 랭킹은 점수순, 인기순, 최신 주목 순으로 되어 있다. 이용자는 요리·맛, 서비스, 분위기, 비용－효과, 술·드링크라는 5항목으로 채점, 평가하고 있다.

---

670) 前澤貴子, 「大手レビューサイト 「イェルプ」によるレビュー評価操作が争われた事例 : Levitt v. Yelp! Inc.」, 海外法律情報, jurist (11), 192~193(2014), 193면.

671) 鈴木 秀美, 前揭論文, 43면.

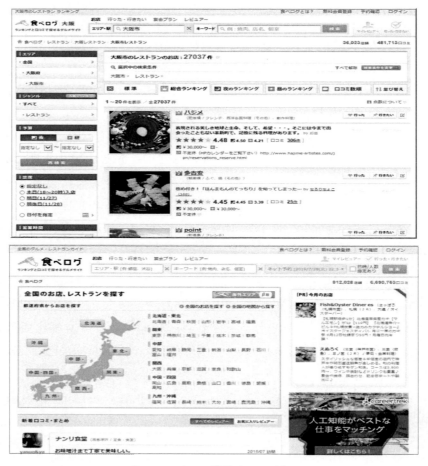

[Tabelog.com 웹사이트 모습]

2011년 1월경에 음식점으로부터, 부정영업자가 타베로그의 입소문 글쓰기를 대행하는 등의 영업을 한다는 통보를 받고, 해당 업자가 제시한 영업자료 등에 근거하여 독자 조사를 하여, 부정영업자의 존재를 파악했다. 입소문을 이용하여 문제는 타베로크 사건 이전에도 일본에서는 소니(2001), 구굴의 키워드 순위상승(2009), 야후 대행사건(2011) 등이 있었다. 이건 타베로그는 인기 음식사이트로 대행업자도 39개사 이상이었다.

이중 스텔스마케팅을 사용하는 경우가 늘고 있다. 소비자가 눈치를 채지 않도록 마케팅을 하는 수법을 스텔스마케팅(Stealth Marketing)이라고 하는데, 합법과 불법의 영역이 명확하게 구분되지 않는 경우도 있다.

예를 들어 어느 회사의 종업원이 리뷰사이트에서 자사의 제품이 우수하다고 작성한 때에 그 회사의 종업원이라는 것을 기재하지 않았다고 해도 위계에 의한 업무방해에까지 이르지는 않는 것으로 보지만, 종업원이 회사로부터 급료를 받고 있기 때문에 전혀 대가성이 없는 것은 아니다.[672] 특히 위와 같은 업무를 목적으로 급료를 받는 직원은 더구나 위법행위 인정가능성이 높다.

3. 일본 라면프랜차이즈 사건[673]

피고는 1999년 甲관찰회라는 홈페이지를 만들어 甲에 관한 기사를 게재하였다. 甲단체는 일부 매스컴 등에서 종교단체로 언급되었다. 이 사건에서, 피고는 프랜차이즈 음식점 "라면甲" 가맹점 등의 모집 및 경영지도 등을 업으로 하는 회사의 명예를 훼손하려는 기획으로 PC를 사용하여 인터넷을 매개로 프로바이더가 제공하는 서버의 디스크 공간에 甲에서 식사하면 식대의 4~5%가 특정 종교집단의 수입이 된다는 등의 허위 내용을 게재한 문장을 게시하고 해당 기업이 종교법인의 브로커이자 우익계 종교집단 丙이 모체라는 등의 내용을 적었다.

동경지방재판소는 2008년 인터넷의 개인 이용자의 경우, 종래 판례 법리를 답습하는 것이 상당하지 않다고 서술하고, 피고인을 무죄로 판결하였다. 그러나 동경 고등재판소는 이 판결을 뒤집어 피고인을 유죄로 판결하였고 일본 최고재판소도 유죄판결을 유지하였다.

피고는 인터넷의 개인 이용자에 대해 요구되는 수준을 충분히 조사한 후에 본건 표현행위를 하였고, 인터넷의 발달에 따라 표현행위를 하는 환경이 변화한 것을 고려하면 피고의 적시한 사실을 사실이라고 믿는 것에 상당한 이유가 있다고 해석해야 하므로, 피고는 명예훼손을 성립하지 않는다고 주장하였다. 그러나 일본 최고재판소는 인터넷의 개인 이용자에 의한 표현행위의 경우에도 다른 경우와 같이, 행위자가 적시한 사실을 진실이라고 오신한 것에 대하여 확실한 자료와 근거에 비추어 상당한 이유가 있을 것이 인정될 때에 한하여, 명예훼손죄는 성립되지 않는다고 해석하는 것이 상당하고, 보다 완화된 요건으로 동죄의 성립을 부정하도록 해석되지 않는다는 종래 판지(判

---

672) 結城大輔, 「ソーシャルメディアをめぐる法的リスクと企業危機管理」, 2012. 1. 6.
http://ichien-yugo311.jp/compla/download/?action=cabinet_action_main_download&block_id=401&room_id=1
&cabinet_id=5&file_id=42&upload_id=487

673) 最高裁判所第一小法廷 平成22年3月15日 平成21(あ)360 刑集 第64巻2号1頁.

旨)[674]를 유지하였다.

동경지방재판소는 인터넷 개인 이용자의 표현에 배려한 새로운 기준을 제시하였다. 이에 따르면, 일반개인인 가해자가 오로지 공익을 목적으로 공공의 이해에 관한 사실에 대하여 인터넷상에서 명예훼손적 표현을 한 경우, 사실에 대하여 진실성을 증명할 수 없다고 해도, "가해자가 적시한 사실이 진실이 아니라는 것을 알면서 발신했는지 아니면 인터넷의 개인이용자에 대하여 요구되는 수준에 만족할 조사를 하지 않거나, 진실인가 여부를 확인하지 않고 발신했다고 할 수 있을 때야 비로소 동죄에 의률함이 상당"하다고 했다. 왜냐하면 "기업과 단체 등의 활동실태와 타 기업, 단체 등과의 관계성, 자금의 흐름 등이 복잡하고 쉽게 파악할 수 없는 현대사회에서, 공공의 이해에 관한 사실에 대하여 진실성을 입증하고 종래 기준에서 말하는 진실성에 대하여 오신의 상당성 입증이 곤란하다는 것이다" 이러한 완화된 기준에 의해 "인터넷을 사용한 개인 이용자에 의해 진실의 표현행위가 이른바 자기검열에 의해 위축된다는 사태가 발생하지 않고 나아가 일본 헌법 제21조에 의해 요청되는 정보와 사상의 자유로운 유통이 확보될 수 있다."는 결과에 이르기 때문이다.

이러한 본 판결은 인터넷의 이용자가 대등한 입장에서 언론에 해당하는 표현행위로서의 특징과 인터넷상의 개인 이용자의 발신 정보는 그 신뢰성이 낮다고 하는 새로운 기존의 근거로 했다. 하지만 동경 고등재판소와 일본최고재판소는 상당성의 법리보다 완화된 기준을 채용하지 않았다.[675]

이 사건 동경지방재판소가 제시한 새 기준을 鈴木 秀美교수는 미연방대법원이 New York Times Co v. Sullivan[676]사건판결에서 제시한 "현실의 악의" 법리의 영향이라고 한다.[677]

일본에서는 형법 제230조가 명예훼손죄의 성립에 적시한 사실의 진실 여부를 묻지 않고, 형법 제230조의2 제1항이 타인의 명예를 훼손한 행위라도 그것이 "공공의 이해에 관한 사실에 해당하고 그 목적이 오로지 공익을 도모하는 것에 해당한다고 인정되는 경우에는 사실의 진부를 판단하고, 진실이라는 증명이 있는 때에 이를 범죄로 벌하지 아니한다."고 정하여 "진실의 적시"를 불처벌로 하여, 표현의 자유 보장과 명예훼손

---

674) 最高裁昭和４１年（あ）第２４７２号同４４年６月２５日大法廷判決·刑集２３卷７号９７５頁参照.

675) 鈴木 秀美, 前揭論文, 46면.

676) New York Times Co v. Sullivan 376 U.S 254(1964).

677) 鈴木 秀美, 前揭論文, 46면.

이익의 조정을 도모하고 있다. 나아가 일본 최고재판소는 진실성의 증명이 없는 경우에도 "행위자가 그 사실을 진실이라고 오신하고 그 오신한 것에 대하여 확실한 자료와 증거에 비추어 상당한 이유가 있을 때에는 범죄의 고의가 없고 명예훼손죄는 성립하지 않는다."라는 "상당성의 법리"를 채용하고 있다. 민사명예훼손에 대해서도 같은 면책이 인정된다.

헌법학에서 일본 최고재판소에 의한 상당성 법리의 채용을 "표현의 자유에 배려한 정의형량을 명확히 한 것이다"[678]고 판례 법리를 긍정한 입장도 있었지만, 미국의 판례 법리에 비하여 "보다 언론에 대하여 엄격한 편"이라고 지적되기도 했다.[679] 일본 최고 재판소는 사실 상당성에 대하여 일반적인 판단기준을 제시하지 않고, 구체적 사정에 따라 판단을 내렸다. "상당한 이유"라는 포괄적 개념의 성질로 보면 해석 여지가 넓기 때문에, 결론은 재판관의 판단에 맡기는 것이 되지만 표현자에게는 명예훼손적 표현을 하는 것이 초래하는 결과에 대하여 예견가능성이 낮은 판례 법리로서 기능한다는 문제 지적도 있다. 연구자와 실무가 중에는 민사, 형사의 명예훼손법에 "현실의 악의" 법리의 도입 등 표현의 자유 보장과 명예보호의 이익을 조정하기 위하여 상당성 법리와 다른 기준의 채용을 주장하기도 한다.

동경 지방재판소가 인터넷 이용자가 대등한 입장에서 언론을 사용할 수 있다는 표현 행위의 특성과 인터넷상 개인 이용자의 발신 정보는 그 신뢰성이 낮다고 하는 것을 근거로, 일반 개인의 진실 조사 의무를 완화하는 새로운 기준을 제시하였지만, 동경 고등 재판소와 일본 최고재판소는 종래 통하는 상당성 법리에 따라 피고인에 매스미디어와 같은 진실조사를 요구하였다.

4. 독일 교사 리뷰사이트

(1) 사건의 경위

독일 연방보통법원[680]의 2009년 6월 23일 스피크미히(spickmich) 판결[681]은 학생이 자신의 교사에 점수를 부여할 수 있는 교사 리뷰사이트[682]에 의해 개인정보의 수집, 제

---

678) 芦部信喜, 『憲法学Ⅲ』 有斐閣(2000), 353면.

679) 浦部法穂, 『憲法判例百選Ⅰ第四版』 有斐閣(2000), 144면.

680) 민사사건, 형사사건의 최고법원.

681) GHZ 181, 328.

3자제공에 대해 다투는 소송에서, 본건 사이트의 운영회사 및 본건사이트에 등록한 회원의 표현 행위를 중시하고, 자기에 대한 평가데이터의 삭제와 제공정지를 요구한 여성 교사의 청구를 기각했다.

본건 사이트는 2007년에 쾰른 대학(Universität zu Köln)의 3인 학생이 개설한 학생을 위한 SNS이다. 본 사이트에는 여러 서비스가 있지만 문제가 된 것은 본 사이트에 등록한 학생이, 자신의 학교 담임교사에 대하여 점수를 부여할 수 있는 서비스이다. 본건 사이트를 이용하고 있는 것은, 이른바 소학교부터 고등학교까지 연력의 학생이라고 한다. 본건 사이트를 이용하기 위해서 학생은 E-mail주소, 학교명, 학생소재지, 유저네임을 등록해야 한다. 등록을 위하여 필요한 정보를 입력하면 본건 사이트로부터 페스워드가 메일로 도착하는 구조이다. 페스워드를 입력하고 본건 사이트에 로그인한 회원은 "교사의 방"이라는 타이틀의 메뉴를 클릭하면 실명으로 교사의 프로필, 담당 과목, 점수에 의한 평가, 교사의 발언을 입력할 수 있다. 평가는 "수업이 좋다", "쿨하고 기지가 풍부하다", "전문지식이 있다", "의욕이 있다", "평가가 공정하다", "시험이 공정하다", "인간적이다", "잘 준비한다", "모범적인 행동", "인기가 있다"라는 항목에서 1점부터 6점을 부여하는 방법으로 행해진다.

학교의 성적표와 같은 점수 부여방법이 채용되어, 1이 최고평가를 의미하고 6은 최저평가로 "낙제"를 의미한다. 또, 교사의 페이지에 "이 성적은 사실이 아니다"라는 버튼이 있고, 회원은 이것을 클릭하는 것으로 운영회사에 주의를 줄 수 있다, 평가 결과는 "성적표"의 형태로 표시되어, 회원은 이것을 프린트 아웃 할 수 있다. 12개월간 새로운 평가가 행해지지 않는 경우, 당해 교사의 평가와 발언 인용은 삭제된다.

본건 교사는 2007년 5월 본건 사이트에서 4인의 회원에 의한 평가가 영향을 주어, 평균점이 4.3점이라는 나쁜 평가가 표시되고 있는 것을 듣고, 민법과 독일 연방데이터보호법(BDSG)의 규정에 근거하여, 본건 사이트의 운영회사와 그 경영자들에 대하여, 본건 데이터 삭제 및 제공정지를 요구하고 쾰른 지방법원에 제소했다. 또 본건 교사의 실명과 담당과목, 근무하고 있는 학교명은 그 학교 홈페이지상에 공개된 것이다. 지방법원, 상급법원, 연방보통재판소는 모두 본건 교사의 청구를 기각했다. 본건 교사는 이 결론을 납득하지 못하여 민사재판소의 재판에 의해 자기정보통제권(독일에서는 자기정보결정권, 국세조사판결에서 유래(BVerfGE 65, 1))의 침해를 이유로 하는 헌법소

---

682) http://www.spickmich.de/

원심판을 제기했지만 독일 연방헌법재판소는 부회결정으로 이유를 붙이지 않고 이를 기각했다.

(2) 판결의 내용

이 사건에 대한 독일연방보통법원 판결은 다음과 같다.

① **ISP 책임:** 이 사이트 운영사는 텔레미디어법(Telemediengesetz)에의 프로바이더 (Diensteanbieter)이다. 독일에서 프로바이더는 프로바이더 책임제한에 대하여 정하고 있지만, 그 책임제한은 손해배상책임과 형사책임에 대한 것이다. 텔레미디어법 제7조 제2항에는 동법에 의한 책임제한이 인정되는 경우에도, 일반 법률에 근거한 정보의 삭제와 이용정지의 의무는 그에 한하지 않는다고 규정한다. 이 때문에 위법한 투고가 된 경우, 프로바이더(Provider)는 그 투고를 삭제하거나 이용을 정지할 의무가 있다.

② **평가데이터 삭제:** 본건 교사는 위법한 축적을 이유로 한 개인정보 데이터 삭제에 대하여 정하고 있는 BDSG 제35조 제2항 2문 1호에 근거하여, 본건 데이터 삭제를 요구하였다.

독일 연방데이터보호법(BDSG) 제4조 제1항에 의하면 개인정보의 수집, 처리, 이용은 BDSG 또는 기타 법령이 그것을 정하고 있는 경우, 또는 본인 동의가 있는 경우에 한하여 허용된다. 본건에서 본인 동의가 없기 때문에, BDSG 또는 기타 법령에 의해 개인정보의 수집, 이용이 인정되는가 여부가 문제 되었다. BDSG 제41조는 "미디어 적용제외"를 인정하고 있지만, 이 규정은 본건 사이트 운영회사에는 적용되지 않는다. 이른바 본건 사이트 운영회사는 BDSG 제29조 1항 1문 1호, 2호에 근거하여, 제3자 제공을 목적으로 개인데이터의 이용금지에 대하여 본인에 보호에 가치 있는 이익이 있다고 인정되는 이유가 없는 경우(1호), 또는 개인데이터가 누구라도 입수 가능한 상태에 해당하는 경우(2호), 제3자 제공을 목적으로 하는 개인데이터의 업무로 수집, 이용을 허락한다.

이 사건에서 교사의 실명과 담당 과목은 학교 홈페이지에서 공개된다. 문제는 회원에 의한 교사에 대한 평가도, 수집, 이용이 허용되는가 여부이고, 그것에 대한 것은 1호 해당성이 문제되었다. 이건에서 교사의 자기정보통제권과 이건 사이트 운영회사 및 회원의 커뮤니케이션 자유가 대립하고, 이건 데이터 제3자 제공을 금지하는 것에 대하여 교사에 보호 가치가 있는 이익이 있는가 여부는 대립하는 기본권의 비교형량에 의해 판단되었다.

③ **평가제공의 정지**: 본건 교사의 독일연방데이터보호법(BDSG) 제4조 제1항과 관련한 민법 제823조 제3항, 제1004조로부터 유추되는 본건 데이터 제공정지도 인정되지 않았다. 본건 데이터 제공은 BDSG 제29조 제2항a호와 2호에 의해 허용된다.

독일 법원의 이와 같은 판결이 주는 의의는 본 판결은 주로 민법의 인격권침해에 대하여 해석을 전개한 독일하급심 판결[683]과 달리, 리뷰사이트에의 BDSG 적용가능성이 의문시되었지만, 이 판결은 이를 긍정한 후에, BDSG의 해석에서 교사의 자기정보통제권에 대한 본건 사이트의 운영회사 및 회원의 표현의 자유를 우선으로 인정했다.

이 판결은 교사 단체와 조합으로부터 심한 비판을 받았다. 특히 비판되는 것은 학생이 이건 사이트에 등록하면 익명으로 설정된 항목에 담임교사의 점수를 부여할 수 있다는 점이다. 이메일 주소를 이용하여 등록하기 때문에 같은 학생이 복수의 이메일을 사용하여, 담임교사의 점수를 조작할 가능성이 배제되지 않는 것도 문제시되었다.

5. 기타 사례

(1) 미국 온라인 콘택트렌즈 업체 사건

연방통상위원회(Federal Trade Commission)는 미국 최대 온라인 콘택트렌즈 소매업체(1−800 Contacts)가 불법적으로 경쟁사 온라인 콘택트렌즈 판매자들과 반경쟁 계약(anti−trust)을 체결했다고 발표했다. 이 회사는 FTC 법 제5조(Section 5 of the FTC Act)를 위반하여 14개의 콘택트렌즈 온라인 판매자 간의 계약이 부정경쟁법을 위반했다는 것이다. 이 협정은 온라인 콘택트렌즈 소매 업체가 동일한 제품을 저렴한 가격에 판매 할 수 있다는 사실을 소비자에게 알리는 것을 금지했다. 이를 통해 검색 엔진 키워드에 대한 경쟁을 저해하고, 회사의 지불액을 인위적으로 줄이며 소비자에게 제공되는 검색 엔진 결과의 품질을 떨어뜨렸다는 것이다.

미국 FCC는 앞으로 회사의 연락 담당자가 기존 계약에서 불법 조항을 시행하는 것과 향후 유사한 계약을 체결하지 말 것을 명령했다. 회사의 연락처가 검색 광고를 제한하거나 검색 광고 경매 참여를 제한하기 위해 다른 콘택트렌즈 판매점에 동의하는 것을 금지했다. 이 위원회의 의견은 2016년 8월 행정소송에서 비롯된 것이다. 행정법원

---

683) Vgl. Köhler/Arndt/Fetzer, Recht des Internet, 7. Aufl. 2011, Rdnr. 275ff.

수석판사인 마이클 챠펠(Michael Chappell)은 2017년 10월 초기 결정으로 이 계약이 불공정 경쟁의 유사한 방법이라는 것을 확인했다.[684]

(2) 기프트 카드 사기 사건

사람들은 기프트 카드로 돈을 지불하라는 말을 점점 더 많이 드러내고 있다. 특히, 기프트 카드 뒷면에서 PIN 번호를 알려줌으로써 사용이 가능하다. 종종 사람들은 iTunes 및 Google Play 카드와 같은 특정 브랜드를 요구하기도 한다. 아래의 스포트라이트는 소매 상품을 구입하기 위해 기프트 카드를 사용하는 것이 아니라 사기에 대한 지불 수단으로 사용되는 것이다.

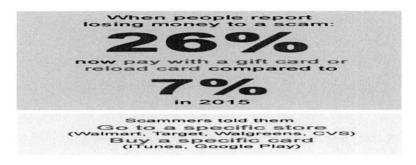

[기프트 사용 사기 광고]

Google은 2017년 1월부터 9월까지 MoneyPak과 같은 기프트 카드 및 재 탑재 카드가 최대 26%(2015년 7%)가 사기죄의 결제 수단으로 보고되었다. 사기꾼들은 현금을 빨리 얻을 수 있고 거래가 돌이킬 수 없으며 익명으로 남을 수 있기 때문에 이 카드를 선호한다. 사람들은 사기범이 Walmart, Target, Walgreens 및 CVS와 같이 잘 알려진 상점에서 선물을 사거나 카드를 다시 구매하도록 지시했다.[685]

684) FTC Commissioners Find that 1−800 Contacts Unlawfully Harmed Competition in Online Search Advertising Auctions, Restricting the Availability of Truthful Advertising to Consumers, November 14, 2018 https://www.ftc.gov/news−events/press−releases/2018/11/ftc−commissioners−find−1−800−contacts−unlawfully−harmed

685) Emma Fletcher, 2018 7:05AM Scammers Increasingly Demand Payment by Gift Card, By: Emma Fletcher, Oct 16, 2018, https://www.ftc.gov/news−events/blogs/data−spotlight/2018/10/scammers−increasingly−demand−payment−gift−card

Ⅲ. 인터넷 광고 관련 법제

1. 표현의 자유와 광고 자율심의기구

광고물이 표현의 자유에 의해 보호를 받는다고 하더라도 그 정도와 방법은 일반 사상, 지식, 정보 등을 불특정 다수에게 전파하여 의사형성에 관여하는 다른 표현물과는 현저히 다르다고 할 것이다. 미국 연방대법원은 약품판매 대리인으로부터 의료인들을 보호하고 의사와 환자 사이의 관계를 보호하는 의료인의 비밀에 대한 버몬트 주가 주장하는 이익은 표현의 자유에 대한 제한을 정당할 수 없다고 판단하였다.[686]

한편, 헌법재판소는 한국광고자율심의기구에 대하여 "행정기관적 성격을 가진 방송위원회로부터 위탁을 받아 이 사건 텔레비전 방송광고 사전심의를 담당하고 있는바, 한국광고자율심의기구는 민간이 주도가 되어 설립된 기구이기는 하나, 그 구성에 행정권이 개입하고 있고, 행정법상 공무수탁사인으로서 그 위탁받은 업무에 관하여 국가의 지휘·감독을 받고 있으며, 방송위원회는 텔레비전 방송광고의 심의 기준이 되는 방송광고 심의규정을 제정, 개정할 권한을 가지고 있고, 자율심의기구의 운영비나 사무실 유지비, 인건비 등을 지급하고 있다. 그렇다면 한국광고자율심의기구가 행하는 방송광고 사전심의는 방송위원회가 위탁이라는 방법에 의해 그 업무의 범위를 확장한 것에 지나지 않는다고 할 것이므로 한국광고자율심의기구가 행하는 이 사건 텔레비전 방송광고 사전심의는 행정기관에 의한 사전검열로서 헌법이 금지하는 사전검열에 해당한다."고 결정한 바 있다.[687]

2. 인터넷 광고에 관한 법적 문제

(1) 표시광고법

인터넷 광고에서 스팸메일 문제와 인터넷 광고를 통한 소비자 프라이버시 침해, 광고내용의 부당성, 광고인지 정보제공인지 불분명한 정보제공, 특허·상표·저작권 등의 다양한 문제가 발생할 수 있다. 인터넷포털에서 이러한 광고행위와 정보제공행위, 통신

---

686) 육소영, 앞의 논문, 86면.

687) 헌재 2008. 6. 26. 2005헌마506, 판례집 20-1하, 397 [위헌].

판매행위 등이 일어나기도 한다. 인터넷 광고도 '표시·광고의 공정화에 관한 법률'[688]
에 적용을 받는다. 이 법은 상품 또는 용역에 관한 표시·광고를 할 때 소비자를 속이
거나 소비자로 하여금 잘못 알게 하는 부당한 표시·광고를 방지하고 공정한 거래질서
를 확립하고 소비자를 보호하는 취지를 가지고 있다(제1조).

이 법에서는 1. 거짓·과장의 표시·광고, 2. 기만적인 표시·광고, 3. 부당하게 비교
하는 표시·광고, 4. 비방적인 표시·광고와 같은 "부당한 표시·광고 행위"를 제3조에
서 금지하고, 관련한 행정규제로 임시중지명령(제8조), 과징금(제9조), 과태료, 시정조
치 권한을 규정하고 있다. 민사규제로 손해배상, 형사규제로 처벌 규정을 두고 있다.

그러나 이법이 광고주인 사업자와 사업자단체는 규제대상으로 하지만 광고매체사인
인터넷포털의 행위는 포함가능성이 없다는 해석이 있고[689] 다만 관련한 주의의무를 부
담할 가능성은 있다.[690]

(2) 인터넷 광고 심사지침

'표시·광고의 공정화에 관한 법률' 제3조(부당한 표시·광고행위의 금지) 및 같은 법
시행령 제3조(부당한 표시·광고의 내용)의 규정에 의한 부당한 표시·광고를 심사함에
있어서 인터넷 광고에 관한 구체적인 심사기준을 제시하기 위해 공정거래위원회는 '인
터넷 광고에 관한 심사지침'을 두고 있다.

이 심사지침은 사업자(사업자단체를 포함한다)가 법 제2조 제1호 각 목의 어느 하나
에 해당하는 사항과 관련하여 인터넷 프로토콜에 기반한 정보통신망을 매체 또는 수단
으로 이용하는 광고에 대하여 적용한다.

여기서 "인터넷 광고"란 법 제2조 제2호의 "광고" 중 사업자가 인터넷 프로토콜에
기반한 정보통신망, 즉 인터넷을 매체 또는 수단으로 이용하는 광고로서, 배너광고, 팝
업·팝언더 광고, 검색광고, 이용 후기 광고, 사업자 자기 또는 다른 사업자의 인터넷
홈페이지, 블로그 등을 통한 광고 등이 포함된다. 이 지침에서는 기타 "배너광고", "팝
업·팝언더광고", "검색 광고", "이용후기 광고"에 대하여 규정하고 있다.

배너광고에서 사업자가 배너광고 등과 관련하여 소비자의 구매선택에 영향을 미칠

---

688) '표시·광고의 공정화에 관한 법률' (시행 2018. 12. 13. 법률 제15699호, 2018. 6. 12., 일부개정).

689) 박성용, 오동현, "광고매체로서 인터넷포털사업자의 광고법상 법적 책임에 관한 연구", 消費者問題硏究, Vol.46 No.1
(2015), 70면.

690) 박성용, 오동현, 위의 논문, 83면.

수 있는 사실이나 내용을 해당 배너광고 등 또는 이와 연결된 인터넷 페이지에서 은
폐 또는 축소하는 등 구체적으로 명시하지 않은 경우에는 부당한 광고에 해당할 수
있다.[691]

– 사업자가 인터넷 포털사이트의 배너광고를 통해 "○○휘트니스 3개월에 10만원, 골프·수영 가능"이라고 광고하면서 실제로는 골프·수영을 같이하는 경우 추가요금을 받고 있음에도 이러한 사실을 해당 배너광고 또는 이와 연결된 인터넷 페이지에서 명시하지 않은 경우
– 금니 하나 가격으로 임플란트 시술을 받는 것은 현실적으로 불가능함에도 사업자가 자기의 인터넷 홈페이지의 팝업광고를 통해 "금니 하나 가격으로 임플란트를"이라고 광고하면서, 해당 팝업광고 또는 이와 연결된 인터넷 페이지에서 실제 소요되는 임플란트 시술비용에 대한 내용을 명시하지 않은 경우
– 사업자가 자기의 인터넷 홈페이지의 팝업광고를 통해 고가의 최신 라식 수술기기의 이미지와 함께 "라식 100만원"이라고 광고하면서 실제로는 100만원의 비용이 소요되는 라식수술은 상대적으로 저렴한 수술기기를 이용하는 것임에도 이러한 사실을 해당 팝업광고 또는 이와 연결된 인터넷 페이지에서 명시하지 않은 경우

[부당한 배너광고의 사례]

검색 광고에서, 사업자가 자기 또는 자기가 취급하고 있는 상품과 관련하여 거짓 또
는 과장된 검색어를 통해 광고하는 경우에는 부당한 광고에 해당할 수 있다. 또한, 인
터넷 포털사이트를 운영하는 사업자 또는 검색광고를 대행하는 사업자 등은 광고주가
아니더라도 관련 법에 의해 허용되지 않는 것이 명백한 표현 등의 검색어를 사업자에
게 지속해서 노출하거나, 인터넷 포털사이트 등에 나타난 검색결과가 광고라는 것을
명시하지 않아 마치 검색광고에 나타난 특정 사업자의 인터넷 홈페이지 등이 검색어와
관련한 인기 인터넷 사이트인 것처럼 소비자를 속이거나 소비자로 하여금 잘못 알게
할 우려가 있는 경우 등에는 부당한 광고행위에 대한 책임을 질 수 있다.

의료법상 임플란트 전문병원이 없음에도 소비자가 인터넷 포털사이트등의 검색창에 "임플란트 전문"을 입력하였을 때 "임플란트 전문 ○○치과"가 검색결과에 나타나게 하여 마치 임플

---

691) 이하의 내용은 '인터넷 광고에 관한 심사지침'이다.

란트 전문병원인 것처럼 광고하는 경우

　이용후기 광고에서, 사업자가 자기의 인터넷 홈페이지 등에 게시된 소비자의 이용후기 중 자기에게 불리한 내용을 합리적인 이유 없이 삭제하거나 비공개 처리하는 경우에는 부당한 광고에 해당할 수 있다.

> － 사업자가 자기의 인터넷 홈페이지 게시판에 올라온 소비자의 이용후기 중 자기에게 불리한 내용을 합리적인 이유 없이 삭제하여 다른 소비자가 볼 수 없도록 하는 경우

　기타 인터넷을 통해 이루어지는 이용후기 형식의 광고에 대한 위법성 판단은 '추천·보증 등에 관한 표시·광고 심사지침'이 있다.
　또한, 사업자가 소비자의 구매선택에 영향을 미칠 수 있는 사실이나 내용을 글자의 색이나 크기 등을 이용하여 소비자가 인식하기 어렵게 하는 경우에는 부당한 광고에 해당할 수 있다.

> － 사업자가 자기의 인터넷 홈페이지에 "한 달 만에 7kg 감량"이라고 눈에 띄게 광고한 뒤, 체중감량 전후 대비 사진에서 소비자가 쉽게 인식할 수 없을 정도의 작은 글자로 "3개월 복용 시"라고 쓴 경우

　사업자가 자기의 인터넷 홈페이지 등에서 소비자가 스크롤바를 이동하는 것을 방해하는 등의 방법으로 소비자의 구매선택에 영향을 미칠 수 있는 사실이나 내용을 소비자가 확인하기 어렵게 하는 경우에는 부당한 광고에 해당할 수 있다.

> － 소비자가 사업자의 인터넷 홈페이지에서 광고와 관련된 구체적인 사실이나 내용을 확인할 때 실시간 상담 창이 마우스 포인터를 지속적으로 따라오게 하는 등 소비자의 주의를 분산시키는 방법으로 소비자의 구매선택에 영향을 미칠 수 있는 사실이나 내용을 확인하기 어렵게 하는 경우

　사업자가 소비자의 구매선택에 영향을 미칠 수 있는 사실이나 내용을 합리적인 이유

없이 주된 광고가 포함된 인터넷 페이지가 아닌 다른 인터넷 페이지에 게시하였음에도 이러한 사실을 별도로 표시하지 않는 등 소비자가 확인하기 어렵게 하는 경우에는 부당한 광고에 해당할 수 있다.

- 사업자가 자기의 인터넷 홈페이지에 "자격증 취득시 취업보장"이라고 광고하면서, 실제로는 자격증 취득 후 6개월간의 무급 인턴쉽을 거쳐야만 취업이 가능함에도, 합리적인 이유 없이 이러한 사실을 해당 광고가 포함된 인터넷 페이지에 게시하지 않고 소비자가 찾기 어려운 인터넷 페이지에 별도로 게시하여 쉽게 확인할 수 없도록 한 경우

상품 분류를 일반적으로 사용되는 의미와 다르게 사용하는 경우에는 부당한 광고에 해당할 수 있다.

- 사업자가 자기의 인터넷 홈페이지에 일부 중고차를 인기상품으로 광고하였으나, 실제 조회수나 구매횟수 등이 높은 인기상품이 아니라 해당 중고차 중개인으로부터 별도의 광고비를 받고 인기상품으로 광고하는 경우
- 사업자가 자기의 인터넷 홈페이지를 통해 서적을 판매하면서 일부 서적을 베스트셀러로 광고하였으나, 실제 많이 판매되고 있는 서적이 아니라 해당 출판사로부터 별도의 광고비를 받고 베스트셀러로 광고하는 경우

이러한 기준에 따라 공정거래위는 인터넷 광고에 관한 심사를 하고 있다. 기타 인터넷 광고에 관해서 공직선거법 제82조의7(인터넷광고) 제1항에서는 후보자는 인터넷언론사의 인터넷홈페이지에 선거운동을 위한 광고를 할 수 있다고 규정하고, 이에 광고 근거와 광고주명을 표시하도록 하였다.

Ⅳ. 인터넷 정치

1. 폴리테크(PoliTech)

2019년 6월 일본 오사카에서 있었던 G20회의 중 미국 트럼프 대통령은 북한의 김정

인 위원장과의 만남을 SNS인 트윗으로 제안하고, 결국 6월 30일 북한의 정상과 트럼프 대통령, 그리고 문재인 대통령이 판문점에서 함께 만났다. 이제 정치적 표현을 하는 곳에서 정치가의 정치적 의도를 실현하는 장으로 인터넷의 표현 매체가 큰 역할을 하기에 이르렀다.[692] 따라서 필자는 이러한 정치(politics)와 디지털 기술(technology)의 결합을 통한 효율성과 합리성의 증대를 폴리테크(PoliTech)로 명명하며, 주로 디지털을 통한 시민의 정치 참여와 AI를 통한 정치와 정책 결정의 발전을 예상한다.[693]

모이세스 나임(Moises Naim)은 디지털 기술을 자유화의 기술로 부르며 디지털 기술로 무장한 시민들이 정치인에게 의존적인 상황에서 벗어나 자유롭게 정치적 자유를 구현할 수 있다고 보았다.[694] 디지털 기술은 시민들을 시간과 공간을 초월해서 연결해 준다. 이를 통해 시민은 자연스럽게 디지털 플랫폼 안에서 집단을 형석하고 체계적으로 행동할 수 있게 된다.

디지털 기술은 디지털 정치참여를 가능하게 하여, 참여의 범위, 내용, 형태가 변화하고 종래 미디어에 추가하여 새로운 디지털 정치참여가 대의민주주의의 부족한 결핍을 채우고 실질적인 직접민주제의 실현, 즉 국민의 다수의사가 효과적으로 제기되고, 수집되며, 여론의 합의가 형성되거나 분극화되고, 그 의사가 결집되거나 갈등을 보이기도 하게 된다.[695]

종래 정치활동과 선거운동의 모습도 인터넷의 발달과 함께 변화하고 있다. 국민의 선거권은 헌법의 보통, 평등, 직접, 비밀선거의 원칙 아래서 법률에 의해 구체화된 보장을 받는다. 선거권은 헌법상 정치적 표현의 자유로 보장받을 수도 있다. 우리나라는 헌법 제21조의 언론 출판의 자유와 집회 결사의 자유가 정치적 표현의 자유를 보장하며,[696] 평등원칙에 의하여 선거운동은 타인과의 부당한 차별로부터 보호를 받을 수도 있다.[697] 선거운동은 이러한 국민이 선거에서 올바른 결정을 할 수 있는 능력을 높이고, 그러한 유권자들이 적극적으로 선거에 참여하여 자신의 판단을 투표에 반영하도록 유

---

692) 손형섭, "디지털 플랫폼과 AI에 의한 국회 전자청원시스템 활성화 연구", 유럽헌법연구, 제31권(2019), 498면. 이하 참조.

693) 손형섭, 위의 논문, 498면.

694) 모이세스 나임(김병숙 역), 『권력의 종말』 책읽는 수요일(2015).

695) 손형섭, 위의 논문, 499면.

696) 미국은 수정헌법 제1조가 이를 보장한다.

697) 손형섭, "인터넷 선거운동의 자유화에 관한 법적 연구— Condorcet의 배심정리를 적용하여 —", 세계헌법연구 제16권 제3호 (2010년 8월), 290면.

도하는 것이어야 한다.[698]

선거운동이란, "당선되거나 되게 하거나 되지 못하게 하기 위한 행위"[699]를 말하며 이에는 선거에 관한 단순한 의견개진 및 의사표시, 입후보와 선거운동을 위한 준비행위, 정당의 후보자 추천에 관한 단순한 지지반대의 의견개진 및 의사표시, 통상적인 정당활동, 설날·추석 등 명절 및 석가탄신일·기독탄신일 등에 하는 의례적인 인사말을 문자메시지로 전송하는 행위는 포함되지 않는다.[700] 헌법재판소는 "당선되거나 되게 하거나 되지 못하게 하기 위한 득표에 필요한 모든 행위" 모두를 선거운동으로 보지 않고, "특정 후보자의 당선 내지 이를 위한 득표에 필요한 모든 행위 또는 특정 후보자의 낙선에 필요한 모든 행위 중 당선 또는 낙선을 위한 것이라는 목적의사가 객관적으로 인정될 수 있는 능동적, 계획적 행위만을 단순한 의견개진 등과 구별되는 가벌적 행위로 판단해야 한다"고 하여, ① 당선 내지 득표(반대후보자의 낙선)에의 목적성, ② 그 목적성의 객관적 인식가능성 ③ 능동성 및 ④ 계획성을 선거운동의 표지로 제시한 바 있다.[701]

대법원 또한 선거운동에 대해 "공직선거법 제58조 제1항에 규정된 선거운동은 특정 후보자의 당선 내지 득표나 낙선을 위하여 필요하고도 유리한 모든 행위로서 당선 또는 낙선을 도모한다는 목적의지가 객관적으로 인정될 수 있는 능동적·계획적인행위를 말하므로, 단순히 장래 선거운동을 위한 내부적·절차적 준비행위에 해당하는 통상적인 정당 활동과는 구별되나, 구체적으로 어떤 행위가 선거운동에 해당하는 지를 판단할 때에는 단순히 행위의 명목뿐만 아니라 행위 태양, 즉 그 행위가 행하여지는 시기·장소·방법 등을 종합적으로 관찰하여 그것이 특정 보자의 당선 또는 낙선을 도모하는 목적의지를 수반하는 행위진지를 판단하여야 한다"고 하여 헌법재판소와 비슷하게 선거운동의 개념을 제한적으로 해석하고 있다.[702]

---

698) 이 명제는 콩도르세 배심정리에 따른 결론이다. 이에 대해서는 손형섭, 위의 논문, 291면~ 294면 참조.
이 콩도르세의 배심정리는 '유권자에게 많은 정보, 정확한 정보를 제공하고, 올바른 결정과 그렇지 않은 결정 사이에서, 올바른 결정을 할 수 있도록 교육을 통하여 한다.'는 교훈을 가지고 있으며, 계몽주의자이자 교육을 통해 인간을 개조할 수 있다는 교육론자인 콩도르세의 입장에서 주장된 이론이다. 이것은 올바른 것과 올바르지 않는 선택지 사이에 합리적인 판단을 할 것을 전제로 하고 있다. 그러나 인간은 상황에 따라 합리적이지 않은 판단을 하게 되는데 예를 들면, 밴드왜건효과(band wagon effect, 혹은 편승효과)나 언더독 효과(Under dog Effect) 등이 그러하다. 따라서 선거운동에 있어서 법이 해야 할 역할은 이러한 비합리적인 의사결정이 선거결과로 달성되는 것을 막아야 하는 것이다.

699) 공직선거법 제58조 제1항.

700) 공직선거법 제58조 제1항 단서.

701) 헌재 2001.8.30. 결정 2000헌마121·202(병합).

702) 대법원 2011.6.24. 선고 2011도3447.

헌법재판소는 선거운동의 자유에 대한 위헌심사기준과 관련하여 이를 표현의 자유 제한으로 보아 원칙적으로 엄격한 심사기준이 적용된다고 판시하면서도,[703] 선거운동 자유 제한은 헌법 제37조 제2항에 따라 제한하되, "구체적으로 국가전체의 정치, 사회적 발전 단계와 국민의식의 성숙도, 종래의 선거풍토나 그 밖의 경제적, 문화적 제반여건을 종합 고려하여 합리적으로 결정"[704]하거나, "어느 범위까지 선거운동을 허용할 것인지 등에 관하여 입법부의 재량에 맡겨야 하고 그것이 명백히 재량권의 한계를 벗어난 입법이 아닌 한 입법형성의 자유를 존중하여야 할 것이다."[705]라고 결정하고 있다.[706][707]

2. 인터넷 정치 변화

(1) 정치변화와 인터넷

미국에서, 버락 오바마는 2004년 선거에 관한 전국선거연구(ANES) 자료를 4년 후인 2008년 디지털 미디어를 대통령 선거에서 사용했다.[708] 미디어는 "후보자의 성격과 메시지와 지지자들 사이에 운동과 같은 열정을 만들어내는 그들의 능력에 따라 결정된다.[709] 기술의 확산을 향한 단조로운 경향을 넘어서고 간단한 웹 1.0으로부터 2004년과 2008년 사이의 4년 동안 웹 2.0으로 변화가 있었고, 디지털 미디어 사용은 정치참여에 영향을 미쳤다.[710]

2012년 재선에서 오바마의 디지털 미디어 사용은 2008년과 같은 결과를 낳게 했다. 특히 오바마 캠페인은 디지털을 통해 젊은 유권자들에게 성공적으로 호소하였다. 미디어. 또한, 매년, 디지털 미디어가 익숙하지 않은 노인들에 비하여, 젊은 시민들의 집단

---

703) 93헌가4, 92헌바29, 99헌바5, 2004헌바49 등.

704) 헌재 2006. 12. 28. 2005헌바23 공직선거및선거부정방지법 제112조 위헌소원.

705) 헌재 2009. 3. 26. 2006헌마526 공선법 제60조 제1항 단서 위헌확인.

706) 즉, 헌법재판소는 그동안 선거운동의 자유를 제한하는 법률규정에 대한 심사에서 선거운동의 자유 내지 정치적 의사 표현의 자유에 대한 강력한 보장의 필요성을 인정하면서도, 선거의 과열로 인한 사회 경제적 손실 예방과 선거의 공정성 확보라는 목적을 위해서는 선거운동의 자유는 일반적인 표현의 자유보다도 더 강력한 제한을 수인해 왔다. 입법재량을 인정하는 취지의 결정이 종종 보이는 것도 선거의 공정성 확보에 강한 비중을 두었기 때문이다.

707) 손형섭, 앞의 논문, 295면.

708) Bruce Bimber, Lauren Copeland, Digital Media and Political Participation Over Time in the US, Journal of Information Technology & Politics 10(2):125−137·April 2013.

709) Id, at 7.

710) Id, at 7.

은 미디어는 규칙적으로 성장하였다.[711] 디지털 미디어 사용은 새로운 문화를 형성한다. 디지털 미디어에서 "공유"에 대한 새로운 관행이 생겨나고 선택에 대한 새로운 기대가 크게 증가하게 된다.[712]

2018년 3월 케임브리지 대학의 심리학자가 스스로 수집한 700만 명분의 페이스북상의 개인정보를 선거컨설턴트 회사인 케임브리지 어낼리시아에 부정으로 추출하여, 이 정보를 트럼프 진영에 넘겨 미국 대통령 선거에서 이용되었다.[713] 이처럼 SNS의 정보가 각각 유저의 정치적 신조와 심리적인 경향을 미세하게 분석하고, 트럼프 지지자로 되기 쉬운 성격의 사람들이라고 예측되는 자에게 집중적으로 페이크뉴스가 투하되어, 개인의 투표 행동을 조작할 수 있었다는 문제가 제기되었다.[714] 해외 보도에서 중요하게 취급되는 것은 SNS상에 개인이 무의식적으로 누르는 "좋아요"의 클릭 등으로부터 AI에 개인의 이른바 정치적 특징이 예측된다는 것이다. 예를 들어 유명한 실험에 의하면 페이스북에서 무엇을 좋다고 눌렀는가를 수집·분석하는 것만으로 그 유저가 백인인지 흑인인지를 95% 확률, 남성인지 여성인지를 93%의 확률로 민주당 지지자인지 공화당 지지자인지를 85% 확률로, 기독교 신자인지 이슬람 신자인지는 82% 확률로 정확히 분석할 수 있다. 또 성적 지향과 지적 수준도 꽤 높은 확률로 예측할 수 있다.[715]

(2) AI를 통한 정치와 정책 결정

한편 최근에 정치나 정책의 결정에 AI의 활용이 등장하고 있다. 뉴욕시에서는 데이터 분석실이 시 소방국과 함께 AI를 이용하여 건축물의 검사관을 파견하는 장소를 정하고 있다. 또 미시간주의 도시에서는 구글과 미시간대학과 연대하여 수도관의 부식을 예측하고 파이프 등의 공사가 필요한 장소를 특정하는 기술을 개발했다.[716] 한편, 개인을 대상으로 한 AI 예측도, 행정 분야에서 추진되고 있다. 예를 들어, 미국의 국세청(IRS)은 2009년부터 신용카드와 은행거래 등에 관한 데이터를 AI에 학습 시켜 탈세 등

---

711) Id, at 14.

712) Id, at 23.

713) Jonathan Stempel, Facebook, Cambridge Analytica sued in U.S. by users over data harvesting, REUTER (March 21, 2018), https://www.reuters.com/article/us—facebook—cambridge—analytica—lawsuits/facebook—cambridge—analytica—sued—in—u—s—by—users—over—data—harvesting—idUSKBN1GX1XK.

714) 山本 龍彦, 『AIと憲法』, 法学館憲法研究所(2018), 26면.

715) 山本 龍彦, 前揭書, 27면.

716) 山本 龍彦, 前揭書, 37면.

을 예측하는 프로그램을 만들어 막대한 예산배분을 받았다. 또 증권거래위원회(SEC)도 금융시장에서 돌아다니는 무수한 데이터를 분석하고 인사이더거래(보험거래)등의 위법행위를 예측하는 AI의 개발에 힘을 기울이기 시작했다. 미국의 연방거래위원회(FTC)가 AI를 이용한 반트러스트 심사를 자동화하게 하거나 연방 항공국(FAA)이 파일럿 면허심사신청자의 적성을 AI로 예측하고 면허자동발급을 하는 것이 제안되었다.

한편, 전문가들도 프로필 중심의 의사 결정은 종종 자율적이지만, 그것이 인간의 통제 원칙과는 거리가 있다고 느낀다.[717] "자동화된 사물의 형태인 인공지능(AI)과 증강지능(augmented intelligence)은 IoT, 디지털 트윈과 함께 이용되어 고도로 통합된 스마트 공간을 제공한다. 이러한 자동화된 프로세스는 자본주의 민주주의에 일정한 이익이 될 수도 있고, 위험이 될 수 있다. 현재의 사회제도는 인간이 판단·행동하고, 그 판단·행동의 결과의 책임을 진다는 것을 전제로써 구성되어 있기 때문이다. 그 때문에, IoT 세계의 사회제도·법제도가 따라잡지 못하는 일이 생긴다. 법제도의 정비는 항상 시대에 뒤처진다. 새로운 시대를 향한 법제도 정비의 지연은, 다양한 문제를 일으킨다.[718]

이미 미국에서 AT&T는 최근 데이터 브로커와 사용자의 위치 정보공유를 중단할 것이라고 밝혔다. 페이스북은 광고주가 인종이나 종교와 같은 민감한 카테고리를 사용하는 광고를 금지했다고 밝혔다. Google은 사용자가 Google이 추적한 모든 사이트의 목록을 포함하여 대량의 데이터를 사용자가 다운로드할 수 있는 기능을 만들었다.[719] 미국의 연방의회는 광범위한 언론에 아마존과 같은 회사에 압박을 가할 기회를 얻게 되었다. 이것은 소비자가 추출한 데이터를 사용하는 방법을 정확하게 공개해야 할 수 있게 된다. 그리고 그것은 기업들이로 하여금 소비자들에게 그 데이터에 대한 어떤 권리를 부여하게 할 수 있다.[720]

---

717) Richard Warner; Robert H. Sloans, THE ETHICS OF THE ALGORITHM: AUTONOMOUS SYSTEMS AND THE WRAPPER OF HUMAN CONTROL, 48 Cumb. L. Rev. 37 (2017), at 38. FRANK PASQUALE, THE BLACK Box SOCIETY: THE SECRET ALGORITHMS THAT CONTROL MONEY AND INFORMATION 216 (2015).

718) 福岡真之介·桑田寛史·料屋恵美, 『IoTとAIの法律と戦略』, 商事法務(2017), 20頁.

719) The New York Times, Sept. 22, 2018, "Just Don't Call It Privacy"
https://www.nytimes.com/2018/09/22/sunday-review/privacy-hearing-amazon-google.html

720) Id.

3. 디지털 청원제도

(1) e-청원시스템

미국 연방헌법의 수정 제1조(종교, 언론 및 출판의 자유와 집회 및 청원의 권리) "연방 의회는 국교를 정하거나 또는 자유로운 신앙 행위를 금지하는 법률을 제정할 수 없다. 또한 언론, 출판의 자유나 국민이 평화로이 집회할 수 있는 권리 및 불만 사항의 구제를 위하여 정부에게 청원할 수 있는 권리를 제한하는 법률을 제정할 수 없다."에서 청원권을 규정한 것으로 미국에서 청원권은 언론, 출판의 자유와 같은 급의 자유권이라는 것을 추론할 수 있다. 미국 연방정부의 e-청원제도는 오바마 대통령의 취임 후, 2011년 9월 개설되었다.[721]

[미국의 e-청원사이트]

워더피플은 청원 대상을 연방 행정부의 권한 내의 이슈에 한한다고 정하고 있다.[722] 선출직 공직 후보자에 대한 반대 또는 지지가 명백한 청원, 연방정부의 정책이나 행동을 요청함이 없는 청원, 워더피플의 소관 사항이 아닌 업무를 요청하는 청원, 상품이나 서비스 구매를 강요하거나 홍보하는 청원 등은 워더피플의 대상에 속하지 않는다. 또 불법적인 폭력의 위협이나 개인이나 특정 집단에 대한 해악을 끼치는 내용, 음란하거나 저속한 내용, 명예 훼손 또는 사기성 내용, 욕설이나 학대 또는 모욕적인 비방이 포함된 내용, 개인정보를 침해하는 정보 등은 게시되지 않는다.[723]

---

721) https://petitions.whitehouse.gov.

722) https://petitions.obamawhitehouse.archives.gov/about/

청원을 제출하기 위해서는 위더피플 사이트에 가입하여 본인의 계정을 만들어야 한다. 13세 이상이면 누구나 가능하다. 이름과 이메일 주소를 기입하고 자동가입 방지 프로그램에 답을 입력하면 임시 비밀번호가 나오고 이를 통하여 개정 생성을 하여 청원 제출을 할 수 있다.[724]

첫 번째, 청원 동의자가 150명이 되면 그 내용이 일반에게 공개된다. 청원에 동의하기 위해서는 이름과 이메일 주소를 입력해야 한다. 위더피플에 게시된 특정 청원에 동의하기 위해서는 해당 청원 페이지에서 이름과 이메일 주소를 입력하고 sigh it 버튼을 클릭하면, 입력한 이메일로 확인 메일이 전송된다.

두 번째, 청원이 게시되고 30일 이내에 10만 명 이상 동의를 얻으면 정부의 응답 의무가 발생하고, 정부는 가능한 60일 이내로 답변이 이루어지도록 노력해야 한다. 또한 "부적절한 영향을 방지하기 위해, 백악관은 연방법원이나 주 또는 지방자치단체 등의 관할권에 속하는 청원에 대해서는 답변을 거부할 수 있다."고 정한다.

(2) 한국의 디지털 청원시스템

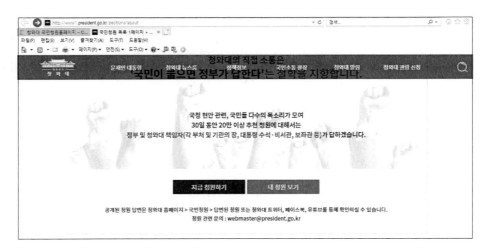

[문재인 정부의 청와대 국민청원사이트]

2017년 8월 19일 문재인 정부가 국민과의 소통을 위하여 청와대 홈페이지를 개편하면

---

723) 김병록, 앞의 논문, 152면.

724) 김병록, 앞의 논문, 152면.

서 국민 청원 페이지가 개설되었다. 백악관의 청원사이트인 워더피플(We The People)을 벤치마킹해 국민 소통 공간을 만들었다.[725] 문재인 정부 출범 후 2017년 8월 17일 청와대는 국민청원 게시판을 공개했다. 국민 누구든지 국정 현안에 대한 의견을 기재하고 30일 동안 20만 명 이상의 추천을 받으면 정부 부처나 청와대 관계자(각 부처의 장관, 대통령 수석 비서관, 특별보좌관 등)가 답변하는 구조이다. 이 제도는 국민들의 청원 접근성을 높이고 국민이 여론 형성을 할 수 있기도 하여 공론의 장이 되었으며, 청원 효능감을 긍정적으로 평가하기도 했다.[726]

반면, 삼권분립 원칙에 따른 권한 밖 청원의 과다와 무분별한 청원, 중복청원 등의 문제점[727]도 적지 않았다. 예를 들어 2018년 2월 이재용 삼성그룹 부회장의 2심에서 집행유예를 선고한 현직 부장판사를 파면해달라는 국민청원이 올라왔고, 곧 20만 명 이상의 동의를 얻었고, 청와대는 "법관 인사에 개입할 수는 없지만, 사법부에 관련 내용을 전달하겠다."고 했다. 또한 곰탕집 성추행 사건 등 사법권에 대한 청원을 청와대에 하는 사례도 적지 않았다.[728]

이러한 모습에 국민청원 게시판이 합리적인 청원 의사의 개진이 아니라 특정인이나 특정 사안에 대한 분노의 성토나 배출의 창구가 되었다[729]는 지적도 있다. 각 정치세력 간 상호 비난을 위한 각축장의 모습을 보이기도 한다. 한 사람이 여러 번 동의를 할 수 있고, 카카오톡을 통한 중복 참여 방법으로 인터넷 방문기록을 담은 임시파일 쿠키를 삭제한 뒤 다시 동의하는 방법으로 중복 동의를 할 수도 있어, 청와대는 이후 카카오를 통한 로그인을 중지시키기도 했다.[730]

청와대 청원은 17가지 카테고리로 분류하고 있을 뿐, 개설 이후 최근까지 청원 내용에 제한을 두고 있지 않기 때문에, 입법부, 사법부의 고유 권한과 관련된 청원, 지방자치의 고유 업무에 해당하는 청원 등에 대해서도 어떠한 제한을 두고 있지 않다. 다만 욕설, 비속어, 폭력, 선정성, 청소년 유해 등과 같이 도덕적 차원에서 문제가 될 사항만을 제한하고 있을 뿐이었다.[731] 따라서 앞으로 청와대 국민청원은 국가적인 정책의제가

725) 김찬우, "국민 청원 데이터를 통해 본 주요 개혁 이슈", 예술인문사회융합멀티미디어논문지, 9권 2호(통권 52호), 2019.

726) 김병록, "청와대 국민청원의 개선방안에 관한 연구", 법학논총(2019), 제26권 제2호, 140면.

727) 김병록, 위의 논문, 140면.

728) 김병록, 위의 논문, 144면.

729) 김병록, 위의 논문, 144면.

730) 김병록, 위의 논문, 145면.

발굴되고 이에 대한 토론과 답변이 제기되는 장이 되기 위한 노력이 필요하다. 또한, 인구 3억이 넘는 미국의 백악관 청원사이트(We the People)의 답변기준이 10만 회인데 인구가 5천만 명인 한국에서 20만 회의 추천수는 높은 편이어서 전국민의 분노를 일으킨 사건이거나, 특정한 사회집단을 동원할 수 있는 집단의 의사가 반영되기 쉬운 구조이기에 이에 대한 질적 개선이 검토되어야 한다. 디지털 청원시대를 맞이하여 오직 국민의 분노와 여러 집단의 동원이 난무하는 청와대 국민청원제도가 아니라 국민들이 삶 속에서 겪는 어려움이 정부에 전달되고 정부로부터 책임 있는 답변과 조치가 진행되는데 기여하는 국민청원이 되어야 할 것이다.

4. 입법의 두 가지 접근 방식

(1) 톱다운(top down) 방식

국가가 정책을 입법을 통해 실현하기 위해서는 각 영역마다 필요한 입법과제를 정리하여 입법과제를 실현하는 방법이 있고 이러한 방법은 톱다운 방식에 해당한다. 예를 들어, 스마트 시대에 각종 법률적 과제를 해결가기 위하여 다음과 같이 입법과제를 정리하고 그 해결을 위한 입법을 추진한다.

여기에 추가하여 사물인터넷(IoT)의 도입과 발전으로 센서 기술, 클라우드 서비스, 빅데이터 기술, 사물의 상호작용에 관한 기술, 그리고 이와 관련된 법적 문제 등을 일부 재검토하여 필요하면 입법과제로 추진하는 것이다. 각 영역과 부처마다 일관된 정책과제를 실현하기 위해 개혁 이슈를 발굴하고 체계적으로 실현할 수 있는 행정부에서 정부 입법안을 체계적으로 검토하여 제안하고 구현하는 방법으로 톱다운 방식을 사용하는 것이 어울린다고 생각한다.

(2) 바텀업(bottom-up) 방식: 청원

민의를 수렴하는 제도에는 청원제도가 있는데, 대한민국에서 청원제도는 제헌헌법에서부터 존재한 기본권이다. 헌법 제26조에 "① 모든 국민은 법률이 정하는 바에 의하여 국가기관에 문서로 청원할 권리를 가진다. ② 국가는 청원에 대하여 심사할 의무를 진다."라고 규정하고 있다. 여기에서 청원이 문서로만 해야 하는지, 그 명시적인 성격

---

731) 김병록, 위의 논문, 158면.

을 제26조로부터만 찾을 것인지에 대한 다소 논쟁이 있다.[732] 청원법은 1961. 8. 7. 제정되었고 11개의 조문으로 이루어졌고, 지금까지 3번의 개정으로 13개의 조문이 되었다. 청원법은 제1조에서 헌법 제26조를 구체화하여 그 절차와 처리 사항을 규정한다고 밝히고 있다.

그런데, 학자들은 국회법에서 구체화하는 청원제도에 대해서는 미쳐 논의하지 않고 있다. 국회법 제36조에서 상임위원회의 직무로 의안과 청원 등의 심사를 정하고 있다. 제42조에는 전문위원은 위원회에서 의안과 청원 등의 심사를 수행하도록 하고 있다. 제52조 제2항에서는 정례회의에서 해당 상임위원회에 계류 중인 법률안 및 청원 등을 심사하도록 하고 있다. 제59조의2(의안 등의 자동상정)에서 위원회에 회부되지 아니한 청원은 제 위원회에 회부된 후 30일이 지난 날 이후 처음으로 개회하는 위원회에 상정된 것으로 보도록 하고 있다. 제105조에는 국회가 심의 중인 의안과 같이 청원에 대해서도 각 교섭단체 대표의원과 협의하여 5분 자유발언을 할 수 있도록 하고 있다. 제115조에는 정부의 청원 처리 결과보고서를 국회회의록에 적도록 하고 있다.

그리고 청원은 문서로 하여야 하고 국회와 지방의회에 대한 청원은 국회의원과 지방의회의원의 소개가 있어야 한다.[733] 국회법 제9장부터는 청원에 관하여 구체적인 규정을 두어 제123조(청원의 제출) 동조 제1항에 따라 국회에 청원을 하려는 자는 의원의 소개를 받거나 국회규칙으로 정하는 기간 동안 국회규칙이 정하는 일정한 수 이상의 국민 동의를 받아 청원서를 제출하도록 규정하고 있다. 하지만 국회법은 물론 국회청원심사규칙[734] 제2조(청원서의 제출)에도 국민의 동의에 관한 구체적인 규정이 존재하지 않으며 따라서 의원의 소개를 받아야만 청원서를 제출할 수 있는 상황이다. 동조 제3항에서 재판에 간섭하거나 국가기관을 모독하는 내용의 청원은 접수하기 아니하도록 하고 있다. 그리고 2019. 4. 16. 동법의 개정으로 제123조의2 제1항에서 "국회는 청원의 제출·접수·관리 등 청원에 관한 업무를 효율적으로 처리하기 위한 전자시스템을 구축·운영하여야 한다."고 전자청원의 근거를 만들었다. 동법 제124조에서는 청원요지서를 각 의원에게 배부하고 그 청원서를 소관 위원회에 회부하여 심사하게 하고 있다. 제125조에 따라 청원심사소위원회를 두고 의장은 청원을 바로 청원심사소위

---

732) 김성배, "e-청원제도와 법적 쟁점", 공법연구, 제46권 제2호(2017), 97면.

733) 성낙인, 『헌법학』, 제19판, 법문사(2019), 1413면.

734) 국회청원심사규칙(2017. 11. 24. 국회규칙 제210호).

원회에 회부하여 심사보고하게 할 수 있다. 동조 4항에서 청원인, 이해관계인 및 학식·경험이 있는 사람으로부터 진술을 들을 수 있도록 하고 있다. 동조 제5항에서 위원회는 청원이 회부된 날부터 90일 이내에 심사 결과를 의장에게 보고하도록 한다. 특별한 사유가 있는 경우에는 위원장은 중간보고를 하고 60일의 범위에서 한 차례만 심사기간의 연장을 요구할 수 있다. 관련 절차를 정한 국회청원심사규칙에는 제2조 제1항에서도 청원은 국회의원의 소개를 얻어 청원서를 제출하도록 규정한다. 청원서에는 청원의 취지와 이유를 구체적으로 명시하여, 소개하는 의원이 서명날인한 소개의견서를 첨부해야 한다.

이 "의원 소개" 규정에 대해서는 지방자치법의 유사 규정과 함께 위헌시비가 계속되어 왔다. 1999년 헌법재판소는 지방자치법 제65조[735]에서 지방의회에 청원을 하고자 할 때에 반드시 지방의회 의원의 소개를 얻도록 한 것에 대해, 다수의견은 "의원의 소개를 필요적 요건으로 한 것은 단순한 진정(陳情)과는 달리 청원을 할 수 있는 사안에 관하여는 지방의회가 공정하고 신속하게 이를 심사·처리하고 그 결과를 청원인에게 통지할 의무를 지는 점(청원법 제9조 제4항, 법 제67조 제3항) 등을 감안하여 청원의 남발을 규제하는 방법으로 의원 중 1인이 미리 청원의 내용을 확인하고 이를 소개하게 함으로써 심사의 효율성을 제고하려는 데에 그 목적이 있다. (중략) 지방의회의원 모두가 소개의원이 되기를 거절하는 청원은 그 청원내용을 찬성하는 의원이 없다는 것을 의미한다."[736]라고 판단한 바 있다. 이때 재판관 이재화, 정경식, 이영모의 반대의견에서는 "오직 의원의 소개를 조건으로 청원을 할 수 있게 한 것은 합리성을 갖춘 제한으로 볼 수 없다. 청원자의 거주지 선출의원이 결원이거나 청원내용을 반대하는 경우, 다른 지역의 의원으로부터 소개를 받는 것은 쉽지 않을 뿐만 아니라, 청원의 소개 여부는 오로지 의원 개인의 임의적인 판단에 맡겨져 있으므로, 주민이 의원을 일일이 찾아다니면서 소개를 얻도록 한 것은 지방의회에 청원서의 제출을 어렵게 하는 수단에 다름 아닌 것이다. 이것은 청원권의 본질에 어긋나는 기본권 제한의 한계를 벗어난 과도한 제한으로 보지 않을 수 없다. 당해 청원에 반대하는 의원이 어쩔 수 없는 사정으로 소

735) 지방자치법 제65조(청원서의 제출) ② 청원서에는 청원자의 성명(법인인 경우에는 그 명칭과 대표자의 성명) 및 주소를 기재하고 서명·날인하여야 한다.
지방자치법 제67조(청원의 심사·처리) ① 지방의회의 의장은 청원서를 접수한 때에는 이를 소관위원회 또는 본회의에 회부하여 심사를 하게 한다. ② 청원을 소개한 의원은 소관위원회 또는 본회의의 요구가 있을 때에는 청원의 취지를 설명하여야 한다. ③ 위원회가 청원을 심사하여 본회의에 부의할 필요가 없다고 결정한 때에는 그 처리결과를 의장에게 보고하고, 의장은 청원인에게 이를 통지하여야 한다.

736) 헌재 1999. 11. 25. 97헌마54, 판례집 11-2, 583 [기각], 588면.

개의원이 된다고 하여도 소관위원회 또는 본회의에서의 청원취지 설명은 형식적인 소개가 될 것이므로 의원의 소개를 요건으로 한 이 법률조항은 실질적인 효력면에서도 의문이 있다."[737]라고 하였다.

헌법재판소는 2005헌마604 사건의 다수의견에서 "의회에 청원할 때에 의원의 소개를 얻도록 한 것은 무책임한 청원서의 제출을 규제하여 그 남용을 예방하고 의원이 미리 청원의 내용을 확인하여 그 후 이루어질 심사의 실효성을 확보하려는 데에 그 목적이 있다."[738]고 했다. 재판관 송인준, 주선회의 반대의견에서는 "입법자가 청원권의 구체적인 내용을 형성할 입법재량을 가진다 하더라도, 이는 청원권의 행사가능성이 단지 청원권의 형식적인 보장에 그치지 않도록 국민이 자유롭게 국가기관에 접근할 수 있는 최소한의 절차적 요건을 설정하는 데 그쳐야 한다는 헌법상의 제한을 부담한다. 그런데 이 사건 법률조항은 의원의 소개가 있어야만 국회에 청원서를 제출할 수 있도록 하고 있는바, 어떠한 요건을 갖추면 의원의 소개를 구할 수 있는지에 대하여 아무런 규정을 두고 있지 않아 결국 소개 여부는 오로지 의원 개인의 임의적인 판단에 맡겨지게 되고, 소개 의원을 얻지 못한 국민은 청원권을 행사할 수 없게 되어 그 결과 청원권이 사실상 박탈당하게 된다. 더욱이 청원의 소개에 있어서 국회의원은 그 직무의 성격상 국가기관인 국회의 일부로서 기능하는 것으로 볼 수 있어, 청원권을 행사하려면 국가기관의 동의를 얻어야 한다는 것은 국가의 간섭이나 방해를 받지 않고 자유롭게 국가기관에 호소할 수 있는 청원권의 본질적인 내용을 침해하는 것이다."[739]라는 의견을 제시했다. 이후, 헌재 2012헌마330 사건[740]에서도 해당 국회법 제123조 제1항의 "의원의 소개를 얻어"에 대하여 선례에 따라 일치하여 합헌결정을 하였다.

그러나 국회법 등에서 의원의 소개를 얻도록 한 것은 청원하고자 하는 자보다 의회에서 청원 심사의 합리적인 제한을 도모하는 효과가 커서 헌법의 청원권을 기본권으로 규정한 정신에 반한다. 의회청원 소개절차는 어떠한 조건 하에서 의원의 소개를 구할 수 있는가에 관하여 아무런 규정을 두지 않고, 소개여부를 완전히 의원 개인의 임의에 맡기고 있기 때문에, 기본권의 제한을 의원의 동의라는 자의에 맡기고 있어 기본권의 실현에 위헌적인 제한이다.[741] 남발된 청원은 국회에서 부적합한 경우 걸러내는 심사를

---

737) 헌재 1999. 11. 25. 97헌마54, 판례집 11−2, 583 [기각], 589~590면.

738) 헌재 2006. 6. 29. 2005헌마604, 판례집 18−1하, 487 [기각], 490면.

739) 헌재 2006. 6. 29. 2005헌마604, 판례집 18−1하, 487 [기각], 492면.

740) 2012. 11. 29. 2012헌마330, 공보 제194호, 1907 [기각]. 관련한 각하 결정례에는 헌재 2017. 2. 7. 2017헌마46가 있다.

하면 되고,[742] 수령한 청원은 관련 위원회와 의원실에 제공하여 검토할 수 있도록 해야한다. 의원 소개를 요하는 규정이나 의원의 소개가 없는 경우에는 국회가 이를 '진정', '민원'으로 접수하여 처리하는 것도 모두 일본 명치헌법체제로부터 영향 받은 입법례로 일본과 한국의 국회법과 지방자치법에서만 볼 수 있고, 서구 선진국의 입법례에서는 보기 힘든 규정으로 입법개선이 필요하다.

5. 인터넷 선거운동 양태

(1) 인터넷과 SNS 선거운동의 유형

인터넷과 SNS상 선거운동은 전자게시판, 토론방, 게시글 작성, 친구 등록, 동영상 게시 그리고 이메일을 이용한 유권자와의 대화, 인터넷 모금(e-fundraising), 인터넷 자원봉사(e-volunteering), 인터넷과 SNS상 여론조사(e-polling), 당원·당 간부·후보자 간의 의사소통을 위한 네트워킹(e-networking), 팬클럽 활동 및 동호인 모임 등 다양하다. 한편, 우리나라의 선거에서 후보자(정당)의 인터넷 선거운동은 크게 세 가지 유형으로 나누어 볼 수 있다. 첫째는 후보자(정당)들이 홈페이지를 개설하여 각종 정보 게시와 사이버 연설 등을 통해 자신을 유권자에게 적극 알리는 선거운동 방식이다. 일반적으로 후보자는 자신의 홈페이지를 통해 각종 정보를 제공하고, 게시판을 이용하여 유권자와 대화하며, 여론조사를 실시하기도 하고 후원금을 모집한다. 둘째, 후보자(정당)들이 전자 우편을 이용하여 선거구민 등에게 각종지지, 반대하는 글이나 자료를 보내는 선거운동 방식이다. 선거법은 스팸메일의 규제를 위해 누구든지 정보 수신자의 명시적인 수신 거부의사에 반하여 선거운동 목적의 정보를 전송하는 경우 수신 거부의사를 쉽게 표시할 수 있는 조치나 방법을 명시해야 하는 규정을 두고 있다. 셋째, 후보자(정당)들은 홈페이지를 활용하여 후원금을 모으고 조직을 운영하는 선거운동 방식이다.[743] 또한, 인터넷과 SNS 선거운동의 특성은 시·공간 초월과 신속성, 상호 작용성, 개방성, 연결과 대화성 등으로 나누어 볼 수 있다.[744]

---

741) 한수웅, 『헌법학』, 법문사(2015), 902면 이하.

742) 同旨 한수웅, 위의 책, 855면.

743) 김형준, "인터넷(사이버)선거운동에 대한 고찰-문제점과 개선방안을 중심으로", 중앙선거관리위원회, 선거관리 제51호(2005), 61~62면.

744) 중앙선거관리위원회, 『바람직한 대통령 선거운동 방향의 모색』, 중앙선거관리위원회 선거연수원(2002), 122면.

(2) 활용과 선거환경

후보자들이 온라인 선거운동을 외면하지 못하는 핵심 이유로 유권자와 기존 언론에 대한 정보제공, 홈페이지 및 이메일을 이용한 정치자금의 모금, 젊은 유권자 층에 대한 공략, 신기술이 상징하는 개혁 이미지, 이메일 및 게시판을 이용한 유권자와의 상호작용, 미온적 지지자들의 적극적 지지자들로 전환, 효율적인 부동층 공략 수립 등을 지적하고 있다. 특히, 인터넷 확산이 가져올 선거운동의 양상의 변화를 세 가지로 정리하고 있다. 첫째, 정보 전달의 속도와 양에 있어서 인터넷이 갖는 강점으로 다른 매체에 비해 훨씬 풍부한 선거정보를 전달할 수 있다. 둘째, 인터넷 이용자 정보를 확인할 수 있어서 특정 유권자 집단을 대상으로 정보를 전달할 수 있으며, 유권자 개인을 대상으로 한 정보 전달도 가능하다. 셋째, 인터넷의 상호작용을 이용하여 유권자로부터 선거운동이나 정책에 대한 즉각적인 반응을 얻을 수 있다. 게시판이나 채팅방을 통해 선거와 관련된 토론에 참여할 수 있으며, 후보자에 대한 직접적인 접근이 가능함으로써 선거과정에 있어 보다 적극적인 역할을 수행할 수 있다. 그리고 인터넷이 매력적인 선거운동 수단으로 활용되는 이유를 다음과 같이 지적하고 있다. 첫째, 인터넷은 다른 대중 매체보다 훨씬 많은 양의 정보를 빠른 속도로 유권자에게 전달한다. 둘째, 인터넷의 쌍방향성은 지지층 확대에 효율적으로 활용될 수 있다. 쌍방향 대화를 이용하여 많은 유권자들을 선거캠프로 유입할 수 있으며, 선거자금과 자원봉사자 모집에 매우 유용하다. 셋째, 시간과 공간의 제약을 받지 않아서 24시간 선거운동이 가능하다. 넷째, 온라인 여론조사를 통해 유권자들의 태도의 동향을 쉽게 파악 할 수 있다.[745] 또한, 인터넷 선거운동의 구체적인 양태를 보다 심층적으로 고찰하기 위해서는 인터넷을 활용하는 선거과정에 대한 이해가 필수적이다. 일반적으로 선거과정이란 "특정한 환경 속에서 각 정당과 후보자들이 한정된 지역의 유권자들을 대상으로 더 많은 지지표를 획득하기 위해 서로 복합적으로 경쟁하는 과정"이라고 정의내릴 수 있다. 이러한 선거과정에서 인터넷은 후보자나 정당이 펼치는 선거운동에 직접적으로 영향을 미칠 뿐만 아니라 선거환경과 연계되어 선거운동에 영향을 미칠 수 있다.[746]

---

745) 윤성이, "인터넷과 17총선", 한국정치학회 춘계 학술회의, 제17대 총선분석 : 대통령 탄핵과 향후 정국 발표논문(2004), 22면.

746) 김형준, 앞의 논문, 58면.

6. 인터넷 관련 선거부정방지제도

　인터넷 관련 선거부정방지제도의 특징은 미디어 매체별 소관 기관이 상이하다는 점이다. 즉, 인터넷 선거보도에 대하여는 중앙선거관리위원회에 설치한 인터넷선거보도심의위원회가 담당하고, 사이버선거 부정감시에 대하여는 중앙선거관리위원회가 중앙선거관리위원회규칙에 따라 담당하고 있다. 중앙선거관리위원회에 설치한 인터넷선거보도심의위원회는 인터넷 선거보도의 정치적 중립성·형평성 ·객관성 등 선거보도의 공정성을 보장하기 위한 것으로 인터넷 선거보도의 공정성을 확보하는 제도적 장치를 둔 점은 긍정적으로 평가된다.[747] 이러한 긍정적 제도적 장치와 함께 그 제도를 운영하는 인적구성에 있어 국회 교섭단체를 구성한 정당, 언론학계, 대한 변호사협회, 언론인단체 및 시민단체 등이 추천한 위원을 포함하여 중앙선거관리위원회가 위원을 위촉하고 있는데 위원에 대한 겸직금지, 결격 사유 등의 규정이 없어, 인적 구성의 공정성 및 투명성 확보에 미흡하므로 이에 대한 개선을 요한다. 또한, 인터넷선거보도심의제도, 선거방송심의제도, 선거기사심의제도를 실제로 운영하는 위원 추천에 있어 위원 추천권자가 명확하지 않은 것도 문제이다. 예를 들어, 인터넷선거보도심의위원회의 위원 추천은 국회에서 교섭단체를 구성한 정당이 각 1인, 방송통신심의위원회·언론중재위원회·학계·법조계·인터넷언론단체 및 시민단체 등이 추천하는 자를 포함하여 중앙선거관리위원회가 위촉하는 11인 이내의 위원으로 구성한다고 규정하고 있는데, 국회 교섭단체를 구성한 정당 이외의 추천권자들이 추천한 위원이 몇 명이나 위촉되는지에 대한 규정이 없는 것이 문제이다.[748] 여러 분야의 의견을 수렴하여 위원 구성을 하는 것과 같은 외관을 가지나, 실제 추천권자가 추천한 위원을 위촉하지 않거나 적게 위촉할 수 있는 여지가 있어 추천된 위원 위촉의 투명성 확보에 어려움이 있으므로, 각 추천권자의 추천 상한 인원을 명시적으로 규정하는 것으로 개정을 요한다.[749]

---

747) 김민호 외1, "인터넷 선거운동의 문제점 및 부정방지제도의 법제정비 방안", 성균관법학 제25권 제1호(2013. 3), 183면.

748) 김민호 외1, 앞의 논문, 184면.

749) 김민호 외1, 위의 논문, 185면.

7. 인터넷과 SNS를 이용한 선거운동의 한계

(1) 표현의 자유

표현의 자유가 전제하고 있는 것은 자유로운 생각의 자유이고 따라서 표현의 자유는 '의사'표현의 자유를 말한다. 여기서 '의사(意思, Meinung)'는 가치평가의 의견이나 견해를 말한다. 태도 표명이라는 요소가 중요한 것이지, 진술이 가치 있는지 올바른지 합리적인지는 문제되지 아니한다. 가치판단을 내용으로 하는 것이지만, 가치판단의 대상은 문제되지 아니한다.[750] 사실·행동·상황에 대한 가치판단뿐 아니라, 가치판단에 대한 가치판단도 포함되며, 가치판단의 내용도 문제되지 아니한다. 정치적인 것이든 비정치적인 것이든, 학문적이거나 예술적인 태도 표명이든, 사적인 사안이든 공적인 사안이든 상관없다. 표현의 자유가 상정하는 '의사'는 이성적이거나 감성적이거나 논거가 있거나 없거나 다른 사람들에게 유용하거나 해롭거나 또는 가치가 있거나 없거나 옳거나 틀리거나 막론하고 포괄하는 개념이다.[751]

또한, 의사표현의 자유는 직접적으로 정치적 표현의 자유, 선거운동의 자유가 보장되는 기본권의 근원이다. 이에 관하여는 국내외 학설과 판례가 일치하고 있다. 헌법 제21조 제1항에서 "모든 국민은 언론·출판의 자유와 집회·결사의 자유를 가진다."고 명시하였다. 미국 연방헌법 수정 제1조는 "정치적 표현의 자유 또는 정치 영역에서의 표현의 자유를 보장하기 위하여 규정된 것이다."[752]라고 설명을 한다. '의사표현의 자유'라 함은 자신의 의사를 표현하고 전달하며, 자신의 의사표명을 통해서 여론형성에 참여할 수 있는 권리를 말한다. 의사표현 및 전달의 형식에는 아무런 제한이 없다. 따라서 언어·문자·도형, 플래카드, 현수막, 제스처, 심벌, 표지, 음반, 비디오물 등을 허용한 의사표현이 모두 포함된다. 의사표현의 자유는 소극적인 내용과 적극적인 내용으로 나누어지는 데, 자신의 의사를 표현하고 전달하는 데 국가권력의 간섭이나 방해를 받지 아니할 자유가 그 소극적인 내용이라면, 자신의 의사표명을 통해서 여론형성에 참여할 수 있는 권리는 그 적극적인 내용이다.

민주정치가 여론정치이고 여론은 국민 개개인의 자유로운 의사표현을 통해서만 형

---

750) SNS를 이용한 선거운동에 대한 국가의 개입과 규제는 없거나 제한적이어야 하며, 특히 유권자의 SNS를 이용한 선거운동에 대해서는 더욱 그렇다 할 것이다. 따라서 트위터 등 SNS를 통한 의사표현은 선거운동의 개념에서 제외하여 자유롭게 이루어질 수 있도록 하여야 할 것이다. 박주민, "인터넷을 통한 선거운동과 공직선거법", 인하대학교 법학연구 제15집 제1호(2012), 172면.

751) BVerfGE 30.336(347); 33, 1(14); 61, 1(7) = EuGRZ 1982, 472(473).

752) Smolla, Rodney E., Smolla and Nimmer on Freedom of Speech Vol.2, West Group, 1996, 16면.

성될 수 있는 것이기 때문에 의사표현의 자유야말로 여론형성을 위한 전제조건이며, 민주정치의 사활에 관련되는 중요한 의미를 가진다. 의사표현의 자유는 타인과의 의사 접촉을 통한 여론 형성의 자유를 그 본질로 한다고 볼 수 있다. 따라서 의사표현의 자유는 원칙적으로 합리적인 사고과정을 거친 평가적인 의사를 표현하고, 그것을 타인에게 전달하고, 그 의사표현을 통해서 여론형성에 직접 참여할 수 있는 자유를 보호하기 위한 것이라고 보아야 한다.[753]

그리고 정치적 표현의 자유는 민주국가의 구성 원리로서 선거에서는 선거운동[754]의 자유를 의미한다. 선거운동의 자유는 입후보자 자신은 물론 이를 지지하는 자와 반대하는 자가 행사하는 모든 선거운동을 최대한 보장하는 것을 의미한다. 정치적 표현의 자유는 주권자인 국민의 알 권리와 결합되어 있다. 읽고 듣고 보는 자유는 정치적 의사 형성의 전제이다. 주권자로서 국민이 정치과정에서 모든 권한을 행사하는데 있어서는 옳은 지식에 의한 적정한 판단자료로서 필요 불가결한 모든 정보획득, 의견제시, 반론 등의 자유가 언제나 보장되지 않으면 안 된다. 정치적 표현의 자유는 정치적 비판의 자유를 포함하고 있다. 정치적 비판의 자유 없이는 권력을 효과적으로 억제할 수 없다. 또한, 정치적 표현의 자유는 민주국가의 구성 원리로서 강하게 보장되어야 하나, 다른 모든 자유가 그러하듯이 정치적 표현의 자유가 확대되면 타인의 다른 가치는 장애를 받을 우려가 있다.[755]

민주정치는 주권자인 국민이 되도록 정치과정에 참여하는 기회가 폭넓게 보장될 것을 요구한다. 따라서 국민의 주권행사 내지 참정권행사의 의미를 지니는 선거과정의 참여행위는 원칙적으로 자유롭게 행하여질 수 있도록 최대한 보장하여야 한다. 자유선거의 원칙은 비록 우리 헌법에 명시되지는 아니하였지만, 민주국가의 선거제도에 내재하는 법 원리인 것으로서 국민주권의 원리, 의회민주주의의 원리 및 참정권에 관한 규정에서 그 근거를 찾을 수 있다. 이러한 자유선거의 원칙은 선거의 전 과정에 요구되는 선거권자의 의사형성의 자유와 의사실현의 자유를 말하고, 구체적으로는 투표의 자유, 입후보의 자유 나아가 선거운동의 자유를 뜻한다. 선거운동의 자유는 널리 선거과정에

---

753) 허영, 『한국헌법론』 박영사(2011), 567-568면.

754) 공직선거법은 선거운동의 개념을 거의 무한대로 확장시켜 놓음으로써 정당이나 후보자는 물론 정부의 정책과 관련된 일체의 표현이 선거운동의 촘촘한 그물 속에, 규제의 울타리 속에 갇히게 된다. 많은 단체들의 정부비판 활동들이 모두 공직선거법 위반으로 처리되었던 2010년 지방선거는 대법원에 의해 무죄가 선고되었다. 대법원, 2011.10.27. 선고 2011도9243.

755) 김영철, "선거운동의 지도원리와 발전방향", 중앙선거관리위원회, 「선거관리」 42호(1996), 76면.

서 자유로이 의사를 표현할 자유의 일환이므로, 표현의 자유의 한 태양이기도 하다.[756]

표현의 자유, 특히 정치적 표현의 자유는 선거과정에서의 선거운동을 통하여 국민이 정치적 의견을 자유로이 발표, 교환함으로써 비로소 그 기능을 다하게 되므로, 선거운동의 자유는 헌법에 정한 언론·출판·집회·결사의 자유 보장규정에 의한 보호를 받는다. 또한, 우리 헌법은 참정권의 내용으로서 모든 국민에게 법률이 정하는 바에 따라 선거권을 부여하고 있는데, 선거권이 제대로 행사되기 위해서는 후보자에 대한 정보의 자유교환이 필연적으로 요청되므로, 선거운동의 자유는 선거권 행사의 전제 내지 선거권의 중요한 내용을 이룬다고 할 수 있다. 그러므로 선거운동의 제한은 선거권, 곧 참정권의 제한으로도 파악될 수 있을 것이다. 민주적 의회정치의 기초인 선거는 본래 자유로워야 하는 것이지만 그것은 동시에 공정하게 행하여지지 아니하면 아니 된다. 금권, 관권, 폭력 등에 의한 타락선거를 방지하고, 무제한적이고 과열된 선거운동으로 말미암아 발생할 사회경제적 손실과 부작용을 방지하고, 실질적인 선거운동의 기회균등을 보장하기 위해서는 선거의 공정성이 확보되어야 한다. 선거의 공정성 확보를 위해서는 어느 정도 선거운동에 대한 규제가 행하여지지 아니할 수 없고, 이는 곧 선거운동의 자유를 제한하는 셈이 되므로, 기본권 제한의 요건과 한계에 따라야 한다. 따라서 우리 헌법상 선거운동의 자유도 다른 기본권과 마찬가지로 헌법 제37조 제2항에 따라 국가안전보장·질서유지·공공복리를 위하여 필요한 경우에 한하여 법률로 제한할 수 있되, 그 경우에도 선거운동의 자유에 대한 본질적 내용은 침해할 수 없는 것이다. 한편, 헌법 제116조 제1항은 "선거운동은 각급 선거관리위원회의 관리 하에 법률이 정하는 범위 안에서 하되, 균등한 기회가 보장되어야 한다."라는 별도의 규정을 두고 있는바, 이 규정은 선거운동의 허용범위를 아무런 제약 없이 입법자의 재량에 맡기는 것으로 해석하기보다는, 선거운동이 국민주권 행사의 일환일 뿐 아니라, 정치적 표현의 자유의 한 형태로서 민주사회를 구성하고 움직이게 하는 요소인 점을 고려하여 그 제한 입법에 있어서도 엄격한 심사기준을 적용할 것을 정하고 있는 것으로 해석하여야 할 것이다.[757]

또한, 의사표현의 자유에 의하여 직접적으로 보장되는 정치적 표현의 자유와 선거운동의 자유의 한계는 법률유보에 의한 제한으로 헌법 제37조 제2항에 근거한다.[758] 따라

---

756) 헌재 1994.7.29. 93헌가4등 판례집 6-2, 15, 28~29면.

757) 헌재 1995.4.20. 92헌바29, 판례집 7-1, 499, 506~507면.

서 언론·출판의 자유에 대한 법률로써 제한이 가능하지만, 그 제한은 헌법 제37조 제2항의 기본권 제한에 관한 일반원칙에 따라야 한다. 따라서 첫째, 언론·출판의 자유에 우선하여야 할 국가안전보장·질서유지 또는 공공복리(公共福利)라고 하는 법익이 개입되었다고 판단되어야 하며 둘째, 이러한 법익을 보호하기 위하여 언론·출판의 자유를 제한하는 것이 꼭 필요하고 그 이외에 방법이 없다고 판단되어야 하며 셋째, 문제된 언론·출판의 자유의 제한은 위 법익을 보호하기 위하여 필요한 최소한도에 그쳐야 한다는 비례의 원칙이 적용된다.

게다가 공직선거법 제8조의5 규정에 따라 중앙선거관리위원회는 인터넷선거보도심의위원회를 두어 공정한 선거운동 보도를 위한 조치를 취할 수 있도록 하고 있다.

앞으로 인터넷 정치에서는 가짜뉴스 그리고 사이버 여론조작이 정치표현에서 문제가 된다. 이미 한국에서는 드루킹 사건으로 인터넷의 여론조작이 법정 문제가 되었다. 사이버 여론조작은 형법 제314조 업무방해죄, 컴퓨터등 업무방해죄가 쟁점이 된다. 드루킹 판결에서 드루킹은 1심에서 3년 6개월 형을 선고받았다. 또한, 정부기관이 조직적으로 사이버 여론을 조작했으면 관련 법상 정치적 중립규정에 위반한 것이 된다. 사이버 여론조작을 막기 위해 댓글조작 방지법이 발의되었으나 20대 국회의 입법기 만료로 법안도 폐기되었다.

생각

미국의 대통령의 대선과정에서 가짜뉴스가 정치에 영향이 매우 컸다는 분석이 있었다. 구글과 페이스북 등에서는 상업적인 이유로 허위 블로그, 허위 태그 등 검색 노출과 순위를 올리는 가짜 정보가 판을 치고 있다. 최근 국내외 정치 상황과 맞물려, 일반인들의 가짜 뉴스가 폐쇄형 SNS와 개방형 SNS를 가리지 않고 등장하고 있고 동시에 뉴스 등 저널

758) 선거는 집단적 의사표시를 통해서만 그 의미가 확보된다. 선거의 의미를 이와 같이 파악한다면, 집단적 의사표시를 불가능하게 하거나 매우 어렵게 만드는 것은 선거 자체를 부정하는 효과를 갖는다고 할 수 있다. 또한 이러한 집단적 의사표시는 정당이나 후보자는 물론 정부와 그 정책에 관한 양질의 정보가 충분히 제공되고, 이런 정보들이 널리 공유되어야만 그 질적 수준을 담보할 수 있다. 내가 아는 정보를 여러 사람에게 자유롭게 알릴 수 있어야 하고, 다른 사람이 갖고 있는 정보를 어렵지 않게 획득·공유할 수 있어야 한다. 그리고 바로 그런 충분한 양질의 정보를 바탕으로 비로소 유권자들은 특정 정당이나 후보자 또는 그 정책에 대하여 찬반의 의사표시를 하고 대표를 선출해 낼 수 있게 된다. 그런데 현행 공직선거법은 이와 같은 양질의 정보가 충분히 제공되는 길을 다양한 형태로 차단하거나 매우 어렵게 하거나 매우 불균형하게 만들고 있다. 김종서, "인터넷 선거운동의 주요 쟁점 검토", 헌법학연구 제18권 제2호, 2012, 33~34면.

리즘은 황색 저널리즘적인 정보등을 양산하고 있는 문제에 대한 다양한 대응이 필요하다.

정치 및 선거 과정에서 진실이 아닌 정보를 제거하기 위해 법적규제를 마련하는 경우는 표현의 자유에 대한 과도한 규제가 되지 않나, 제한의 필요성과 합리성이 담보되어있는가 등에 대해 신중하게 검토할 필요가 있다. 예를 들어, 인터넷에서 진실하지 않은 정보를 제거하기 위해 일본의 법제도는 공직후보자의 명예를 훼손하는 정보에 대해 우리 정보통신망법상의 임시조치와 유사한 notice-and-takedown의 특례를 마련하고 있다. 가짜뉴스에 대처하는 헌법적, 철학적 방법과 가짜뉴스를 규제할 수 있는 법적, 기술적 장치에는 무엇이 있을까?

I. 정보통신 서비스

1. 서비스의 종류

진화하고 있는 21세기에서는 각종 IT 사업에서 공간을 초월한 실시간 네트워킹 활용에 관한 다양한 서비스가 제공된다. 특히 빅데이터 환경의 기술의 발달과 다른 영역 IT 기술의 다른 영역으로 확산과 함께 다양한 정보통신 사업 형태가 이루어진다.

인프라 서비스	• 서버, 스토리지, CPU, 메모리 등 각종 컴퓨터 기반 요소를 서비스 형태로 제공 • 자체 인프라에 투자하기 어려운 중소 업체가 고객
플랫폼 서비스	• 애플리케이션 제작에 필요한 개발환경, SDK 등 플랫폼 자체를 서비스 형태로 제공 • 개발사 입장에서는 비싼 장비와 개발 툴을 자체 구매하지 않고도 애플리케이션 개발이 가능
소프트웨어 서비스	• S/W나 어플리케이션을 서비스 형태로 제공 • 기존 S/W처럼 라이선스를 구매해 단말에 직접 설치하는 것이 아니라 웹을 통해 임대하는 방식

[정보통신 서비스의 종류]

이중 플랫폼 서비스는 기술, 상품과 제품, 서비스가 있고, 플랫폼 서비스는 다양한 모습으로 생성되어 활용되고 있다. Java에 관한 권리를 가지고 있는 실리콘밸리(레드우스시티)에 본사가 있는 오라클은 MS사와 세계 프로그램 시장을 양분하고 있다. 오라클은 프로그램은 데이터베이스 관리나 데이터 보안에 사용하는 도구프로그램을 제공하기만 하고, 이 사용자들은 이를 기반으로 자신의 플랫폼을 만들어 사용하고 있다. 즉, 오라클은 소프트웨어를 제공하고 관리, 개발하면서 그에 대한 서비스 비용을 받는다. 반면, 우버는 자신의 자동차 공유 앱을 통한 플랫폼을 통하여 직접 서비스를 제공하고, 우버 드라이버와 이용자로부터 수익을 얻고 있다.

- 플랫폼 종류

분류	기술 플랫폼	제품 플랫폼	서비스 플랫폼	유통 플랫폼	광고 플랫폼	결제 플랫폼
유사/하위	웹·클라우드 플랫폼	제품패밀리, 소프트웨어 플랫폼	개인 클라우드, SNS, 메신저, 검색	커머스 플랫폼, 마켓 플레이스	마케팅플랫폼	모바일 페이먼트, 전자결제, 스마트카드
사례	HTML5, IOS, Android	아이폰 시리즈, 파이어폭스	페이스북, 트위터, 지도, 구글검색	아이튠즈, 앱스토어, 구글 플레이	다음의 아담, 구글의 AdMob	페이팔, Square
참여자	개발자	소비자, 액세서리, 앱 개발자	소비자, 앱 개발사	소비자, 앱/컨텐츠 공급사	소비자, 3rd Party, 광고주	소비자, 3rd Party, 금융사
생태계 내의 역할	다양한 제품 개발의 활성화	소비자 확보	소비자 확보	보완재 제품의 유통	수익화 플랫폼	수익화 플랫폼

[플랫폼 서비스의 다양한 유형과 분류 및 생태계]

아마존은 1995년에 서적 쇼핑 사이트로 시작하여 지금은 전자, 문구 운동화, 식품 등의 카테고리도 추가하여 개인을 포함한 개인은 물론 상품제작자가 판매할 수 있는 시장이 되고, 전용 스토어를 만들 수 있는 쇼핑 기능을 추가하였다. 2012년 매출액은 610억 9천만 달러에 달하였다.[759] 이제 아마존은 온라인 마케팅에서 오프라인 마케팅 IT 기술개발과 관련 알렉사와 같은 인공비서 스피커 등의 IT 상품으로 관련 업계를 리드하고 있다.

일본의 최대 인터넷 쇼핑몰인 락텐(樂天市場)은 락텐이 운용하는 쇼핑 마켓이다. 2012년에 이미 총액 1조 4,460억 엔의 판매고와 회원 수 8,156만 명에 달하였다. 락텐은 전자사전(kobo) 전자만화 등 다양한 플랫폼 비즈니스를 하고 있다.

2. 플랫폼 서비스

서비스를 제공하는 플랫폼 기업은 스마트폰 디바이스를 중심으로 ICT 혁신을 할 수 있게 되었다. 공유경제 서비스는 P2P(Peer to Peer)와 B2C(Business to Consumer) 내지 B2P(Business to Peer)의 두 가지로 구분하고 이익 추구 여부를 더하면 이익추구형(for-profit) B2P 플랫폼, 이익추구형(for-profit) P2P 플랫폼, 이익을 추구하지 않는(non-profit) B2P와 이익을 추구하지 않는(non-profit) P2P로 4분할 수 있다. P2P는 개인과 개인 간의 거래를 말하는 것으로, 집을 빌려주는 서비스, 옷을 빌려주는 서비스 등 개인이 소유한 물건을 다른 사람이 이 이용할 수 있게 연결해주는 중계서비스가 이에 해당한다. B2P는 기업이 소유한 제품을 개인에게 빌려주는 비즈니스 모델을 말하는 것으로 카쉐어링 서비스를 포함한 다양한 렌탈서비스가 ICT 적용으로 보다 전환된 것이다.[760]

구글, 애플, SK, KT 등 스마트 기기나 운영체제 등에 독점적인 지위를 가지고 있는 플랫폼 사업자들은 자사의 스마트 기기나 운영체제(안드로이드, iOS 등), 앱 마켓 등을 통해서 개인에 대한 정보를 수집하고 이를 통해 개인화된 서비스를 제공하려고 한다. 따라서 우리가 원하든 원하지 않든 플랫폼 사업자들은 약관에 광범위한 개인정보 수집 조항을 포함하고 이에 대한 동의를 통해 수많은 개인정보를 수집한다.

---

759) 富士・早稲田ビジネススクール研究室,『プラットオームビジネス最前線』SE(2013), 72면.

760) 이성엽, "공유경제(Sharing economy)에 대한 정부규제의 필요성 : 차량 및 숙박 공유를 중심으로", 행정법이론실무학회, 행정법연구 44(2016.2), 25면.

▶ 미국의 대표 플랫폼
 - T(트위터), G(구글), I(아이폰), F(페이스북)

▶ 중국의 대표 플랫폼
 - T(텐센트), A(알리바바), B(바이두)

▶ 한국의 대표 플랫폼
 - N(네이버), N(넥슨), K(카카오)

[국가별 대표 플랫폼]

플랫폼 사업자들이 많은 정보를 가지고 있기 때문에 이에 대한 정보기관의 정보요구도 굉장히 많다. 실제로 페이스북, 마이크로소프트, 야후, 링크드인 등 미국의 주요 IT 기업에 미국 국가안보국(NSA) 등 정보기관이 2013년 상반기에 요청한 건수를 보면 구글에 9,000여 개 사용자 계정의 이메일, 채팅, 문서, 사진, 동영상 데이터를 요구했다. 7,000여 개였던 2011년보다 증가했다. 마이크로소프트는 2013년 상반기 1만 5,000여 개 사용자 계정의 정보 제공 요청을 받았다. 1만 1,000여 개이던 2011년보다 크게 늘어났다. 페이스북(5,000여 개)과 야후(3만여 개), 링크드인(250개 미만) 정보 요청도 모두 많아졌다.[761] [762] [763]

2023년 카트너는 미래 기술로 플랫폼 엔지니어링(Platform Engineering)을 꼽고 있는데, 플랫폼 엔지니어링은 셀프 서비스 내부 개발 플랫폼을 구축하고 운영하는 규정

761) 전자신문, 2014.02.04, 안호천, "美 IT기업, 정부 요구 정보건수 첫 공개",
     <http://www.etnews.com/201402040366>

762) 이인호, "정보통신기술의 발전과 기본권에 관한 연구", 헌법재판연구 제25권, 36면.

763) 이인호, 위의 책, 37면.

을 말한다. 각각의 플랫폼은 전담 제품 팀에서 만들고 유지 관리하는 하나의 계층으로, 도구 및 프로세스와의 연동을 통해 사용자들의 요구 사항을 지원하도록 설계하는 것을 의미한다.

플랫폼 엔지니어링을 활용하게 되면 개별적인 서비스와 독립되어 있던 개발자들이 하나의 공통된 플랫폼을 활용함으로써 불필요한 과정을 없애줄 수 있다. 이를 통해 사용자들을 효율적으로 시스템에 접근할 수 있게 되고 서비스 제공자들은 사용자 경험을 최적화시키는 것이 수월해지게 된다. 이러한 플랫폼 엔지니어링은 최종적으로 비즈니스 가치 전달이 가속화되게 되는 것에 목적이 있다.

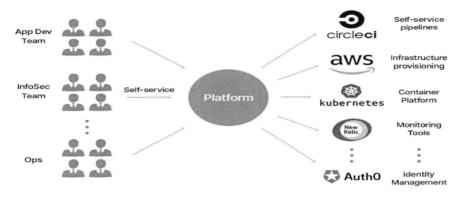

II. 공유경제 모델

1. 우버, 에어비엔비

공유경제 기업은 일종의 앱(application)을 통한 플랫폼을 이용하여 새로운 공경제 사업모델은 만들고 확산시키고 있다. 우리에게는 에어비엔비(airbnb)와 우버(Uber), 그리고 우버의 경쟁업체인 리프트(lyft)가 잘 알려져 있다.

공유경제의 상황은 국가마다 환경적인 차이도 있다. 기본적으로 미국은 공유경제 같은 새로운 경제의 시스템이 사용될 때 기존 산업이 그것에 대해서 받는 타격이 적다. 넓은 땅과 넓은 경제·사회 환경을 가지고 있는 미국에서는 기존의 기득권도 넓게 분배되어 있기 때문에 공유경제 모델이 도입되는데 저항이 적다. 즉, 기존의 버스회사는 미국의 다운타운을 중심으로 운행되기 때문에 기타 넓은 지역을 커버하는 우버드라이버와 리플리의 도입과 사용이 미국의 기존 택시업계의 반발로 이어지지는 않았다.

관광진흥법 개정안으로 통하여 국내 사람들은 에어비엔비를 사용할 수 없도록 규제하였다. 일부 '도시재생 활성화 및 지원에 관한 특별법' 제2조에서 이정하는 마을기업(지역주민 또는 단체가 해당 지역의 인력, 향토, 문화, 자연자원 등 각종 자원을 활용하여 생활환경을 개선하고 지역공동체를 활성화하며 소득 및 일자리를 창출하기 위하여 운영하는 기업을 말한다)에게 한시적으로 외국인관광 도시민박업의 내국인 숙식 허용특례를 이정하고 있다(내국인 공유숙박에 대한 실증특례 샌드박스).[764]

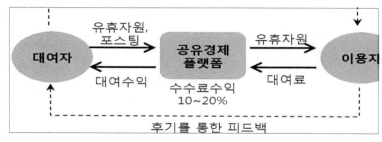

[공유경제 비즈니스 모델][765]

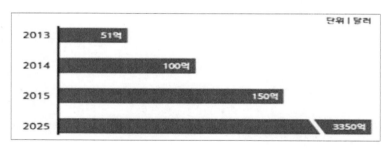

[공유경제 시장의 확대][766]

764) 박영미, 외 2인, "「EU 단기숙박임대서비스에 관한 데이터 수집 및 공유 규칙(안)」의 주요 내용과 시사점", 소비자법연구 제9권 제4호(2023. 11), 158면.

765) 이성엽, "공유경제(Sharing economy)에 대한 정부규제의 필요성 : 차량 및 숙박 공유를 중심으로", 행정법이론실무학회, 행정법연구 44(2016.2), 23면.

766) 민연아, 백영태, "공유경제로서 디지털 콘텐츠 거래 활성화를 위한 블록체인 기술 활용방법 연구", 한국컴퓨터정보학회, 한국컴퓨터정보학회 학술발표논문집 26(2), 2018.7, 70면.

2. 사무실의 공유

마치 우리나라의 오피스 빌딩과 같이 일, 미국에서는 사무실을 함께 사용하는 공유 오피스 사업이 늘고 있다. 이러한 서비스는 서비스 공간을 공유하고 마치 호텔 등의 프랜차이즈 사업과 같이, 전 지역, 전 세계에서 같은 사무실 공유 서비스를 제공한다. 즉, 한 사업가가 샌프란시스코에서 사무실 공유서비스를 이용하여 사무실을 임차하고 있다면, 그는 미국의 동부나 영국의 런던에 출장을 가서도 이 공유서비스를 통해 똑같은 구조의 사무실을 자신의 사무실처럼 자유롭게 이용할 수 있다.

[미국의 대표적인 사무실 공유사업인 NS사무실의 모습]

미국의 IT업계에서 이러한 공유경제 모델의 플랫폼 사업은 성공한 사업모델이며 우버, 에어비앤비의 기업가치도 매우 높다. 이 책에서 공유오피스의 소개 이후 현재 대한민국에서도 다양한 공유오피스 사업이 성행하고 있다.

3. 카카오택시 카풀 논란

(1) 논의의 배경

미국에서의 공유경제 모델의 성장과는 달리, 대한민국은 물론 유럽, 일본과 같은 국가는 기존에 기득권자, 혹은 허가권자들의 사업이익이 새로 도입되는 공유경제의 모델, 즉 우버나 에어비엔비(airbnb) 등으로 침해될 수 있기에 사회적·법적 논란이 계속된다.

카셰어링도 늘고 있는데, 카카오톡이 종래 카카오택시로 택시와 승객을 연결하는

O2O 플랫폼을 제공했을 때, 택시기사나 승객 등도 이를 편리하게 이용했다. 그런데 2018년에는 카풀서비스 도입에 대한 사회적인 논쟁이 발생했다. 2019년 7월에는 타다 운자사들 대화방에서 승객에 대한 성희롱 사건도 발생했다.

카풀 서비스가 추가로 사용될 움직임에, 전국택시운송사업조합연합회는 우버 택시의 상용화를 우려하고 카풀을 "자가용 불법 유상운송행위 및 알선(카풀)" 규정하였고, 카카오톡은 여객자동차법 제81조 제1항[767]의 "출퇴근 시간 일부 카풀 허용조항"을 근거하여 신규 사업의 가능성을 검토하고 있어, 기존 택시운송사업자들과 카풀 서비는 서로 이해관계가 충돌 문제가 되었다.

기본적으로 대한민국에는 택시 면허대수 및 운전자수는 각기 253,205 대 273,295명 (2017년 기준)에 달하며, 택시의 공급과잉 상태이다. 따라서 대중교통이 부족했던 미국과는 상황이 다르며, 법률적인 제도정비도 안된 상황에 카카오톡이 카풀서비스를 시작하겠다고 하는 것이 택시업계의 반발을 초래하게 하는 것은 당연한 이치이다.

(2) 제도의 이익과 문제점

하지만 장기적으로 봤을 때 언젠가 택시 운전도 인터넷 플랫폼을 사용해서 서비스를 이용 하게 되는 것은 시간문제라고 예상된다. 미국에서는 이미 우버 등의 기업은 자율주행 자동차의 연구 개발로 자율주행 택시까지 기획하고 있는 상황이다. IT기업 입장에서는 뻔히 보이는 성공사업모델인 공유 드라이빙 서비스는 놓칠 수 없는 아이템이다.

그런데, 이러한 공유드라이브 서비스의 사회적인 이익은, 새로운 일자리의 창출(예들 들어 우버의 경우 청각장애인이나 언어장애인도 드라이버로 일하고 있다)과 대중교통보다 저비용의 공유공제 모델의 실시이다. 그런데 택시가 과잉공급 상태이고 대중교통망이 발달된 한국의 대도심에서는 이러한 사회적 이익의 발생 가능성이 미국보다 상대적으로 높지 않다는 것이 문제다. 게다가 미국의 우버와 같은 회사는 자율주행 자동차에 투자하면서 장기적으로 택시와 버스 등의 무인 운행을 목표로 연구·개발에 투자하고 있는 것이 현실이다.

---

767) 여객자동차 운수사업법(시행 2019.9.19. 법률 제15781호, 2018.9.18., 일부개정) 제81조(자가용 자동차의 유상운송 금지) ① 사업용 자동차가 아닌 자동차(이하 "자가용자동차"라 한다)를 유상(자동차 운행에 필요한 경비를 포함한다. 이하 이 조에서 같다)으로 운송용으로 제공하거나 임대하여서는 아니 되며, 누구든지 이를 알선하여서는 아니 된다. 다만, 다음 각 호의 어느 하나에 해당하는 경우에는 유상으로 운송용으로 제공 또는 임대하거나 이를 알선할 수 있다. 1. 출퇴근 때 승용자동차를 함께 타는 경우 2. 천재지변, 긴급 수송, 교육 목적을 위한 운행, 그 밖에 국토교통부령으로 정하는 사유에 해당되는 경우로서 특별자치시장·특별자치도지사·시장·군수·구청장(자치구의 구청장을 말한다. 이하 같다)의 허가를 받은 경우

또 하나의 문제점으로 우버택시나 이와 유사한 카카오 택시와 같은 공유경제 플랫폼은 새로운 사업을 하려고 하는 것은 IT기업에 그 수익이 돌아가게 되는 특징이 있다. 즉 공유경제라고 하지만 기존의 택시운송 사업관련자들의 이익은 축소되거나 약탈되고 전혀 새로운 IT 사업자에게 택시운송사업에 관한 수익이 귀속되게 된다는 것이 문제이다. 즉, 새로운 플랫폼의 등장으로 기존의 운송 사업자들은 공유경제로 혜택을 누리는 것이 아니라 자신의 종래 사업이익을 침해받게 되는 것이다.

(3) 문제 해결 방향

그렇다면 택시운송사업자 및 택시운전기사들과 신규 사업을 하고 싶은 IT업계이 이익을 어떻게 조정하면 좋을까?

이러한 기득권과 새로운 사업의 갈등을 해결하기 위해서는, 기존의 영업 허가권이 있는 사람들 스스로가, 우버나 카카오택시와 같은 새로운 플랫폼 사업을 스스로가 운영하여 그 사업 영역을 확대하는 방식으로 추구하고, 카카오톡 등의 IT기업은 그러한 플랫폼의 사용비용을 받는 플랫폼 서비스 제공자의 역할을 하는 것도 현명한 방법이다. 즉, 택시운수사업자와 택시 기사(개인택시 기사 포함)들 상호 협의하여 스스로가 주최를 하여 택시운행정보의 공유 플랫폼사업을 실시하고, 카카오톡과 같은 IT 기업은 이를 위한 플랫폼을 제공하고 관리하는 역할서 서로 역할분할과 이익분할을 해야 해결이 가능한 일로 보인다. 이런 과정에서 고용 택시기사들의 사납금제도도 새로운 플랫폼 안에서 비율제로의 변화도 모색 가능할 것이다. 이러한 새로운 플랫폼을 통하여, 사용자 편의를 위한 통합운영이 가능하도록 모색하는 것도 좋을 것이다. 그리고 관련 IT업체의 경쟁도 촉진할 수 있도록 하는 것이 필요하다. 이를 위해 여객자동차법 등 관련 조항의 전체 검토 및 개정은 정부가 해야 할 일이다.

이러한 과정에서 종래 택시업계에 회사소속 영업용 택시의 고액 사납금 지급 문제와 같은 숙제를 새로운 플랫폼을 통하여 합리적인 비율로 조정하는 개혁도 기대해 볼 만하다. 우리와 상황이 비슷한 일본에서 최근 우버 등의 서비스가 시작되었는데, 위 의견과 마찬가지로 택시 허가를 받은 기사들이 우버의 기사로 활동하게 되었다. 물론, 그만큼 새로운 공유경제의 활성화 효과가 발생하지는 않고 있다.

2019년 3월 20일 카카오모빌리티는 가맹택시 서비스를 시작할 때부터 현재까지 가맹기사에게 일반호출을 우선 배차하는 방법으로 콜을 몰아주거나 수익성이 낮은 1km

미만 단거리 배차를 제외·축소하는 알고리즘을 은밀히 시행했다.[768] 일반호출 시장에서 압도적인 시장지배적 지위를 남용하여 카카오모빌리티가 자신의 가맹기사를 우대한 행위로, 택시가맹 서비스 시장으로 그 지배력이 전이되어 동 시장의 경쟁을 제한하였고, 이는 다시 일반호출 시장의 경쟁을 제한하였다. 이는 종래 택시 운전기사들의 배차에 대한 의혹이 실제였음을 말한다. 이를 통하여, 가맹기사의 운임 수입이 상대적으로 비가맹기사보다 높아졌고, 이는 비가맹기사가 가맹기사가 되려는 유인으로 작용하여 카카오모빌리티는 자신의 가맹택시 수를 쉽게 증대시켰다.[769] 역시 디지털 기업의 독과점은 소비자 선택권을 제한하고 데이터 주권자의 통제권이 상실되며 데이터 주체는 소외되고, 디지털기업은 데이터를 활용한 이익을 불공정할지라도 극대화하려는 유혹에 빠지게 된다. 공정성과 정의를 실현하기 위해서는 디지털 시대의 부의 분배와 권력의 집중에 대한 문제를 다루어야 한다. 디지털 시대에서는 빅테크기업에 부의 집중과 경제적 불균형 문제가 있다. 디지털 시대에서 공정한 경제적 분배와 권력의 조절을 위해 헌법과 법률적인 규제를 마련해야 한다.[770]

Ⅲ. 공유경제 모델의 검토: 스마트 주차장

1. 도심의 주차난 해결

공유경제 새로운 모델로서 스마트 주차장을 제시하여 제도 검토를 해 보자. 도심의 인구증가로 자동차 보유 대수도 필연적으로 증가하게 된다. 자동차 보유 대수의 증가는 주차난을 예고하는 것이기도 하다. 뉴욕, 런던, 파리나 서울과 같은 세계적인 도시 중심부의 주차난은 어제오늘의 문제가 아니다. 서울보다 인구 과밀현상이 덜한 부산도 구 도시와 관공서 밀집 지역, 그리고 신도시 밀집지역을 중심으로 일정 시간대에 심각한 주차 문제가 발생하기도 한다.

그동안 주차관리 시스템에서 단순히 현재의 빈 주차 공간 정보를 받거나, 운전자가 주행하면서 빈 주차장을 찾아 가야 하는 불편함이고 합리적이지 못하였다. 게다가 단

---

768) 공정거래위원회 보도자료. 2023. 2. 14., "자신의 가맹택시에게 콜 몰아준 카카오모빌리티 제재 – 은밀히 배차 알고리즘을 조작하여 자사 가맹택시를 우대 –", 1면.

769) 앞의 공정거래위원회 보도자료. 2면.

770) 손형섭, "디지털 시대에 헌법상 공정의 원칙과 그 구현에 관한 연구", 공법연구 제52권 제2호(2023.12.) 인용.

순히 주차가능 정보만 게시판으로 제공하는 것은 주차장에 대한 시설투자에 비하여 그 효율성이 낮았다.

주차문제 해결을 위해서는 첫째, 근본적으로 주차문제를 유발하는 용도의 건축물을 도심 외곽으로 분산시키고, 도심에는 대단위 주차시설을 설치하거나, 부속주차 시설을 의무화하는 등 시설의 규제를 강화하고, 노후지구의 합리적인 도시정비를 통해 주차환경을 개선하는 방법이 있다. 이것은 주차장의 확보율을 높이는 방안에 해당한다.

[주차정보를 제공하는 공영주차장]

둘째, 주차장 문제는 과밀한 도심지역의 일정 시간대 혹은 일시적인 주차 혼잡 현상이 원인인 경우가 있는데, 이러한 경우에는 주차장 상황과 정보를 효과적으로 관리하고 이용자에게 정보를 제공하고 나아가 다양한 공유경제 모델을 활용한 스마트 주차관리 시스템을 통하여 해결할 수 있다. 이것은 정보 공유와 이용 공유를 통하여 주차장의 활용률을 높이는 방안이다. 지역에 따라 주차장은 차량 보유 대수를 100% 이상 넘은 곳도 있다. 그럼에도 주차난은 주로 특정 시간대 특정 장소를 중심으로 발생하고 있어, 이에 관한 정보의 실시간 제공과 합리적인 스마트 관리 시스템 그리고 유휴 주차시설의 공유 경제적 제공 및 활용을 통해서 문제를 해결할 수 있다.

2. 스마트 주차장

2005년 이후부터 최근까지 세계 여러 나라는 유비쿼터스 시티를 구축하기 위한 다양한 서비스 제공을 모색하고 있다. 이러한 노력은 종래 도시의 활동성 강화, 효용적 도시 관리·환경 관리로 실현되고 있다.[771] 최근 국내에서는 건설 산업의 침체를 고려한 새로운 고부가가치 산업 제시와 고효율 도시 모델 개발이 요청되고 있다. 이 요구에 대하여 도심 환경을 IoT 등 첨단 통신망과 결합한 스마트 시티로 전환하여 고 밀집 대도시에 다양한 문제 해결의 도모하고 있다. 그 일환으로 스마트 주차장은 다음과 같이 주차문제를 해결할 수 있을 것으로 본다.

(1) 주차정보 공유를 통한 주차난 해결

[부산시립미술관 주차장 주변 정체와 비어있는 인근 백스코 주차장]

위 왼쪽의 두 건 사진은 특정 행사로 인해 주차장이 수요를 초과하여 일시적으로 인근 도로가 혼잡하게 되어, 차량이 정차하고 있는 모습이다. 그런데, 같은 시간대 방경 30m 이내 옆 주차장은 오른쪽 사진과 같이 텅 비어있다. 이러한 경우 운전자에게 실시간으로 주차장의 정체 정보와 인근 주차장 상황을 알려주어 합리적인 주차 유도만 하여도 일시적인 인근 도로 정체는 쉽게 해결할 수 있다.

(2) 주차시설 공유를 통한 주차난 해결

[피서지 주차장과 비어있는 인근 민간 주차장]

---

771) 정환영·이재용, "해외 스마트시티 구축동향과 시장 유형화", 한국도시지리학회지 제18권 2호(2015), 56면 이하 참고.

위 왼쪽 한 건 사진과 같이 피서지 주변 주차장은 과밀·혼잡하지만, 평일 같은 시간대 오른쪽 인근 민간 주차장은 텅 비어있는 상황이다. 이런 민간의 주차장을 관리자가 자율적으로, 주차장이 비어있는 때만이라도, 유료 혹은 무료로 일반에게 제공하면 평일 피서지 지역 주차문제를 크게 해소할 수 있다. 물론 민간의 자발적인 협조 및 참여를 독려하고 민간 주차장 사업을 위한 비즈니스 모델 등의 제공이 필요하다.

3. 해외의 스마트 주차장 사례

이스라엘에서는 도심에서 스마트 주차장 시스템을 이용하고 있으며, 일본 스마트 주차장 공유 앱을 민간에서 사용하는 것이 활성화되었다. 2013년도에 이미 이스라엘 수도 텔아비브에서 주차 애플리케이션을 통해 2013년 이미 6만 명의 사용자가 주차정보를 교환하고 이용자가 계속 늘고 있다.[772]

일본 동경에서 스마트 파킹은 "주차장의 유효활용과 교통지체의 해결을 도모할 목적"으로 '동경도 도로정비 보전 공사'가 공익사업의 일환으로 실시하고 있는 동경도 내의 종합주차장 안내 서비스이다. 2006년부터 홈페이지, 휴대전화, 내비게이션으로 정보를 제공해 왔다. 해마다 그 접속수가 증가하고 2006년 위법 주차장 단속 사업을 민간에 위탁한 이후 더욱 증가하였다 한다. 같은 해 10월 '주차장 정보에 관한 데이터베이스 표준(안)'을 작성하여 정보제공 방법의 가능성을 확대하고, 자동차 내비게이션을 연동하여 IT내비게이션으로 이용하게 되었다.[773] 일본 국토교통성은 스마트 파킹 사업의 일환으로 IT내비게이에 주차장 위치 정보를 동경 내 여러 지역에 이용 가능하도록 했다. 또한 모범 조례안에 근거하여, 일본 경찰청과 경시청은 지방자치단체에 "위법주차 방지 조례" 제정을 요청했다. 이에 따라 많은 지방자치단체에서 조례가 제정되었다.[774]

이러한 공공영역에서의 오랜 노력을 배경으로, 최근 일본에서도 주차장 주인과 주차장 이용을 원하는 사용자가 각기 신청하여 스마트 주차 앱을 통해 주차장 공유가 활성화되고 있다.[775]

772) 채널IT, 2013. 5. 23. "이스라엘, 주차장 '스마트'하게 같이 쓴다", http://www.venturesquare.net/ 515037

773) http://www.toshiseibi.metro.tokyo.jp/kiban/honbun/(2017. 8. 28), 「総合駐車対策マニュアル—総合的な駐車対策の推進—第5章 駐車施設有効活用編 — 東京都都市整備局, 2007. 1, 69면~70면.
http://www.toshiseibi.metro.tokyo.jp/kiban/honbun/5.pdf

774) 第5章 駐車施設有効活用編 — 東京都都市整備局, 70면.
http://www.toshiseibi.metro.tokyo.jp/kiban/honbun/5.pdf(2017. 8. 28.)

775) Smart Parking(スマートパーキング) http://smart-parking.jp/lab/how-to-use-smartparking-02 /(2017. 7. 30)

[일본에서 스마트폰을 이용한 스마트 주차 앱]

이러한 외국의 스마트 주차장 운영의 예를 볼 때, 공공기관의 노력과 민간의 노력이 함께한다면, 스마트 주차장 모델의 효율적인 구현은 어려운 것이 아님을 알 수 있다.

4. 스마트 시티법

지금은 U-City에서 스마트 시티로 모델 전환 과정이며 ICT 융복합 시설에 관한 융합 업무를 정부나 지방자치단체가 그 추진 주체 등을 엄격히 나누어 별개로 구분하는 것은 현실에 맞지 않는다. 정부와 지방자치단체에서 융복합시설의 설치와 기관의 각 담당부서가 세분화되어, 스마트 시티 사업 시행에 애로점이 있다. 기본적으로 법만 해도 유비쿼터스도시시법, 정보통신융합법, 국가통합교통체계효율화법, 도로법, 전기사업법, 산업표준화법 등이 분산되어 있어 정보통신융합을 고려한 법체계라고 하기 어렵다. 필요한 경우 '정보통신 진흥 및 융합 활성화 등에 관한 특별법'에 따른 신속처리 및 임시허가 제도를 활용할 수도 있고 나아가 관련 법령의 정비가 필요하다.

또한 '정보통신 진흥 및 융합 활성화 등에 관한 특별법'에 따라 정부는 물론 지방자치단체도 기본계획 수집과 관련 조례 제정을 통해 지방자치단체에서 스마트 시티 실현을 위한 노력을 견인하는 방법이 검토될 수 있다.

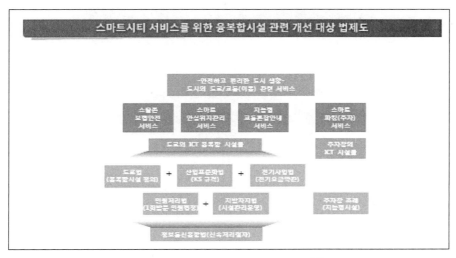

[스마트 시티 서비스를 위한 법제도][776)]

스마트 시티의 활성화를 위해 스마트시티 업무의 통합운영 시스템을 민간과 함께 편하게 활용할 수 있도록 검토해야 한다. 예를 들어, 스마트 주차장 모델에서도 민간의 내비게이션 혹은 스마트 주차장 사업자들과 정보 공유 및 애플리케이션 사업·운영을 함께하여 기존 스마트 서비스에 도로 내비게이션과 주변 실시간 주차정보를 제공하는 서비스를 실시하는 것 등이 가능하다.

5. 스마트 주차장의 현재

(1) 부산시

부산시는 다음과 같은 주차정보서비스를 제공하고 있다.

---

776) 한국스마트도시협회 권준철 연구위원이 제시하는 스마트시티 관련 법제도.

[부산시 주차정보서비스][777]

파킹클라우드 등의 회사는 2015년 6월부터 아이파킹을 출범하면서 부산역 북항 주차장을 첫 번째 아이파킹 존으로 선보였다. 이후 인기에 힘입어 전 분기 대비 최고 2배 이상 아이파킹 존을 늘리고 있으며 주차공간도 매월 7,000여 대씩 증가하고 있다고 한다. 파킹클라우드 관계자는 "주차장 관리인과 이용자 모두의 편의성을 끌어올렸다는 평가로 도입 문의가 잇따르는 중"이라며 "중국·일본·호주의 현지 기업들과 글로벌 시장 진출을 위한 협약을 완료해 해외에도 진출할 예정"[778]이라고 한다.

(2) 서울시

서울에서도 주차 혼잡지역인 강남구를 중심으로, 파킹클라우드가 운영 중인 스마트 주차 솔루션 아이파킹의 운영 체계 및 시스템을 바탕으로, 강남구 도시관리공단의 49개 공영 주차장(노상주차장 23개, 노외주차장 26개)을 위한 공영주차장 이용자용 웹사이트, 노외주차장 유무인 관제 프로그램, 노상주차관리 스마트 프로그램 등을 개발하였다. 무인주차장의 확대 및 운영을 위한 강남구 공영주차장 CS센터도 구축되며 현재 탄천2, 영희초등학교 주차장 등 일부 주차장에 스마트 주차 솔루션이 도입됐으며, 나머지

---

777) https://parking.busan.go.kr/

778) http://www.venturesquare.net/731438

주차장에도 신속히 도입될 예정이라고 한다. 이러한 주차정보 서비스를 통하여 주차정보의 실시간 제공이 가능해져 주차 차량이 효과적으로 분산되고, 스마트 주차장의 다양한 서비스를 통한 이용자 편의가 극대화될 것으로 기대하고 있다.

[서울시 주차정보서비스]

한편, 아이파킹 스마트 주차장(아이파킹 존)은 국내특허 및 PCT국제특허를 받은 IoT 기반 스마트 주차 솔루션 아이파킹의 '파킹패스' 시스템이 적용된 주차장이다. SK텔레콤이 전문 솔루션 업체와 제휴해 서초구 주차장 각 구역에 센서를 설치하고 센서가 수집한 정보를 로라망을 통해 중앙시스템으로 전달한 뒤 운전자 개인의 스마트폰이나 주차장 관리시스템, 층별 키오스크, 모니터 등에 전송하는 것으로 전해진다. SK텔레콤은 로라기반 IoT 솔루션을 스마트 파킹 외에 실시간 주차 공유에도 적용할 예정이며, 이는 아파트 등 거주자 우선 주차구역을 시간대별로 공유할 수 있는 서비스로 도심 주차 문제를 해결할 수 있다.[779]

이러한 주차장시스템은 스마트 서비스를 제공하기 위한 도시 시설물에 IoT를 결합한 'ICT 융복합 도시시설물'과 실시간 주차가능 정보의 상호 공유를 통하여 주차상황 개선을 도모하고 있으나, 여전히 시민이 편리하게 이용할 수 있는 스마트 주차장 모델의 완성이라고 하기 어렵다. 결국, 보다 편리한 스마트 주차장을 위해 관련 법규와 조

779) 이데일리, 2016.8.11 김현아, 강남구·서초구 주차장 스마트주차장으로..KT-SKT 통신망 지원
http://www.edaily.co.kr/news/NewsRead.edy?SCD=JE31&newsid=01968006612746336&DCD=A00503&OutLnkChk=Y 참고.

례의 검토까지도 필요하다.

6. 주차장법과 조례의 검토

정보통신 진흥 및 융합 활성화 등에 관한 특별법'[780] 제29조 제1항, 2항에 따르면 중앙행정기관, 지방자치단체 및 공공기관의 장은 정보통신장비 구축사업을 효율적으로 수행하기 위한 추진계획을 수립하고 추진계획과 정보통신장비의 구매 수요 정보를 과학기술정보통신부장관과 행정안전부장관에게 제출하여야 할 의무를 부과하고 있다. 즉, 국가사무와 자치사무로 나누어 각자의 역할을 다해야 한다. 따라서 법령에 위배되지 않는 범위에서 지방자치단체는 조례 제정이 가능하다. 국가통합교통체계효율화법[781]에서도 제110조 제2항에서 "지방교통위원회의 구성 및 운영 등에 필요한 사항은 대통령령으로 정하는 바에 따라 해당 지방자치단체의 조례로 정"하도록 하고 있다. 이에 따라 서울시 성북구는 U-성북 도시통합관제센터를 규정하여 운영하고 있다.

대한민국 헌법은 제117조 제1항에서 "지방자치단체는 주민의 복리에 관한 사무를 처리하고 재산을 관리하며, 법령의 범위 안에서 자치에 관한 규정을 제정할 수 있다."고 규정하고 있으며 제118조 제2항에서 지방의회의 조직과 권한을 법률로 정하도록 하고 있다. 지방자치법[782] 제9조 제1항은 지방자치단체의 사무를 자치사무(고유사무)와 법령에 따라 지방자치단체에 속하는 위임사무(단체위임사무)로 구분한다. 위임사무는 단체위임사무 이외에 국가 등이 지방자치단체의 장 및 기타의 기관에 대하여 위임한 기관위임사무가 있다.[783] 자치사무와 단체위임사무는 지방자치단체의 사무로서 취급되는데, 기관위임사무는 국가사무로서 자치권이 극도로 제약된다.[784] 독일에서 지방자치에 대한 법률유보는 형성적 법률유보로서 해석되고, 독일 연방헌법재판소는 기본권 보장과 제도적 보장을 나누어, 재산권의 내용 결정과 지방자치의 보장, 특히 사무배분 사이에는 구조적 유사성이 있을 수 없다고 보아, 지방자치제에서 법률유보에는 보다 광범위한 형성의 자유가 인정된다.[785] 대법원은 특히 법령상 특별한 규정을 두지 않은 임

---

780) '정보통신 진흥 및 융합 활성화 등에 관한 특별법'(시행 2017.7.26. 법률 제14839호).

781) 국가통합교통체계효율화법(시행 2017.3.30. 법률 제14113호, 2016.3.29.).

782) 지방자치법(법률 제14839호 일부개정 2017. 07. 26.)

783) 정하중, 『행정법개론 재9판』, 박영사(2015), 955면.

784) 조성규, "지방자치제도에 있어 사법권의 의의와 역할-대법원 판례의 평가를 중심으로", 행정법연구 제34권(2012), 295면.

785) 라스테데(Rastede)판결. 조성규, "지방자치제의 헌법적 보장의 의미", 공법연구 제30집 제2호(2001), 422면 참조; 조성규, 위의 논

의적 사무에 대해서는 지방자치법상의 예시적 사무구분을 근거로 자치사무로 보고 있는 것으로 보는 것이 일반적이다.

예를 들어, "인천광역시의회가 의결한 '인천광역시 공항고속도로 통행료지원 조례안'이 규정하고 있는 인천국제공항고속도로를 이용하는 지역주민에게 통행료를 지원하는 내용의 사무는, 구 지방자치법(2007. 5. 11. 법률 제8423호로 전문 개정되기 전의 것) 제9조 제2항 제2호 (가)목에 정한 주민복지에 관한 사업으로서 지방자치사무이다."[786] 라는 것이다. 유사한 판례에서도 "'원주 혁신도시 및 기업도시 편입지역 주민지원 조례안' 제6조 제3호 규정이 정하고 있는 혁신·기업도시 주민고용센터 설립사업 등은 지방자치단체의 사무로서, 주민의 권리·의무와 직접 관련되는 사무로는 볼 수 없고, 그 위탁에 있어서도 주민생계회사가 법령에서 정하는 자격요건을 충족할 경우에 한하여 재량으로서 할 수 있도록 하고 있으므로, 위 조례안 규정에서 이를 주민생계회사에 위탁할 수 있다고 규정한다 하여 지방자치법 제104조에 의한 위임의 한계를 벗어난 것이라고 할 수 없다."[787]고 한 사례들이 있다.[788]

따라서 지방자치단체에서 스마트 주차장 시스템 도입의 활성화를 위하여, 스마트 주차장 시스템을 위한 조례 제정 논의를 구체화 할 수 있다. 이를 통해 향후 민간의 ICT 시설설치 업자 외에도 민간 앱 개발 및 운영자들의 자유로운 참여를 독려하여 효과적인 통합 주민 서비스 체계를 갖추어야 한다.

이미 서울특별시와 부산광역시 등은 시민 그리고 관련 사업자를 상황을 검토하여 지

문, 289면 참조.

786) 대법원 2008. 6. 12. 선고 2007추42 판결(조례안재의결무효확인).

787) 대법원 2009. 10. 15. 선고 2008추32 판결(조례안재의결무효확인).

788) 구 지방재정법(2013. 7. 16. 법률 제11900호로 개정되기 전의 것) 제3조 제1항 전단은 지방자치단체는 주민의 복리증진을 위하여 그 재정을 건전하고 효율적으로 운영하여야 한다고 규정함으로써 건전재정운영원칙을 선언하고 있다. 그런데 지방의회가 주민의 복지증진을 위해 조례를 제정·시행하는 것은 지방자치제도의 본질에 부합하므로 이로 인하여 지방자치단체 재정의 건전한 운영에 막대한 지장을 초래하는 것이 아니라면 조례 제정을 무조건 제한할 수는 없다[대법원 2016. 5. 12. 선고 2013추531 판결(조례안재의결무효확인)].
갑 지방자치단체 내 대중교통 소외지역에 거주하는 주민들의 사전요청에 따른 택시 운행 및 해당 주민에 대한 운행요금의 보조 등에 관한 사항을 정한 '갑 지방자치단체 대중교통 소외지역 주민 교통복지 증진에 관한 조례안'에 대하여 갑 지방자치단체장이 법령에 위배된다는 등의 이유로 재의를 요구하였으나 갑 지방의회가 재의결한 사안에서, 위 조례안의 보조 지급사무는 지방자치법 제9조 제2항 제2호 (가)목에서 정한 '주민복지에 관한 사업'에 속하는 것으로 지방자치단체가 법령의 위임 없이도 조례로 규율할 수 있는 자치사무에 해당하고, 위 조례안은 합승을 허용하거나 권장한다고 볼 만한 규정을 두고 있지 않고 택시 운송사업자의 합승금지를 전제로 한 것이므로 여객자동차 운수사업법상 합승금지 조항에 위배되지 않으며, 마을택시란 '운행계통을 정하지 않고' 운행되는 것임을 명문으로 규정하고 있는 점 등을 종합하면, 위 조례안이 마을택시를 '운행계통을 정하여' 운행하도록 규정하였다고 볼 수 없으므로 여객자동차 운수사업법 시행령상 구역 여객자동차운송사업의 사업형태에 관한 규정에도 위배되지 않는다고 한 사례[[대법원 2015. 6. 24. 선고 2014추545 판결(조례안재의결무효확인)].

역 시민에게 편리한 스마트 주차장 시스템 구축을 위해 관련법 검토와 조례 제정을 검토해오고 있다. 이러한 조례 제·개정은 다른 지방자치단체에 표준이 되는 표준조례 작업이 될 수 있다. 이러한 조례 검토 작업은 단체위임사무를 중심으로 한 조례 제·개정 작업에 해당한다. 조례에 개별적 위임이 따로 필요하지는 않다. 부산광역시는 일찍이 스마트 도시 실증단지 기반사업을 시행 중이다.

결국, 스마트 주차장 활성화 지원조례 개별적으로 제정하거나, 관련 주차장법에 근거한 주차장 조례의 개정으로 통하여 스마트 주차장 활성화를 도모하는 방법도 가능하다. 구체적으로는 '스마트 주차장 활성화 지원조례'를 개별적으로 제정하거나, 지자체의 주차장 설치 및 관리 조례의 개정을 통해, 법령에 위배되지 않는 범위에서 스마트 주차장 제도를 실현하고 효율성을 높일 수 있다.

7. 스마트 주차관리 플랫폼의 운영 방향

(1) 스마트 주차관리 시스템

이미 국내에서는 공간정보 오픈플랫폼[789]을 개발하여, 다양한 공간정보 개발자를 위한 Open API를 제공하는 등, 다수의 시민이 언제 어디서나 자유롭게 참여하여 공간정보를 스스로 구축하고 활용할 수 있는 참여형 공간정보(VGI)를 추진[790]하기도 한다.[791] 이러한 공간정보는 공공재로서 모두가 손쉽게 정보를 이용하고, 융·복합할 수 있도록 하는 거버넌스가 필요[792]하며, 스마트 주차장도 이러한 거버넌스를 실현하는 구체적인 사례가 될 수 있다.

지방자치단체는 지역의 공영주차장과 나아가 민간 주차장의 스마트화를 촉진하여, 시민과 관광객 등 이용자의 편리를 증대하고 주차장 이용 효율의 극대화를 도모할 수 있다. 부산을 예들 들면, 부산지역 주차장의 주차가능 대수 정보를 실시간으로 확인하는 통합시스템을 구축하고, 주차정보를 스마트폰과 내비게이션 등으로 제공하기 위한 서비스가 가능하도록 노력해야 할 것이다. 이 시스템은 각 주차장으로부터 실시간 주

---

789) www.vworld.kr.

790) 최창학, "창조경제의 생태계로서 공간정보와 ICT융복합", 한국정책학회, The KAPS 42권(2015), 9면.

791) 국가 공간정보체계기반에 관한 공간정보산업진흥법 등에 대해서는 최용전·권준철, "유비쿼터스도시산업진흥법(가칭)의 필요성과 입법방향연구", 공법연구 제39집 제3호(2011. 2), 541면 참조.

792) 최창항, 위의 논문, 10면.

차가능대수 정보를 수집하기 위한 관련 기술 검토와 공영주차장은 물론 민간의 주차장도 스마트 주차장 통합시스템에 참여할 수 있도록 유도할 수 있는 조례규정을 검토할 수 있다.

공영주차장 이용자용 웹사이트는 물론 민간 주차업자도 연결하는 통합 시스템이 되도록 해야 할 것이다. 민간 주차장도 본인들이 동의하면 주차장 공간 보유 대수 정보를 제공할 수 있도록 하여 민간 영업자의 새로운 비즈니스 모델 구현이 가능하도록 해야 할 것이다. 이렇게 되면 공영주차장은 물론 민간주차장의 실시간 주차정보를 상호 제공하여 정보 편제로 인한 주차장 문제 해결이 가능할 것이다. 주차장 업자뿐만 아니라 주차장을 보유하고 공유경제를 실현하려는 시민들에게도 기회는 제공되어야 한다. 여기에는 일정한 교통부담금의 감액이나 새로운 비즈니스 모델을 추가 제공하는 것도 검토가능 하다. 또한 스마트 주차 모바일 시스템을 통하여 공영주차장, 민간주차장, 기타 노상주차장 현황을 실시간으로 상호 제공할 수도 있어야 한다.

스마트 주차장은 하드웨어와 소프트웨어 양쪽 모두에 기술력과 전문 인력을 구축하여, 이용자에게 효율적인 서비스와, 필요한 경우 신속한 유지·보수 및 개선이 가능하도록 해야 할 것이다.

(2) 스마트 모바일 시스템

스마트 주차장 내부에 설치된 무인정산기와 차량 인식기가 클라우드 서버와 연결돼 있어 이용자가 아이파킹이나 파킹박[793]과 같은 스마트폰 애플리케이션을 다운로드 받은 후, 차량정보 및 결제정보 등록만 마치면 별도의 정산 과정 없이 고속도로 하이패스처럼 자동으로 주차비가 지급될 수도 있다. 이미 기술적으로 해외의 우버 택시 및 국내 사업자의 주차장 시스템에도 구현되고 있다. 아울러 애플리케이션을 통한 모바일 프로그램을 활용해야 한다. 또한 시민들의 활용을 높이기 위하여 기존 내비게이션 프로그램 및 앱과의 연동도 가능하도록 해야 한다. 이러한 서비스는 우선 공영주차장의 이용에서 시작하여 민간사업자 및 민간의 비즈니스 모델로서의 참여도 가능 하도록 해야 할 것이다.

이러한 인터넷 융합형 핸드폰 주차 앱은 내비게이션과 연계하면 더욱 시민이 편리하게 이용할 수 있다. 이러한 스마트 주차장 앱과 내비게이션이 연동되면 자동으로 주변

---

793) https://play.google.com/store/apps/details?id=kr.wisemobile.parking&hl=ko(2018. 8. 27.)

주차 가능지역을 제시하고 공유하는 시스템이 이루어질 수 있다. 나아가 스마트폰을 이용한 주차장의 예약 서비스, 나아가 주차장 결제 서비스도 실현 가능하다. 지자체가 자율 앱 개발 운영자와 함께 시민의 활용성을 높이도록 협력할 수 있다. 이 경우 대형 네트워크 사업자와 협업, 구글 등 검색서비스사업자나 포털사업자의 내비게이션과 주차정보를 연동하는 것으로 편의를 높일 수 있다.

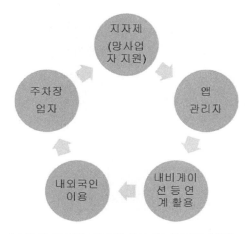

[스마트 주차장 시스템에서 각 주체의 역할]

상기한 서울시나 부산시의 주차정보안내시스템도 앞으로는 모바일 내비게이션과 인터넷을 통해 실시간으로 주차정보를 제공할 수 있도록 하고, 클라우딩 서비스와 빅데이터를 접목하여 장기적으로 주차정보 분석 및 주차문제 해결을 위한 자료로 활용할 수 있도록 검토해야 한다.

지방자치단체는 스마트 주차정보 시스템을 통합 관리하여 정보를 제공하는 역할을 하거나 이에 민간사업자가 참여할 수 있도록 정보를 제공할 수 있다. 공영주차장은 물론 민간 주차장 업자도 스마트 주차정보 시스템에 정보를 제공하여 공유경제를 실현하거나 새로운 비즈니스 모델을 실현할 수 있다. 백화점 및 관공서 등 과밀지역 주변에 주차장 상황 정보를 제공하여 이용자 편의 증진할 수 있다. 해당 지역 시민은 물론 여행자를 위하여도 스마트주차장 정보가 제공되면 여행자의 편이 증진도 가능할 것이다.

페이스북, 링크드인 등의 SNS와 CCTV 등의 영상정보, 그리고 공공정보가 결합된다면 개인에 대한 식별은 매우 쉬워진다. 2011년에는 카네기멜론대학에서 안면인식 기술을 이용해서 페이스북의 정보와 매칭시켜서 사회보장번호(social security number)를 알아 낼 수 있는 스마트폰 앱을 만들었다.[794] 아래 그림은 해당 앱을 실행시켜 개인정보를 보여주는 장면이다.

⟨ http://blackhat.com/docs/webcast/acquisti-face-BH-Webinar-2012-out.pdf ⟩

페이스북 개인정보 매칭 앱 실행장면

최근에 페이스북은 딥페이스(Deep Face)라는 얼굴인식 알고리즘을 개발해 활용하고 있는데 이 알고리즘의 정확도는 97.25%로 인간의 평균 눈 수준인 97.53%에 가까운 정도라고 한다.[795] 이러한 얼굴인식 서비스의 활용가능한 영역과 법적 문제가 발생할 수 있는 상황에 대해 토론해 보자.

---

794) Matt Danzico, "Facial recognition marks the end of anonymity", BBC, 27 Sep. 2011,
http://www.bbc.co.uk/news/magazine-15069858

795) 유효정, ""페이스북 얼굴인식 정확도 '97%' 도달"… 어떻게", 전자신문, 2014.3.19.,
<http://www.etnews.com/20140319000101?sns=00006>.

제14장

블록체인과 비트코인, 핀테크

I. 블록체인 개혁

1. 블록체인의 의미

인터넷은 종래 집중화된 디지털 플랫폼 시스템에서의 문제점, 개인정보의 유출, 정보의 조작과 공격에 대한 대비책이 필요하게 되었다. 이 때문에 Evangelos Pournaras 교수는 모든 디지털 민주주의 패러다임의 장기적 생존에 대한 맹목적인 신뢰는 하지 않고, 자비로운 전체주의 세력과 마찬가지로 중앙집중식 정보시스템보다는 분산된 정보, 즉 블록체인의 분산 원장에 의한 메커니즘과 암호 경제 모델의 필요성을 강조하기도 한다. 따라서 그는 탈중앙화된 디지털 모델을 강조한다.[796] 또한 프라이버시와 투명성과 공정성의 문제와 학습 감독 된 기계와 학습 알고리즘과 개념을 기반으로 발생할 수 있는 문제에 대한 대비도 필요하다는 것이다.

기업은 기록의 생성 및 관리를 위해 블록체인 기술(blockchain technology)의 상용과 이에 관한 법적 검토가 진행하고 있다. 최근 전 세계 여러 지역에서 이러한 개혁이 진행되며 그 타당성과 한계가 논의되고 있다.

한국은행은 블록체인(분산원장 기술)에 대하여 아래와 같이 정의하고 있다. "분산원장(Distributed Ledger) 기술은 거래정보를 기록한 원장을 특정기관의 중앙 서버가 아닌 P2P(Peer-to-Peer) 네트워크에 분산하여 참가자가 공동으로 기록하고 관리하는 기술"로서 블록체인과 분산장부는 동일한 개념으로 보고 있으며, 기술의 목적은 상호 신뢰하지 않는 참여자들 간의 분산된 장부들의 무결성을 확보하는 데에 있다. 초기의 블록체인 기술은 비트코인(Bitcoin), 라이트코인(Litecoin), 피어코인(Peercoin), 도지코인(Dogecoin) 등 화폐와 그 이체 기능을 수행하는 전자화폐에 적용되었다. 초기에는 화폐(Fiat currency)처럼 투자나 온라인/POS이체, 가치의 저장 수단으로 주목받고 있다.[797] 문제는 규제나 감독, 법제화 등 일반적인 도입 방법이 아니라는 점이고, 암호화

---

796) Id, at 4~5.

폐(Crypto-currency)로서 얼마나 많은 이체 건수를 동시에 안정적으로 처리할 수 있는지에 대해서도 의문이 제기되고 있다.

종래 디지털 플랫폼이 모든 정보를 중앙에 저장하는 방식이었다면, 블록체인은 모든 정보를 체인과 같이 연결하여 분산공유(분산원장, Distributed Ledger)하고 있다는 것이 특징이다. 특히 공유(share)와 전송(transfer)에 큰 장점이 있다. 이것은 상법(corporate law), 은행(banking), 기업분야에서 많은 유용성이 있을 것으로 기대되고 있다. 분류도 공공 블록체인(public blockchain)과 사적 블록체인(private blockchain)으로 구별된다.

블록체인 기반 솔루션들은 비즈니스 프로세스를 자동화하거나 기록을 디지털화함으로써 운영 효율성을 달성하는 수단으로 사용된다. 이들은 알려진 개체 간의 정보 공유를 향상시키고, 물리적 자산과 디지털 자산을 추적할 수 있는 기회를 향상시킬 수 있는 잠재력을 가지고 있다. 그러나 이러한 접근법들은 블록체인 혁신의 진정한 가치를 놓치고 공급업체에 대한 종속을 높일 수 있다. 이 옵션을 선택하는 조직들은 한계점을 이해하고 완전한 블록체인 솔루션으로 전환할 준비가 되어있어야 하며, 기존의 비(非)블록체인 기술을 보다 효율적이고 적절하게 활용하면 동일한 결과를 달성할 수도 있다는 것을 인지해야 한다.[798]

2. 블록체인의 활용

(1) 가능성의 검토

블록체인(Blockchain)은 분산원장(distributed ledger)의 한 종류로, 신뢰 구축, 투명성 제공, 비즈니스 생태계 간의 마찰 감소로 인한 잠재적 비용 절감, 거래 합의 시간 단축, 현금 흐름 개선 등을 통해 산업을 재구성할 것으로 전망된다. 오늘날 신뢰는 은행, 어음교환소, 정부, 그리고 중앙당국 역할을 하는 기타 기관들에 구축되어 있고, 단일한 데이터가 이들의 데이터베이스에 안전하게 저장된다. 이러한 중앙화된 신뢰 모델은 거래에 지연 및 마찰 비용(커미션, 수수료 및 화폐의 시간가치)을 추가한다. 반면, 최근 비역적으로 사용의 늘어나고 있는 블록체인은 분산원장(분산대장, 分散臺帳)에서는 블록체인 작업에 암호화가 이루어진다. 이에 따라 비트코인(Bitcoin)의 관리가지 가

797) 김은수, "블록체인 및 분산원장 기술 수용에 관한 법적 연구", 경북대학교 IT와 법 연구소, IT와 법 연구 16(2018. 2), 124면.
798) 보안뉴스, 2018. 10. 17. "2019년 주목되는 10대 전략 기술 트렌드는?"
https://www.boannews.com/media/view.asp?idx=73743

능하게 된다. 이러한 블록체인은 일정 영역에서 종래 중앙 데이터베이스에 의존하던 시스템에서 대안적인 신뢰 모드를 제공하고 중재거래에서 중앙당국의 필요성을 없앨 수 있다. 블록체인은 계약에서도 효율성(Smart)이 있고 변하지 않는다는 점이 장점이라 하겠다.

하지만 여전히 스마트 계약에 내재 된 위험에 대한 우려가 기술적으로 점검 중이다. 가트너의 데이비드 설리 부사장은 "현재의 블록체인 기술 및 개념은 미성숙하고, 사람들의 이해도가 높지 않으며, 업무에 필수적이고 규모가 큰 비즈니스 운영에 활용 가능한지 여부는 검증되지 않았다. 더욱 정교한 시나리오를 지원하는 복잡한 요소들에서는 더욱더 그러하다"며, "이러한 어려움에도 불구하고, 블록체인 기술은 엄청난 혁신의 잠재력을 보유하고 있기 때문에 CIO와 IT 리더들은 몇 년 이내에 해당 기술을 적극적으로 채택하지는 않더라도 이를 평가하기 시작해야 한다."고 말했다.

블록체인은 디지털 서명과 암호화 기술로 무결성을 확보하고 합의 알고리즘을 통해 모든 참가자가 동일한 정보를 공유하도록 하여 신뢰를 제공한다.[799] 이러한 블록체인은 IT에 관란 많은 분야, 예를 들어 스마트 계약, 상업계약, 보안, 비트코인, 및 인터넷 문서처리와 보안 등에서 사용될 수 있는 유용한 것이라고 한다. 블록체인은 퍼블릭, 프라이빗 등 다양한 영역에서 기술을 활용할 수 있다. 이 중 이더리움은 해싱을 이용한 머클트리로 거래내역을 관리하고 솔리더티(solidity)라는 언어를 활용한 스마트 계약을 활용하여 스마트 거래를 가능하게 하여 거래시 발생한 가능한 부적절한 위변조와 해킹을 방지할 수 있다.[800] 또, 은행정보 등을 공유하고 만일 소송이 제기되어도 회사를 재형성할 수 있다. 빠르고 현재 시스템에서 매우 유용하다. 공공보안을 위해서도 매우 도움이 될 것이다.

(2) 활용의 시도

미국에서는 블록체인에 대한 연방법적인 접근은 아직 이루어지지 않았다. 관련 이슈로는 비트코인(bitcoin)과 법적 이슈가 있다. 공공과 민간 시장에서는 보안의 이슈를 해결할 대안으로 검토되고 있다.

스위스 공공기업, 민간기업에서 블록체인 이슈에 관심을 가지고 있다. 큰 통신회사

---

799) 신용우, "블록체인 기술 현황 및 산업 발전을 위한 향후 과제", 이슈와 논점, 1476호, 국회입법조사처(2018. 6. 29).

800) 민연아, 백영태, "공유경제로써 디지털 콘텐츠 거래 활성화를 위한 블록체인 기술 활용방법 연구", 한국컴퓨터정보학회, 한국컴퓨터정보학회 학술발표논문집 26(2)(2018. 7), 70면.

나 작은 회사들도 주식에 관한 블록체인 활용을 도모하고 있다. 독일은 기술에 대해서 매우 보수적으로 접근하고 있다. 회사의 행정에 대한 간소화를 기대하지만 소수자에게 피해가 있을 우려에 대해서도 검토하고 있다. 5년 전부터 행정규제에서의 활용되고 있으며 민간에서는 사용을 조심하고 있다.

영국에서는 전자적 서명제도 등으로 사용 가치를 두고 있으며, 브라질은 매우 적극적으로 그 활용가치를 보고 있다. 블록체인은 브라질에서 주식에서 은행에서 새로운 경제의 창조로 보고 있다. 미국 스타트업 빔(VEEM)은 블록체인을 활용하여 저렴한 수수료의 국제 송금 서비스를 제공하고 있다.[801]

[수출 통관·물류 서비스 블록체인망 개념도][802]

국내의 활용사례로, 2017년 관세청은 4차 산업혁명 시대의 최신 기술인 블록체인을 수출 통관 업무에 적용하는데 성공했다고 밝혔다. 블록체인을 공공 거래 장부로 활용하여, 거래 내역을 참여 당사자 모두에게 보내주며 거래 때마다 이를 대조해 데이터 위조를 막는 첨단 보안 기술을 사용하게 되었다.[803]

이를 통하여 '분산원장의 공유'라는 블록체인의 장점을 확인하고, 수출 기업이 수출

801) 신용우, 앞의 보고서.

802) 보안뉴스, 2017. 12. 28.

803) 보안뉴스, 2017. 12. 28. 관세청, 세계 최초 블록체인 기반 수출 통관 서비스 기술 검증 완료
https://www.boannews.com/media/view.asp?idx=65756

통관 첨부 서류를 블록체인망에 공유하면 위·변조가 불가능해짐에 따라 정보의 신뢰성과 정확성이 확보돼 서류 제출 절차가 원천적으로 생략되고, 데이터의 재입력이 불필요하게 돼 신고서 오류 정정이 사라지는 등 수출 통관·물류 절차의 일대 혁신을 기대하게 되었다는 것이다. 스마트 계약에서도 활용될 것으로 기대한다. 이러한 블록체인에서 한 블록을 변경하고자 한다면 모든 블록을 변경해야 하므로 위변조가 매우 어렵고 이러한 장점을 근거로 인터넷 투표에도 사용가능성을 논의하고 있다.[804]

국내에서도 2018년 유영민 과학기술정보통신부 장관은 "정부가 자원을 투입해 장기간 해야 할 분야는 데이터, 인공지능, 수소경제 등인데 또 중요한 하나가 블록체인"이라며 "단기간에 인프라를 구축하기 위해선 인력 육성"을 강조했다.[805]

단일 자산 유형인 Bitcoin은 그 결과이지만, FinTech기업은 Bitcoin을 넘어서서 통화를 이전할 수 있는 분산원장(distributed ledgers), 보안(security), 디지털 자산을 블록체인의 기술을 사용하여 발전시키려 한다.[806] 이러한 분산형 원장 기술은 전통적인 거래시스템에 비하여, 보안, 투명성, 전체 라이프 사이클 트랜잭션 내역, 실시간, 불변성 및 비용 효율성이 있다.

(3) 한계

블록체인은 완성된 기술이 아니며 한계가 존재한다. 블록체인의 기술이 여러 곳에 장부를 저장하고 모든 참가자가 함께 갱신하는 방식이므로, 현재 이용자 증가에 따라 처리속도나 효율성에 문제가 발생하는 것이 가장 주된 한계이다.[807] 따라서 현재 블록체인 기술은 자료의 존속을 보전하는 시큐리티 기술, 즉 무결성(Integrity)의 보장으로 데이터의 무단변경을 방지하지만,[808] 자료의 내용을 비밀로 하는 기밀성(Confidentiality)을 확보하기 어렵다. 기밀성 확보를 위해 관련 정보를 암호화하게 처

---

804) 성기정, 정채린, 조은아, 이종호, 김희영, 김영우, 이경현, "블록체인 기반 교내 전자투표 시스템", 정보보호학회논문지 제28권 제4호(2018.8).

805) News1, 2018. 9. 18. 유영민 과기정통부 장관 "블록체인 규제, 가급적 없어야할 것", http://news1.kr/articles/?3430074

806) Harold Primm, Regulating the Blockchain Revolution: A Financial Industry Transformation, 36 REV. BANKING & FIN. L. 75 (2016), at 79.

807) 신용우, 앞의 보고서, 4면.

808) Gaetani, Edoardo, Aniello, Leonardo, Baldoni, Roberto, Lombardi, Federico, Margheri, Andrea and Sassone, Vladimiro, Blockchain-based database to ensure data integrity in cloud computing environments, Italian Conference on Cybersecurity, Venice, Italy(Jan 2017).

리에 필요한 비용과 이 분장관리 시스템 활용을 위한 데이터 비용이 크게 발생하게 되는 문제점이 한계이다.

법적인 검토로서, 민법에서의 계약법에서 활용 가능하도록 하는 검토가 곧 수행될 것이다. 그리고 블록체인상의 문서를 '전자문서 및 전자거래 기본법' 제2항에서의 전자문서로서 인정할 수 있도록 검토해야 한다.[809] 나아가 개인정보 보호법 등의 현행법에 충돌문제를 검토할 필요성도 있다. 비트코인에서 해시화 등의 암호화 기업에 의한 정보 분산이 개인정보 보호법의 규정을 침해하지 않으려면, 개인정보 보호법에서 개인정보의 익명화 암호화에 대한 명확한 정리가 필요하다.

II. 비트코인

1. 비트코인의 개념

(1) 비트코인의 의의

비트코인은 분산된 방식으로 거래를 기록해 신뢰성을 높이는 블록체인 방싱을 통해 생성되고 공급되는 디지털 암호화폐이다.[810] 암호화폐 중 대표적인 비트코인 블록체인은 2009년 1월 사토시 나카모토라는 익명의 프로그래머에 의해 최초로 제시되었다. 그는 암호화된 화폐를 개발하면서 2,100만 비트코인이라는 총량을 설정해두고, 이 한정된 수량으로 설정된 비트코인을 복잡한 알고리즘을 풀어 화폐를 채굴(mining)하는 집단의 채굴 파워(hash power), 각 거래소, 이를 보유하려는 코인보유자(stakeholder) 집단에 의한 이해관계가 코인의 가력을 결정짓고 변화시키도록 하였다.[811]

이후 비트코인과 같은 암호화폐에 사회적 관심이 집중되자 각국은 이에 대한 규제 및 정책대응에 나섰다. 일본에서는 2014년 2월 암호화폐 거래소 마운트 곡스 사태가 발생하여 정책을 마련하게 되었다. 마운트 곡스(Mt. Gox)는 비트코인의 소실 또는 예금잔고 부족 등을 이유로 일본 도쿄지방법원에 민사회생절차를 신청했지만 이 신청이

---

809) 同늘 신용우, 앞의 보고서. 4면.

810) 김현정, "일본정부의 암호화폐(Crypto currency)에 대한 최근 정책 동향과 시사점", 한국정보통신학회논문지 제22권 제10호(2018. 10), 1399면.

811) 김현정, 위의 논문, 1399면.

기각되어 파산절차에 이르렀으며, 피해 진위마저 의심을 받은 바 있다.

블록체인의 개념과 가상 화폐의 적용 기술을 설명하기 위해서는 대표적인 가상화폐인 비트코인, 이더리움, 리플을 구별할 필요가 있다. 왜냐하면 각각의 가상화폐가 강조하고 장점이 되는 기술이 다르기 때문이다.

비트코인도 빠른 송금과 익명성, 몇십 원 정도의 적은 수수료를 장점으로 내세우며 출발했지만, 가격이 너무나 비싸지고 거래가 너무 많아진 이후에는 10만 원 상당 금액을 1시간 내에 보내려면 1만 원 이상을 수수료로 내야 하는 등 어이없는 상황에 처했다. 비트코인의 송금 생태계는 전적으로 채굴에 의존하고, 채굴자는 당연히 수수료가 많이 붙은 거래를 우선 처리하기 때문이다. 반면, 리플은 채굴이 없으며, 소수의 분산된 폐쇄 노드들이 송금 원장을 나눠 갖는 방식으로 블록체인을 완성하므로 비트코인에서 발생한 수수료 인플레이션 문제는 구조적으로 발생할 수 없다[812]

(2) 리플(Ripple)과의 구별

가. 리플의 개념

분산원장의 처리속도와 시간적 한계를 극복하기 위하여 개발된 개념인 리플은 비트코인, 이더리움과 함께 오랫동안 3대장 암호화폐로 불렸다.[813]

리플(Ripple)은 미국의 기술회사 인 Ripple Labs Inc.에서 만든 실시간 총체 정산 시스템, 환전 및 송금 네트워크이다. 2012년에 출시된 Ripple은 분산 오픈소스 인터넷 프로토콜을 기반으로 화폐통화, 암호해독(cryptocurrency), 상품 또는 잦은 전단 마일 또는 모바일 분과 같은 가치 단위를 나타내는 토큰을 지원한다. 암호화폐라고는 했지만, 리플 그 자체는 사실 블록체인 기반 송금 시스템에 가깝다. 블록체인 기반 암호화폐 치고는 수수료가 매우 적은 편이다. 다른 암호화폐와 달리 토큰을 발행 주체에서 한 번에 엄청나게 풀었고, 가격 변동이 잠잠한 것도 송금 시스템이라는 목적 때문에 가격 변동을 적게 하고자 했기 때문이다.[814]

---

812) 리플(암호화폐), 나무위키,
https://namu.wiki/w/%EB%A6%AC%ED%94%8C(%EC%95%94%ED%98%B8%ED%99%94%ED%8F%90)

813) 2017년에 잠시 비트코인 캐시, 라이트코인, 아이오타에게 상위순위를 넘겨주기도 했지만 2017년 12월에 10배가 오르며 이들을 전부 재추월하고 다시 암호화폐 3대장으로 등극했다.

814) 그러다 2017년 12월, 몇 개월 전부터 예정되어 있었던 550억 개의 XRP를 동결하는 작업을 진행하였고, 이에 따른 큰 폭의 가격 상승이 일어났다.

리플은 국가마다 다른 결제프로토콜을 통합하려는 것이며. 리플의 시스템에서 합의통화(Consensus ledger), 혹은 가상통화의 역할을 하는 XRP 토큰은 비트코인(BTC)과는 달리 민간기업인 리플사가 중심이 되어 개발하는 것이 특징으로 XRP의 발행량이 1000억 XRP로 정해져있다. 따라서 그 기술이 블록체인 기반이지만 다른 암호화폐와 다르게 채굴이라는 개념이 존재하지 않으며, 토큰 발행은 전적으로 리플 운영사(Ripple Inc.)의 소관이다. 알고리즘으로 리스크를 분산시키는 다른 암호화폐와 달리 운영주체가 있다는 것은 리스크가 한 곳에 집중되어 있다는 의미도 되므로, 여기에 우려를 표하는 사람들도 많다.

나. 리플의 특징

리플의 가상통화 XRP는 블록체인을 사용하지 않는 가상통화라는 것을 들 수 있다. 가상통화의 대부분이 블록체인에서 거래와 송금 데이터를 기록하는 분산 관리한다면, XRP는 리플사가 독자 개발한 합의통화, 즉 컨센서스 레저(Ripple Consensus Ledger)라는 방식을 사용하여 거래데이터를 관리한다. 이 방식을 사용하는 마이닝 즉 채굴작업을 리플사가 신용하는 일부 컴퓨터검사기(Validator)만 하도록 하여 타 통화를 압도적인 송금스피드를 실현하였던 것이다.

일본의 SBI가 송금 실험을 한다는 기사가 나온 후 일본에서 리플은 비트코인 캐시와 어깨를 나란히 하게 되었다. 일본의 금융기업인 SBI는 리플사 파트너 기업이 되면서 일본에서 리플의 가치나 크게 뛰어 비트코인과 어깨를 나란히 하게 되었다. SBI는 리플사와 함께 SBI Ripple Asia라는 밴처 회사를 설립했다. 분산대장기술을 활용한 플랫폼을 아시아 지역의 금융기업 송금사업자를 대상으로 제공하는 곳을 목표로 하고 있다.[815]

비트코인으로부터 시작된 암호화폐의 기본 이념인 탈규제, 탈중앙화, 익명(deregulated, decentralized, and anonymous)에 정면으로 반대되는 코인이라 초기부터 암호화폐 업계에 있던 사람 중에는 싫어하는 사람도 많다.[816]

---

815) https://hedge.guide/cryptocurrency/ripple/rippleinc/sbi

816) 리플(암호화폐), 나무위키,
https://namu.wiki/w/%EB%A6%AC%ED%94%8C(%EC%95%94%ED%98%B8%ED%99%94%ED%8F%90)

(3) 이더리움과의 구별

이더리움(Ethereum)은 블록체인 기술을 기반으로 스마트 계약 기능을 구현하기 위한 분산 컴퓨팅 플랫폼이다. 이더리움이 제공하는 이더(Ether)는 비트코인과 마찬가지로 암호화폐의 일종으로 거래되고 있다. 2013년 당시 19세의 비탈릭 부테린이 백서(White Paper)를 작성하여 이더리움 개발을 제안했다.

이더리움은 2015년 7월 30일 러시아계 캐나다인인 비탈릭 부테린(Vitalik Buterin)이 개발하였다. 비탈릭 부테린은 가상화폐인 비트코인에 사용된 핵심 기술인 블록체인에 화폐 거래 기록뿐 아니라 계약서 등의 추가 정보를 기록할 수 있다는 점에 착안하여, 전 세계 수많은 사용자들이 보유하고 있는 컴퓨팅 자원을 활용해 분산 네트워크를 구성하고, 이 플랫폼을 이용하여 SNS, 이메일, 전자투표 등 다양한 정보를 기록하는 시스템을 창안했다. 이더리움은 C++, 자바, 파이썬, GO 등 주요 프로그래밍 언어를 지원한다.[817]

이더리움을 사물 인터넷(IoT)에 적용하면 기계 간 금융 거래도 가능해진다. 예를 들어 고장난 청소로봇이 정비로봇에 돈을 내고 정비를 받고, 청소로봇은 돈을 벌기 위해 정비로봇의 집을 청소하는 것도 가능해진다.[818] 이렇게 이더리움의 스마트 플랫폼 기능을 다양하게 활용할 수 있는 것이 장점이다. 이더리움의 대표적인 거래소로는 홍콩의 바이낸스, 한국의 업비트, 빗썸, 일본의 비트플라이어, 미국의 코인베이스가 있다.

다만, 현재 범용 블록체인인 Ethereum은 주 체인에서 초당 20회의 트랜잭션 만 처리 할 수 있다. 네트워크의 인기와 결합 된 이 제한은 높은 네트워크에서의 거래 실행 비용(gas price)과 긴 확인 시간으로 이어진다. Ethereum의 낮은 처리량의 주된 이유는 네트워크의 모든 노드가 모든 단일 트랜잭션을 처리해야 하기 때문이다. 낮은 처리량, 높은 가격 및 높은 대기 시간으로 인해 현재 Ethereum은 채택으로 확장해야 하는 서비스를 실행하기에 적합하지 않다.[819]

---

817) 지디넷코리아, 2014. 11. 18. 손경호, "비트코인2.0, 새로운 플랫폼으로 진화하나"

818) 한국경제, 2014. 11. 26. 박병종, "CJ E&M, 국내 대기업 최초 비트코인 결제 도입"

819) Alexander Skidanov, The authoritative guide to Blockchain Sharding, part 1
https://medium.com/nearprotocol/the-authoritative-guide-to-blockchain-sharding-part-1-1b53ed31e060

(4) 지케쉬(Zcash)

비트코인이 익명적이고 사적이라는 기대감은 교환소를 통하여 개인 주소와 소유권을 증명할 때 깨어지게 된다.[820] 반면, 지캐쉬는 거래(transaction)는 완전히 비공개로 이루어져, 정보의 비밀성(confidential)이 확보되어 프라이버시가 높게 보장되는 가상화폐로, 거래소를 보유하고 있다.[821]

비트코인(Bitcoin)과 마찬가지로 Zcash의 거래 데이터는 공용블 인(public blockchain)에 게시된다. 그러나 비트코인과 달리 Zcash는 개인 및 거래 데이터가 암호화되어 완전히 기밀로 유지되며 낮은 비용으로 안전한 거래를 할 수 있다. 송수신자나 거래 금액을 밝히지 않고 거래를 검증 할 수 있게 하기 위해 제로 지식 증명(zero-knowledge proof)라는 기술을 사용한다. 이 증거는 금액 및 관련 당사자에 대한 정보를 공개하지 않고 거래 데이터를 검증 할 수 있게 한다.[822] Zcash의 선택적 공개 기능을 통해 사용자는 규정 준수 또는 감사를 위해 거래 세부 정보를 선택적으로 공유할 수 있다.[823]

2. 일본의 동향

2014년 일본에서 비트코인 취급소인 MT.GOX가 2014년에 파산하고 큰 화제가 된적이 있다. 이때 고객이 MT.GOX의 파산관재인에 대하여 맡겼던 비트코인을 소유권에 근거하여 반환하도록 요구한 소송을 제기한 것에 대하여, 도쿄지방재판소는 소유권의 대상이 되는 요건으로서 "유체물"일 것 및 "배타적으로 지배 가능성이 있을 것"이 필요하다고 하며, 비트코인에는 소유권은 성립하지 않는다고 판단하여 청구를 기각한 판결을 내렸다.[824] 이것이 일본에서 관련법의 정비를 촉발시켰다.

이후 2016년 5월 25일 일본정부는 암호화폐를 양성화하기 위한 '자금결제법' 개정안을 가결했다. 이 법은 암호화폐에 일반화폐 기능을부여하고, 음성적 사용을 차단하기

---

820) Lucas Nuzzi, ZEC: Unmatched Privacy In a Public Blockchain,
https://translate.googleusercontent.com/translate_c?anno=2&depth=1&hl=ko&rurl=translate.google.com&sl=en&sp=nmt4&tl=ko&u=https://medium.com/digitalassetresearch/zec-best-in-class-privacy-in-a-public-blockchain-1df2a3728739&xid=17259,15700023,15700124,15700186,15700191,15700201,15700237,15700242,15700248&usg=ALkJrhgHYd9q7wCLb5S5bD4Jx_CCsKWdUg

821) Zcash는 MIPS, Technion, Johns Hopkins, Tel Aviv University 및 UC Berkeley의 과학자 연구를 기반으로하는 프로토콜이다.

822) https://z.cash/technology/

823) https://z.cash/

824) 東京地裁平成27·8·5·D1law28233102.

위한 목적으로 마련되었다. 이를 통하여 암호화폐의 이용을 확대하고, 안전방안을 마련하기 위해 관련 기관 및 협회들도 출범시켰다.[825] 현재 일본은 암호화폐를 법정화폐로 인정하지는 않으나 거래를 허용하는 결제수단으로 인정하고 있다.

2016년 3월 4일 '정보통신기술발전 등의 환경변화에 대응하기 위한 은행법 등 일부를 개정하는 법률안'을 국회에 제출하여, 이를 통해 소비자가엔화로 가상화폐를 구매할 경우 다른 상품을 구매할 때처럼 소비세를 내어야 했으나, 가상화폐가 결제수단으로 인정되어 엔화로 가상화폐를 살 경우 소비세는 없지만 가상화폐로 실제 상품을 구입한 경우에는 엔화로 살 때와 동일하게 소비세를 내야 한다.

2017년 4월 일본은 암호화폐에 대한 법 규제안을 통과시켰다. 이것은 미국이 암호화폐를 화폐 및 지급수단이 아닌 일반상품(Commodity)으로 규정한 것에 비하여 한발 나아한 조치이다. 일본의 미쓰비시은행은 앞으로 세계최초로 디지털 화폐를 발행하는 세계은행이 될 계획을 가지고 있다.

일본은 비트코인 등 암호화폐를 거래수단으로 공식 인정하며, 이용자 보호를 강화하는 방면으로 규제를 정비해 왔다.[826] 암호화폐 시장을 선도하는 일본정부의 선제적 대응으로 해당 영역의 과세표준이 기본적으로 제시됨과 동시에 관련 분야 보험, 펀드 등 부가제도가 발전하고 있다. 이는 추후 다른 국가가 암화화폐 시장에 대한 규제를 도입할 때 표준으로 작용할 수 있으며, 미래 산업인 블록체인 기술에 대한 투자 유치도 이끌 수 있을 것으로 판단된다.[827]

일본은 일정부분 가상자산 억제 정책 기조에서, 최근에는 웹 3.0를 신산업으로 육성하려고하면서 블록체인 기술의 상용화는 가속화하고 있다.

홍콩도 자금세탁방지 및 테러자금조달방지 조례제정을 하여 가상자산에 대하여 규제입장이다. 싱가포르는 2019년 payment service act를 제정하여 가상자난 프로젝트가 몰리다 최근에는 규제 기조로 바뀌고 있다.

3. 미국의 동향

가상화폐공개(ICO, Initial Coin Offering)는 가상화폐의 거래를 확대하고 가상화폐

---

825) 김현정, 위의 논문, 1401면.

826) 김현정, 앞의 논문, 1403면.

827) 김현정, 위의 논문, 1404면.

개발에 필요한 자금을 조달하기 위해 가상화폐정보를 공개하고 신규 암호화폐를 발생해 투자라로부터 사업 자금을 무집하는 방식이다. IOC 토큰은 법정 화폐(legal tender)일 뿐만 아니라 비트코인 등 가상화폐를 이용하여 구매할 수 있으며, 이윤의 배당도 마찬가지로 가상화폐로 이루어진다. 토큰 보유자는 일반 기업의 주식 보유자와 마찬가지로 IOC를 수단으로 하는 투자 결제에 투표권을 행사하고 이윤을 배당받을 수 있는 권한을 갖는다.[828]

비트코인은 미국에서 선물 시장에 도입되어 있다. 미국 증권거래위원회(Securities and Exchange Commission)에 따르면, IOC를 활용한 자금조달은 기본의 주식을 이용한 전통적인 자금조달 방법에 비해 새로울 뿐만 아니라 보다 효율적인 자금조달 수단으로 기능성을 가진다고 한다.[829]

미국에서 증권을 정의함에 있어 가장 중요한 정책적 고려는 투자자의 보호이다. 증권법 제정의 목적은 발행증권에 대한 정보공시를 통해 사기적 거래를 예방하고 증권발행의 초기 시점부터 충분한 정보공시를 통해 시장이 해당 증권의 가치를 정확히 평가하도록 하는 것이다.[830] 미국 연방대법원 판례 Howey[831]에서 투자계약은 "전적으로 권유자 혹은 제3자의 노력에 의해 실현되는 이윤을 기대하여 공동계약투자에 자신의 자금을 투자하는 계약, 거래 혹은 구조"를 말한다.[832] 관련논의를 거쳐, 미국 증권거래위원회는 이상에서 논의한 증권법상 투자계약 원칙에 근거하여 ICO 토큰은 증권이라고 했다.

반면, 비트코인이 증권인지 여부도 이 '투자계약'의 관점에서 판단된다. 비트코인의 보유는 일종의 자본이득을 가져올 수 있지만 신임의무가 부과되는 타인이 행한 노력의 결과로 이루어지는 이익의 배당은 없다. 따라서 비트코인은 투자계약, 즉 증권이 아니다.[833]

암호화폐는 블록체인 기술을 토대로 높은 유동성과 낮은 거래비용, 이용자의 익명성 보호, 거래수단의 혁신이라는 장점을 인정받아 왔다. 암호화폐는 기존의 어떤 화폐나

---

828) 김자봉, "비트코인은 증권인가? - 증권에 대한 정의와 투자자보호", 증권법연구 제19권 제2호(통권 제45호)(2018. 8), 176면.

829) 김자봉, 위의 논문, 176면.

830) 김자봉, 위의 논문, 178면. George E. Bates, "The Federal Securities Act of 1933," Yale Law Journal, Vol. XLIII, (1933), p.172.

831) SEC v. W. J. Howey Co. (1946).

832) 김자봉, 위의 논문, 181면. 'Solely'는 SEC v. Glenn W. Turner Enterprises, Inc ., 474 F.2d 476, 482(Ninth Cir. 1973)

833) 김자봉, 위의 논문, 185면.

거래수단보다도 기능성이 높다. 따라서 그 활용영역도 점차 확대될 것으로 정망된다.[834] 인터넷 시대는 서비스 요금이 없고, 법적 수수료나 지연이 없는 디지털 암호화폐라는 새로운 아이템이 구준히 관심을 둘 필요가 있다.

미국은 IRS 가상화폐를 통화가 아닌 자산(property)로 취급된다. EU는 2015년 비트코인을 공식 화폐로 인정하고 부가가치세 면제 방안을 검토한 바 있다. 2015년 10월 유럽사법재판소는 비트코인을 현금으로 바꾸는 거래는 부가가치세의 대상인지에 대하여, 은행에 가상자산 통제 시스템을 구비하도록 요구했다. 연방준비제도이사회의 가이드라인 발표하고 2022년 디지털상품 소비자 보호법 제장 발의 했다.

반면. NFT(Non-fungible token, 대체 불가능 토큰)은 블록체인 기술을 이용하여 디지털 자산의 소유주를 증명하는 가상의 토큰이다. NFT 저작권과는 다르다. 그림이나 영상 등의 디지털 파일을 가리키는 주소를 토큰 안에 담고 그 고유한 우원본성 및 소유권을 증명하는 방법으로 사용된다. NFT는 디지털등기부인 것이고 이것을 넘기는 것이지, 자신의 작품을 판 것이 아니다. 이를 오해하고 디지털 작품을 불태우는 화가가 나오는 문제도 발생했다. 여기서 오프라인 관장과 2차 저작권 분쟁이 발생된다. 안정성과 예측성 문제로 인하여 위태로운 자산과 투자방법이 되었다.

4. 한국의 법제

(1) 토큰증권

한국에서는 2017년 가상화폐공개(ICO), 증권형토큰(STO)을 금지하다 2021년 업비트 중심으로 가상자산 거래소가 성장했다. 투자계약증권 규정이 일부 자본시장법이 적용될 수 있게 되어 2023년 토큰증권으로 이어지게 되었다. 관련 법으로 금융법, 자본시장법[835] 등이 있다. 존래 토큰 증권은 자본시장법에서 증권의 물권화 개념으로 등장했고 민사법적인 지위가 성립되지 않았는데 계좌에 기재된 자에 대하여 권리를 추정하고 있는데 지명채권의 양도의 효력보다 대항요건이 문제가 생기며 이더리움의 방식의 경우에도 법률문제가 발생할 수 있다.

대한민국 정부는 2017년 9월 4일 가상통화 대응방안을 발표하면서 증권 형태의 ICO 발행을 자본시장법 위반으로 처벌하겠다고 밝혔고, 2017년 9월 29일 가상통화관계기관

---

834) 김현정, 위의 논문, 1404면.

835) 자본시장법의 범위와 한계에 관한 논의는 증권, 증권형(자본시장법), 가상증권(가상자산법) 적용의 구분으로 이어진다.

합동 TF를 통하여 "모든 형태의 ICO를 금지한다."고 발표하였고, 2017년 12월 4일에는 정부가 가상통화의 가치 적정성을 보장하지 않는다는 발표를, 2017년 12월 28일에는 가상통화 투기 근절을 위한 특별대책을 통하여 가상통화거래소 폐쇄 방안을 검토할 것이라고 발표하였다.[836]

대법원에서는, 2017년 음란물을 인터넷에 유포하여 아청법, 정보통신망법을 위반한 사건에서 비트코인(BTC)은 암호화폐의 한 종류이며, 대가성이 인정되며, 동일성과 특정성을 인정할 수 있기 때문에 비트코인에 대한 몰수할 수 있다고[837] 판시했다. ICO가 '유사수신행위의 규제에 관한 법률'[838]상 다른 법령에 따른 인가·허가를 받지 않거나 등록·신고 등을 하지 아니하고 불특정 다수인으로부터 자금을 조달하는 것을 업(業)으로 하는 행위인 유사수신행위에 해당하는지 여부도 문제가 될 소지도 있는데,[839] 금융위원회는 "원금 또는 이 이상의 것을 약정하고 받는 행위가 아니고 프로그램 이용에 따른 수수료를 취하는 것으로 표현되어 있어 유사수신행위에 해당하지는 않아 보인다."라는 회신을 한 적도 있다. 대한민국에서도 "모든 형태의 ICO를 금지"에서 다른 입장을 취하기 위해서는 가상화폐의 결제에 관한 법안 및 관련 법의 정비가 필요하다는 논의가 제기되었다.

2017년 9월 29일 금융위원회를 주축으로 한 가상통화 관계기관 합동 테스크포스에서 ICO에 대한 규제안이 검토되었다. ICO를 유사수신행위의 한 형태를 규정하고 ICO를 전면 금지하는 내용을 정하고 있다. 이후 2017년 박용진 의원의 '전자금융거래법 일부 개정 법률안'에서 가상통화를 규정하려고 했다.

가상화폐를 이용한 범죄의 유형에는 다단계 사기, 유사수신, 투자사기에 해당하여 문제가 되는 경우가 있다. '유사수신행위의 규제에 관한 법률' 사례로 피고인들이 공모하여 전자화폐인 F에 투자를 권유하여 K로부터 총 4회에 투자금을 58,400,000으로 모입하여 유사수신행위를 하였다.

가상화폐 거래소 해킹 시도도 있어 북한이 시도한 것으로 확인되어 사회적 논란이 되었다. 금융규제에서는 자본시장법, 전자증권법적 규제가 많이 되고 있다. 신탁 NFT의 투자계약증권도 문제가 된다.

---

836) 법률신문, 2018. 7. 4. 한서희, "ICO의 개념과 규제 상황에 대하여"

837) 대법원 2018. 5. 30. 선고 2018도3619 판결.

838) '유사수신행위의 규제에 관한 법률'(법률 제10045호, 2010. 2. 4.)

839) 법률신문, 2018. 7. 4. 한서희, "ICO의 개념과 규제 상황에 대하여"

데이터가 누구에게 귀속하는가, 데이터의 이용·제공·정정·삭제 등의 통제권을 누가 가지는가에 대한 정비가 필요하다.[840] 그리고 가상화폐의 결제에 관한 자금결제법 등 관련법의 정비가 필요하다. 일정부분 국가의 관리나 세금의 부과 및 과열현상을 막기 위한 조치가 필요할 수 있다. 또한, ICO를 할 때 발생하는 법률문제로 사기(scam), 유사수신행위, 다단계 관련 법률 위반, 리버스 ICO의 경우에는 배임·횡령 등이 문제될 수 있다.[841]

(2) 가상자산의 법적 문제

토큰의 경우 소유와 보유, 물권과 채권, 재산과 재산권 개념의 문제가 된다. 채권의 성격을 갖는 것인가에 대한 물음에 2019년 전자증권법[842]은 샌드박스를 통에 관련 기술을 사용하고 토큰증권으로 금융투자영역을 확대하고 있다. 자본시장법[843]에서는 개별 투자자를 상정하지 않고 다수인을 대상으로 일방적으로 이루어지는 투자에 관한 조언과 관련하여 온라인상에서 일정한 대가를 지급한 고객과 의견을 교환할 수 있는 경우에는 투자자문업으로 보도록 하고, 유사투자자문업자가 임원을 변경한 경우에도 금융위원회에 보고하도록 했다.

해외 금융선진국들은 국가간의 사업 공조를 이루려고 하고 있다. 국내에서는 토큰증권이 토큰머니, 토큰금융, 토큰지불로 전환이 될 것을 전제로 미래에셋 등을 연구 투자하고 있다. 앞으로는 무늬만 블록체인이 아닌 실체 유용한 블록체인 기술의 활용과 효율성을 극대화할 필요가 있다.

정부는 디지털자산기본법을 제정하려는 정부의 의도도 추진되고 있다. 디지털자산법은 EU가 2020년 발표한 디지털자산에 대한 포괄적인 입법안인 'MiCA'(Markets in Crypto-Assets), 미국이 2022년 발표한 디지털자산 관련 행정명령에 관한 보고서 및 '책임 있는 금융혁신법안'(Lummis-Gillibrand 법안) 등과 같은 주요국의 디지털자산시장 규제 입법을 참조하여 제정될 것으로 예상된다.[844] 부산에 디지털자산거래소 만들려

---

840) 福岡真之介·桑田寛史·料屋恵美, 前揭書, 30頁.

841) 홍승진, 토큰은 증권인가?, Jul 20, 2018, https://medium.com/@sjhong/토큰은-증권인가-tokens-securities-8d8ff96bc925

842) 주식·사채 등의 전자등록에 관한 법률(약칭: 전자증권법)(시행 2023. 9. 14., 법률 제19700호, 2023. 9. 14., 타법개정).

843) 자본시장과 금융투자업에 관한 법률(약칭: 자본시장법)(시행 2024. 8. 14., 법률 제20305호, 2024. 2. 13., 일부개정).

844) 법률신문, 2024. 3. 5. 디지털자산기본법의 입법 전망과 시사점, 율촌.
https://www.lawtimes.co.kr/LawFirm-NewsLetter/183336

는 프로젝트도 진행되고 있다. 사용수익처분권의 향방이 문제 되는데, 금융의 디지털화가 지속적인 법률적 기본 원칙을 정비해야 하는 문제가 있다. 가상자산의 기술과 가상화폐가 활용되는 중에 그 제도가 법제화되기 전까지 천문학적인 금전 피해도 있었다. 증권형토큰(STO) 및 가상자산에 대한 법적 연구는 진행 중이다.

독일은 2019년 전자유가증권도입법 제정(Gesetz uber elektronishe Wertpapiere)하여 2021년 시행했다. 이를 통해 유가증권을 전자 방법으로 증권화하고 이익참여를 하는 유가증권으로 제도를 도입했다. 일본은 금융상품거래법 2019년에 의해 전자기록 이전권리를 인정했다. 제2종 유가증권은 우리의 투자계약증권과 유사한 개념으로 블록체인, 분산원장 기술 등 전자정보처리조직을 통해 이전될 수 있는 재산적 가치로 표창되었다. 일본의 경제산업성은 산업경쟁력 강화법에서 토큰 증권을 활용하는데 통지, 승낙하는 경우 지명채권 양도의 대항요건을 인정하는 규제샌드박스 사업을 인정하게 되었다. 2021년 중국은 비트코인의 공인과 채굴을 금지했다.

한국에서는 자본시장법을 개정하여 토큰화된 증권이 유통 가능성이 높고 이에 대한 대항요건을 갖출 수 있도록 하려 했다. 그리고 샌드박스를 통한 비상장 플랫폼 인정하려 한다. 토큰형으로는 실시간 거래가 어렵기 때문에 전자형태의 상장을 위해 샌드박스를 예정하고 있다. 장외거래 증권업자 개념을 법 개정안이 국회에 계류 중이다. 가상자산의 바람직한 활용을 위해 '자본시장과 금융투자업에 관한 법률'(이하 자본시장법이라 함)[845]에서 토큰증권의 유통을 허용하게 되었다. 앞으로 이 자본시장법에서는 다수인을 대상으로 일방적으로 이루어지는 투자에 관한 조언과 관련하여 온라인상에서 일정한 대가를 지급한 고객과 의견을 교환할 수 있는 경우에는 투자자문업으로 보도록 하고, 유사투자자문업자가 임원을 변경한 경우에도 금융위원회에 보고하도록 하며, 유사투자자문업자에 대하여 금융투자업자의 손실보전 및 이익보장 금지 규정을 준용하도록 하고, 유사투자자문업자가 금융회사로 오인하게 하는 표시 또는 광고, 손실보전 또는 이익보장이 되는 것으로 오인하게 하는 표시 또는 광고 등을 하는 행위를 금지하며, 유사투자자문업자가 그 업무나 금융투자상품에 관하여 표시 또는 광고를 하는 경우에 대한 준수사항을 규정하도록 한다.

한편, 2022년 테라·루나 사건, 리믹스 상장사건 등 여러 가지 법적 문제로 대표인 권도형 씨에 대한 수사 및 재판이 진행되고 있다. 이는 2차 가상회폐의 위기를 몰고 왔

---

845) '자본시장과 금융투자업에 관한 법률'(시행 2024. 1. 19., 법률 제19566호, 2023. 7. 18., 일부개정).

다. 가상화폐를 현금화하는 거래소인 빗썸, 업비트의 공정 운영의 문제도 있었다. 사회적 문제로 마약 사건과 같은 범죄수익이 가상화폐로 거래되는 문제가 있다. 국내에서 2017년 ICO 전면 금지를 하게 되었다. 이때 글로벌 시장에서 주도권을 갖지 못하고. 규제마저 정비되지 않았던 아쉬움이 있다. 이때 우수 프로젝트는 해외로 이전하게 되고, 베트남과 같은 국가가 이러한 기술과 인재가 활동하고 있다.

2023년 6월에는 '가상자산 이용자 보호 등에 관한 법률'이 제정[846]되었다. 이 법은 가상자산 이용자를 보호하기 위하여 예치금을 보호하고, 불공정거래행위를 금지하고, 가상자산사업자를 금융위원회가 감독할 수 있도록 했다. 이 법으로 '불공정거래행위 규제', 이상 거래 상시감시 의무를 부과했다. 전자적 거래 증표를 개념으로 가상자산을 현실과 동일한 수준에서 검토해야 한다.

자본시장법에서는 공시규정이 있으나 위의 가상자산이용자보호법에서는 공시규정이 없다. 위 법에 산업의 육성, 진흥에 관한 내용이 없다는 문제점이 지적되었다. 앞으로 디지털 자산의 개념 정립이 필요하다. 스테이블코인, 증권형 토큰, 유틸리티 토큰의 법적 개념 정비가 필요하다. 가상자산거래소가 유통량이나 발행 양에 대한 통일된 기준이 필요할 것이다. 가상자산에 관한 문제점 법률의 아직 미완성 상태이고 많다. 따라서 실제 금융당국의 의지에 따라 그 집행 양상이 달라질 것으로 보인다. 행정규칙, 가이드라인 등의 문제도 있을 것으로 보이지만, 정치한 입법의 개선이 필요할 것으로 보인다.

전자금융거래법[847]에서는 전자금융거래의 법률관계를 명확히하고 안전성과 신뢰성을 확보하기 위하여 금융회사 등의 책임과 전자지급금융거래계약의 효력을 규정하고, 전자금융거래의 안전성 확보와 이용자 보호 규정을 두고 있다. 이법은 개정을 통해 선불충전금에 대해 신탁, 예치 등 안전한 방법으로 별도 관리하도록 하고, 선불전자지급수단의 등록 면제 범위를 축소하며, 선불업자가 준수해야 하는 행위규칙을 마련하고, 이용자의 선불충전금이 부족한 경우에 그 부족분에 대하여 선불업자 스스로의 신용으로 가맹점에게 재화 또는 용역의 대가를 지급하는 겸영업무로서 소액후불결제업무를 도입하는 등 종래 법 운영상 나타난 일부 미비점을 개선·보완했다.

'특정 금융거래정보의 보고 및 이용 등에 관한 법률'[848]은 자금세탁행위와 공중협박

---

846) '가상자산 이용자 보호 등에 관한 법률'(법률 제19563호, 2023. 7. 18., 제정).

847) 전자금융거래법(시행 2020. 12. 10., 법률 제17354호, 2020. 6. 9., 타법개정).

848) '특정 금융거래정보의 보고 및 이용 등에 관한 법률' (시행 2021. 12. 28., 법률 제18662호, 2021. 12. 28., 일부개정).

자금조달행위를 규제하는 데 필요한 특정금융거래정보의 보호 및 이용에 관한 사항을 규정한다. 이 법 제7조는 가장자산사업자의 금융정보분석원장에 대한 신고제도를 두고 있다. 동법 제7조 제3항에서는 가상자산사업자의 신고를 수리하지 않을 수 있는 경우로, ① 정보보호 관리체계 인증을 획득하지 못한 자, ② 실명확인이 가능한 입출금 계정을 통하여 금융거래등을 하지 아니하는 자(다만, 가상자산거래의 특성을 고려하여 금융정보분석원장이 정하는 자에 대해서는 예외로 한다) ③ 이 법, 「범죄수익은닉의 규제 및 처벌 등에 관한 법률」, 「공중 등 협박목적 및 대량살상무기확산을 위한 자금조달행위의 금지에 관한 법률」, 「외국환거래법」 및 「자본시장과 금융투자업에 관한 법률」 등 대통령령으로 정하는 금융관련 법률에 따라 벌금 이상의 형을 선고받고 그 집행이 끝나거나(집행이 끝난 것으로 보는 경우를 포함한다) 집행이 면제된 날부터 5년이 지나지 아니한 자(가상자산사업자가 법인인 경우에는 그 대표자와 임원을 포함한다), ④ 제4항에 따라 신고 또는 변경신고가 말소되고 5년이 지나지 아니한 자에게는 신고를 수리할 수 있다. 이 규정을 통하여 가상자산사업자가 원화실명계좌를 두도록 하고 가상자산자로 신고하도록 한 것이다.

(3) 분산형원장을 통한 디지털 활용

앞으로 가상자산의 산업적 기준, 거래소의 기준과 자격기준, 투자자보호 기준의 정립이 필요하다. 가상자산은 메타버스에서부터 웹3.0 발전 XR의 발전으로 새로운 도약의 가능성을 보인다. 블록체인에 대한 오해는 각 계층(레이어1, 레이터2, 레이터3)의 각자의 고유한 특성이 있어서 고유한 거래소에서 이것을 취급하는 것이 어려운 문제가 있다. 주식시장은 단일 원장인데, 블록체인은 분산원장인데 STO 규격토큰 증권으로 정리할 필요가 있는데 예탁결제원 등 기존의 은행시스템과 멀어지는 문제가 있다. 국내에서 테스트베드를 통해 해외에 양질의 서비스를 제공할 방법을 추구할 수는 없느냐는 의문이 있다. 제재, 규제를 벗어나서, 블록체인 산업이 발전시키는 방향으로 하는 것을 하는 것은 어떨지 하는 대응으로 국내에서는 규제샌드박스를 이용하는 도전이 계속 시도되고 있다.

앞으로 web 3.0이 새로운 디지털 경제의 주축으로 등장하고 있다. 2023년 들어 대기업에서 web 3.0에 대한 프로젝트가 시작되었다. 기업가치가 정상화되는 상황이다. 탈중앙화와 web 2.0의 서비스가 web 3.0로 전환되고 있다.

Ⅲ. 핀테크(FinTech)

1. 핀테크의 의미

핀테크(FinTech)란 Finance와 Technology를 조합한 조어이다. 문자 그대로 금융과 기술의 융합을 뜻한다. 최근의 ICT의 진전에 따른 모바일 결제 및 온라인 송금과 같은 결제 분야를 중심으로 새로운 소프트웨어나 솔루션 기능을 개발하는 기업이 고객 편의성을 추구하고 저비용의 금융 서비스를 제공한다.[849] 10년 전부터 블록체인 기술이 제기되어 FinTech과 연결되기도 한다.

인터넷 뱅킹이나 스마트폰 뱅킹과 같은 전통적 핀테크가 기존의 전자금융 시스템을 보조하는 조력자 역할을 했다면, 신흥 핀테크는 빅데이터, 클라우드, 머신러닝 등 최신의 ICT 기술을 기반으로 기존 금융시스템에 새로운 역신을 일으킬 수 있을 것으로 전망된다.[850]

미국에서는 페이팔(PayPal)과 중국에서는 알리페이(Alipay)가 글로벌 결제시장을 주도하고 있다. 한국에는 카카오페이, 네이버페이, 삼성페이, 페이코 등 각각의 서비스가 시장을 공략하고 있다.

국내 모바일 결제 시장규모는 2017년 약 46억 달러에서 2021년 229억 달러로 급격히 정장할 것으로 전망되어 향후 다양한 사업의 기회를 제공할 것으로 본다.[851] 핀테크에서는 불특정 다수로부터 소액 자금을 모집하는 크라우드펀딩은 창업과 제품 개발을 위한 새로운 자금조달 방식으로 주목받고 있다.

미국의 뱅크오브아메리카에서는 스마트폰을 통해 사용자와 음성 및 텍스트로 대호하면서 쇼핑과 결제를 하는 맞춤형 서비스를 지워하는 챗봇(Chatbot) 서비스인 에리카(Erica)를 활용한다.[852] 맥킨지(McKinsey&Company)의 연차 보고서에서는, 소비자 금융, 지급 결제, 중소기업 대출 등 금융 서비스 전반에 경쟁 심화로 인한 기존 은행업의

---

849) 김종호, "가상화폐와 핀테크 산업의 발전에 따른 금융기관의 대응방향—일본의 경험을 중심으로—", 법학연구 18(1)(2018. 3), 211면.

850) 이제영, "핀테크 산업 확대에 따른 정책과제와 발전방향", 한국통신학회, 한국통신학회논문지 43(9)(2018. 9), 1550면.

851) 이제영, 위의 논문, 1551면.

852) 이제영, 위의 논문, 1552면.

수익 잠식을 예상했다. 특히 소비자 금융과 지급·결제 부분의 경우 각 2025년까지 은행 수익의 약 60%, 35%가 감소될 것으로 전망했다. [853]

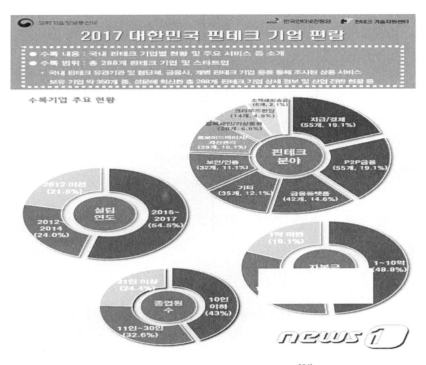

[국내 핀테크기업 현황(인터넷진흥원)][854]

국내의 핀테크기업은 최근에 많이 생성되고 있으며 1억 원 미만의 적은 자본금으로도 스타트업 형태로 사업을 시작하고 있다. 핀테크 산업을 위해서는 공인인증제 폐지, '전자상거래 결제 간편화 방안'이 국내 지급·결제 부분에서의 핀테크 시장형성에 기여한 것처럼, 디지털 금융시대를 대응하기 위해 규제완화와 혁신 서비스 규제 체계를 모색해야할 것이다. 핀테크 산업 발전에 따른 금융소비자 편익제고를 위해서는 기존의 금융 감독 규제체계로는 한계가 있으며 기업의 기술적 대응과 함께 정부의 제도적 대응도 필요하다. [855]

중국에서도 블록체인(blockchain)에 대해 인민중국은행 높은 가능성을 인정하고 있

853) 이제영, 위의 논문, 1553면. McKinsey&Company, The Fight for the Customer: McKinsey Global Banking Annual Review, 2015.

854) News1, 2018. 3. 29, "핀테크기업 54% '창업 3년 이내'···자본금 1억 미만도 19%", http://news1.kr/articles/?3274618

855) 이제영, 앞의 논문, 1555면.

다. 중국정부는 블록체인에 대한 항주와 같은 곳에서도 상용을 검토하고 있다. 반면, 주식 시장은 그 위험성을 인정하여 비트코인은 불법화하고 있다. 중국은 종래 신용카드보급률이 높지 않았으나 알리페이가 중국 전체에 활용되면서, 핀테크 시장에서 우월적 위치를 구축하고 있다.

일본에서 결제 시스템으로써의 핀테크는, Paypay, Line pay, AU Wallet 등이 서비스를 하고 있으나 기본적으로 스이카(Suica), Pasmo, Icoka 등 기존 교통용 IC를 기반으로 하는 결제 시스템 구축이 워낙 탄탄하고 교통, 소매, 요식업, 백화점 등 전국 인프라가 확보되어 있는 상태에서 새로운 핀테크가 얼마나 보급될지는 미지수이다. 신용카드와 차지시스템과 연동되는 교통 IC가 많고 아직은 더 편리하므로 굳이 새로운 결제 시스템은 계속 검토 중에 있다.

2. 인터넷전문은행와 결제 · 인증제도

(1) 인터넷전문은행

2015년 11월 29일 금융위원회는 금융의 융합을 통한 소비자 편익의 증대, 금융산업의 경쟁력 향상 유도, 일자리창출 등을 기대하며 인터넷전문은행의 예비인가를 하게 되었다. 금융위원회에 따르면 인터넷전문은행은 은행업을 전자금융거래의 방법으로 영위하는 은행이라 할 수 있다.[856] 미국과 한국에서처럼 은산분리 규정을 두고 있는 은행법과의 저촉문제가 제기되었다. 은산분리 규정 완화를 위해 마련된 인터넷전문은행 설립 및 운영에 관한 특례법(인터넷전문은행법)이 2018년 9월 국회를 통과하고 2019년 1월 17일 발효되었다. 지금은 인터넷전문은행으로 게이뱅크와 카카오뱅크가 있다.

이 두 은행은 영업점을 통한 대면거래를 하지 않고, PC, 모바일 등 인터넷을 이용한 비대면 거래를 주로 하는 은행이다.

(2) 국제적 결제 · 인증제도의 필요성

세계적인 그룹으로 부상하고 있는 아이돌 방탄소년단(BTS)는 아미라는 팬클럽을 갖고 있다. 이 팬클럽에는 국내팬들은 물론 해외팬들도 가입하고 싶어 한다. 이 팬클럽에 가입하기 위해서는 소정의 비용의 결제가 필요한데, 우리나라 외의 해외에서 이를 결

---

856) 김경석, ""인터넷전문은행 도입에 관한 소고-법적 쟁점을 중심으로, 중앙법학, 제18집 제3호(2016), 38면.

제할 시스템을 제공하고 있지 않다. 따라서 해외의 방탄소년단 팬들은 이 팬클럽에 가입하고 싶어도 가입하지 못하고 있다.

유사한 예로 국내 물건을 구매하려는 중국의 현지 소비자들도 중국내에서 한국의 인터넷에서의 결제가 용의하지 않아서 한국의 물건을 구매하지 못한다는 이야기는 어제 오늘의 문제가 아이다. 세계 어디서나 사용가능한 결제시스템이 필요한 상황이다.

(3) 국내 본인인증제도

인터넷상의 본인확인수단은 주민등록번호를 이용한 인증방법('신용정보의 이용 및 보호에 관한 법률'), 공인인증서를 이용한 인증방법(전자정부법, 전자서명법), I-PIN을 이용한 인증방법(정보통신망법, 개인정보보호법), 휴대전화정보를 이용한 모바일 인증방법(전기통신사업법, '전자상거래 등에서의 소비자보호에 관한 법률'), 신용카드를 이용한 방법(여신전문금융업법), 은행명, 계좌번호, 예금주명 등(휴대폰 인증 또는 주민등록번호)을 이용한 방법('금융실명 거래 및 비밀보장에 관한 법률') 등을 적용되고 있다.[857]

이러한 국내 본인인증제도에 대해서는, 이것이 국제적인 인증을 막고 있어 우리 상품의 국제적인 인증 및 결제에 장애가 된다는 견해도 있다. 외국에서는 PC나 모바일 기기들의 어드레스와 접속 IP를 인식하는 방식으로 최초 등록만 하면 이후에는 별 다른 인증이 필요하지 않은 미국이나 일본의 결제방식이 상대적으로 편리하고 국가간의 인증 및 결제에도 유리하는 지적이다.

미국이나 일본에서는 인증 소프트웨어 자체가 필요하지 않은 기술을 사용하므로 인증에 문제가 되는 경우는 없다. 본인 인증이 필요한 경우는 주로 신용카드 인증을 사용하기도 한다.

---

857) 인터넷진흥원, 『주민번호 대체수단 연구 및 인증절차 개선방안 조사』 2015. 11, 2면.

구분	기존	신규	
인증수단	아이핀 Internet Personal Identification Number	본인인증 휴대폰	(범용)공인인증서 ※ 지원예정
가입자수	약 600만 명	약 5,300만 명	약 600만 명
인증방식	IP+PW	생년월일, 성명, 휴대폰 정보 등	비밀번호 입력
본인확인기관	신용평가사	이동통신사	공인인증기관
식별정보	연계정보(CI)	연계정보(CI)	연계정보(CI)
기타	I-PINID가입고객	본인명의의 휴대폰 소유자	(범용) 공인인증서 발급

자료: http://www.kmcert.com

(4) 바이오 인식

다중요소기반 바이오인식기술의 특성과 장단점, 고려사항을 정리하면 다음과 같다.

구분	ATM+ 지문인식	텔레뱅킹+ 음성인식	신용카드+ 지문인식	모바일+ 생체정보
특성	금융기반으로 ATM이용시에 지문인식을 통해 보안성을 강화	고객관리 콜센터를 통하여 고객음성인식을 통해 보안강화	신용카드에 지문인식을 활용, 2차적인 보안강화	모바일/스마트폰기능을 이용하여 생체정보 적용 (지문/음성/얼굴/홍채 등)
장점	금융고객 중심 카드와 지문을 이용한 안전성과 편리성을 적용	전화를 이용한 고객의 음성을 발췌 인증적용 별도 수단없이 활용 가능	지문활용으로안전성/편리성 적용 2차적 인증 으로 타인 사용사용예방	모바일 기능강화에 따른 다양한 신체정보활용 누구든지 고유특징보유
단점	지문이용에 따른 국민정서 고려 특정금융사에 국한하여 활용 지문인식 적용기술 검증곤란	통화연결의 불편성 우려 처리시간 길다 환경 변경시 오류 여부	지문인식 오류발생 우려 서비스 제공 일부 제한 분실시 도용가능성 우려	기반조성 국민정서 정확성 검증 대포폰 활용 자료수입방대
개선 방안	ATM을 이용한 신용카드/지문활용 법적검토 국내외 이용기술/구축 검증을 통한 적용검토	음성정보 활용기술 도입기술 검토 본인확인 적용을 위한 적정성 검토	신용카드/지문활용방안 법적 검토 시범적 구축을 통한 신뢰성/안전성 확인 필요	모바일기반 의 신체정보 활용 법률검토 환경에 따른 신체정보의 정확성 등 검증 필요

보안강도	상	중	상	상
적용방법(안)	ATM+지문활용 ATM+정맥활용	음성+전화상담 음성+고객정보	신용카드+지문 신용카드+정맥	모바일+[지문/정맥/음성/홍채/패컨 등)
구분	IC카드+USIM	정맥+홍체	안면+홍체	HCI+(USIM/NFC)
특성	IC카드와 휴대폰 USIM등과 다양한 수단의 서비스를 추진	신체정보를 2가지 이상 수단을 활용하여 본인확인을 통해 보안성을 강화		금융 서비스용 HCI,NFC,USIM등 을 활용하여 편리성/안전성 확보
장점	금융고객 중심 IC카드로 입력 하고 휴대폰에서 받은 인증키값을 비밀번호를 입력 2팩터를 이용 하여 안전함	정맥과 홍 체를 활용 강한 인증 2차적인 확인으로 안전성 확보	안면과 홍 체를 활용 강한 인증 2차적인 확인으로 안전성 확보	특정 장비내에 고객정보를 사전에 설정 하여 활용 신 기술등을 활용하여 안정성을 확보
단점	IC카드에 대한 보안사고 발생에 따른 인지도 미약 특정 통신사 중심으로 활용되어 범용성 적용 우려 대포폰 등의 악용에 대한 불안	사전등록 및 이용장비에 구축비 고가 정확성 등의 품질인증 절차 필요 활용을 위한 법과제도 기반마련 필요		특정장비중심으로 적용 제한 서비스 사용범위 제한 신기술이용으로 호환성 문제
개선방안	IC카드에 대한 본인확인의 적정성을 충분히 고려 IC카드 보안강화를 위한 명확한 기술과 적용방안마련이 필요	신체정보를 이용한 법적검토 적용기술에 대한 표준, 인증기준 마련 필요 적용 사례 발굴이 필요		표준화된 모바일기반과 신체정보활용 가능성 법률/기준 검토 본인인증용 위한 USIM/OTP 등 적용 가능성 검토
보안강도	상	중	상	상
적용방법(안)	IC카드+USIM IC카드+OTP	정맥+홍채	안면+홍체	HCI+USIM+NFC HCI+OTP+NFC

[다중요소기반의 바이오인식 비교분석][858]

한편, 세계적으로 생체인식기술(biometrics) 시장이 가파르게 성장하고 있다. 개인의 고유한 특징을 통해 개인을 식별할 수 있게 하는 생체인식정보의 활용 필요성과 적용 영역이 확대되고 있기 때문이다. 특히 코로나19 팬데믹으로 인해 비접촉(untact)을 선호하는 추세로의 변경은 생체인식기술의 사용을 더욱 부추기는 동기가 되기도 하였다. 생체인식기술을 활용하면 출입국심사 과정이나 마트에서 계산을 하기 위해 줄을 서지 않음으로써[859] 타인과의 접촉을 피할 수 있고, 얼굴인식기술을 활용함으로써 이미 앞사

---

858) 배제대학교, 『주민번호 대체수단 연구 및 인증절차 개선방안 조사』, 한국인터넷진흥원(2015. 11), 106면.

859) 현재 국토교통부가 추진하고 있는 별도의 발권이나 신분증 제시 없이 탑승수속, 보안검색, 출입국심사, 비행기탑승까지의 모든 절차를 사전에 등록된 안면인식정보와의 인증만으로 진행하는 <One-ID("스마트패스") 서비스>나 '아마존 고(amazon go)'와 같은

람이 접촉한 지문인식시스템에 자신의 손을 갖다 댈 필요가 없다. 생체인증을 활용하면 복잡하고 경우마다 다른 비밀번호를 일일이 구분하여 외울 필요도 없고, 스마트폰의 잠금해제는 그 스마트폰의 소유자만이 가능한 것처럼 보안성을 높일 수 있는 것도 이 기술의 매력으로 작용한다. 더욱이 최근에는 생체인식기술이 인공지능기술(AI)과 결합하면서 새로운 가치와 산업적 기회를 창출하고 있다.[860]

(5) 휴대전화 인증

휴대전화를 이용한 본인인증은 휴대전화 가입 시 이동통신사에 제공한 성명, 주민등록번호 등의 정보를 이용하여 사용자가 소지한 휴대전화로 6자리 난수를 문자로 전송하여 본인임을 확인받은 방법이다. 휴대전화에서의 인증절차는 다음과 같다.

① 휴대전화 본인확인서비스 창에서 고객의 정보(성명, 생년월일, 성별, 휴대전화번호, 통신사) 입력 후 본인확인을 요청한다.

② 인터넷 서비스 제공업체는 고객의 정보를 수집하여 휴대전화 본인확인 인증대행사는 혹은 이동통신사로 본인확인 여부를 요청한다.

③ (인증대행사가 존재하는 경우) 본인확인서비스 인증대행사는 인터넷 서비스 제공업체로부터 고객을 정보를 전달받아 해당 이동통신사로 고객의 정보를 전달한다.

④ 이동통신사는 인증대행사로부터 전달받은 고객을 정보가 휴대전화 가입자 데이터베이스(개통 DB)에 존재하는지 검증한다.

⑤ 만약 존재한다면 해당 고객의 주민등록번호를 암호화하여 추출한다.

⑥ 암호화된 주민등록번호를 I−PIN본인확인기관에 고객의 연계정보(CI)와 중복방지정보(DI)를 요청한다.

⑦ I−PIN 본인확인기관은 해당 주민등록번호를 사용하여 연계정보와 중복방지정보를 이동통신사에게 제공한다.

⑧ 이동통신사는 해당 고객의 CI/DI값을 저장하지 않고 인증대행사로 가입고객임을 확인한 값(OK)과 CI/DI값을 전달한다.

⑨ 인증대행사는 해당 고객이 이동통신사 고객임을 이동통신사로부터 확인받고

무인매장이 기반으로 하고 있는, 카트에 물건을 담아 나가면 자동으로 결제되는 <저스트 워크 아웃 서비스(Just Work Out Service)>는 생체인식기술을 기반으로 하고 있다.

860) 한국인터넷진흥원, 『생체정보 보호 강화를 위한 법·제도 개선방안 연구』, 2022. 11., 359면.

고객의 휴대폰 소지 여부를 한번 확인하기 위해 고객의 휴대폰으로 OTP를 전
송한다.
⑩ 고객은 전송받은 OTP번호를 팝업창에 입력하여 소지여부를 인증한다.
⑪ 인증대행사는 고객이 입력한 OTP가 일치할 경우, 인터넷서비스제공 업체로 고객
의 CI/DI 값을 저장하지 않고 전달한다.
⑫ 인터넷서비스제공업체는 인증대행사로부터 전달받은 CI/DI값을 저장하고 본인확
인 완료 후 고객이 요청한 관련 인터넷서비스를 진행한다.

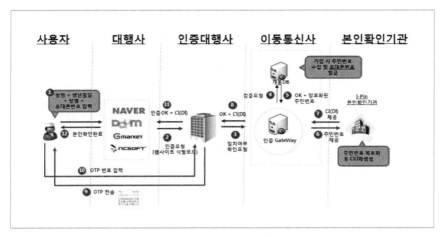

[휴대전화에 의한 본인확인절차]

휴대전화기반의 본인확인서비스는 기존의 사용자를 식별하기 위한 연계정보(CI)와
중복방지값(DI)을 생성하거나 저장하지 않고 해당 본인확인 요청 기관에게 전달하는
역할만 수행한다. 휴대전화의 문자를 이용한 본인확인 서비스절차흐름도이다. 휴대전
화를 소지한 사용자는 본인확인서비스를 위해 인터넷서비스제공업체(네이버, 옥션 등)
에서는 본인확인을 위한 팝업창을 실행한다.[861]

세계의 모바일 결제시장이 큰 규모로 확대되고 있는데도, 한국에서는 결제사이트가
플래쉬 인증 등을 요구하여 결제에 불편을 주는 문제가 있다면 시정해야 한다. 외국의
경우 신용카드를 중심으로 결제를 하는데 해외 결제에서 특별히 문제가 발생하지 않는
다. 한국 사이트에서 해외의 소비자가 결제를 할 수 없는 것은 매우 한국적인 문제로

---

861) DMC미디어, "모바일 간편 결제 서비스에 대한 이해와 전망: 국내외 모바일 간편 결제 서비스를 중심으로", Market Report(2015.
5). 185면.

시정해야 한다. 현재 이러한 한국 특유의 결제 시스템은 미국의 스마트기기가 보안프로그램의 문제로 사용되지 작동되지 않아 미국의 스마트기기의 유입을 차단하는 효과도 있어 보인다.

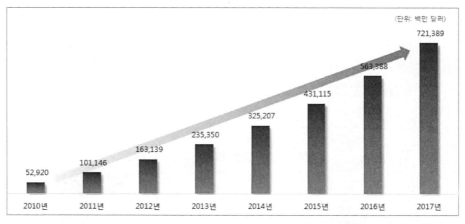

(단위: 백만 달러)

2010년	2011년	2012년	2013년	2014년	2015년	2016년	2017년
52,920	101,146	163,139	235,350	325,207	431,115	563,388	721,389

자료: DMC미디어, "모바일 간편 결제 서비스에 대한 이해와 전망: 국내외 모바일 간편 결제 서비스를 중심으로", Market Report, 2015. 5.

[세계 모바일 결제 시장 규모][862]

한국의 결제 시스템 자체가 공인인증서와 Active-X 등과 플래쉬 기반의 홈페이지 사용으로 국외에서 결제가 매우 불편했던 것이 이제는 많이 개선되었다. 외국의 보다 간결하고 보안성 높은 시스템을 구축하기 위해 필요한 근본 개혁을 위해 무엇이 필요한지 블록체인과 가상화폐의 변화를 고려하여 숙고할 필요가 있다. 하지만 여전히 주민등록번호와 2차인증 방식의 해킹을 통해 타인의 금융재산을 침해하는 사이버 범죄가 발생하고 있고 이에 대처하기 위한 기술적 법적 제도정비는 여전히 완성되지 않은 과제이다.

생각 [저작권자로부터 이용허락을 받은 저작물을 NFT로 발행하여 판매할 수 있나?]

NFT는 디지털 파일의 이름으로 용량, 위치 등의 정보를 위조·변조가 불가능한 블록체인 상에 저장한 것으로, 최근예술작품과 같은 저작물을 NFT로 발행하는 사례가 많다. 이 과정에서 NFT 발행으로 수익을 얻는 활동이 가능한데, 이 경우 타인이 저작재산권자

---

862) DMC미디어, 위의 보고서, 196면.

로부터 이용허락을 받아 저작물을 이용한다고 하더라도 해당 저작물을 NFT로 발행하여 판매하는 것 또한 지식재산권자로부터 별도의 이용허락을 받아야 한다.

별도의 이용허락은 ① 판매자(이용을 허락 받은 자)가 저작물을 NFT로 발생하여 판매한다는 것, ② NFT를 발생하고 판매하는 과정에서 판매자가 해당 저작물을 복제, 전송 등을 할 수 있다는 것, ③ 판매자의 구체적인 판매 조건(NFT 구매자가 해당 저작물에 대해 얻게 되는 권리 또는 이용허락 범위에 대해 저작재산권자가 설정한 것)에 대한 이용허락을 말한다. 따라서 이러한 별도의 이용허락을 받은 자는 이용허락의 범위 내에서 해당 저작물을 NFT로 발행하여 판매할 수 있다.[863]

---

863) 한국저작권보호원, 『2022 저작권 보호 상담 및 심의 사례집』, 2022. 11., 14~15면.

I. 혁신을 위한 과제

1. 4차 산업혁명기의 과제

4차 산업혁명기의 국가, 사회의 과제를 정리하면 다음의 100과제를 들 수 있다.[864] 법적인 과제[865]를 포함하여 우리 현실에 맞추어 필자가 정리한 것은 다음과 같다.

(1) 프라이버시 보호	(2) 정보보안의 확보
1) 공적기관과 사업자가 보유하는 개인정보 보호와 빅데이터 관련 법 정리	11) 하이테크 기술, 제품 등의 수출규제
2) 금융결제에 관한 개인정보보호	12) 컴퓨터바이러스에 대응
3) 웹사이트를 이용한 고객정보 거래에 대한 대책	13) 도청, 통신보안을 위한 대응
4) 의료에서의 프라이버시 보호	14) 부정 Access에 대한 대응
5) 서비스이용에서의 익명화기술	15) 일반 사용자 정보보안 인식의 향상
6) 무선LAN에 의한 이용자관리	16) 무선 인터넷 보안문제
7) 사진 촬영에 관한 규칙	17) 무선 인터넷의 취약성 극복,
8) 생체인증(生體認定) 도입, 보급	18) 치안을 위한 ICT활용
9) 위치정보 취급 규칙	19) 안보를 위한 ICT활용
10) 전자태그(TAG)와 IoT의 이용규칙	20) 非 PC기기 보안
(3) 전자상거래 환경 정비	(4) 불법, 유해 콘텐츠, 스팸 통신에 대응
21) 위법한 전자상거래 규제	31) 유해 사이트 증가
22) 소비자상담 급증	32) 범죄행위의 유발 문제
23) 네트워크를 이용한 악질상행위 (불공정상거래 불공정거래)	33) 스팸메일에 대한 대응
24) 네트워크를 이용한 광고 문제	34) 스팸전화
25) 이용자의 지식과 경험의 부족	35) 익명게시판
26) 전자결제 및 핀터크의 안전성 확보	36) 네트워크상의 도박행위
	37) 청소년 콘텐츠 이용 보호

---

864) 이 100대 과제는 일본에서 2004년 12월, 일본 총무성의 '유비쿼터스 사회의 실현을 위한 정책간담회'에서 'u−Japan정책 2010년 유비쿼터스 사회 실현을 위하여'라는 보고서를 발표하였고, 필자가 이를 수년에 걸쳐 변경하고 검토하여 보완했다.

865) 100개 과제를 정리한 2004년부터 불과 약 15년 경과한 지금에서 보면 그러한 과제들의 의미는 더욱 커졌다. 일부 수정을 거치면, 그 당시 큰 과제가 아니었어도 지금은 중요한 과제로서 인식되고 있는 경우가 있다[堀部政男, 「ユビキタス社会と法的課題─OECDのインターネット経済政策による補完」, ジュリスト No.1361(2008.8), 3頁].

27) 전자상거래의 국제적 문제	38) ISP책임
28) 네트워크상 상업 활동에 관한 규칙의 정비	39) 콘텐츠 안전성·신뢰성 확보
29) 전자상거래의 규격화	40) 콘텐츠 제공의 국제적 문제
30) 전자서명·전자인증의 범위	

(5) 지식재산권에의 대상	**(6) 새로운 사회규범 정착**
41) 도메인 등 부정이용	51) 정보기기의 폐기 규칙
42) 디지털콘텐츠의 저작권 보호	52) 알기 쉬운 정보제공
43) 비즈니스모델 특허의 범위	53) 모바일기기 이용 매너
44) 해외에서의 지식재산권침해	54) 회사 등에서의 네트워크이용 규칙
45) 콘텐츠 이차적 저작 이용 부족 해소	55) 네트워크를 이용한 사회활동 규칙
46) 홈페이지 등에 있어서의 저작물 이용 규칙	56) 네트워크 이용에 관한 매너
47) 초상권 보호	57) 유연한 근무형태
48) 소프트웨어의 오픈소스화	58) 정보기술 연구개발에서의 과학기술 윤리
49) 지적재산전략	59) 영상 커뮤니케이션에 관한 매너
50) 퍼블릭 도메인	60) 로봇이용에 관한 규칙

(7) 정보 활용능력	**(8) 지리적 격차 극복**
61) 외국어정보 비중 문제	71) 기초적 서비스 지역격차
62) 수입 등에 의한 정보격차	72) 고도 서비스 지역격차 해소
63) 장애자 등에 대한 배려	73) 정보통신이용 남북격차
64) 교육에 있어서의 ICT이용 촉진	74) 사회자본정비에서의 ICT 우선도 재고
65) 사회성과 적응력의 저하 방지	75) ICT를 활용한 마을 만들기 격차
66) 고도 ICT인재 부족 해결	76) 콘텐츠와 소프트에 관한집중
67) 정보 범람에의 대응	77) 지방간의 전자적 간의 해소
68) 소프트 등의 버전 업 문제	78) ICT산업 발전 도모
69) 중소기업에 있어서의 ICT 활용	79) 지하공간에 있어서 네트워크 이용(지역간
70) 누구도 쉽게 사용할 수 있는 인터페이스 확보	통신장애)
	80) 소셜 캐피탈 격차

(9) 지구환경과 심신 건강에의 배려	**(10) 사이버 대응의 제도, 관행의 정비**
81) 폐기물 증가	91) 클라우드상 문서관리·보존 등 정비
82) 불법투기 문제	92) ICT벤처 등 자금조달
83) 에너지 소비 증가	93) 전자정부 편이성 향상
84) 환경보호를 위한 IT 활용	94) 税制분야에서의 ICT 활용
85) 인체 친화적 신기술 재고	95) 농림수산 분야에서의 ICT 활용
86) 유통에 있어서의 정보재의 미활용	96) 司法에 있어서의 ICT의 활용
87) 전자제품의 리사이클	97) 의료에 있어서의 ICT 활용 촉진
88) 청소년 교육에의 영향 건전화	98) 노동 분야에서의 ICT 활용
89) 가상체험 증가에 의한 실용성 재고	99) 지방공공단체의 업무 표준화
90) 체내에의 하이테크 기기 이식문제	100) 국제적인 사이버 대응 공조

[스마트 사회의 100대 과제][866]

---

866) 일본의 'U−Japan정책 2010년 유비쿼터스 사회실현' 보고서를 수정 정리 함(堀部政男, 「ユビキタス社会と法的課題」, ジュリスト, No.1361(2008.8), 4頁 参照).

4차 산업혁명기의 법률가는 그리고 IT관련 법률가는 관련 인허가, M&A협상, 프라이버시 문제, 소송전 법률상담, FinTech, 지식재산권, 특허관련 업무와 Capital Market Deals을 하게 된다. 법의 영역(Area of Law)에서는 법률가들이 계약(contract), 지식재산권(intellectual property), 데이터 프라이버시(Data privacy)를 관여하며 관련 소송(Litigation)을 통해 기술자들을 압박하게 된다. 최근 유럽에서는 GDPR의 실시로 프라이버시 법률 분쟁은 큰 법률시장이 되었다. 이에 비해서 미국에서 프라이버시 법률 소송은 큰 편은 아니지만 관련 법률가에게 중요한 덕목이자 IT에서 중요한 이슈이다.

노동시장과 노동법은 변호사들이 관련 기업의 창업, 사원의 채용, 신규사원은 입사시에 법적인 사전검토를 확실히 할 필요가 있다. 관련 변호사는 고용관계의 형성과정에서부터 계약과 노동법의 검토의 필요성을 논한다. 여기에 성차별, 성추행, 주변에게 피해주는 행위 등에 대한 검토, 그리고 공정한 채용 및 직장생활 기업문화도 개선 검토되게 될 것이다.

창업자를 포함한 고용자는 고용절차와 고용과정에서 점재적인 책임이 있다. 예를 들어 성차별, 인종차별, 임금, 근무시간 범죄 정보, 신용이력, 이민절차, 심지어 고용 중의 소셜미디어의 행위까지 책임에 직면할 수 있다. 인터뷰 과정에서도 그러한 위험을 고려한 인터뷰가 필요하다. 이런 고용계약 체결의 과정도 상당부분 메일, 구글 폼 등 전자적인 방법으로 체결되는 경우가 많다.

여기에 추가하여 사물인터넷(IoT)의 도입과 발전으로 센서 기술, 클라우드 비즈니스, 빅데이터 기술, 사물의 상호작용에 관한 기술, 그리고 이와 관련된 법적 문제 등 일부 재검토하여 수정할 필요가 있다.

2. 혁신과 창업(start up)

인터넷 모바일 게임의 산업규모가 확대 되고, 드론, AI 등 새로운 아이템들이 시장을 변화시키고 있다. VR과 같은 가상현실을 이용한 새로운 도전도 계속되고 있다.

미국에서는 다양한 아이디어의 어플리케이션을 만들어 제공하는 창업이 계속되고 있다. 예를 들어 UC버클리에서는 컴퓨터 사이언스 전공자는 물론, 비즈니스, 로스쿨 등 모든 전문분야의 공자들이 새로운 아이디어를 가지고 창업에 도전하고 있다. 그리고 실제 사업을 통한 이익창출 전에 관련 투자를 받아 사업을 시작하고 있다.

1998년 스타트업 기업으로 검색기술회사로 시작하여 지금은 지메일, 유튜브, 구글지도·네비게이션, 사전, 구글 리더와 구글 애널리틱스, 자율주행 자동차 등 다양한 분야를 연구·개발하고 있는데, 지금도 구글의 각 연구소에서는 자기 분야의 차세대 성장 아이템의 개발과 실험을 진행하고 있다.

이미 유튜브 제작자, 우버드라이버, 팟캐스트 등의 1인 미디어 제작자, 기타 데이터 분석가 데이터 과학자등의 업종은 종래 볼 수 없었던 새로운 비즈니스영역이 되었다.

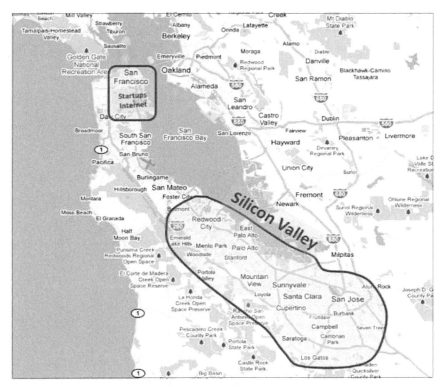

[세계적인 하이테크 기술혁신의 상징인 실리콘 밸리 지도][867]

IT의 발전과 미디어의 변화로 국제사회는 크게 변화를 하고 있다. 이미 도래한 스마트사회에서는 인공지능의 발달과 함께 우리 삶은 변화하고 있다. 본문에서 4차 산업혁명기의 과제와 전망에 관하여 기술하였지만 이곳에서 다시 정리하며 몇 가지 의견을 더해본다.

---

867) 미국 캘리포니아주 산호세의 실리콘밸리와 샌프란시스코와 버클리를 포함하는 베이 에어리어(Bay area)는 주변 스탠퍼드대, UC버클리대와 함께 하이테크 기술혁신의 공동 경제영역을 구축하고 있다.

II. 🎯 4차산업혁명기의 제안

1. 실용주의

실리콘밸리에서 개발자들은 업무중심의 실용주의 사고를 하며, 높은 급여를 통한 자본주의적 효용성을 극대화하고 있다. 예를 들어, 실리콘밸리의 IT업체의 한 개발자가 평소에 신던 슬리퍼 차림으로 유럽 출장 중 지사 회의에 참가했을 때 이에 대해 유럽에서 복장 문제를 제기한다면 이것은 미국식 실용주의에 걸맞지 않은 지적이라고 오히려 비난될 수 있다. 물론, 실리콘밸리의 개발자들은 일반적으로 고연봉 소득자로서 비교적 캐주얼한 브랜드를 착용한다. 그중에서 개인의 개성이 보이는 문화적 특성을 즐긴다. 실용주의는 미국 사회의 특징이기도 하지만, 업무와 업무 효율성과 무관한 것에 대한 자유로움은 미국 IT업계의 뚜렷한 특징이기도 하다.

물론 미국도 군인, 공무원이나 금융가에서는 또 다른 그들 업종의 문화가 있다. 4차 산업혁명의 특징이 융합이라고 해도 IT 업계의 문화가 다른 분야의 업무영역에까지 직접 영향을 미치는 것은 아니다. IT업계는 그들의 특징을, 다른 업계는 자신의 특징을 갖추면서 필요한 만큼 융합 동화되고 있다.

2. 자본주의

미국의 실리콘밸리의 힘은 개발자들에게 높은 급료를 주고 그에 맞은 대우를 하며, 그에 상당한 결과물을 요구하는 것이다. 지극히 자본주의 시스템의 효율을 극대화하고 있는 것이다. 이로 인해 세계 각국의 IT관련 우수한 인재들은 이 높은 급료와 스톡옵션 등의 메리트를 보고 이곳으로 아이디어와 자본을 가지고 몰려든다. 과거 이곳에 황금을 찾으러 몰려온 사람들처럼 IT와 이에 투자되는 돈을 찾아 "IT러쉬"를 하고 있는 것이다.

1923년 창업된 미국의 디즈니사는 여러 번의 시장 변화와 위기 속에서도 자본력을 바탕으로 2006년 스티브 잡스가 설립하여 컴퓨터 애니메이션 영화의 3D기술을 보유하던 픽사(Pixar)를 인수하고, 2009년 디즈니와는 이질적인 만화 산업의 축을 형성하던 마블 코믹스를 인수여 관련 저작권들을 모두 소유하게 되었다. 2012년 스타워즈와 인디애나존슨의 저작권을 가지고 있는 루카스 필름을 인수하여 스타워즈 콘텐츠와 관련 게임 사업을 강화한다. 2017년 메이저 영화 배급사이자 뉴스 채널을 보유한 미디어 그룹인 폭스사를 인수하여 양쪽의 콘텐츠와 캐릭터 사업을 합쳐 시너지를 일으키는 명실상부한 콘텐츠 왕국이 되었다. 이러한 콘텐츠는 곧 미디어 산업을 강화로 이어졌다. 또한, 디즈니월드와 전세계의 디즈니랜드에서 그들의 통합된 콘텐츠와 캐릭터들은 증강현실(AR), 가상현실(VR), 홀로그램, 기타 이벤트의 운영과 예약 및 주문 등의 시스템은 최신의 미디어 콘텐츠와 IT기술과의 접목이 실현되어 상업적으로 활용되고 있다. 이따금 상상만으로 가능했던 것들을 그들은 막대한 자본을 투자하여 실현하고 이를 통해 새로운 비즈니스의 활로를 개척하고 있다.

다만, 이와 같은 미국 IT업종의 실용주의와 자본주의의 특성과 장점은 경제규모와 상황이 다른 모든 국가와 사회에 적용될 수 있는지, 적합한지에 대해서는 각각의 다양한 검토가 필요할 것이다.

3. 4차 산업혁명기의 인재 교육

(1) 전기·전자, 컴퓨터공학의 지속적인 성장

4차 산업혁명기에는 다양한 분야의 전문적인 인력이 필요하다. 물론 그중에서도 컴퓨터사이언스 관련 전문 지식을 갖춘 사람이 필요한 경우가 많아 상대적으로 전자공학, 컴퓨터공학, 데이터과학 등의 분야로 인력이 집중 된다. 미디어 업계와 IT업계의 영역도 갈수록 무너지고 있다. 기존 산업 분야와의 융합은 자동차, 조선, 건설, 의료, 국방, 환경, 에너지 등 전통 산업이 인터넷 기술과의 융합으로 새로운 국면을 맞고 있다. 다른 분야에서도 각기 데이터과학 등을 중심으로 한 발전이 계속 될 것이다. 예를 들어 해양(海洋) 분야에서도 컴퓨터 과학을 통한 새로운 변화가 진행될 것이다. 그러나 기계공학이나 토목공학 등의 다른 지식의 발전이 이러한 컴퓨터공학을 중심으로 한 사회발전에 큰 기반이 될 것도 명심해야 한다.

이미 4차 산업혁명의 전초기지라 할 수 있는 실리콘밸리의 미국도 닷컴 버블에서부터 많은 발전이 있었고, 각종 IT 부호를 만든 것이 사실이고, IT업계가 높은 연봉으로 우수한 인력을 흡수하고 있는 것은 누구나 알고 있는 사실이다.

그러나 누군가가 이러한 변화가 컴퓨터와 인터넷을 중심으로, 한 방향으로 통합될 것이라고 한다면 그것도 맞지 않은 이야기일수 있다. 미국에서 여전히 상위연봉 소득 직종은 전무 의료관련 직이다. 이것은 미국의 의료직종과 의료보험시스템이 낳은 독특한 시장현상이다. 즉, 4차 산업혁명관련 공학적 발전이 날이 갈수록 중요해 지고 있지만, 이것이 미래사회의 전부인 것처럼 말한다면 그 또한 거짓일 수 있다. 초판에 적힌 이 문장은 2023년 이후 한국에서 IT개발자의 대량 실업으로 이미 입증되었다.

(2) 각 분야에서 IT와의 접목성

물론 앞으로 학문적으로 컴퓨터공학부냐 데이터 사이언스나 정보통신분야의 전공에 인력과 투자가 계속되어야겠지만, 여타 다른 학문 영역에서도 자신의 전문분야와 이것을 기반으로 하여 IT와 컴퓨터를 사용한 아이디와 콘텐츠, 그리고 저작권과 특허권을 어떻게 접목시켜서 새로운 것을 창출할지에 대한 연구가 계속 진행되어야 할 것이다.

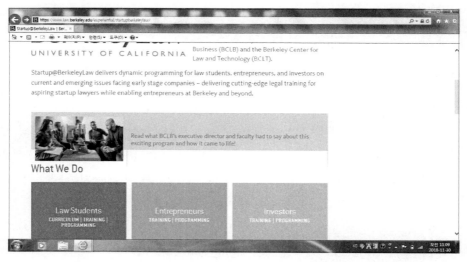

[UC버클리의 스타트업을 위한 각 단과대학 연합 프로그램][868]

예를 들어 IT기업 즉 테크기업들과 긴밀한 산학교류를 하고 있는 UC 버클리의 경우, UC 버클리에서 당연히 컴퓨터공학 분야가 앞서있고 우수한 많은 학생들이 배출되고 있지만, 그 외에 경영학부, 로스쿨, 언론정보학과 등 모든 학과에서도 주변에 있는 테크 기업들과 연관되는 연구와 아이디어, 그리고 창업을 모색하고 있다. 따라서 공학은

---

868) https://www.law.berkeley.edu/experiential/startupberkeleylaw/

물론, 사회과학과 인문학 특히 법학이나 경영학도 4차 산업혁명에서는 새로운 변화와 기회를 보고 연구와 투자 그리고 도전이 계속될 것이다.

(3) 제4차 산업혁명기의 교육 방법

가. 능력과 인성

구글의 각 부서에서는 인력이 모자라 구인을 하고 있는데, 이때 수시로 지원자들은 면접을 하고 화상으로 테스트를 받는다. 이때 한 가지 이상의 언어에 정통하고(컴퓨터 언어포함), 로직과 코딩에 자신 있는 사람이라면 누구나 도전해 볼만하다고 한다. 즉, 제4차 산업혁명기의 인재는 언어능력과 컴퓨터언어 능력, 그리고 논리력과 코딩 능력을 갖추는 것이 바람직하다.

그러나 2018년 구글에서 내부 직원에 대한 성적 표현, 또는 성추행 문제, 그리고 인종차별 행위가 외부사회에 까지 문제가 되었다. 따라서 무엇보다 주변 사람들에게 피해를 주지 않고 문제를 일으키지 않는 그런 기본적인 예의가 있는 인재가 필요하다고 한다. 인공지능과 IT 시대에 필요한 지식과 기술을 갖추고 시대에 적합한 헌법과 윤리적 가치관을 잘 이해하고 합리적으로 행동하는 사람이 4차산업 시대의 융합인재가 될 것이다.

나. 컴퓨터, 코딩, 로직 능력의 배양

4차 산업혁명기에는 각자의 업종에서 일정 수준의 컴퓨터를 활용하는 능력이 요구되는 것은 당연하다. 여기에 다양하거나 정확한 언어 구사능력과 논리적인 사고의 배양이 필요하며, 이를 기반으로 코딩 능력의 배양도 필요하다.

이를 위하여, 우리나라에서 고등학교 이상의 교육과, 공무원 시험 등 국가공인 시험에서 컴퓨터를 활용한 시험을 치거나 컴퓨터의 활용 능력을 갖추고 요구하는 변화를 진행하는 것도 좋을 것이다. 즉 컴퓨터를 사용하고 업무과정에서 이를 데이터화하여 활용하고 보고하는 역량의 교육받고 길러나가는 인재가 육성되어야 할 것이다.

다. 상대평가를 절대평가로

4차 산업혁명기의 인재는 각자 학문 전 영역이 고유한 연구를 하면서도 IT와 접목한

신성장 동력에 대한 도전을 계속하는 인재를 말할 수 있다. 이와 관련된 전 분야에 역할이 다 필요하다고 하겠다. 그동안 우리는 우수한 인재를 양성하기 위해 상대평가를 하면서 국내에서 경쟁 속에서 인재를 육성해왔다. 이러한 인재들은 지금 미국의 실리콘밸리는 물론 어디에서도 경쟁력을 보이며 우수하게 인정을 받고 있다. 하지만 그러한 인재들이 협업하고 동료나 후배들을 끌고 리드하는 역량은 약하다고 평가된다.

앞으로 우리에게 놓인 시장이 국내 시장에 한정되지 않고 글로벌 시장이 펼쳐져 있다고 한다면 우리 교육도 국내 시장만을 전제로 한 상대평가가 아니라, 일정한 과업과 업적을 달성하면 다음 단계로 진입할 수 있고, 이를 위하여 주변동료들과 경쟁만 하는 것이 아니라 돕고 협조할 수 있는 인재를 길러야 할 것이다. 이를 위해 우리의 교육시스템을 가능한 범위에서 상대평가 제도에서 절대평가제도로 변화할 수 있도록 하는 검토가 필요하다.

4. 기업의 역할

기업도 스마트 사회에서 사업 성공을 위해서는 끊임없이 투자와 노력을 통한 혁신이 필요하다. 이미 혁신에 실패하여 세계적인 기업에서 폐업신고를 한 기업, 스마트 사업에서 선두를 빼앗기고 재기하지 못한 기업도 많다. 혁신을 통하여 스마트 사회를 선도하려는 기업은 자본을 통하여 인프라 사업에서 플랫폼 사업과 소프트웨어 사업까지 필요한 자본을 투자해야 할 것이다. 기업이 벤처 회사보다는 이러한 투자와 혁신에 용이할 수 있다.

이때, 정부주도형의 모델에서 정부가 IT·미디어의 발전을 위하여 기업의 효율적인 조정에 나선다면, 자연히 정부와 기업 간의 유대관계가 형성될 것이다. 이때 놓쳐서는 안 되는 것이 정부와 기업이 시장 안에서 공정성을 유지하도록 노력해야 한다는 것이다. 일부 창의적인 아이디어로 소자본을 가지고 IT·미디어의 사업에 뛰어드는 사람들에게 기존의 기업은 공정한 스마트 사업 리더로서 해야 할 역할을 다해야 한다.

새로운 글로벌 IT·미디어의 생태계에서 기존 ICT 관련 기업들이 시장의 선두에 서서 IoT 강소기업과 함께 공존할 수 있는 공정한 리더 역할을 해야 한다.

5. 시대에 부합하는 법제도

법적으로는 소자본 투자자는 물론 국제적 경쟁을 하는 기업의 아이디어와 특허를 보호하기 위하여 지식재산권과 산업재산권의 보호가 스마트 시대를 선도하기 위한 중요한 전략이다.

또한, 법 규정 중 국민의 기본권과 능력을 제한하는 법이 있는지에 대하여 계속 검토하고 해석해야 된다. 언제나 기술은 빨리 발전하고 관련 법제는 뒤늦게 따라간다. 그러면서도, 스마트 시대의 기술 발전이 인간을 이롭게 하기 위해서는 끊임없이 관련법과 규제의 검토를 통하여 기술이 인간을 이롭게 하는 데 이바지 하도록 해야 할 것이다. 국민의 자유를 덜 제한적으로 규제하기 위하여 자율규제와 공동규제 그리고 정부규제와 형사처벌 등의 규제 방법이 성격에 따라 효과적이고 최소한으로 적용되어야 한다. 법은 4차 산업시대의 사람과 기술의 "합리적인 기준"이 되어야 하며 "규제나 처벌"이 되어서는 아니 된다. 법은 기술을 위해 인권을 포기하지 않도록 해야 하며, 기술에 대한 필요 불가결한 브레이크 역할을 다해야 한다.

그리고 IT·미디어 기술개발과 그 이용 등에서 선진적인 윤리와 문화형성도 필요하다. 이를 관련법을 통하여 유도하도록 해야 한다. 일인 미디어 시대라고도 하는 스마트 사회에 사람들이 성숙한 시민의식을 가지고 IT·미디어에 건전한 참여가 요망된다. 그렇게 되면 일반 국민들이 IT·미디어 기술의 혜택을 받으면서 그에 따르는 선진적 윤리·문화가 형성되고 이것이 국제간에 상호 영향을 주며 전파될 것이다.

IT·미디어의 관련법은 국민의 인권도 보장하도록 고려되어야 한다. 미디어의 발달은 표현의 자유 확대와 이를 통한 정치발전, 사회적 문제의 해결 능력 강화로 연결되어야 한다.

6. 공공재로서의 인터넷

IT·미디어의 발전과 그 장은 우리에게는 공공재와 같다. 이 공공재가 더욱 효과적이기 위해서는 그 공공재에 필요한 정보를 나누고 유용한 콘텐츠를 제공하면서 새로운 시장을 형성하고, 지혜의 창고로서 필요한 정보를 축적하고 나아가 오프라인의 사회·정치 발전에 도움이 되는 데이터 분석 등이 이루어져야 한다. 표현의 자유 확대와 동시에 인터넷의 공공재로의 질 좋은 정보의 유통과 확보의 장으로 유지할 수 있도록 법과

제도 그리고 윤리와 문화를 형성해야 한다. 올바른 정보의 보고(寶庫)가 되기 위해서 적정한 잊힐 권리의 확보도 의미가 있다.

공공재의 확충과 인터넷 사회에서의 신뢰 확보를 위하여 주민등록번호제도 등 인증 시스템의 정비도 뒷받침되어야 한다. 그리고 IT·미디어의 활용과 법적 문제는 국경을 초월하는 다양한 양상을 띠므로 이에 대한 대비와 국제간의 협력도 필요하다.

7. 정부의 역할

IT의 발전과 미디어 변화는 시장의 원리에 따라 새로운 생태계가 형성되도록 맡기는 것이 최선이다. 국제사회와 시장을 통하여 IT·미디어 생태계는 자연스럽게 변모·생성할 것이다. 하지만 IT·미디어의 발전을 선도하고 있는 미국도 시장에만 이를 맡기고 있는 것은 아니며, 효율적인 IT·미디어의 발전과 미래성장 동력의 선진적 발전을 위해서 사회 전체적인 환경이 조성되어야 하고 여러 가지 조건이 맞아 떨어져야 한다.

이를 위해 정부가 4차 산업혁명의 발전을 주도하려 한다면, IT·미디어의 기술의 특성에 따라 총체적인 조정과 세부적인 발전이 상호 연동을 이루며 발전될 수 있도록 하는 역할을 해야 한다. 정부주도형이라면 대통령(혹은 수상)이 직접 챙겨야 한다. 앞에서 제시한 스마트 시대의 분야별 통합 인프라 구축과 100대 과제 등을 체계적으로 추진하도록 살펴야 한다.[869]

앞으로 스마트사회에서는 국민 전체의 역량을 분석하여 각각의 정치, 경제, 산업, 노동, 교육, 무역, 금융, 사회, 문화, 윤리, 종교, 국방, 외교, 통일 등의 영역에서 스마트사회의 지속적인 발전을 위한 검토와 이를 위한 통합 검토 논의가 필요하다. 마치 안보를 대통령이 직접 챙겨야 하는 것과 비슷한 것이다. 또한, 각 부서에 스마트사업 부서를 두어 각 부에 해당하는 적정한 업무를 추진하도록 해야 한다.

특히 정부는 이때 각 부처의 이기주의나 각 산업의 이기주의로부터 벗어나서 어떠한 것이 전체사회와 미래를 위해 적합한 선택인지 신속하게 고민하고 신뢰할 수 있는 리더에게 업무를 지속적으로 맡기는 역할을 잘해야 한다.

IT·미디어의 새로운 시장에서 각종 인프라 사업과 기술사업 그리고 플랫폼 사업을 통하여 새로운 고용이 창출되어야 한다. 반면 IT·미디어 기술도 기술집약적인 분야에서 종래 노동시장의 변화와 노동시장 축소 상황에 대하여 점검하고 대비하면서 변화해

---

869) 손형섭, 현대인을 위한 IT·미디어와 법, 동방문화사(2016), 445면.

야 한다. 이를 통하여 스마트 사회에서의 IT·미디어와 인공지능이 진정으로 사람을 널리 이롭게 하는 장(場)이 되기를 바라면서 글을 마친다.

참 고 문 헌

〈단행본〉

강환수·조진형·신용현 공저, 『유비쿼터스 시대의 컴퓨터 개론』, 인피니티북스(2008)

경성대학교, 『일본의 개인정보보호 법제·정책 분석에 관한 연구』, 개인정보보호위원회(2017)

권영빈, 『컴퓨터시대의 인터넷 윤리』, GS인터비전(2009)

권영성, 『헌법학원론』, 법문사(2014)

권태석, 『빅데이터 혁명』, 21세기북스(2012)

김옥조, 『미디어 법』, 커뮤니케이션북스(2012)

김주영·손형섭, 『개인정보 보호법의 이해』, 법문사(2012)

김재기, 『행정학』, 법문사(2006)

김재형, 『언론과 인격권』, 박영사(2012)

김철수, 『헌법학신론』, 박영사(2010)

레케카 메키넌/김양욱·최형우, 「인터넷 자유투쟁」, 커뮤니케이션북스(2013)

매일경제 IoT 혁명 프로젝트팀, 『사물인터넷』, 매일경제신문사(2014)

박노형 외, 『EU 개인정보보호법-GDPR을 중심으로-』, 박영사(2017)

박성호, 『저작권법』, 박영사(2014)

박용상, 『언론의 자유』, 박영사(2013)

박용상, 『표현의 자유』, 현암사(2003.4)

박은경 외11명, 『신 생활법률』, 세종출판사(2015)

배제대학교, 『주민번호 대체수단 연구 및 인증절차 개선방안 조사』, 한국인데넷진흥원(2015.
　　11)

배진한, 「망중립성」, 커뮤니케이션북스

안치현, 김형철, 『인터넷 이해와 활용』, 개정2판, 한빛아카데미(2014)

오승종, 『저작권법(제2판)』, 박영사(2012)

이상현, 『미국 사이버범죄의 현실, 법, 실무』, 형사정책연구원(2010.12)

이시훈·최환진·홍원의, 『AD 2.0: 인터넷 광고의 새로운 패러다임』, 한경사(2008)

이원상·채희정, 『사이버범죄의 새로운 유형과 형사정책적 대안연구』, 한국형사정책연구원
    (2010.12)

이인호, 『정보통신기술의 발전과 기본권에 관한 연구』, 헌법재판연구 제25권(2014)

임웅, 『형법각론』, 법문사(2013)

성낙인, 『헌법학』, 법문사(2015)

성낙인, 『언론정보법』, 나남출판(1998)

성낙인외 9명, 『개인정보보호법제에 관한 입법평가』, 한국법제연구원(2008)

손형섭, 『현대 IT 미디어와 법』, 동방문화사(2016)

손형섭·나리하라 사토시·양천수, 『디지털 전환 시대의 법이론』, 박영사(2023)

전경근, 『법정보학 강의』, 박영사(2004)

정영일, 『형법각론』, 박영사(2008)

정충식, 『 2015 전자정부론』, 서울경제경영(2015)

정하중, 『행정법개론 재9판』, 박영사(2015)

조병량, 『광고의 윤리와 법과 규제』, 나남(2013)

중앙선거관리위원회, 『바람직한 대통령 선거운동 방향의 모색』, 중앙선거관리위원회 선거연
    수원(2002)

중앙선거관리위원회·행정안전부, 『2012.4.11. 19대 국회의원선거 실명확인서비스이용 매뉴얼』
    (2012)

최영훈, 『전자정부론』, 대영문화사(2006)

크리스핀 더로우·로라 렌겔·앨리스 토믹, 『사이버커뮤니케이션 이론 2.0』, 성균관대학교출
    판부(2004)

패트릭 터거(이은경 옮김), 『네이키드 퓨처』, 와이즈베리(2014)

필립 코틀러(안진환 옮김), 『마켓 3.0』, 타임비스(2010)

한수웅, 헌법학, 제3판, 법문사

행정안전부, 『개인정보 보호법령 및 지침·고시 해설』, 2011.12

허영, 『헌법이론과 헌법』, 제6판, 박영사(2013)

＿＿, 『한국헌법론』, 박영사(2011)

헌법재판소, "사이버공간상의 표현의 자유와 그 규제에 관한 연구", 연구보고서, 2002.12

홍성태, 『사이버공간, 사이버문화』, 문화과학사(1996)

한국인터넷마케팅협회, 『인터넷 광고 활성화를 위한 기반조성방안 연구』, 한국전산원 연구보
    고서(2005)

한국헌법학회, 『정보화 시대와 헌법상 정보기본권』, 법원행정처 연구보고서(2018. 1)

Case R. Sunstein, Republic.com 2.0, Princeton University Press(2007)

Daniel J. Solove & Paul M. Schwartz, Information Privacy Law, Aspen Casebook(6th ed. 2018)

Geoffrey A. Stone, "프라이버시, 수정헌법 1조, 인터넷"(Saul Levmore · Martha C.Nussbaum, 『The offensive Internet: Speech, Privacy, and Reputation』, 2010(『불편한 인터넷』, 김상현 역, 에이콘, 2012)

J.S.밀, 자유론, 도그마, 2003

Jone E. Nowak/ Ronald D. Rotunda, Constitutional Law, 7th ed, 2007(「표현의 자유와 미국헌법」, 이부하 역, 한국학술정보, 2004)

Jobanna K.P. Dennis, Owning methods of conductiong business in cyberspeace, in Cyberspeace Law, Routledge(2013)

Rebecca Mackinnon, 「Consent of the Networked: The Worldwide Struggle for Internet Freedom」, 2012(「인터넷 자유투쟁」, 김양욱 · 최형우 역, 커뮤니케이션북스, 2013)

内田 貴, 『民法 II 債権各論』, 東京大学出版会(2003)

庄司克宏 · 佐藤真紀 · 東史彦 · 宮下紘 · 市川芳治 · 山田弘, 『インターネットの自由と不自由』, 法律文化社(2017)

阪本昌成, 『プライバシー権論』, 日本評論社(1986)

福岡真之介 · 桑田寛史 · 料屋恵美, 『IoTとAIの法律と戦略』, 商事法務(2017)

平塚三好 · 阿部仁, 『最新知財戦略の基本がよ~くわかる本』, 秀和システム(2015)

堀部政男, 「ユビキタス社会と法的課題」, ジュリスト, No.1361(2008.8)

堀部政男, 『インターネット社会と法』, 新世社(2006.5)

山口いつ子, 『情報法の構造 情報の自由 · 規制 · 保護』, 東京大学出版会(2010)

長谷部恭男, 『憲法の円環』, 岩波書店(2013)

芦部信喜, 『憲法学 III』, 有斐閣(2000)

浦部法穂, 『憲法判例百選 I 第四版』, 有斐閣(2000)

富士 · 早稲田ビジネススクール研究室, 『プラットオ―ムビジネス最前線』, SE(2013)

松井茂記 · 鈴木秀美 · 山口いつ子, 『インターネット法』, 有斐閣(2015)

〈논문〉

강달천, "유비쿼터스(Ubiquitous) 時代의 個人情報保護法制", 중앙법학회 제6집 2호(2004.8)

＿＿＿, "u－헬스 서비스(ubiquitous－Health Care)의 보편화 경형과 개인건강보호법제 방향", 중앙법학회 제10집 제1호(2008.4)

강동범, "사이버범죄 처벌규정의 문제점과 대책", 형사정책 제19권 제2호 (2007), 34면 ; 김동환, "사이버범죄 예방에 관한 연구", 박사학위논문, 창원대학교(2010)

강석철, "독일의 개인정보 보호에 관한 법률 및 제도 연구", 국외훈련검사 연구논문집 제 28집 (2013)

경민수, "미국 캘리포니아주 법원에서의 애플 v. 삼성 간의 침해금지 가처분 청구 소송 및 항소심 판결", 한국지식재산연구원, 지식재산연구 7(2)(2012. 6)

계인국, "인터넷 검색엔진과 개인정보보호", 법제연구 제46호, 한국법제연구원(2014)

곽주원, "검색 중립성에 대한 논의", 競爭法研究, Vol.28(2013)

권상로, "인터넷공유사이트를 통한 음악파일교환에 관한 법적연구: 소리바다 서비스의 음악저작권침해 여부를 중심으로", 법학연구 제30권(2008)

구본권, "잊혀질 권리 판결이 던진 과제", 프라이버시 정책연구 포럼 주최 「정보 삭제 권리와 인터넷 검색 기업의 역할 토론회 자료집」, (2014. 6. 16.)

김기홍, "사이버 명예훼손과 모욕의 형사책임에 관한 연구", 박사학위논문, 중앙대학교 대학원 법학과(2015.2)

김민중·안종근·육회숙, "인터넷 쿠키를 통한 개인정보침해의 법적 문제", 전남대학교 법학연구 제24집(2006)

김민호 외1, "인터넷 선거운동의 문제점 및 부정방지제도의 법제정비 방안", 성균관법학 제25권 제1호(2013.3)

김영철, "선거운동의 지도원리와 발전방향", 중앙선거관리위원회, 「선거관리」 42호(1996)

김원준, "BM발명의 특허적격성 판단기준에 관한 고찰", 법학논총 제30집 제3호(2010)

김은수, "블록체인 및 분산원장 기술 수용에 관한 법적 연구", 경북대학교 IT와 법 연구소, IT와 법 연구 16(2018.2)

김인재, "기업의 인권존중책임에 관한 국제기준과 법적 과제", 저스티스, 통권제140호, 2014

김지희, "인공지능과 경제 성장: 인공지능은 경제 성장의 촉진제가 될 수 있을까", 인공지능과 미래사회, 서울대학교 법과 경제연구센터 인공지능정책 이니셔티브, 2019,

김자봉, "비트코인은 증권인가?－ 증권에 대한 정의와 투자자보호", 증권법 연구 제19권 제2호(통권 제45호)(2018.8)

김종호, 가상화폐와 핀테크 산업의 발전에 따른 금융기관의 대응방향- 일본의 경험을 중심으로 -, 법학연구 18(1)(2018.3)

김태근, "공론장의 위기와 공론장 구조변동 연구", 민족문화논총, vol., no.68(2018)

김현우, "OpenFlow/SDN 기술전망예측과 사업적용전략", 미래창조과학부, 한국과학기술정보연구원(2013.10)

_____, "1인 가구와 방송 트렌드 변화", 특집보호서, 미디어와 교육 제5권 제1호(2015. 6)

김현정, "일본정부의 암호화폐(Crypto currency)에 대한 최근 정책 동향과 시사점", 한국정보통신학회논문지 제22권 제10호(2018.10)

김형준, "인터넷(사이버)선거운동에 대한 고찰-문제점과 개선방안을 중심으로", 중앙선거관리위원회, 「선거관리」 제51호(2005)

노동일·정완, "헌법상 표현의 자유와 망중립성원칙", 경희법학, 2012

DMC미디어, "모바일 간편 결제 서비스에 대한 이해와 전망: 국내외 모바일 간편 결제 서비스를 중심으로", Market Report(2015. 5).

류인모, "법정보학이란 무엇인가", 법과사회 동향(1992)

민경식, "사물 인터넷(Internet of Things)", NETTerm, 한국인터넷진흥원(2012. 6)

민연아, 백영태, "공유경제로써 디지털 콘텐츠 거래 활성화를 위한 블록체인 기술 활용방법 연구", 한국컴퓨터정보학회, 한국컴퓨터정보학회 학술발표논문집 26(2)(2018.7)

박경신, "사전검열법리와 정보통신윤리위원회의 활동 : 법과학적 방법으로", 인권과 정의, 312호(2002. 8)

_____, "가상아동포르노그래피 규제의 위헌성", 법학연구 제21권 제2호(2013)

박경화, "YouTube, 저작권 침해 소송에서 또 다시 Viacom에 승리", 저작권 동향 제8호(2013)

박상철, "인공지능 등 정보기술을 통한 법의 기술적 구현 과정의 혁신", 정보법학, Vol.22 No.2(2018)

박성용, 오동현, "광고매체로서 인터넷포털사업자의 광고법상 법적 책임에 관한 연구", 消費者問題研究, Vol.46 No.1(2015)

박아란, "가짜뉴스와 온라인 허위정보(disinformation) 규제에 대한 비판적 검토", 언론정보연구 56(2). 2019.5.

박원준, "'빅데이터(Big Data)' 활용에 대한 기대와 우려", 방송통신전파저널(통권 제21호, 2012. 7)

박재영, "기술탈취 방지 및 기술보호를 위한 입법·정책 과제", 입법정책보고서 제22호

　　　－181224(2018. 12. 24)

박주민, "인터넷을 통한 선거운동과 공직선거법", 인하대학교 법학연구 제15집 제1호(2012)

박준석, "4차 산업혁명에 대응한 우리 지식재산권법 관련 쟁점들의 통합적 분석", 정보법학 제21권 제3호(2017.11)

소성규, "명예훼손으로 인한 손해배상책임에 있어서 면책법리에 관한 연구", 민사법학 제18 호(2000)

성기정, 정채린, 조은아, 이종호, 김희영, 김영우, 이경현, "블록체인 기반 교내 전자투표 시스템", 정보보호학회논문지 제28권 제4호(2018.8)

손형섭, "Ashcroft v. ACLU판결에 관한 법적 고찰", 중앙법학 제9집 제1호(2007)

_____, "프라이버시권·명예권·언론의 자유의 법적 관계", 언론과 법 제7권 제1호(2008. 6)

_____, "유비쿼터스도시에 관한 법적 고찰", 토지공법연구 제43집 제3호(2009. 2)

_____, "연예인의 프라이버시권 법리 -일본의 "스마프 쫓아가기 사건"의 검토와 적용을 중심으로-", 법조, 법조 58권8호(2009)

_____, "인터넷 선거운동의 자유화에 관한 법적 연구― Condorcet의 배심정리를 적용하여 ―", 세계헌법연구, 16권3호 (2010)

_____, "개인정보 보호법의 특징과 앞으로의 방향-업계의 반응에 대한 몇 가지 대안을 중심으로-", 언론과 법 제11권 제1호(2012)

_____, "인터넷이용자 개인정보 제공에 관한 법적 연구― 서울고등법원2012.10.18. 선고 2011나19012 판결 검토를 통하여 ―", 공법연구 제42집 제2호(2013)

_____, "개인정보의 보호와 그 이용에 관한 법적 연구", 한국법학회, 법학연구 제54집(2014)

_____, "개인정보의 보호와 그 이용에 관한 법적 연구", 한국법학회, 법학연구 제54집(2014)

_____, "스마트 주차장 확산을 위한 주차장 조례 연구", 공법학연구 제18권 2호(2017)

_____, "일본 개정 개인정보보호법과 우리법의 나아갈 방향", 공법학연구 제46권 제2호 (2017)

_____, "일본에서의 디지털 기본권에 관한 연구", 憲法學研究 第24卷 第2號(2017)

_____, "디지털 플랫폼과 AI에 의한 국회 전자청원시스템 활성화 연구", 유럽헌법연구 제31 권(2019)

_____, "디지털 전환에 의한 미디어 변화와 언론관계법 연구", 헌법학연구 제27권 제3호, 2021. 9.,

_____, "2021년 언론중재법 개정안의 비판과 개선에 관한 연구", 공법학연구 제22권 제4호 (2021.11)

_____, "디지털 시대에 헌법상 공정의 원칙과 그 구현에 관한 연구", 공법연구 제52권 제2호 (2023.12.)

손형섭·김정규, "WHO의 게임이용 장애 질병코드 부여 관련 법정책의 방향", 언론과 법 제19 권 제1호(2020)

송경재, "정보사회 표현의 자유와 프라이버시 침해 사례 연구", 민주주의와 인권 제9권 제2호, 전남대 5·18연구소(2009.8)

신각철, "미국의 법률정보검색 시스템 개요", 법제처 입법자료(1989.2)

신용우, "블록체인 기술 현황 및 산업 발전을 위한 향후 과제", 이슈와 논점, 1476호, 국회입 법조사처(2018. 6. 29)

심영희, "사이버 섹스: 새로운 친밀성의 가능성인가?", 아시아여성연구 제44집 제2호(2005)

심재석, "하둡 전문가로 가는 길", 한국데이터베이스진흥원, 세미나 발표자료(2012. 7.19)

양천수, "제4차 산업혁명과 정보보호 법정책의 방향 , 공법학연구 제18권 제4호(2017)

양종모, "사물인터넷(IoT) 관련 사이버범죄 동향 및 형사법적 규제", 형사법의 신동향 통권 제48호(2015. 9)

유지연, "세계경제포럼(WEF)을 통해 본 빅데이터 논의 동향과 함의", 『정보통신정책 동향』 24권 4호, 통권 526(2012. 3)

유혜림·송인국, "웹서비스형태 변화에 따른 소셜 네트워크 서비스의 진화", 한국인터넷정보 학회, 한국인터넷정보학회 제11권 제3호(2010. 9)

육소영, "의료정보와 상업적 언론 – Sorrell v. Health 판결을 중심으로 –", 정보법학 제17권 제2호(2013)

윤성이, "인터넷과 17총선", 한국정치학회 춘계 학술회의, 제17대 총선분석 : 대통령 탄핵과 향후 정국 발표논문(2004)

윤종수, "ICT 환경의 고도화와 중립성 이슈", 2014. 10.25. 한국법학원 법률가대회 자료집

이수미, "In re Bilski 판결 이후 영업방법(BM) 발명에 대한 미국의 특허대상 판단기준의 변 화에 대한 연구", 창작과권리 통권56호 (2009년 가을)

이성엽, "공유경제(Sharing economy)에 대한 정부규제의 필요성 : 차량 및 숙박 공유를 중 심으로", 행정법이론실무학회, 행정법연구 44(2016.2)

이승익 외 4명, "스마트인터넷을 위한 SDN 및 NFV 표준기술 동향분석", 한국전자통신연구 원, 전자통신동향분석 제29권 제2호(2014. 4)

이우영, "표현의 자유 법리와 헌법재판소의 위헌법률심사기준", 서울대학교 법학 제53권 제2

호(2012. 6)

이윤호, "헌법적 관점에서의 망중립성 논의", 세계헌법연구 제17권 제2호(2011)

이인호, "표현의 자유와 검열금지의 원칙 : 헌법 제21조 제2항의 새로운 해석론", 법과 사회 제1권 제1호(1997.12)

이정민, "사물인터넷의 국내외 주요적용 사례분석과 시사점", 한국산업은행(2014)

이정훈, "사이버범죄에 관한 입법동향과 전망", 사이버커뮤니케이션학보 제20권(2006)

_____, "정보통신기술의 발전에 따른 형사법적 대응과정에 관한 고찰", 중앙대·부산대 법학전문대학원 공동학술대회, 2023. 1. 23,

이제영, "핀테크 산업 확대에 따른 정책과제와 발전방향", 한국통신학회, 한국통신학회논문지 43(9)(2018.9)

이진태, "빅데이터 활성화와 저작권 문제", 계간 저작권 제102호(2013 여름호), 한국저작권위원회(2013. 6)

이현우, "현행법상 아동 포르노그래피 규제에 관한 헌법적 고찰", 서울대학교 법학석사 학위논문(2015)

임덕기, "현행 저작권법상 패러디 항변의 문제점", 콘텐츠재산연구 제2권, 차세대콘텐츠재산학회(2011)

임지봉, "美國憲法上의 表現의 自由와 事前抑制禁止의 原則", 美國憲法研究, 第20卷 第2號(2009. 9)

육소영, "인터넷 광고에 관한 법적 쟁점 - 표현자유권의 문제를 중심으로", 공법학연구 제9권 제1호(2008)

장성원, "명예훼손 대응 절차와 언론중재위원회의 역할", 지방행정 59권 683호(2010)

조성규, "지방자치제의 헌법적 보장의 의미", 공법연구 제30집 제2호(2001)

_____, "지방자치제도에 있어 사법권의 의의와 역할 - 대법원 판례의 평가를 중심으로", 行政法研究 第34號(2012.12)

장윤식, 국가 "사이버범죄 전략에 관한 연구", 고려대학교 박사학위 논문(2014. 6)

정완, "인터넷범죄의 형사법적 과제와 전망", 인터넷법연구 제2호 (2003)

전원열, "공인에 대한 명예훼손(1)", 재판실무연구(1), 한국행정사법학회(2007. 11)

전효숙, "저작권침해소송의 소송물 - 대법원 2013.7.12.선고 2013다22775 판결을 중심으로 -", 이화여자대학교 법학논집 제19권 제2호 (2014. 12)

정보통신산업진흥원, '미래지향 SDN환경에서 국내 네트워킹산업 경쟁력 확보를 위한 동향보고서'(2012)

정상조, "광고기술의 발전과 개인정보의 보호", 저스티스 통권 제106호 (2008년 9월)

정은희, "OECD 장관회의를 통해 바라본 인터넷 경제의 미래", 정보통신정책 제20권 15호 통권 445호(2008.8)

정승호, 전우성, 김장한, 김건동, "인공지능 기반 음성인식을 활용한 시각 제어 웹 플랫폼", 한국디자인학회 학술발표대회 논문집(2018.11)

정환영·이재용, "해외 스마트시티 구축동향과 시장 유형화", 한국도시지리학회지 제18권 2호 (2015)

조재현, "정치적 표현의 자유와 표현내용에 근거한 제한－내용 중립적 제한과 내용에 근거한 제한을 중심으로", 법학연구 제19권 4호, 연세대학교 법학연구원(2009)

조하현, "빅데이터의 활용 현황, 문제점과 대책", 한국경제연구원, KERI 칼럼(2014.3.14.)

정지년, "AI와 함께하는 게임의 혁신", 2023년 11월 17일 한국게임법과정책학회·4차산업혁명 융합법학회 공동학술세미나, 발제문.

최상필, "저작권법상 손해배상청구 제도에 관한 소고", 민사법이론과 실무 제18권 제3호 (2015.8)

최우석, "인터넷 홈페이지 또는 소식지에 게재한 내용이 공공의 이익을 위한 것으로서 비방의 목적이 있다고 단정할 수 없다고 한 사례", 『정보법 판례백선(Ⅰ)』, 박영사(2006)

최용전·권준철, "유비쿼터스도시산업진흥법(가칭)의 필요성과 입법방향연구", 공법연구 제39집 제3호 (2011년 2월)

최정열, "클라우스 서비스의 데이터 이동성", 『인터넷 그 길을 묻다』, 한국정보법학회(2012)

최창학, "창조경제의 생태계로서 공간정보와 ICT융복합", 한국정책학회, The KAPS 42권 (2015)

허순철, "영국의 명예훼손법 개정과 그 의미", 한국비교공법학회, 공법학연구, 16(4), 2015

홍문기, "인터넷 광고의 특성이 O2O 환경구축에 미치는 영향에 대한 법적/제도적 연구", OOH광고학연구 제15권 제2호(2018.5)

홍용화, "미국의 개인정보 보호에 관한 법률 및 제도 연구", 국외훈련검사 연구논문집 제28집 (2013)

황창근, "정보통신망법상 임시조치의 문제점 및 개선과제", 정보법학 제13권 제3호, 2009

＿＿＿, "행정상 내용규제체계 개선방향에 대한 일고", 홍익법학 제13권 제2호, 2012

＿＿＿, "행정상 방송통신 분쟁해결제도에 관한 연구", 홍익법학 제15권 제1호, 2014

허일태, "사이버범죄의 현황과 대책", 동아법학 제27권(2000)

한국인터넷진흥원, "독일 연방대법원, 인터넷포털 운영자는 타인의 인격권을 침해한 이용자의 정보제공의무 없다고 판결", *Internet & Security Focus, vol.20(2014.8)*

한국저작권보호원, 『*2022 저작권 보호 상담 및 심의 사례집*』, *2022. 11.*

Amit M. Schejter·Moran Yemini, "Justice, and Only Justice, You Shall Pursue: Network Neutrality, the First Amendment and John Rawls's Theory of Justice", Michigan Telecommunications and Technology Law Review, Volume 14, Issue 1, 2007

Balkin, Jack M., "Digital Speech and Democratic Culture: A Theory of Freedom of Expression for the Information Society", NEW YORK UNIVERSITY LAW REVIEW, Vol. 79:1, 2004

Constance Bitso·Ina Fourie·Theo Bothma, "Trends in transition from classical censorship to Internet censorship: selected country overviews", 『Innovation : journal of appropriate librarianship and information work in Southern Africa : Information Ethics』, 2013

David Harvey, *The Condition of Postmodernity—an Enquiry into the Origins of Cultural Change* (Cambridge, Mass: Blackwell, 1989)

David De Cremer, Bang Nguyen, The integrity challenge of the Internet—of—Things (IoT): on understanding its dark side, Journal of Marketing Management, Volume 33, 2017 — Issue 1—2

Daniel J. Solove & Paul M. Schwartz, Information Privacy Law (6th ed. 2018),

Dunstan Allison Hope, "Protecting Human Rights in the Digital Age", BSR, February 2011

Edward J. Bloustein, *Privacy as an aspect of Human Dignity: an answer to Dean Prosser*, 39 New York University Law Review 962(1964)

Galit A. Sarfaty, "Can Big Data Revolutionize International Human Rights Law?", 39 University of Pennsylvania Journal of International Law 73 (2017)

Gaetani, Edoardo, Aniello, Leonardo, Baldoni, Roberto, Lombardi, Federico, Margheri, Andrea and Sassone, Vladimiro, Blockchain—based database to ensure data integrity in cloud computing environments, Italian Conference on Cybersecurity, Venice, Italy(Jan 2017)

Gina Marie Stevens, *Federal Information Security and Data Breach Notification Laws*, in DATA SECURITY Laws and Safeguards, Nova Science Publishers (Paulus R.

Wayleith ed., 2008)

Janet Fleetwood, Public Health, Ethics, and Autonomous Vehicles, AJPH LAW & ETHICS, Vol 107, No. 4(April 2017)

Jim Cowie & Yorick Wilks, Information Extraction, CiteSeerX 10.1.1.61.6480, 1(1996).

Jeffrey Rosen, "Lecture, The Deciders: The Future of Privacy and Free Speech in the Age of Facebook and Google", 80 FORDHAM L. REV(2012)

Kalven, *Privacy in Tort Law—Were Warren and Brande is Wrong?*, 31Law and Contemporary Problem 326 (1966)

Marjorie Heins, "The brave new world of social media censorship", Harvard law review forum, Vol. 127(2014)

Marvin Ammori, "THE "NEW" NEW YORK TIMES FREE SPEECH LAWYERING IN THE AGE OF GOOGLE AND TWITTER", HARVARD LAW REVIEW, Vol. 127(2014)

Mark Weiser, *The Computer for the 21st Century*, Scientific American, Vol 265(Sep. 1991)

Moran Yemini, "Mandated Network Neutrality and the First Amendment: Lessons from Turner and a New Approach", Virginia Journal of Law and Technology, Vol, 13, No. 1(Winter 2008)

P. A. Bernal, "A Right to Delete?" European Journal of Law and Technology Vol. 2 No, 2(2011)

Rapbael Cohen—Almagor, *Internet responsibility, geographic boundaries*, and business ethics, Cyberspace Law Consorship and regulation of the internet, Routledge(2013)

Samuel D. Warren and Louis D. Brandeis, *The Right to Privacy*, 4 Harvard Law Review 193(1890)

Varun Grover, Roger H.L. Chiang, Ting—Peng Liang & Dongsong Zhang, Creating Strategic Business Value from Big Data Analytics: A Research Framework, Journal of Management Information Systems(15 May 2018)

William L. Prosser, *Privacy*, 48 Cal.L.Rev. 383(1960)

佐藤幸治, "権利としてのプライバシー", ジュリスト(742号), (1981. 6. 5)

鈴木 秀美,「インターネット上の表現の自由と名誉・個人情報の保護：ネット告発とレビュー

サイトをめぐって」, アメリカ法 2012(1), 41-58(2012-12)

前澤貴子, 「大手レビューサイト 「イェルプ」によるレビュー評価操作が争われた事例:Levitt v. Yelp! Inc.」, 海外法律情報, jurist (11), 192-193(2014)

〈기타〉

법률신문, 2024. 3. 5. 디지털자산기본법의 입법 전망과 시사점, 율촌.
　　　https://www.lawtimes.co.kr/LawFirm-NewsLetter/183336

가트너 2024 전략 기술 트렌드 https://www.skcc.co.kr/insight/trend/2328

가트너 2020년 10대 전략 기술 트렌드 발표 https://www.itworld.co.kr/news/134527

아주경제, 2023. 11. 13. https://www.ajunews.com/view/20231113141412056

과학기술부, 2018.10.24. '정보통신기술(ICT) 분야 규제 샌드박스' 제도 소통 강화

국토교통부 보도자료, 2017. 2. 23., "유휴 주차장 공유를 통해 주차공간 확대"

국가인권위원회, "기업의 강제적 개인정보 수집 관련 일제 점검 및 가이드라인 제정 권고", 국가인권위원회 보도자료, 2011. 10. 28.<http://www.humanrights.go.kr/04_sub/body02.jsp?SEQ_ID=603153&flag=VIEW>

'그것이 알고싶다' 웹하드 업체, 성범죄 피해자에 돈까지 챙겼나, 2018. 7. 29. 00:08:45
　　　http://m.newsen.com/#forward#07pz

뉴스와이, 2012.10.14., 성승환, "아동·청소년 음란물… '이런 경우가 단속대상'", 기사
　　　<http://yonhapnewstv.tistory.com/5568>

News1, 2018. 9. 18. 유영민 과기정통부 장관 "블록체인 규제, 가급적 없어야할 것",
　　　http://news1.kr/articles/?3430074

News1, 2018. 3. 29, "핀테크기업 54% '창업 3년이내'…자본금 1억 미만도 19%",
　　　http://news1.kr/articles/?3274618

동아논평, 2011. 8. 4. "애플 구글 제재, 모바일시대 개인정보 보호 계기로"

모바일앱 프라이버시 인증 시행 2011. 4.28.
　　　http://www.dt.co.kr/contents.html?article_no=2011042902010531693002

미디어 오늘, 2018. 12. 5. 시민단체 "문재인 치매설 영상 삭제 거부 환영"

미래창조과학부, "초연결 디지털 혁명의 선도국가 실현을 비전으로 사물인터넷 국가전략 수립", 2014. 5. 8. 보도자료

박춘식, "클라우드 보안이 왜 이슈로 대두되는가?", CLOUDSEC 발표자료, 2013. 14~15면.,
　　　<http://www.cloudsec.co.kr/2013/pdf/cloudsec2013_09.pdf>

방송통신위원회, https://kcc.go.kr/user.do?page=A04010100&dc=K04010100

법률신문, 2016. 4. 7. 손형섭, "국민을 보호하는 기관은 어디 있나?"

법률신문, 2018. 6. 11. "원스픽쳐 스튜디오, 가수 수지 및 정부 상대 '1억원' 손해배상소송",
　　　　https://www.lawtimes.co.kr/Legal-News/Legal-News-View?serial=143866

보안뉴스, 2018. 10. 17. "2019년 주목되는 10대 전략 기술 트렌드는?"
　　　　https://www.boannews.com/media/view.asp?idx=73743

보안뉴스, 2017. 12. 28. 관세청, 세계 최초 블록체인 기반 수출 통관 서비스 기술 검증 완료
　　　　https://www.boannews.com/media/view.asp?idx=65756

부처합동, "사물인터넷 주요서비스(예시)", 초연결 디지털 혁명의 선도국가 실현을 비전으로
　　　　사물인터넷 기본계획(2014. 5. 8)

유기주, "네트워크의 혁신 'SDN'", <http://blog.lgcns.com/393>

[u클린]모바일 위치정보 약인가? 독인가? 2011.5.19.
　　　　http://news.mt.co.kr/mtview.php?no=2011051808333517429&type=1

연합뉴스, 2018. 12. 10. '태블릿PC 조작설' 변희재 1심 징역2년… "악의적 공격 반복".

연합뉴스, 2019.01.17. "문자·카톡으로 고지서 받고 자율주행 로봇으로 치킨 배달".

이데일리, 2016.8.11 김현아, 강남구·서초구 주차장 스마트주차장으로..KT-SKT 통신망 지원
　　　　http://www.edaily.co.kr/news/NewsRead.edy?SCD=JE31&newsid=0196800661274
　　　　6336&DCD=A00503&OutLnkChk=Y

이수경, "ITWorld 용어풀이|스마트 머신". ITWorld, 2015. 09. 10.,
　　　　<http://www.itworld. co.kr/news/95495>

이주현, "전자상거래 개념 없어질 것' … 마윈이 말하는 미래 5대 트렌드", 2016. 10. 14.
　　　　http://platum.kr/archives/67988?fbclid=IwAR1R-cBtEORjalNQw9Im1LHuKDkle58
　　　　MksczjHAwJY9yTFDzHCrEFd07-oY

"인터넷 게시물 임시조치 '의무'화…표현의 자유 침해 우려"
　　　　http://www.newshankuk.com/news/content.asp?fs=1&ss=3&news_idx=20141209
　　　　1151061341

전자신문, 2018. 11. 22.

중앙일보, 2018. 12. 7-8, "구글 자율주행택시, 애리조나서 첫 상용화 … 5㎞에 8500원".

중앙일보, 2018. 11. 21, 손형섭, "부처 이기주의에 날아간 EU와의 정보교류"
　　　　http://www.koreadaily.com/news/read.asp?art_id=6756204

중앙선거관리위원회, "e-선거정보", 2012. 1. 13(2012-1호)

중앙선거관리위원회, "브리핑", 2012.4.10.

전자신문, 2014.02.04, 안호천, "美 IT기업, 정부 요구 정보건수 첫 공개",
        <http://www.etnews.com/201402040366>

중앙일보, 2018. 12. 7-8, "구글 자율주행택시, 애리조나서 첫 상용화 … 5km에 8500원".

지디넷코리아, 2014. 11. 18. 손경호, "비트코인2.0, 새로운 플랫폼으로 진화하나"

체널IT, 2013. 5. 23. "이스라엘, 주차장 '스마트'하게 같이 쓴다",
        http://www.venturesquare.net/ 515037

최은수, "핵폭탄급 '제4차 산업혁명'이 몰려온다", 매일경제 인터넷, 2016. 1. 15.
        <http://news.mk.co.kr/newsRead.php?year=2016&no=42156>

5G 상용화에 반도체 업계도 '들썩'…초고속 모뎀칩 시장 선점 '각축', 2018. 12. 3.
        http://it.chosun.com/site/data/html_dir/2018/12/03/2018120303069.html5G

한겨레 신문, 2009, 9, 4, "인터넷·전자우편 실시간 감청 시대",
        <http://h21.hani.co.kr/arti/cover/cover_general/25658.html>

한겨레 신문, 2011. 9. 16, 구글 지메일도 국정원이 감청,
        <http://www.hani.co.kr/arti/society/society_general/496439.html>

한겨레신문, 2014. 8. 5, "아동포르노' 보는 자, 구글이 감시한다",
        <http://www.huffingtonpost.kr/2014/08/05/story_n_5650688.html>

한겨레, 2018. 9. 30. "'가짜뉴스'의 근본 원인과 민주주의의 어두운 미래",
        http://www.hani.co.kr/arti/politics/polibar/863816.html#csIdx4b08314f2eab4b4a43
        55b1a33b063c0

한국경제, 2014. 11. 26. 박병종, "CJ E&M, 국내 대기업 최초 비트코인 결제 도입"

Rik Ferguson, "아이클라우드 해킹 사건에서 얻을 수 있는 교훈", Trend Micro Inc. 2014.9.5,
        <http://www.trendmicro.co.kr/kr/support/blog/naked-celebrities-revealed-by-icl
        oud-hack/index.html>

Alexander Skidanov, The authoritative guide to Blockchain Sharding, part 1
        https://medium.com/nearprotocol/the-authoritative-guide-to-blockchain-shardin
        g-part-1-1b53ed31e060

Emma Fletcher, 2018 7:05AM Scammers Increasingly Demand Payment by Gift Card,
        By: Emma Fletcher, Oct 16, 2018,
        https://www.ftc.gov/news-events/blogs/data-spotlight/2018/10/scammers-increa
        singly-demand-payment-gift-card

FTC Commissioners Find that 1−800 Contacts Unlawfully Harmed Competition in Online Search Advertising Auctions, Restricting the Availability of Truthful Advertising to Consumers, November 14, 2018

    https://www.ftc.gov/news−events/press−releases/2018/11/ftc−commissioners−find−1−800−contacts−unlawfully−harmed

Lucas Nuzzi, ZEC: Unmatched Privacy In a Public Blockchain,

    https://translate.googleusercontent.com/translate_c?anno=2&depth=1&hl=ko&rurl=translate.google.com&sl=en&sp=nmt4&tl=ko&u=https://medium.com/digitalassetresearch/zec−best−in−class−privacy−in−a−public−blockchain−1df2a3728739&xid=17259,15700023,15700124,15700186,15700191,15700201,15700237,15700242,15700248&usg=ALkJrhgHYd9q7wCLb5S5bD4Jx_CCsKWdUg

Smart Parking(スマートパーキング)

 http://smart−parking.jp/lab/how−to−use−smartparking−02 /(2017. 7. 30)

WASHINGTON POST, August 1, 2011, Rama Lakshmi, "India's new Internet rules criticized"

Newyork Times, 2013.11.6. Google Is Ordered to Block Images in Privacy Case,

Newyork Times, 2012.12.21. Italian Appeals Court Acquits 3 Google Executives in Privacy Case

 http://www.toshiseibi.metro.tokyo.jp/kiban/honbun/(2017. 8. 28), 「総合駐車対策マニュアル—総合的な駐車対策の推進—第5章 駐車施設有効活用編 − 東京都都市整備局, 2007. 1, 69면~70면.

    http://www.toshiseibi.metro.tokyo.jp/kiban/honbun/5.pdf

第5章 駐車施設有効活用編 − 東京都都市整備局, 70면.

    http://www.toshiseibi.metro.tokyo.jp/kiban/honbun/5.pdf(2017. 8. 28.)

https://z.cash/technology/

https://parking.busan.go.kr/

http://www.venturesquare.net/731438

https://hedge.guide/cryptocurrency/ripple/rippleinc/sbi

https://www.intgovforum.org/multilingual/(2018. 5. 29)

http://www.soumu.go.jp/main_content/000199201.pdf

http://www.soumu.go.jp/main_sosiki/kenkyu/ai_network/(2018. 5. 29).

http://www.kantei.go.jp/jp/singi/kenkouiryou/jisedai_kiban/pdf/170310_shiryou1.pdf

The New York Times, Sept. 22, 2018, "Just Don't Call It Privacy" https://www.nytimes.com/2018/09/22/sunday—review/privacy—hearing—amazon—google.html

http://www.spickmich.de/

http://www.bsr.org/reports/BSR_UN_Guiding_Principles_and_ICT.final.pdf.

경찰 사이버신고 시스템(ECRM) https://ecrm.police.go.kr/minwon/main

찾아보기

저자 프로필

손 형 섭

- 중앙대학교 법학사 · 법학석사
- 해군 장교 복무(OCS 90기)
- 관정교육재단 국외 장학생 2기
- 도쿄대학 법학정치학연구과(법학박사)
- 서울대학교 학문후속세대 연구원
- 헌법재판소 헌법연구원
- 한국공법학회 신진학술상 수상('17)
- 경찰대, 고려대, 단국대, 서울시립대, 중앙대, 동국대 정보대학원 강의
- UC 버클리 로스쿨 방문학자
- 한국공법학회 · 한국비교공법학회 부회장, 한국헌법학회 · 한국언론법학회 ·
  개인정보보호학회, 4차산업융합법학회 이사
- 현) 경성대학교 법정대학 부교수,
      일본 국립 一橋大学 초빙연구원

4차 산업혁명기의 IT·미디어법

초판1쇄 발행	2019년 3월 4일
초판2쇄 발행	2019년 4월 17일
개정판 발행	2020년 3월 10일
신정판 발행	2024년 3월 20일

지은이	손형섭
펴낸이	안종만 · 안상준
편 집	이승현
기획/마케팅	박부하
표지디자인	권아린
제 작	고철민 · 조영환

펴낸곳	(주) **박영사**
	서울특별시 금천구 가산디지털2로 53, 210호(가산동, 한라시그마밸리)
	등록 1959. 3. 11. 제300-1959-1호(倫)
전 화	02)733-6771
f a x	02)736-4818
e-mail	pys@pybook.co.kr
homepage	www.pybook.co.kr
ISBN	979-11-303-4188-0 93360

정 가   27,000원